伊勢神宮

森と平和の神殿

川添　登

筑摩書房

はじめに

本書は、伊勢神宮について、ほとんどご存知のないお若い方々にも、逆に戦前世代で伊勢神宮のことをよく知っておられるご年輩の方々にも、古代史に少しでも関心をおもちの方なら、日本最高の神社で、戦後にいたるまで全国民の信仰を集めていた伊勢神宮が、古代に創立するまでの歴史を、興味深く読んでいただけるように考え、苦心して書いたつもりである。もしつまらないとか、読むのが面倒と思われる個所があったら、飛ばして読んでいただいても、どこから読み始めていただいても結構である。そしていずれは全部読んでいただけるものと確信している。

もともと私が、この本を書こうと思ったのは、次のような想いからであった。

現在の日本人は、グローバル化の大きな流れの中で、日本人が日本人であることの意味を、あらためて問われているのではないだろうか。

思い返してみれば、日本という国家が成立して以来、千三百年をこえる歴史の中で、あるときは東アジアの国際社会の中で、あるときは大航海時代の鎖国の中で、またあるときは欧米列強の包囲の中で、日本人が日本人であることの意味を、問われた時代が何度かあった。そのような時代の一つだったはずの戦後から現在までをのぞけば、思想、宗教の違い、身分、貧富の差をこえて、「日本人なら一生に一度の伊勢参り」を心がけていた国民的な信仰のひろがりの中で、日本人が日本人であることの意味を、戦後にいたるまで、日本人の心に繰り返し語り続けてきたのは、伊勢神宮だったのではなかったろうか。

もちろん、伊勢神宮が、人々に言葉や文章で語りかけたわけではなく、伊勢神宮を参詣したそれぞれが、意識するとしないとにかかわりなく、日本人が日本人であることの意味を、それぞれに感じとっていたのである。とすれば、伊勢神宮は、現在の国際社会にも通用する日本人が日本人であることの思想的・倫理的な意味を含みこんでいるのではないか、と考えるに足る充分な根拠がある。それを列記すればつぎのようである。

⑴ 伊勢神宮は、六世紀後半に、壬申《じんしん》の革命を勝ちとって日本という国家を建設した天武天皇とその皇后である後の持統天皇によって、朝廷（政権）とは相対的に独立した、新しい国家理念を象徴する国土と国民の守護神として創立された、日本最高の神社だった。

⑵ 伊勢神宮は、古代――日本神話、中世――神国意識、近世――お伊勢参り、近代――皇国史観と、かたちを変えながらも、日本の歴史を貫いて戦後にいたるまで、日本人の心のなかに奏でつづけてきた通奏低音であったことは、まぎれもない歴史的な事実である。その間、伊勢神宮は、それぞれの時代に応じて、日本人が日本人であることの意味を語りつづけてきたのである。

⑶ 明治になるまで、伊勢神宮に参拝した天皇は一人もいない。それは将軍、大名も同様で、権力者の参拝は、つねに代理人を通じておこなわれていた。すなわち伊勢神宮は、いかなる権力とも相対的に独立した立場を維持することによって、身分、貧富の差や、思想、信仰の違いにかかわりなく、日本人なら一生に一度は全国民的な信仰をつくりだしていた。

⑷ この伊勢神宮への国民的な信仰を、徹底的に利用したのは、王政復古を旗印に近代革命を成就した明治国家である。そして、日本は伊勢神宮の祭神、天照大神《あまてらすおおみかみ》を皇祖神とする天皇によって統治されてきた神の国であるとする皇国史観のもとに、伊勢神宮を頂点とする神社を内務省の管理下において国民統合をおこなった。

⑸ しかし、皇国史観のもっとも重要な側面の一つは、単に歴史をゆがめただけでなく、日本国の事実上の建

設者であり、伊勢神宮の創立者でもあった最初の天皇、天武天皇と壬申の革命とを歴史から抹殺したことにあった。日本の建国者は、伝説上の初代天皇である神武にかえられ、これに対して、天武は壬申の革命による王権の簒奪者《さんだつ》とされ、日本史上最大の汚辱とされた。その結果、日本史から建国の理念と、その象徴である伊勢神宮への理解がゆがめられ、さらにその本質も見失われていった。

(6) 戦後、神話と伝説のなかに埋れていた伊勢神宮成立の歴史研究がスタートしたものの、皇国史観の残像と反発とのないまぜになったなかで、その後半世紀近くもたっているというのに、いつ伊勢神宮が成立したのかについてさえ、いまだに諸説紛々で、正説はないという足踏み状態のままにおかれてきた。

その結果、伊勢神宮は、日本史、とりわけ古代史のなかから次第に影のうすい存在となり、さらに、戦後生まれの人々が国民人口の大多数を占めるようになって、現在もなお日本最高の神社として存在しているにもかかわらず、日本人の多くは、伊勢神宮を忘れ去っていった。

そして、日本人が日本人であることの意味をも忘れられつつある。

壬申の革命は、皇国史観に対する最大のアンチ・テーゼだったはずである。にもかかわらず、必ずしもそのようには、とらえられなかったのが、私たちの生きた戦後という奇妙な時代だった。もしかしたら戦後の古代史は、その出発点においてすでに、ゆがんでいたのかもしれない、とさえ思われてくる。

一九七三年(昭和四八)第六〇回式年遷宮《しきねんせんぐう》がおこなわれた年、私は三つの論文(*1)を発表した。そこで一貫して主張したのは、『続日本紀』文武二年の「多気大神宮を度会に遷す」の記事の内容が、もと多気《たき》郡多気(現・三重県明和町)にあった伊勢神宮を、度会郡宇治の現鎮座地に遷したことをあらわすもので、これが事実上、伊勢神宮の創立にほかならないとするものであった。歴史専門誌以外の雑誌に発表したこともあってか、古代史学界の一部で注目されるようになったのは、一九九〇年代に入ってからで、いまだ多数意見になってはいない。
その最大の理由は、私の文章が、古代史の専門家たちを納得させるだけの充分な論理的な説得力や、それを裏付ける資料の提示にも欠けていたからだろう。そこで本書では、どなたもが参詣し訪れることのできる、現存する伊勢神宮の内宮、外宮をふくめた神域、および『古事記』『日本書紀』『続日本紀』『万葉集』などの古典に記述された神話や歴史や歌謡などの記録と、その舞台となった場所や地域とを、相互に関連づけることによって、現在の地域的なひろがりのなかで、それぞれの歴史的事件とその舞台とにスポットをあてて、より身近に感じられるような方法で、諸方面からアプローチして、多気大神宮に接近し解析することを試みた。

もともと私の専門領域は建築であるから、地域社会についてもそれなりの勉強はしているつもりである。これまでは伊勢神宮の成立史についても、主として建築の面からアプローチしてきたのに対して、今回は、さらに神話や歴史の舞台を地方や地域へと拡大して、それぞれの事件を浮び上らせるようにした。その結果、現・伊勢神宮、文武二年創立説は、本書によって反論の余地のない形で立証され、確立されたと宣言してもいいと思う。

このことを決定づけたのは、伊勢神宮創立神話として有名な、垂仁紀のヤマト姫が伊勢に到ったとき、大神がここはよき処といった「神風の伊勢は常世《とこよ》の浪の重浪帰《しきなみよ》する国」、「傍国《かたくに》の可怜《うま》し国」などの言葉や、伊勢神宮成立史を論じた史学者の方々の指摘した大和朝廷東方進出の前進基地、古くからの太陽信仰の聖地などとよばれているのに対して、現在の鎮座地は、東西の主要交通路からも離れ、まるで防風林かのような昼なお暗い森のなかに、あたかも隠されているかのように建てられているという、『書紀』の記述や古代史家の主張とは、まるで正反対の性質をもった場所であるという事実である。このことに気づいたとき、私の唇に自然にのぼってきた言葉が、「森と平和の神殿」だった。

これに対して、多気大神宮とよばれた神宮は、天武天皇によって天武三年に、一度は成立していた元・伊勢神宮にほかならない。とすれば、天武によって創立された伊勢神宮は、吉野にこもった大海人皇子《おおあまのみこ》、後の天武にかわって、いわば第二の「革命戦略本部」として、神宮が古くからつちかってきた信仰、政治、経済のネットワークを通して、天武とともに壬申の革命を戦うことを東国の豪族や民衆によびかけた、「革命のユートピア」だったのではなかったのかと考えられてきた。

伊勢神宮を日本という国の理念の象徴であるとして、「革命のユートピア」「森と平和の神殿」とよぶのは、いうまでもなく、私の提案した相互に関連するいわば二つの仮説にすぎない。この二つの仮説が成立しうるかどうかは、その後、伊勢神宮が、日本の国民とともに歩んだ千三百年余の歴史によって検証されなければならないことは、いうまでもあるまい。それは同時に、これからの国際社会のなかで、伊勢神宮は、「森と平和の聖地」になるべきではないのか、という私の願いもこめられている。

二〇〇五年一二月二五日、桜井勝之進先生がお亡くなりになった。

古代史や神道にまったくアマチュアの私が、こと伊勢神宮に関しては、専門家たちとほぼ互角にわたりあえるようになったのは、ひとえに先生のご指導やお引き立てによるところが大きい。私が、もっとも頻繁に伊勢を訪れたのは、一九六〇年頃から七三年の式年遷宮までで、先生は神宮禰宜《ねぎ》、神宮司庁総務部長の要職にあって、遷宮造営の総指揮をとられていた。そして私は、テレビや新聞の座談会で、先生とご一緒することが多かった。「お木曳《きひき》行事」「立柱祭《りっちゅうさい》」「お白石持《しらいしもち》行事」そして「遷御《せんぎょ》」にいたる遷宮祭のプロセスやその内容については、いずれ論述するつもりである。

伊勢神宮では、天照大神《あまてらすおおみかみ》をはじめとする神々が、あたかもそこに生きて存在しているかのように、神職や元神領民など、人々の奉仕によって現在もなお日々に営まれている。その方式を定めたのが祭式で、いわば演劇の脚本にもあたり、その舞台装置が神宮建築である。したがって、桜井先生が祭礼に奉祀された体験をもとに『皇大神宮儀式帳』や『伊勢神宮年中行事』の記録から、古代、中世の祭儀のあり方を考察した伊勢神宮史研究最高の所産の一つである『伊勢神宮の祖型と展開』は、伊勢神宮建築を考える私にとっても、なによりも指針になっていた。

先生は、私の伊勢神宮成立史を楽しみにしてくださっていた。私も先生がお元気なうちに一書にまとめお目にかけるのが、せめてものご恩返しと思っていたにもかかわらず、それが果たせなかったことは慚愧にたえない。いまは、その書を御霊前にささげる以外になくなった。本書は、桜井先生に捧げる挽歌でもある。

＊1 川添 登

・「元伊勢を探る」『芸術新潮』一九七三年七月号、新潮社
・「伊勢神宮の創祀」『文学』一九七三年一二月号、岩波書店
・「伊勢神宮の確立」『季刊民族学』一九七三年一二月号、講談社

伊勢神宮　森と平和の神殿――目次

序章　伊勢神宮への道

一　伊勢神宮の自分史

玉砂利の音

昭和戦前期、東京の小学生は、六年生の秋に参宮旅行と称して伊勢神宮参拝と奈良・京都の見学を兼ねた修学旅行をするため、小学校に入学すると、毎月、後援会費とほぼ同額の参宮旅行費を一緒に納め六年間積立てていた。中世以後、各地で伊勢講をつくり毎月拠金して、くじ引きで順番に伊勢参りをした故知にならった現代版ともいえる。東京以外でも同様の方式で、かなり多くの学童が卒業前に参宮旅行をしていただろう。

伊勢の皇大神宮《こうたいじんぐう》といえば厳めしいが、人々は親しみをこめてお伊勢さんとよび、日本人は一生に一度はといわれたお伊勢参りを、義務教育のなかに組み込んでの参宮旅行ではあったものの、小学生にとって初めての合同宿泊だったばかりでなく、宿泊した鳥羽《とば》二見浦の旅館の大部屋では、普通の旅館では許されない枕合戦を、学童たちは盛大にやっていた。二見浦が新婚旅行のメッカになったのは、夫婦岩の間からのご来光もさることながら、枕合戦をした修学旅行の楽しい思い出が大きい、と民俗学の宮本常一は語っていた。

ところがその参宮旅行の近づいた時期に私は発病して参加できず、旧制中学三年の関西地方修学旅行が、私にとって最初の伊勢参宮になった。宇治橋の上から眺めた五十鈴《いすず》川の清流や八重垣に囲まれた皇大神宮の記憶はうっすら残ってはいても、その後に参詣した記憶と重なって、どのような第一印象を受けたのか定かではない。ただ参道に敷かれた玉砂利をザクザクと音をたてて、昼なお暗い杉木立のなかを、ただひたすら歩いたという記憶だけが強く残っている。参道を踏む玉砂利の音は、伊勢神宮に対する私の原体験だったのである。

それは昭和一五年（一九四〇）初夏の頃である。この年は、初代の天皇とされる神武《じんむ》天皇の即位から数えて紀元二六〇〇年に当たるというので、各地でさまざまな祝典がおこなわれていた。現在では、ご存じない方が多いと思うが、この紀元は西暦と区別するため皇紀ともよばれ、西暦紀元を六六〇年遡る。『記』『紀』によれば、第一代天皇の神武は天孫降臨の地、日向から大和へ攻め入り橿原《かしはら》に都を定め、即位した皇紀元年（前六六〇）一月一日、それを現在のグレゴリオ暦におきかえたのが二月一一日の紀元節――現在の建国記念の日である。そして日本の天皇は、かくも古くから連綿と皇統を受け継いできた万邦無比の国体であると教えられていた。

修学旅行の直後、私は肺結核にかかって一年休学し、その間、静養のため両親の郷里・宮崎で三、四カ月ほどをすごした。なにしろ宮崎は日本発祥の地・日向というので「八紘之基柱《はっこう》」（現「平和の塔」）とよばれた塔が建設中で祝賀気分にあふれ、叔父に西都原《さいとばる》古墳群を見に妻（現・西都市）へ連れていってもらったりした。『古事記』によると、高天原《たかまのはら》から日向の高千穂の峰に降ったニニギノ命と、国の神の娘コノハナサクヤ姫との間に生まれた子ホヨリノ命が、海幸山幸の神話で有名な山幸彦である。そしてホヨリノ命と海の神の娘トヨタマ姫が結婚して生まれたウガヤフキアエズノ命の子ミケヌノ命が、後の神武天皇である。神武は東方征服へと旅立つにあたって「六合《くに》を兼ね、以て都を開き八紘《はっこう》を掩《おお》いて宇《いえ》と為さん」といったという。八紘は八方の地の果てをいい、元来は国内を統一しようという意味であったものを、大日本帝国は、天皇を家長とする一大家族であるという「家族国家観」を、さらに東アジア・南太平洋地域に拡大して「八紘一宇《いちう》（八紘を一つの家になさん）」とよんで、当時の国家目標とした「大東亜共栄圏」を樹立する、そもそもの基はここにある、と建てたのが「八紘之基柱」だった。

明治以後、神話の国、日向とされていた宮崎県には、ともに官幣大社に列せられた、神武天皇を祀る宮崎市の宮崎神宮、日南海岸の洞窟内のウガヤフキアエズを祀る鵜戸神社があり、さらに西都原古墳群の二大古墳、男狭《おさ》穂塚《ほ》（墳長約一六〇メートル）、女狭穂塚《めさほ》（墳長一七六メートル）はニニギノ命とコノハナサクヤ姫の古墳に見立てられて御陵参考地に指定されている。当時、鄙《ひな》びた農村地帯の西都原には、皇紀二六〇〇年の祝賀気分もおよんでいなかった。大和や河内や吉備など、全国各地の古墳群の近くにお住みの方々なら、ごく日常的な風景であろうが、東京生まれ東京育ちの私には、畑のあちらこちらにそびえる小高い丘に囲まれた世界は、異郷に迷いこんだかのように思えたものである。その翌年の一二月八日、太平洋戦争が始まった。

戦争への足音

戦後、再び伊勢神宮を詣でたのは昭和三四年（一九五九）のことだが、玉砂利を踏む音から、参宮旅行でザクザクと足音をたてながら、鬱蒼とした暗い森の中をただひたすらに歩いた記憶がよみがえってきた。

考えてみるに、参道に玉砂利を敷きつめたのは、そんなに古くからのことではなかったであろう。参道に玉砂利を敷きつめた神社は、伊勢神宮にかぎらず多数あったが、靖国神社や東京深川の富岡八幡宮などの境内は砂利をさほど敷きつめることはなく、厚く敷きつめられていたのは、明治神宮、橿原《かしはら》神宮、宮崎神宮など国家神道のもとに官幣大社に位置づけられていた神社や、畝傍《うねび》御陵や多摩御陵などの天皇陵だったと記憶している。明治時代、国家神道のもとで神社制度を改め、それにふさわしく神社を整備していくなかで玉砂利も敷きつめられていったのだろう。ただし、京都の平安神宮が白砂だったことは今と変わらない。

東京の小中学生は、なにかというと明治神宮にお参りさせられたが、厚く敷かれた砂利道は地面をしっかり踏んで歩けないので、疲れているときなどはあまり有難いものではなく、遠足や行軍で疲れた足をひきずってようやくたどりついた神社や御陵の参道に、玉砂利が敷かれているのには少々がっかりした。ところが面白いことに砂利道にはいると、それまでベチャクチャと賑やかだったおしゃべりがいつの間にかやんでしまう。ザクザクという玉砂利の音がおしゃべりをうちけして、お互いの会話を聞きづらくするからである。さらに参道をすすむにしたがって、繰り返される玉砂利の音に、全員が次第に歩調をあわせるようになる。参道に玉砂利を敷きつめたのは、雨でぬかり雑草がはえるのをふせぎ、境内の清浄さをたもつためであろうが、結果的には参詣者を心理的にも神域の中に誘いこんでいく効果をもたらしていた。

玉砂利の音は、たとえ連れだってきても、相互の会話を聞きとりにくいものにし、いつしか人々は沈黙してひたすら神域の奥へとすすんでいく。その音は、あたりの静けさをひときわ印象づけ、やがて自らのだす単調な音の繰り返しにひきこまれ、言葉を忘れ言葉にならない思いにひきこまれていく。さらにいえば神域への参加意識といえるようなものさえつくりだした。ちょうど観兵式で歩調をとって行進する将兵が、足音を高くたてて軍隊の一員として観兵式への参加意識を強くもつように、自らのだす玉砂利の音に、すすんで神々の世界へ入っていくという帰属意識さえも無意識のうちに感じさせていた。

そこで反省されてくるのは、伊勢神宮の暗い森の中をザクザクと玉砂利の音をさせながら歩いた、という原体験は、伊勢神宮ばかりではなく、幼少年時代によく参拝していた明治神宮などでの記憶、さらには軍国主義の時代にたえず聞かされた軍靴の足音と重なっていたのではないか、ということである。

神社の参道に玉砂利が敷かれたのは、明治以後、国家神道のもとで整備されていく過程であったとすれば、その名も皇軍とよばれた軍隊の行進と、まったく無関係とはいえない。そして軍靴の足音とともに戦線は中国大陸から東南アジア、太平洋諸島へと拡大していった。まして伊勢神宮の参道は、当時叫ばれていた「神ながらの道」の象徴であってみればなおさらである。

私自身、中学校の教練や行軍、そして外地こそ行かなかったものの、入隊して軍靴の足音をたてていた一人だった。こうして私の記憶には、戦前に経験した多くの日本人の共通体験がこめられていたことに気づかされる。

毎年八月一五日近くになるとテレビは、昭和一八年（一九四三）、明治神宮外苑でおこなわれた学徒動員の壮行会で、学生帽学生服にゲートルを巻き小銃を肩にした大学生たちが、足音も高く行進する姿を繰り返し放映する。それは生還を期待してはならない死への行進であった。その二年後に入隊することになる私にも死は予告されていた。お国の為に死ねといわれても、どんなお国なのかが問題である。私は死への行進を、日本の神の国への行進と重ね合わせていたのである。

皇国史観と子どもたち

戦前小中学校で教えていた神話・伝説に始まる皇国史観を、当時の国民の多くが、そのまま信じていたとは、とても考えられない。神話・伝説はたとえオハナシであるにしても、ごまかしがあると多くの国民は気づいていたことは確かである。だいいち子どもたちが不思議がっていた。

当時、男の子の多くが読んでいた雑誌『少年倶楽部』には、蝶と蛾はどこが違うのか、というような子どもの疑問に答える枠入りの欄（＊1）があって、なかに世界一長い河は、日本一長い鉄橋は、等々、ギネス・ブック式の記事も載せられていた。その数字まではおぼえていないけれども、日本一高い山は新高《にいたか》山、つぎは次高山と台湾の山々が続き富士山は第六位だったと記憶している。その欄に日本史上の長寿者第十位までの一覧が載っていた。いま『古事記』で見直すと、三〇〇歳を越える武内宿禰《すくね》をトップに、崇神《すじん》天皇一六八歳、垂仁《すいにん》天皇一五三歳、神武天皇一三七歳、応神天皇一三〇歳、雄略天皇一二四歳、孝安天皇一二三歳、孝霊天皇一〇六歳と、雄略を唯一の例外として応神以前の百歳をこえる天皇がずらずらと並ぶ。当然のこととして子どもたちは、どうして昔の人はこんなに長生きだったの、と親や知りあいの大人たちに尋ねることになる。

武内宿禰は国史教科書の「神功《じんぐう》皇后」の朝鮮征伐に登場するばかりでなく、当時の一円札にも描かれ、四代の天皇につかえた長寿は国民的常識になっていて、武内宿禰の名は大臣の位を何人かが受け継いだ襲名のようなものときかされていた。しかしこれは一代一人の天皇にはあてはまらない。現代人と違って昔の人は体が丈夫だったから長生きしたといわれたが、幼い子どもならともかく、生意気ざかりの小学校上級生、まして中学生ともなると、なぜ上代にかぎって長生きだったのかという疑問をもつから、もはや通用しない。

当時、神話を教えられる一方では、迷信を信じてはいけない。国民の健全な常識が健全な国家をつくる。日本と同じ島国のイギリスが世界の海を支配する国になったのは、コモンセンスの発達した国だからなどと教えられ、さらには常識をも含めて何事にも疑問をもち科学的でなければいけない、とたえず説教された。

昭和初年から日本経済の重化学工業化がすすみ、科学技術が国民教育の最優先課題となり、さらに日中戦争が泥沼化して総力戦の様相をおびるようになると、銃後国民の役割がにわかに強調されるようになった。私が旧制中学校に入学した昭和一三年（一九三八）頃の国家的スローガンは「国民生活の刷新」であって、「生活の科学化」とか「科学する心」といった言葉をたえずきかされていた。だから合理的な説明でなければ満足せず、けっこう理屈っぽい子どもが多く、先生の揚げ足をとったり、いじわるな質問をして困らせたりするのが、全国の旧制中学の伝統にさえなっていた。

そこで児童・生徒から多く質問のある事項には、教師や親の側でもそれなりの準備がされていたらしい。というより、教室以外の場所で同じようなことを何人かの大人や友人から聞いたおぼえがあるのは、教師や大学生たちも、自分なりに合理的な解釈を求めていたのではなかったかと思う。

上代の天皇に長寿者の多い理由の説明としていわれたのは、日本では現在でも正月とお盆があるように、古くは一年を二年に数えていたからというものである。これによると、長寿者番付にでてくる古代の天皇も最高八〇余歳で可能性がないとはいえず、大抵はごまかされる。だが、そうすると一年は三六五日ではなくて一八二、三日にしかならない、と気づく子どもがいても不思議ではない。

さらに『古事記』のヤマトタケル東征伝説に、タケルが「新治《にひばり》、筑波《つくば》を過ぎて幾夜か寝つる」と問われたのに対して、夜警のかがり火をたいていた老人が、「日日並《かが》べて　夜《よ》には九夜《ここよ》　日《ひ》には十日《とをか》を」とこたえたと伝える故事から、一日を夜と昼との二日に数えていたという説を聞かされ、やはり上代は、少なくとも倍は引きのばされていると思うことになる。

私たちの世代は、軍国主義の時代に少年期を過ごしたけれども、教えていたのは大正デモクラシーの時代に教育を受けた先生方だった。とりわけ東京市は、もと幕府がおかれていた江戸であっただけに、尾崎行雄や後藤新平が市長を務めていたように進歩的で、東京は首都といえども地方公共団体（地方自治体）のひとつであり、政治の基礎は自治にあるとして、クラス会を自治会と名づけ、教師のいないところで問題をおこしたような時は、自分たちで決着をつけさせられていた。私の入学した第一東京市立中学（現・千代田区立九段中等教育学校）は自由主義教育を標榜し、東洋一の設備を誇っていた。とはいえ、イギリスのイートン学校を目標としていたことでは、全国各地の公立中学校とあまりかわりはなかったようである。

とくに私の記憶にあざやかなのは、国語・漢文を教わった英敏道先生が、国語教科書の文章にたまたまでていた「紀元節」の語にふれてこう言われたことである。

国史は、皇紀九四五年に百済《くだら》から王仁《わに》が文字と暦とを伝えたとしていますが、文字も暦もない千年も前に行われた神武天皇の即位式が、現在の二月一一日に当る正月元旦だと、どうして解《わか》ったのか不思議ですね。

しかし、こういうことは大人になれば解ります。

「大人になれば解ります」は、当時の大人たちが子どもに知られたくない場合にいう常套句で、子どもはそんなことを知らなくてよろしい、という意味だが、先生は逆に、むしろ子どもでも中学生にもなれば、この程度の疑問をもつべきだと示唆されたのではなかったか、と思う。英先生は進歩的というよりは国語・漢文の教師にふさわしい良い意味での保守性をもち「和尚さん」の愛称で生徒たちに親しまれていた。それだけに先生の言葉は、これまで、古代の歴史は、実際よりも倍以上に引き伸ばされているのではないかと感じていた疑問を明確に指摘されたことで、私にはやはり衝撃的だった。

それから間もなく、学校の図書室の書棚に、わずかながら並んでいた英語の書物のなかに、子ども向きに書かれた大判の世界歴史があったので、手にして開くと巻頭に諸文明や国家を棒グラフ状に比較した折り込みの歴史年表があった。もっとも長いエジプト、メソポタミア、インダスにつづく中国の横に、その三分の一ほどしかない日本が先のほうをぼかして描かれていた。やはり皇紀二六〇〇年の歴史は、国際的に認められたものでないことを知ったのである。だから、これに気づいた生徒は私以外にもかなりいたはずである。

そして文字や暦が伝来した応神朝以前の歴史は、アイヌの「ユーカラ」やフィンランドの「カレワラ」のように、語部によって語り伝えられてきたと教えられた。つまるところは、歴史ではなくて神話や伝説であると知って、それだからかえっておもしろいお話のように思えてもいた。

天照神話

幼少年時代の私たちにとって、天照大神《あまてらすおおみかみ》やスサノオノ命《みこと》や大国主命《おおくにぬしのみこと》は、お伽話の主人公より以上に身近な存在だった。私の二つ違いの姉は、幼い頃から、どんなガキ大将がいても姉がいるかぎり、喧嘩をしたりいじめられたりして泣く子がいないと、近所で評判だった。逆に私はわがままできかん気だったくせに甘えん坊で泣き虫だったので、母は、姉はアマテラスで私はスサノオだとよく言っていた。自分の子をスサノオに似ていると思った親は多かったのではあるまいか（＊2）。

私がころんで膝にすり傷をつくったり、小刀で指先を切ったりすると、母親は傷口に薬をぬって、「伊勢の神風、はや吹きたまえ」と唱えてふっと息を吹きかけ、絆創膏をはったり包帯をまいたりしてくれたものである。そんな子どもだましのおまじないが実際に役立たないことは、幼い子どもでもわかっていたけれど、それだけにかえって、べそをかきながら痛さをこらえていた幼な心に、母の愛情とともに、なにがしかの安心感をあたえてくれたことは確かである。その「伊勢の神風」の伊勢は伊勢神宮のことで、そこに祀られているのがアマテラス大神であることも、いつしか知ることになる。

小学校の五年生から習う「国史」は天照大神に始まり、天照神話は、ひろく国民の常識の基礎になっていた。かつて全国民が共有していたアマテラスのイメージはどのようなものだったのか。ご年輩の方々にはもう一度思い出し、戦後世代の方々にはあらためて知っていただくため、やや長くなるが、文部省の『尋常小学国史、上巻』（昭和九年）「第一　天照大神」の全文を引用しておこう。

天皇陛下の御先祖《ごせんぞ》を、天照大神と申しあげる。大神は御徳《おんとく》のたいそう高い御方《おんかた》で、はじめて稲《いね》や麦《むぎ》などを田《た》畑《はた》にうゑさせたり、蠶《かひこ》をかはせたりして、万民《ばんみん》をおめぐみになつた。

大神の御弟に、素戔嗚尊《すさのをのみこと》といふ御方があつて、たび〳〵あら〳〵しい事をなさつた。それでも、大神は、いつも尊をおかはいがりになつて、少しもおとがめになることはなかつた。しかし、尊が大神の機屋《はたや》をおけがしになつたので、大神は、とう〳〵天《あめ》の岩屋《いはや》に入り、岩戸《いはと》を立てて御身《おんみ》をおかくしになつてしまつた。

大勢《おほぜい》の神々は、たいそう御心配《ごしんぱい》になつた。何とかして大神をお出《だ》し申さうと、岩戸の外《そと》に集つて、いろ〳〵御相談《ごさうだん》の上《うへ》、八坂瓊曲玉《やさかにのまがたま》や八咫鏡《やたのかゞみ》などを榊《さかき》の枝にかけて、神楽《かぐら》をおはじめになつた。その時、天鈿女命《あめのうづめのみこと》のまひの様子《やうす》がいかにもをかしかつたので、神々はどつとお笑ひになつた。大神は、何事が起つたのかと、ふしぎにお思ひになり、少しばかり岩戸をお開きになつた。すぐさま、神々は榊をおさし出しになつた。大神の御すがたが、その枝にかけた鏡にうつつた。大神は、ます〳〵ふしぎにお思ひになり、少し戸から出《で》て、これを御《ご》らんにならうとした。すると、そばにかくれてゐた手力男命《たぢからをのみこと》が、大神の御手を取つて、岩屋の中からお出し申しあげた。神々は、うれしさのあまり、思はず声をあげて、およろこびになつた。

素戔嗚尊は、神々に追はれて、出雲《いづも》におくだりになつた。さうして、簸川《ひのかは》の川上《かはかみ》で、八岐《やまた》の大蛇《をろち》をずた〳〵に斬つて、これまで苦しめられてゐた人々をおすくひになつたが、この時、大蛇の尾から一ふりの剣《つるぎ》を得、これはたふとい剣であるとて、大神におさし上げになつた。これを天叢雲剣《あめのむらくものつるぎ》と申しあげる。

素戔嗚尊の御子に、大国主命《おほくにぬしのみこと》といふ御方があつた。命は、出雲をはじめ方々《はうぐ》を平《たひら》げられて、なか〳〵勢が強かつたが、その他の地方は、まだ〳〵わるものが大勢ゐて、さわがしかつた。大神は、御孫の瓊瓊杵《ににぎの》尊《みこと》にこの国を治《をさ》めさせようとお考へになり、まづ御使を大国主命のところへやり、その地方をさし出すやうにおさとしになつた。命は、よろこんで大神のおほせに従つた。そこで、大神は、いよ〳〵瓊瓊杵尊をおくだしにならうとして、尊に向ひ、「この国は、わが子孫の王《きみ》たるべき地なり。汝皇孫《なんぢくわうそん》ゆきて治めよ。皇位《くわうゐ》の盛《さかん》なること、天地と共にきはまりなかるべし。」とおほせになつた。万世一系《ばんせいいつけい》の天皇をいたゞいて、天地と共にいつの世までも動くことのないわが国体《こくたい》の基《もとゐ》は、実《じつ》にこの時に定まつたのである。

大神は、また八坂瓊曲玉・八咫鏡・天叢雲剣を瓊瓊杵尊にお授《さづ》けになつた。これを三種《さんしゆ》の神器《じんぎ》と申しあげる。尊は、この神器をさゝげ、大勢の神々を従へて、日向《ひうが》へおくだりになつた。これから神器は、御代々の天皇がおひきつぎになつて、皇位の御《み》しるしとなさることになつた。

大神は、神器を尊にお授けになる時、「この鏡をわれと思ひて、つねにあがめまつれ。」とおほせになつた。それ故《ゆゑ》、この御鏡を御神体《ごしんたい》として、伊勢《いせ》の皇大神宮《くわうだいじんぐう》に大神をおまつり申し、御代々の天皇をはじめ、国民《こくみん》すべてが深く御うやまひ申しあげてゐるのである。

『記』『紀』の神代にしるされた天岩屋戸、八岐大蛇退治、国造り、国譲り、天孫降臨の諸神話を、いくつかの所伝のなかから取捨選択して、子どもにも興味のひく短い物語に要領よく簡潔にまとめ、その一方では、天照大神が天岩屋戸にかくれたとき、この世は暗闇になったという太陽神を思わせる記述や、純真な子どもに天空のどこにあるのかと疑念をいだかせかねない高天原はしるさずに、天降るも単に「おくだりになつた」と書いて、皇室による日本統治の正当性をといているのである。戦後、非科学的な皇国史観と批判されたが、文部省の『尋常小学国史』は、それなりに合理化していたのである。

アマテラスの神勅

その中で、とくに重要視されたのは、アマテラスがニニギにさずけた二つの神勅である。

その一つは、「この国は、わが子孫の王たるべき地なり」にはじまり、「万世一系の天皇をいたゞいて、天地と共にいつの世までも動くことのないわが国体の基は、実にこの時に定まつたのである」と、皇位継承の永遠であることをとき、「天壌無窮《てんじょうむきゅう》の神勅《しんちょく》」とよばれていた。

もう一つは、神鏡をさずけたときのもので、「それ故、この御鏡を御神体として、伊勢の皇大神宮に大神をおまつり申し、御代々の天皇をはじめ、国民すべてが深く御うやまひ申しあげてゐるのである」と教える。これは「宝鏡の神勅」とよばれているが、私たちは「八咫鏡の神勅」と教えられたように記憶している。

中学校に入ると、古く国土は原始の海に浮かびただよう油の如くだった、というイザナギ、イザナミの国生み神話から始められ、天照大神の神勅を、『日本書紀』（天孫降臨の段、第二の一書）に書かれた通りに暗唱させられた。伊勢神宮との関わりの深い宝鏡の神勅は、つぎのようである。

　此の宝鏡《たからのかがみ》を視《み》まさむこと、吾を視るごとくすべし、与《とも》に床《ゆか》を同くし殿《おほとの》を共《ひとつ》にして、斎鏡《いはひのかがみ》となすべし。

この神勅が語るように、古く八咫鏡は宮中に天皇と「同床共殿」に祀られていたが、垂仁朝に皇女ヤマト姫は、天照大神を祀るよき処をもとめて各地を巡り伊勢にたどりついたとき、大神がこの国は良い所だから、ここにいたいとおっしゃったので祀った。それが現在も天照大神を祀っている伊勢神宮であると教わった。

これは明らかに同床共殿に祀れという神勅への違反であり、体のいい追放ではなかろうか、と中学生の私は、違和感とともにささやかな疑問をもった。神勅とは絶対的なもので、ことと次第によって変えていいというものではないはずであり、それを天皇自らがおかしているからである。しかし子どもの疑問も、ここまでである。

少年期の終り

日本神話に興味をもち、二、三の大学生に『古事記』を読みたいというと、それはどうかな、と誰もがいった。そして、読むなら『万葉集』がいいといわれた。理由は『古事記』には露骨な性の描写があるからで、「大人になったら解ります」には、国体と性とにかかわる二つがあり、出版物は国体と性にかかわる字句は××と伏字にされていた。もっとも多いのはマルクス主義の文献、ついで翻訳ものの恋愛小説だったが、さすがに『古事記』の字句を伏字にすることはできなかったのである。その意味で、戦前の知識中間層家族の子どもたちの性の知識は『古事記』に始まったといえるかもしれない。

英先生が「大人になったら解ります」と教室でいわれた後、そのことを級友たちと話し合った記憶はない。誰もが口に出してはいけないことがあるのを知るようになっていたのである。それは少年期の終りでもあった。そして私の戦前の記憶は、皇国史観に対する子どもっぽい詮索から、玉砂利を踏む足音へとかわっていった。もはや理屈ではなく国民の一人として行動しなければならなくなっていたのである。

「大人になったら解ります」をいいかえれば、まともな大人なら誰もが知っているということであり、大学生ともなれば多くの疑問をもっていただろう。その疑問を胸に抱きながら学徒出陣していったのである。そして、その疑問をふりはらうかのように、若者の多くが『万葉集』を読み、なにかというと、大伴家持の「海ゆかば」をうたったことが思い出される。

戦後、軍部にだまされたと多くの人がいったが、もしそうであれば、だまされた方も悪いのであって、日本国民はそれほど愚かだったのではなく、戦前に存在した国民多くの健全な常識のうえに津田左右吉の記紀批判もありえたのだと思う。戦後の古代史学、とくに伊勢神宮史研究の多くは津田左右吉を出発点とした。その意味で戦前と戦後は連続していたのである。

二　伊勢の神宮

内外のアンバランス

伊勢神宮とは、伊勢の神宮、さらには伊勢の神の宮であり、天照大神を祭る宮殿をいう。いいかえれば、伊勢神宮とは、神宮建築をいう名称であるという、ごく当り前の事実を、まず確認しておきたい。

戦前、参詣者たちがみることのできた瑞垣《みずがき》内の神宮正殿《しょうでん》、東西の宝殿《ほうでん》などは、『尋常小学国史』教科書の挿絵（図1）と同じように、大宮地の西側に接した小さな丘の上から撮った写真ないし図絵だけだった。それは伊勢神宮の御殿が農家と同じ茅葺《かやぶ》き、素木造《しらきづくり》であるのは、国民を思われての質素、素朴と、中世以来語り伝えられてきたまま教えるのに、ぴったりの絵柄だったのである。

昭和二八年（一九五三）の式年遷宮《しきねんせんぐう》で新しく造営された伊勢神宮の神宮正殿ほかの御殿を、遷宮祭の直前にさまざまな角度から撮影した渡辺義雄の写真によって、私たちははじめて実際のすがたを見ることができた。それは古典的な均整のとれた素晴らしい建築だった。むろん、写真からでは、瑞垣にかこまれたなかに正殿と東西二つの宝殿の配置関係、さらに周囲をかこむ杉木立など、瑞垣内の空間感覚はわからない。だから今もなお、人々の眼から神宮をかくしているのは、まぎれもない事実である。

しかし建築というものは、視覚的な空間認識による思想的な表現体として、時代をこえて人々に語り伝えるもので、本来かくすものでないことは、古今東西にかわりはなく、伊勢神宮もその例外であろうはずはない。

伝統的な日本建築は、敷地を垣や塀で囲い家屋の外側に庭をとる外庭型であり、中近東や地中海地方のように、敷地一杯に建物をたてて中庭をとる内庭型ではないから、神宮の中枢である正殿、宝殿を垣で囲うのは自然で

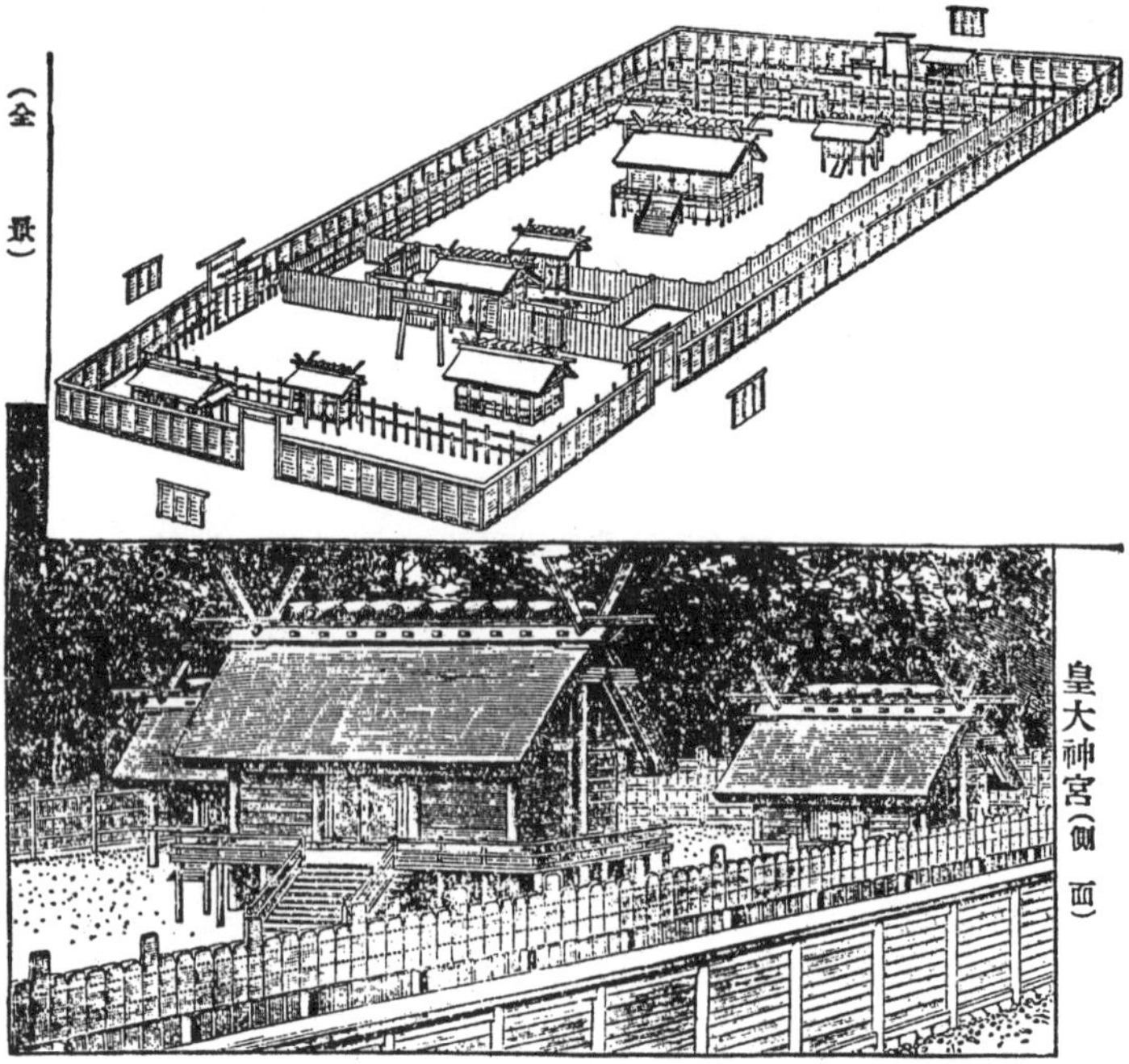

図１　皇大神宮（『尋常小学国史　上巻』文部省国定教科書）

あるにしても、明治以前にはなかった板垣で、厳重に囲みこんで人々の眼からかくして、神宮建築にいったい何を語らせようというのだろうか。

ところが、人々の眼からかくしながら、伊勢神宮の建築は、棟持柱《むなもちばしら》ほかの丸柱の節をすべて木の栓をうめこんで、あたかも節のないかのように表面をつるつるに仕上げ、角材は垂木《たるき》にいたるまで四方柾《まさ》、壁、床などの板材も板目ではなく木目のまっすぐに通った柾を用い、茅屋根を厚く葺いて鋏で整形し、扉などの飾り金物を増やして正面からみえるきざはしの蹴上げにまで付けるといった、いやが上にも荘厳美麗に仕上げていた。建築史の太田博太郎は、伊勢神宮はもはや建築ではなく巨大な工芸品であると評した。

神宮建築の巨大工芸化の絶頂は、昭和四年（一九二九）の式年遷宮だったという。戦後四年おくれで挙行された昭和二八年（一九五三）の遷宮は、大戦下B29の空襲で一部焼けたとはいえ、材料のほとんどが戦前に準備されていたこともあって、ほぼその方式が踏襲されていたのである。

皇大神宮の大宮地の東南部に高く築かれた石垣を、表参道から仰ぐように見ることができる。江戸時代の絵図と比較すれば、明らかに明治以後につくられたもので、建築史の福山敏男は、

昔は自然の高低のままに現地を仕切ってあったはずであるから、今のようないかめしい景観ではなかったろう。

と書いている。神宮の工芸化になぞらえば神域の城塞化ともいえる。先に私は、神宮正殿は古典的な均整のとれた見事な建築だといった。そして神宮の工芸化・城塞化のすべてとはいえないものの、近現代建築のすばらしい達成だったともいえるのである。これは現代の建築としての伊勢神宮建築の矛盾である。

国民的信仰

伊勢神宮への民衆信仰は、おそくとも平安末にはすでにあらわれ、南北朝戦乱の世に一二〇年余、遷宮造替が絶え、ために本宮、別宮のことごとくが腐朽倒壊して神体を収める仮小屋程度の建物しかなかった時代にも参詣者の群は絶えず、江戸時代に入ると、「お蔭《かげ》参り」「抜け参り」の参詣者をふくめ、年に数十万の群衆が伊勢参りした。その頃、伊勢神宮は参詣者に対してとても開放的だった。

明治二二年(一八八九)、伊勢神宮を参拝した時の文部大臣森有礼が、外玉垣御門《そとたまがき》にかけられた幕をステッキであげてなかをのぞいたのは、不敬であるとして熱狂的な皇国主義者に暗殺されたのは有名であるが、江戸時代にこんな幕はなかったばかりか、人々は外玉垣御門を通って、中重《なかのえ》とよばれる玉垣内に入り内玉垣《うちたまがき》御門前で参拝した。そして隣接する古殿地には遷宮前の旧正殿をそのまま残し、人々は旧御殿を間近に見ることができた。神々は新御殿に遷《うつ》って旧御殿は機能していないから、人々の見物に供するのは、現在、遷宮前に新御殿を撮影しても不敬ではないと同じで、なんの障りにならないのである。

その一方で、古来、明治になるまで伊勢神宮を参拝した天皇は一人もいない。この先例を破った最初の天皇は、明治天皇である。明治維新で江戸城が開城して江戸＝東京が首都になると、明治天皇は直ちに東京に行幸し、その際参拝する予定だったが、戦乱が東北地方にまでおよぶ緊急事態だったので果たせず、東北地方を制圧して、一度京都へ帰還した後に伊勢神宮を参拝した。そして明治四年、政府は伊勢神宮を内務省の管轄下におき、それまで世襲だった神職を官吏にかえ、明治一〇年、古代から綿々と伝えてきた祭式を大幅に変更する暴挙をあえてし、国民的なひろがりをもっていた伊勢信仰を、近代西欧型の国民国家を創出する民衆統合のために徹底的に利用したのである(＊3)。

三　戦後の伊勢神宮

象徴天皇制

明治以後、天皇の命令は神の命令であり絶対であるとされた。そして天皇が神であることを保証したのは、伊勢神宮だった。伊勢神宮に祀る天照大神は、この国は神の子孫である天皇によって永遠に統治される国であると、神勅で宣言し、明治憲法もまた、天皇は神であると規定した。つまり伊勢神宮は明治天皇制の象徴だった。その天皇の命令のもとに大戦を戦って敗れた。その意味で、伊勢神宮は、たとえ神宮それ自身によってなされたことではなかったにしても、国民を戦争へと組織的にかりたてていった神社だったのは確かであろう。神風特攻隊の神風は、いうまでもなく伊勢の神風であって、軍人ばかりでなく国民を一丸とさせたことにおいて、伊勢神宮は、靖国神社にまさっていたかもしれない。

大戦は国民すべての共通体験だったが、それぞれの体験は千差万別だった。陸海将兵の命運の多くは、偶然ともいえる運不運によって大きく左右された。それは遠く海外の戦場におもむいた軍人、軍属、沖縄・サイパンなど戦場になった島民ばかりでなく、広島・長崎の原爆投下、東京大空襲をはじめ、B29の焼夷攻撃をうけた都市民をふくむ銃後国民のすべてにあてはまる。学童疎開や強制疎開、学生・生徒は軍需工場への勤労動員と家族ばらばらになり、遠く海外に渡った陸海の将兵・軍属はもちろん、銃後国民もよく戦い、多くが傷つき死んでいった。さらに戦後には、飢餓と混乱が都市民を襲い、占領軍による社会改革の嵐が吹きまくった。これらは個人の意志や能力をはるかに超え、誰もが多少にかかわらず傷ついた。

すべては天皇の命令による結果である。にもかかわらず、昭和天皇は戦争責任をとらなかった。道義的責任も説明責任もとらなかった。それが天皇というものであって、権謀術策の渦のなかで長い歴史をしたたかに生き抜いてきたことにこそ、天皇の本質があるのかもしれない。昭和天皇もまたGHQとのひそかな同意のうえに、あらかじめ「人間宣言」して退位をさけ、やがて訪れる大衆社会にふさわしい象徴としての国家元首へと自らを変身させた。

平和憲法ともよばれる昭和憲法によって、天皇は国民総意の象徴とされ、天皇はもはや神ではなく、神からの保証は天皇家本来の祖神であるタカミムスヒを主神に、古くから朝廷独自におこなってきた大嘗祭《だいじょうさい》をはじめとする宮廷祭祀だけで充分である。もはや天皇は、伊勢神宮から神であることの保証を必要としてはいない。

つかの間の神話時代

昭和二八年（一九五三）、伊勢神宮は、戦後初めて四年遅れの式年遷宮をおこない、この年の二月一日に放映を開始したNHKテレビをはじめ、ラジオ、新聞、雑誌は大きく報道し、同年から翌年にかけて一〇〇〇万に近い人々が伊勢参宮した。その五四年、家電メーカーは自ら「家電元年」を宣言した。平和憲法のもとで、戦前の国民総生産の多くを占めていた軍事産業は家電製品に代表される平和産業へと転換して、家庭用耐久消費財が洪水のように市場に現われ、五五年に国民総生産が戦前最高の水準を超えたことから、五六年の経済企画庁の経済白書は「もはや戦後ではない」と宣言した。

興味深いことにマスコミは、家電の目玉製品を「新家庭の三種の神器」とよび、未曾有の好況を有史以来の景気であるとして、『古事記』『日本書紀』が初代天皇とする神武にちなんで「神武景気」、ついで天の岩屋戸神話を略して「岩戸景気」、さらには天地創造の神であるイザナギ・イザナミにあやかって「いざなぎ景気」と命名した。しかし国民の生活は依然貧しく、一九六〇年頃、大学卒の初任給が一万〜一万五千円だったのに対して、電気冷蔵庫は五万〜六万円、テレビ（白黒）は二〇万〜二五万円したから、若いサラリーマン家庭にとっては、三種の神器のようにうやうやしい存在だったとはいえるであろう。新しい時代の到来を前に、人々は意識するとしないとにかかわらず、歴史以前の神話時代を想起していたのである。

伊勢神宮の再発見

戦後一四年たって私は、伊勢神宮を参拝し、参道の玉砂利をふむ足音から、戦前に修学旅行で伊勢神宮を参拝したことを、ついこの間のことかのように、まざまざとよみがえらせ、さらに幼少年時代のことを思いかえした。そのほぼ三カ月後に訪れた出雲大社で受けた感想をもとに、翌昭和三五年（一九六〇）、伊勢神宮と出雲大社とについて書いた『民と神の住まい』と題する小著をだし、その巻頭に、竹内好の「日本の一木一草に天皇制がある。日本人の皮膚感覚に天皇制がある」という言葉を引用した（*4）。たしかに私の皮膚感覚には天皇制がしみこんでいたのである。

もし、この伊勢神宮と出雲大社の参拝を前後逆にしていたら、私の文章はどうなっていたかと思う。というのは旧国鉄の出雲直通列車「出雲」号にのって東海道を西にくだったのは、伊勢湾台風のあった直後だったので、列車は名古屋付近の冠水地帯の土手の上を延々と走ったが、この台風によって、神宮参道の杉並木が倒れ、つぎに参詣したときには、神域が見違えるように明るくなっていたからである。たとえ玉砂利の音は変わらなかったにしても、中学生時代の思い出をあれほど克明に意識の底から引きだしてくれたかどうかはわからない。

ともあれ私は、日本の一木一草、日本人の皮膚感覚を象徴するのが伊勢神宮ではないかと考え、神宮の創立にさかのぼって勉強し、それがいかなる建築であるかを解明するのは、現代建築の評論家である私の責務の一つではないかと思っていた。

昭和三五年、伊勢神宮史の編纂事業にかかわっていた独学の地元学者、大西源一の著書『大神宮史要』（平凡社）と、私の『民と神の住まい』が二月に、藤谷俊雄・直木孝次郎著『伊勢神宮』（三一新書）が七月に刊行されている。さいわい私の小著は比較的好評で、毎日出版文化賞をいただくなど、評論界へのデビュー作となった。しかし私自身は、賞をいただけるほどの著作とは思えず、いつかは書きかえなければという思いが、私を伊勢神宮研究から離れられなくし、もしかしたら、それが私のライフワークになるかもしれないという予感を感じさせられてもいた。

宗教でない宗教

藤谷・直木著『伊勢神宮』の「はしがき」に藤谷はつぎのように書いている。

日本人のほとんどすべてが、一生に一度は訪れたことのある伊勢神宮。日本のメッカであるという人があるかもしれない。またそれは日本の歴史、日本の天皇制ともつねにむすびついてきた。

それは宗教であって宗教でないとされてきた。キリスト教を信じる者も、仏教を信じる者も、他のいかなる宗教を信じる者も、いや、いかなる宗教をも信じない者でも、日本人であるかぎりは、これを信仰し、これを尊敬しなければならないものとされた、日本の最高の聖所であった。

その伊勢神宮について、われわれはどれだけの知識をもっているだろうか。考えてみれば、われわれはあまりにもわずかの知識しかもっていないことに驚くのである。

しかし、さらに考えてみれば、それは当然のことであるかもしれないのである。

「なにごとの、おわしますかは、しらねども」という西行の歌は、この間の事情をよくいいあらわしている。

神秘は知られることによって神秘ではなくなる。伊勢神宮の神聖をまもろうとする人々は、つねに国民の眼から真実をおおいかくしてきた。われわれが本書を書こうとして、まずつきあたった壁は、神話や、伝説や、信仰を語った書物は少なくないが、伊勢神宮の真実を語った書物があまりにも少ないことであった。

これが高度経済成長を、ただひたすらに走りぬけた狂乱怒濤の一九六〇年代が始まる時期に、史学者たちの伊勢神宮に対する実感だったし、著者たちよりも一世代若い私にも共感させるものがあった。その意味でこの文章は、当時、史家をふくむ多くの人に、伊勢神宮がどのように思われていたかをしるした貴重な証言である。過ぐる大戦は、日本人の共通体験だったが、おそくみても中世なかば頃から戦前戦後まで、伊勢神宮参拝は多くの日本人の共通体験になっていたのである。そして同時に、著者たちの心情の吐露でもあったことはいうまでもあるまい。

藤谷が「つねに国民の眼から真実をおおいかくしてきた」と書いたのは、「国民の眼」というかぎり現在もかわるところはない。伊勢神宮は八重垣とよばれる四重の垣でかこい、外玉垣御門には大きな幕を下げて人の眼からかくしているばかりでなく、その外側の境内ですら、参道以外は細縄をはって容易に人の近づくことをできなくしているからである。

しかし、問題はそのようなところにあるのではない。いうまでもないと思うが、西行ほどの人物が、伊勢神宮に祭られている神について知らなかったはずはない。もっともこの歌は西行作とは認められてはいないけれども、伊勢神宮の祭神が天照大神であることは、国民の誰もが知っていることだった。「なにごとの、おわしますかは、しらねども」の歌が、西行作としてひろく人口に膾炙したのは、神宮に参拝したときの感動を率直に表現したところにあったであろうし、伊勢神宮の真実とは、そうした人々の神宮に対する心情にこそあったのではないだろうか。

そしてまた国民の多くが知っているように、日本人の信仰には教義・教典のたぐいがないことであろう。その意味で「宗教ではない宗教」であるのは、神社一般にいえることである。ただ伊勢神宮の場合は、『古事記』や『日本書紀』が教典にあたるとされ、そのことが神宮を日本最高の神社としている由縁でもあるが、伊勢神宮への国民の信仰は、それぞれの地域の氏神への信仰という末広がりの大きな裾野の上になりたっていることを忘れるべきではない。

ともあれ、藤谷・直木両氏が巻頭でのべた、つねに国民の眼から真実をおおいかくそうとしてきた人々とは、伊勢神宮への国民的な信仰を、国家への忠誠へとむけさせようとした人々、つまりは皇道史観を鼓舞した人々であるだろう。であるとすれば、歴史家たちは、天皇制批判が解禁された終戦直後に、伊勢神宮史研究を開始せずに、戦後二〇年をへて「戦後は終った」といわれる時期になって、ようやく「伊勢神宮の神聖を守ろうとする人々は」といったのは、いささか時代おくれ、時代錯誤ではなかったかと思う。それというのも、戦後は伊勢神宮をとりあげること自体、保守反動とおもわれかねない時代だったからである。その意味で、戦後の歴史観は、裏返した皇国史観だったといってよい。

そのなかで、いち早く『伊勢神宮』を発表した藤谷、直木両氏には敬意をはらうものであるし、私自身、大いに学ばせてもいただいた。その後の直木説が、伊勢神宮成立史の先駆としての位置を保ち続けたのは、藤谷が「神話や、伝説や、信仰を語った書物は少なくないが、伊勢神宮の真実を語った書物があまりにも少ない」と書いたように、『記』『紀』、とくに『日本書紀』の歴史的記述のみをとりあげて、神話や儀礼にふれずに記述したことにあった。すなわち、氏らのいう伊勢神宮の真実とは「史実」のことだった。

しかし、直木が古代の伊勢神宮を、国家神ではあるけれども天皇ただ一人のための国家神であると結論づけたのは、「史実」をいちじるしく歪めたもので実証したものではない。氏もまた裏返した皇国史観からまぬがれてはいなかった。

四　ひらかれた神宮学

現在学としての神宮研究

宮本常一によると、柳田民俗学でいう常民は、もともと渋沢敬三がいいだした語で、コモンセンスを常識と訳しているから、その担い手であるコモンマンを常民とよんだという。健全な国家は国民の健全な常識の上に築かれるのであって、国民の圧倒的多数を占めるコモンマンの健全なコモンセンスの上に、日本の歴史を記述するのが民主主義国家の歴史のあり方ではないだろうか。ただし、コモンセンス（常識）のセンスは、知識というよりは感覚であり、中村雄二郎がいったように、コモンセンスとは共通感覚である。

柳田国男は、民俗学に先立つ『明治大正史　世相篇』の自序で、つぎのようにのべている(＊5)。

打ち明けて自分の遂げざりし野望を言うならば、実は自分は現代生活の横断面、すなわち毎日われわれの眼前に出ては消える事実のみに拠って、立派に歴史は書けるものだと思っているのである。（中略）自然史の方面ではこれは夙に立証させられたことで、少しでも問題にはなっていないのである。

ことに一方の人間史の側では、これに比べるとはるかに豊富なる過去の観察が、少しは偏しているかしらぬが、記憶されまた記述されていて、われわれの推測に心強い支援を与えてくれるのみか、さらに化石学にも相当する知識の領分が、また自然史よりは何倍か広いのである。資料はむしろあり過ぎるほど多い。もし採集と整理と分類と比較との方法さえ正しければ、彼に可能であったことがこなたに不可能なはずはないと考えたのである。

たしかに自然史の領域では、現存する動物だけでも、採集し整理し分類し比較して配列すれば、動物進化の系統樹をえがくことができる。これと同様に、眼前に現われては消える事物のみによっても歴史はかける、というのである。この意味で、民俗学は現在学なのである。これをより徹底させたのが、今和次郎の考現学・生活学である。たとえば、ある地方で民家の屋根に、草葺、トタン葺、瓦葺があった場合、民俗学者のほとんどは草葺屋根の民家に関心をそそぐが、考現学はそのすべてに関心をもつ。したがって、考現学の対象は、個々の物事ではなく、その場所と場合であり、歴史をそのなかにふくみこんだ生活世界そのものである。

ところが一九六〇年代の高度経済成長下に、日本の社会構造は、根底から変化し、とくに農村部は都市部よりも急速に変化した。七二年、洋家具や電化製品の所有量において、農村部が都市部をこえるという都鄙逆転現象がおこり、もはや農村は、民俗学のフィールドではなくなって都市民俗学へとシフトした。しかし農村から大量に流入した移住民によって、大都市の伝統的な生活様式も解体していった。

これに対して伊勢神宮は、いまもなお、古代に創立して以来、数十回にわたって更新造替をくりかえしながら祭儀を営み、神々のくらしは生きつづけ、神宮の神域には、創立以来の歴史が刻みこまれているばかりでなく、神に捧げる料理や衣服、調度など、古代以来の生活財の生産も続けられている。

開かれた文献資料

古代史は、金石文をふくむ文献資料のすべてが活字本で公刊され、重要文献の注釈書、索引、事典、辞典などが、もっともよく整備され、国民の誰もが学ぶことができることでは近現代史にならぶであろう。しかも近現代史の資料が、ほとんど無限というに近いのに対して、古代史の文献資料は有限である。そして、神宮の神聖を守ろうとした人々が、伊勢神宮の真実をかくしてきたというのは、少なくとも学問の領域に関してはあきらかに言いすぎであって、少なくとも伊勢神宮は、真実をおおいかくそうとはしていなかった。私のような門外漢が、独力で伊勢神宮史を勉強することができたのは、神宮関係の資料がきわめて豊富で、多くの印刷本で公刊され、膨大な資料を集積した神宮文庫を一般公開し、誰もが自由に閲覧できたからである。

江戸時代の絵図などを見ると、当時の神宮がいかに開放的であったかがわかるが、神官たちによる、古代まで遡っての神宮に関する学問的研究もおこなわれていた。明治国家は、民衆から広い信仰を集めていた伊勢神宮を最大限に利用するために、神宮の祭式を大幅に変更する暴挙をあえてしたが、当時の神官たちは、廃止または改変された古式祭典の数々を絵図にまとめ、文書でも記録にとどめている。そして貴重な神宮関係図書が網羅された「大神宮叢書」全一六巻が編纂され、さらに現在、九巻の増補が吉川弘文館から刊行され、また明治前の遷宮の記録を編纂した「神宮遷宮記」全六巻などが刊行されている。これらは、神宮の内部資料の公開であるが、江戸時代に刊本、写本として市場に流通していた伊勢神宮関係の古文献のほとんどは、正続の『群書類聚』「神祇部」に収録され、民間に流布していた文献資料の豊富さにおいて、伊勢神宮は他の神社仏寺に卓越している。いいかえるなら、伊勢神宮史の研究は、国民のすべてに開かれているといっても過言ではなく、それは伊勢神宮の伝統だった。

そして、天照大神を祭る伊勢神宮は、日本神話（古代）、神国意識（中世）、伊勢参詣（近世）、皇国史観（近代）と、かたちを変えながらも日本の歴史を貫いて、戦前にいたるまで日本人の心に奏でつづけていた通奏低音であったことは、まぎれもない歴史的な事実である。

五　現存する天皇制

役と乱

私たちが戦前、小中学校で教えられていた国史では、日本国の成立以後、明治時代にいたるまで、戦争と内乱を「役《えき》」と「乱」とに区別していた。「乱」は壬申の乱、将門の乱、平治の乱、承久の乱、応仁の乱、南北朝の乱、等々と枚挙のいとまはないが、「役」は「前九年後三年の役」、「文永・弘安の役」、「文禄・慶長の役」、「戊辰の役」、「西南の役」、「明治二七・八年の役」、「明治三七・八年の役」の七つに限定されていた。

このうち「文永・弘安の役」は鎌倉時代の蒙古来襲（元寇）、「文禄・慶長の役」は豊臣秀吉の朝鮮侵略、明治の二つの「役」は、日清、日露の両戦争で、いずれも対外戦争であるが、平安時代の「前九年後三年の役」と、明治維新の「戊辰の役（戊辰戦争）」「西南の役（西南戦争）」を、対外戦争とはいいにくく、なにをもって「乱」と区別していたのだろうか。

「前九年後三年の役」は、東北地方のエゾの自治区で起った反乱である。彼らは安倍、清原など、れっきとした日本名と日本文化を身につけながら、その反乱を「乱」ではなく「役」とよんだのは、日本国家はエゾを夷狄《いてき》として日本人とは見なしていなかったからであろう。

さらに問題なのは「戊辰の役」「西南の役」である。ともに内乱であったにもかかわらず「役」とされて、いまだに戊辰戦争、西南戦争とよばれている。明治維新当時、「勝てば官軍」といわれたように、どちらが正義であるかについては疑義があったにもかかわらず、有無をいわせぬ官軍であり賊軍だった。つまり天皇にはむかうものは国賊であり、日本人であっても国民ではなく、エゾやクマソと同じ夷狄とされたのである。そして、この両戦役の官軍戦死者のみを祀った陸海軍共同施設・招魂社が、後の靖国神社である。

この話をある会合でしたところ、同席した一人は、私の家は幕臣でしたから、家族の誰も靖国神社には参拝いたしませんと言われた。そういわれて、周囲の友人、知人たちを見回してみると、同じ理由で靖国神社を参拝しないものがかなり多いことに気づかされた。靖国神社は、A級戦争犯罪人の合祀以前、すでに国民の心をまっ二つにさいた神社だった。戦後の古代史学は、伊勢神宮を国民のための神社ではなく、天皇のための神社であると、史実をまげたが、靖国神社こそが、もともとは天皇のための神社だったのである。

国民と臣民

明治は、文明開化といわれるけれども、同時に伝統的な日本文化の完成期であって、対外戦争でも、日清・日露の戦役を「明治二七・八年の役」「明治三七・八年の役」など、伝統的な呼称が通用した時代である。ところが、大正期のシベリア出兵をへて昭和に入ると、上海事変、満州事変、支那事変と、戦争布告なきなしくずしの戦争がつづき、戦場は中国大陸に拡大して泥沼化し、結局は、第二次大戦へと突入した。

そして昭和一六年（一九三一）、天皇は大東亜戦争宣戦布告の詔勅の冒頭で、

天佑を保有し、万世一系の皇祚《こうそ》を践《ふ》める大日本帝国天皇は、昭に忠誠勇武なる汝有衆《ゆうしゅう》に示す。朕《ちん》、茲に米国及英国に対して戦を宣す。朕が陸海将兵は全力を奮て交戦に従事し、朕が百僚有司《ひゃくりょうゆうし》は励精職務を奉行し、朕が衆庶《しゅうそ》は各其の本分を尽し、億兆一心、国家の総力を挙げて征戦の目的を達成するに遺算なからむことを期せよ。

と国民を陸海将兵、百僚有司、衆庶の三つに分けて呼びかけた。戦争なのだから陸海将兵を特記するのはいい。

しかし銃後国民を二つに分け、しかも百僚有司の重々しさに比べて、衆庶がいかにもその他大勢という印象であることに、中学三年生だった私は、いささかの違和感をもったのをおぼえているが、その理由がわかったのは、戦後になってである。

戦前戦後、国民生活、国民文学、国民建築など、「国民」の語がキイ概念になっていた。戦争が長期化して総力戦の様相をおびるにしたがって、銃後国民の役割がにわかに強調されるようになり、国民生活の刷新とか国民総動員といったスローガンがしきりとさけばれるようになったが、この「国民」には、上からの「臣民」にたいする抵抗を含んでいた。「臣民」とは、国家官僚である「臣」と他の「国民」とを、明瞭に区別して差別する概念であり用語だったのである。いいかえるなら、デモクラシーは、戦後、アメリカ占領軍とともに入ってきたものではなく、「国民」の名によって、戦前すでに、生活防衛のための幅広い運動によって、準備されていたのである。そして、この戦前戦後をつらぬいて現在におよぶ、国民の現実の上にたった学問を総称して「民間学」とよばれているが、私の立場は、この民間学である。

その一方では、戦中戦後の統制経済によって官僚機構は戦前よりも、はるかに肥大し、さらに戦後以後の国土改造は、これに拍車をかけた。この体制は、行政改革が一向に進まない現在も変わってはいない。いいかえれば、古代律令制へと王政復古した近代天皇制は、いまだに健在なのである。

戦後、伊勢神宮の前には、宮内庁の管轄下に入るか宗教法人として独立するか――つまりは天皇の側につくか、国民の側につくか――の二つの選択肢が残されていた。神宮は、古代以来の神宮の歴史に学んで、宗教法人として独立し、国民とともに歩む道を選んだ。

これに対して、古代史学者たちは、古代に成立した本来の伊勢神宮は、国家神であっても国民の神ではなく、天皇ただ一人の神である、と主張したのである。これがいかに歴史をゆがめたものであるかは、本書を通じて論証するが、それからすでに、半世紀以上がたっているにもかかわらず、この見解はいまだに改められてはいない。その意味で本書は、現在までの古代史学に対する異議申し立てでもあり、民間学の立場からの挑戦状といってもいい。

＊1　もしかしたら、「知識宝典」といった付録の小冊子だったかもしれない
＊2　現に最近出された『記紀神話と王権の祭り』の著者水林彪は同書「あとがき」にそう書いている。
＊3　石田雄『明治政治思想史研究』未来社、一九五四年
＊4　川添登『民と神の住まい』カッパブックス、光文社、一九六〇年
＊5　柳田国男『明治大正史　世相篇』（新装版）講談社学術文庫、講談社、一九九三年

第一章

日本国の象徴

一　天皇による革命

壬申の革命

日本とよばれる古代文明国家が誕生し、その理念を象徴する国家最高の神社として伊勢神宮が創立される契機となったのは、天智没後の皇位継承をめぐって勃発した古代最大の内乱、壬申《じんしん》の乱である。

天智の実弟・大海人皇子《おおあまのみこ》——後の天武天皇が、天智の実子・大友皇子の近江大津京を討つため、吉野を発って和蹔《わざみ》ヶ原（後の関ヶ原）の野上に設営した不破宮を、北山茂夫は「前太子大海人を首長とする軍事政権の樹立」であるとし、大海人軍を「叛乱軍」とよんだ。しかし、一国の政治大権の奪取に成功した叛乱を、叛乱とはよばない。国家権力の奪取に成功した叛乱は革命なのである。

壬申の乱は、国を二分してそれぞれ数万の大軍が戦った規模の大きさもさることながら、後の政治や文化に与えた決定的ともいえる影響の大きさからみても、革命とよぶのがふさわしい。

壬申の乱は、古代最大の内乱だったばかりでなく、古代律令国家を成立させた軍事革命だった。乱後、皇位についた天武天皇は、倭の国名を日本に、大王の称号を天皇にかえ、唐制にならって律令を制定し、正史『日本書紀』および『古事記』を編纂。初めての本格的な都城・藤原京の建設に着手するなどによって、古代律令国家・日本を誕生させた。壬申の乱は、近代の国民国家を成立させた近代革命である明治維新にならぶ古代革命だったのである。

この壬申の革命を勝利に導く大きな力となったのは、ほかならぬ伊勢神宮だった。この戦乱で天武天皇に代わって戦場の指揮をとった高市皇子《たけちのみこ》の殯宮《もがりのみや》で、柿本人麻呂のよんだ挽歌に、戦いたけなわのとき、「渡会《わたらい》の斎《いつき》の宮」、すなわち伊勢神宮から神風が吹いて勝利にみちびき、天下は平定されたとうたっている。伊勢神宮は革命軍を単に精神的に鼓舞しただけではなく、実質的にも高市皇子とともに革命を戦って、天武に勝利をもたらしたことを、人麻呂はうたいあげたとみるべきであろう。

天照大神の出現

壬申の革命で、吉野を出発した大海人皇子の軍は、暗闇のなかをただひたすらに東国へとむかう暗夜行路の進軍だったにもかかわらず、次から次へと各種各様の集団が参軍したばかりか、伊賀の中山では郡司《こおりのみやつこ》の率いる正規軍がどこからともなく現われ、さらに鈴鹿に入ると、伊勢の国司《くにのみこともち》、介《すけ》(国の長官、次官)、湯沐令《ゆのうながし》(元東宮・大海人皇子の封地の長官)が、大海人皇子らを出迎えた。このようなことは、かなり以前から準備していなければできることではない。

大海人皇子は、伊勢の軍勢に迎えられた翌朝、迹太川《とおかわ》のほとりから天照大神を望拝した。神功皇后以前の神話・伝説時代は別として、『日本書紀』に天照大神の神名がしるされたのはこれが最初で、事実上の初出である。伊勢大神や伊勢神宮の前身施設は、はやければ雄略朝、おそくとも推古朝には存在したと考えられているけれども、天照大神は、このとき初めて史上に出現したのである。

この時期、伊賀、伊勢、美濃、さらに尾張、三河などの東海地方に、政府機関以外で幅広い情報ネットワークをもっていたのは、伊勢神宮以外には考えられない。吉野離宮に幽閉状態におかれていた大海人皇子にかわって、伊勢神宮が、もう一つの戦略本部になっていた可能性は充分にある。かつて直木孝次郎が『伊勢神宮』で書いていたように、「伊勢神宮は天武とともに壬申の乱に運命を賭けた」のであり、大海人皇子の迹太川からの望拝が、単なる戦勝祈願であろうはずはない。神への感謝の祈りとともに、壬申の革命成就の暁には、伊勢の神を天照大神としてあがめまつることを、神に誓ったのであろう。すなわち神への誓約であり、この誓約によって天照大神が出現したのである。

神への誓約

革命でも戦争でも、いきなり始まるものでは、けっしてない。その前に、密偵、密使などによる情報収集、謀略、宣伝などなど、目に見えない情報の戦い、さらには思想上の戦いがあったことは、古代とても現代とさほどかわりはなかったであろう。

大海人皇子は吉野宮に幽閉状態におかれ、手足となって働く舎人《とねり》の数もかぎられていた。しかも吉野宮は、大王行幸の際には行宮《かりみや》となって大極殿の役割もはたす、れっきとした近江朝廷の政府機関である。だから常駐する役人たちは、大海人皇子や舎人らの行動を監視し、人や物資の出入りをきびしくチェックしていたはずである。この吉野宮にかわって、第二の革命戦略本部となったのは、かつて大和朝廷東方進出の前進基地であり、伊勢大神の神祠、さらには伊勢神宮に奉仕するため、ほぼ世代ごとにおこなわれていた大王の皇女派遣がとだえた推古二九年以後、朝廷批判勢力の中心になっていた伊勢神宮である。

東海を通じて関東にいたる太平洋側の地方は、推古朝の頃には、大和朝廷によってすでに平定され、歴史の表舞台となった海域は、斉明朝の越の国守、阿倍引田臣比羅夫《あべのひけたのおみひらぶ》の活躍によって知られるように、北海（日本海）へとかわっていた。ために、東国への前進基地として重要視されていた伊勢神宮の相対的な価値は喪失して、大和朝廷による体制強化の対象にされ、神宮は朝廷批判勢力の中心になっていた。逆にいえば、吉野宮にいて近江朝廷への革命を意図していた大海人皇子にとって、東海地方ほかの東国に、広く宗教的、政治的、経済的なつながりをもった伊勢神宮の存在は、きわめて大きなポテンシャル・エネルギーを秘めていたのである。

しかしその反面で、壬申の革命に勝利した暁には、この革命にはたした功績にふさわしい地位を伊勢神宮にあたえなければ、神宮のみならず、神宮のしらせで立ち上がって戦った、東国の人々を納得させることはできない。

大海人皇子が迹太川のほとりから天照大神を望拝したのは、戦勝祈願というよりは、伊勢神宮のよびかけで参軍した人々に対する誓約を、神に誓ったというべきで、この誓約を保証したのが伊勢神宮だったとするのが、より真実に近いであろうし、この誓約とともに天照大神が出現したと考えるのが理解しやすい。

革命のユートピア

吉野は紀伊半島を紀ノ川、櫛田川の両河川が東西に横断する地質学上でいう中央構造線のほぼ中央に位置し、高見峠をこえて櫛田川を下れば、河口近くの左岸、多気郡多気にあった元、伊勢神宮に直結する。そして神宮は、熱田神宮ほか東国各地に散在する神社その他のネットワークをつかって、東海、東国の豪族や民衆たちに大海人皇子軍への参軍をよびかけていた。そうでなければ、吉野を出発した大海人皇子軍のもとへ、つぎからつぎへと様々な集団がまるで地から湧いてきたかのように現われて参軍し、鈴鹿をこえると郡司の率いる国の正規軍が現われ、さらに伊勢国の大軍団を率いて、国司、介らが出迎え、そして美濃、尾張、三河などからも続々と軍勢が集まったなどということがおこるはずはない。

しかし、大海人皇子とともに国家を転覆する革命に加わるには、それぞれに相当な覚悟がいるし、それにあたいするだけの見返りがなければ、誰だって尻込みする。大海人皇子から伊勢神宮経由でおくられた情報には、物質的な利得だけでなく、精神的にも心を奮い立たせるメッセージがこめられていたのではなかったろうか。それが革命成功の暁に実行されるものであることを、保証したのが伊勢神宮であった。だから、大海人皇子が迹太川のほとりから望拝したのは、単なる戦勝祈願だけであろうはずがない。革命成就の暁には、当時、人々が心にえがいていた、ありうべき理想国を実現すると神に誓ったのである。そして壬申の革命に勝利して天皇位についた大海人は、天武三年、大来皇女《おおくのひめみこ》を伊勢に派遣し、このときをもって伊勢神宮が成立したとされている。

近代国家成立にあたって、革命運動の原動力となったのは、人々が心にえがいたユートピアの実現だった。近現代において、世界の多くの人々が理想国を心にえがき、家族や世間に背を向け、国家に対する反逆をくわだてる革命の道を選び、命をかけて闘ったことは、よく知られている。それは世界の諸国家、諸民族の近世末をもふくむ近現代史そのものだったとさえいえるであろう。

迹太川のほとりで大海人皇子が伊勢神宮へむかって神に誓ったのは、理想国建設への誓いであり、いわば革命のイデオロギー、新しい国家建設の理念であった。そう思う以外に、天皇をもこえる至上神として天照大神を祭神とする伊勢神宮の祀られた由来が、私には考えられなくなってきたのである。伊勢神宮を天皇制批判の標的にえらんで神宮史研究をはじめた私にとっては、露ほども思わなかった結末であり、始めは私自身が、狂気の沙汰かと思ったほどである。

日本誕生

『日本書紀』によれば、壬申の乱後一〇年の天武一〇年（六八一）二月二五日、天武天皇と持統皇后は、飛鳥浄御原宮《あすかのきよみはらのみや》の大極殿《おおあんどの》に親王・諸王・諸臣を召して国家の基本法・律令の制定を命じ、さらに翌三月一七日、天皇はふたたび大極殿に臨んで、川嶋皇子・忍壁《おさかべ》皇子・広瀬王・竹田王・桑田王・三野王・上毛野君《かみつけののきみ》三千《ちぢ》・忌部連首《いんべのむらじおびと》・阿曇連《あずみのむらじ》稲敷《いなしき》・難波連大形・中臣連大嶋・平群臣子首《へぐりのおみこびと》ら一二名に「帝　紀《すめらみことのふみ》及び上古《いにしへ》の諸事《もろもろのこと》を記し定めしめたまふ」と、正史の編纂を勅した。上記の文につづけて「大嶋・子首、親《みづか》ら筆を執りて以て録《しる》す」とあるから、直ちに執筆作業がおこなわれたようであるが、結局のところは養老四年（七二〇）、『日本書紀』三〇巻が、舎人親王によって奏上された。これとは別に、その八年前の和銅五（七一二）年、天武天皇の勅命による『古事記』三巻が太安万侶《おおのやすまろ》の序文をつけて献上されている。

令は、持統三年（六八九）六月、唐制にならって飛鳥浄御原令二二巻を完成して諸官に配布した。その後、大宝二年（七〇二）、官名と位号を改正して律をも加えた大宝律令を諸国に頒下し、さらに養老二年（七一八）、藤原不比等らが律一〇巻、令三〇巻の養老律令を撰定した。正史は、国のよってきた由縁を説き明し、律令は国家を法体系によって方向づける、ともに文書化した国家成立のための二つの基盤である。

日本国の誕生を、現実世界に顕在化したのは、首都・藤原京の建設だった。それまで大王の代ごとに遷都していた宮都に代える、永続的な首都としての条坊制都市・藤原京の建設計画は、『書紀』に「京師《みやこ》に巡行《あり》きたまひて、宮室之地《みやどころ》を定めたまふ」とある天武一三年（六八四）に決定して、持統四年（六九〇）から造営が始められた。

初めての瓦葺き宮殿を土壇上に建てた大極殿と朝堂院を中心とする官衙《かんが》。天武・持統の両天皇を象徴する九重の塔をもつ大官大寺と双塔を配した薬師寺との二大寺院を配置・造営して、持統八年（六九四）に遷都したと伝えている。近年行われた発掘調査によれば、藤原京は耳成山《みみなしやま》・天香久山《あまのかぐやま》・畝傍山《うねびやま》の大和三山をも含み込んで、東西幅五・二キロにおよび、計画規模の雄大さにおいては平城京・平安京にまさっていた。柿本人麻呂に代表される万葉歌人は、これら新国家建設のための事業が着々と実行に移されていく若々しい息吹をうたいあげていたのである。

にもかかわらず、藤原京は建都一七年にして早くも平城京に遷都した。そして全国に約六〇の国府、約六〇〇の郡家を建設し、さらに東大寺をはじめ国分寺・国分尼寺を国ごとに造営して、水田のすべてを条里田に整えた。

国府、郡家は計画都市であり、東大寺は現存する世界最大の木造建築、奈良の大仏の名で知られた盧遮那仏《るしゃなぶつ》は世界最大のブロンズ像、国々の国分寺は近世の城郭があらわれるまで、その地方最大の建造物だった。これらすべてを一挙に計画的に造営した、世界文明史上にも稀な都市革命である。都市革命によって、その社会は文明の段階に入るとされるが、その契機となった壬申の革命は、明らかに日本文明を成立させた古代革命だった。

ついでながら、近世初頭には、世界最大の城塞である江戸城をはじめ、全国約三〇〇の城と城下町、長崎、新潟、倉敷ほか天領の港町などの計画都市を造っている。産業革命以前の農業社会段階にあって、一度ならず二度までも数百の計画都市を全国一斉に造営した文明は、世界広しといえども日本以外にはないだろう。

二つの軍事革命

古代律令国家を建設して農業文明を成立させた壬申の革命は、近代の国民国家を樹立し、産業革命をいちはやく達成して工業文明を成立させた近代革命としての明治維新とならぶ古代革命であり、日本史上に特筆される二大軍事革命の一つである。明治維新は欧米列強の包囲下でおこなわれたように、壬申の革命も東アジアの国際情勢と深くかかわっていた。

倭国は朝鮮半島の紛争に乗じてたえず干渉しつづけてきたものの、天智二年（六六三）、百済《くだら》救援のために派遣した倭の水軍が、唐・新羅《しらき》連合軍と白村江《はくすきのえ》で戦って大敗し、半島に保持していた権益や勢力の足がかりをまったく喪失して、倭軍は百済の遺臣遺民をつれて帰国した。そして筑紫に水城を築いて大宰府の防衛力を強化し、対馬の金田、讃岐の屋島から大和の高安山にいたる瀬戸内の各地に山城をつくり、近江大津京に遷都して唐・新羅の侵攻に備えた。唐・新羅の監視下、列島にとじこめられた危機意識と民族意識の高まるなかで、壬申の革命がおこったことでも、欧米列強包囲下の明治維新と類似している。

壬申の革命後、「大君《おおきみ》は神にしあれば」と万葉歌人が歌ったように、革命に勝利した天武天皇は現人神《あらひとがみ》として国家に君臨した。明治維新もまた、明治天皇を擁立して錦の御旗を先頭に掲げ、徳川幕府から政治大権・軍事大権を奪還し、第一条「大日本帝国は万世一系の天皇之を統治す」、第三条「天皇は神聖にして侵すべからず」と規定した明治憲法のもとに、西欧型の国民国家を樹立し、産業革命を遂行して日本文明を農業社会段階から工業社会段階へと移行させた近代革命である。

すなわち壬申の革命と明治維新は、ともに天皇の名による革命であり、この二つの軍事革命によって成立したのは、養老律令と明治憲法との法体系に支えられた天皇国家だった。これまでの常識からいえば、天皇によって天皇国家をつくりあげた、天皇のための天皇による天皇の革命など聞いたためしはないといわれるかもしれない。しかし明治維新が天皇国家を建設した近代革命であったと同様に、壬申の乱もまた軍事革命によって旧体制から政治大権を奪取し、都市革命を遂行して古代国家を建設した革命だったことに疑問の余地はない。

日本の易姓革命

天武天皇は自らを漢の劉邦《りゅうほう》に擬していたとされる。天皇自らが革命による建国者と自負していたのである。とはいえ、古代日本が範とした中国の革命は、天命によって前王朝から権力を奪取することによって、国名とともに天子の姓を変える易姓《えきせい》革命である。壬申の革命は、王位継承をめぐって天智大王の実弟・大海人皇子と実子・大友皇子とが争った皇室内の内紛ともいえるもので、その意味では中国でいう革命ではない。

けれども、古代日本の姓は、現在の私たちがいう姓名の姓ではなくて、カバネである。天皇に姓はないとされているが、明治になるまで、平民に姓はなく、代わりにつけられていたのは家名（屋号）や地名だった。それは日本社会の基礎構造になっていた「家」が、士農工商の身分制度のもとで、公家、武家、農家、工家、商家、漁家などなど、家業（家職）を継承する職業共同体だったからで、たとえば番頭や手代などの奉公人も、ばあややねえやなどとよばれていた乳母や女中も家の構成員、つまりは家族の一員と見なされていた。いわゆる家の子郎党の家の子も家族であって武家も同様である。このことでは、古代の氏族も原則的には同じだった。

古代の氏姓でいう氏（ウジ）は、中国や韓国のような同姓内結婚を認めない血縁共同体ではなく、豪族のもとに部民とよばれる地域的・職業的共同体を統合した集団であって、葛城臣、蘇我臣など地域的な豪族は「臣《おみ》」、物部連、大伴連、中臣連など職業的な豪族は「連《むらじ》」、上毛野君、三輪君など地方の首長は「君《きみ》」というように、大王から氏の首長に下賜された称号を姓（カバネ）とよんだ。たとえば蘇我臣馬子の蘇我は地名、臣は姓、馬子は名である。姓は、臣、連、君、別、国造、県主、村主、直、宿禰《すくね》など、家系や世襲の職名として朝廷から賜った名称であり、とくに臣、連は国政に参画した家系で、臣姓の蘇我、平群《へぐり》、紀、葛城など、大和朝廷とは相対的に独立していた大和地方の地名を冠した豪族であることはご存知のことだろう。連姓の物部、大伴、中臣、斎部などは朝廷に直結した各種の職業集団である部民を統率した職名であり、したがって臣は江戸時代の幕府に対する外様大名に、連は譜代大名にあたる。すなわちカバネは政治的な性格が強く、家系の出自、血筋が重んじられていたことでも、江戸時代と基本的には同じであろう。

日本の姓が中国の姓とは違う、独自のものであることはわかった。それでは壬申の革命は、どのような易姓革命だったのだろうか。

倭と日本

『宋書・倭国伝』にかかれている「倭の五王」は、倭を国号ばかりでなく王の姓にもされていたことが知られている。つまり中国の周、漢などの国名が、同時に、国王の姓でもあった、のと同じである。だから、大王と書いてオオキミとよんだ王の称号を、大臣（オオオミ）や大連（オオムラジ）の臣・連などの姓（カバネ）に当るとみても不当ではない。したがって、天武天皇が新しい国家を設立し、倭の国名を日本にかえ、大王の称号を天皇としたこと自体、日本の易姓革命だといえる。さらに天武一三年に、真人《まひと》、朝臣《あそみ》、宿禰、忌寸《いみき》、道師《みちのし》、臣、連、稲《いな》置《き》の八《や》色《くさ》の姓を設け、姓を公職から切り離して尊卑の別に分けることによって、身分の差なく公職に登用できる道をひらくなど、氏姓制度そのものを改革している。

　大海人皇子、後の天武天皇が、東国の軍勢をあつめて近江朝に勝利して日本国を成立させた壬申の乱は、国名を倭から日本にかえたことじたい、中国が革命によって国名をかえるのと同様に、日本における易姓革命だったといえるのである。

　革命は、天命のもとにおこなわれる。しかし、それは中国の天ではなくて日本の天でなければならない。中国の唐の天下にくらべれば、小さいとはいえ、日本が独立した一つの国家であり一つの天下であるためには、いいかえれば、壬申の乱が日本の革命であるためには、日本の天が必要だった。

　そのため、古くから大和王朝とつながりをもっていた伊勢大神をまつる神宮をもとに、中国の天帝にあたる日本の至上神、天照大神を創出し神統譜のなかに位置づけて『記』『紀』に記述し、唐制をも取り入れながら日本独自の律令を定めて、日本の天の神をまつる、まったく新しい伊勢神宮を創立する必要があったのである。

日本誕生と唐

日本国誕生のニュースは、時をへずに中国へ伝わった。『旧唐書・倭国日本伝』は、こう伝えている。

　日本国は倭の別種なり。その国日辺にあるを以て、故に日本を以て名となす。あるいはいう、倭国自らその名の雅ならざるを悪《にく》み、改めて日本となすと。あるいはいう、日本は旧《もと》小国、倭国の地を併せたりと。その人、入朝する者、多く自ら矜大、実を以て対えず。故に中国焉《こ》れを疑う。

いくつか情報が錯綜したばかりでなく、中国人にとって国名変革は、革命以外に考えられないにもかかわらず、日本人は壬申の乱を革命とよんではいなかったし、事実、倭王と同じ王統が日本国王を継承しているのは、中国人にとって、とうてい理解できないことだったろう。しかし、くい違うようにみえるそれぞれの情報は、全体として事実を伝えていたと思う。試みに、「あるいはいう」を除いて、情報別に分かち書きしてみると、つぎのようになるだろう。


日本国は倭の別種である。その国は太陽に近いことをもって、国名を日本とした。

倭国自らその名を雅でないのをもって、改めて日本にしたともいう。

日本はもと小国で、倭国の地を併せたともいう。

その入朝する者の多くは自ら矜大で、事実を伝えていないと、中国ではこれを疑っている。

結局のところ、中国人が理解できたのは、太陽に近い東の小国が倭国を併合して日本国が出現したということだったのである。

二　伊勢神宮の創立

神宮建築の特殊性

日本が倭、天皇が大王とよばれていた頃、倭の大王の強大な権力を誇示した記念的造営物は、いうまでもなく前方後円の巨大古墳だった。現在は、木々に覆われて自然の山かのように見えるけれども、兵庫県明石市に復元されている五色塚古墳にみられるように、巨大古墳は前方後円の幾何学的・人工的な形態で、表面を覆石でおおい大地をおさえこんだ、土地と一体になった永遠の造形であり死の造形である。そして宮都や集落の近くにそびえて、古代社会の景観をつくりだす重要な要素になっていた。とはいえ、大王の陵墓がいかに巨大であったにしても、全国に約五二〇〇基もあるという前方後円墳の一つにすぎない。

これに対して伊勢神宮の御殿は、高床の上にのせて大地から切り離し、二〇年ごとに建て替えられるテンポラリーな建物であり、絶えず生まれ変わる生の造形である。すなわち伊勢神宮は、古墳のように大王や豪族など個人の強大な権力を誇示するのではなく、日本の天、いいかえれば日本の天帝にあたる天照大神を祀り、天皇位は天命によってあたえられ、代々受けつがれるものであることを表現して、天皇の存在理由を象徴し保証する日本に唯一で最高の神社として創立された。しかも、その鎮座地は都城から遠く隔たっているばかりか、延暦二三年(八〇四)の『皇大神宮儀式帳』が、「度会郡宇治五十鈴川上の大山中」と表記するほど、人里から遠く離れた五十鈴川川上の深い森の中に、あたかも身を隠すかのように、ひっそりと祀られている。

明らかに古墳時代とはまったく違う、新しい死生観・世界観の誕生を示す大きな思想的な転換があったことをうかがわせている。

仏教の公布

この思想的な転換をもたらした最も大きな要因の一つが、仏教の伝来だったであろうことに疑問の余地はない。

宗教的な儀礼の場としての神殿は、おそらく縄文の昔までさかのぼることができるかもしれない。しかし、現在、私たちのいう神社建築が建てられたのは、どんなに古くみても、仏教寺院が建立される以前にさかのぼることはできない。いいかえれば、仏教寺院になぞらえ、さらには仏寺に対抗して神社建築を建てたのである。

仏教が伝来したとき、倭国では仏教を蕃神《あたしくにのかみ》、つまり他国の神とよんだ。したがって神社建築の成立は、他国の神を祭る仏教寺院に対して、自らの神を再確認、再創造することによる、仏教に対する抵抗であるとともに、仏教は天照大神という神格を形成する一つの母胎であったとさえいえる。奈良時代、異国の仏が日本の神となって垂迹《すいじゃく》したとする本地垂迹《ほんちすいじゃく》説が説かれたが、日本の神は、本来、そのような性格をもっていたのであり、このことは深く考えてみる必要がある。

伊勢神宮が、仏を「中子《なかご》」、塔を「あららぎ」、法師を「髪長《かみなが》」、優婆塞《うばそく》（斎宮）を「つのはず」等々と忌言葉をつかって、仏教をつよく忌避していたことはよく知られている。にもかかわらず、神宮建築について考えはじめたかなり早い時期から、なぜか聖徳太子の「世間虚仮　唯仏是真」という言葉が思い出されてならなかった。事実、それが仏教と深いところでつながっていることに確信をもったのは、比較的最近のことである。

日本最初の永続的な都市・藤原京は、大官大寺（大安寺）や薬師寺、さらに平城京には東大寺の大伽藍をはじめ興福寺、唐招提寺など、数多の寺院によって飾られていた。ところが、日本国最高の神社、伊勢神宮は、首都から離れ、人里からも離れた森のなかに、ひっそりと祀られていたばかりか、交通の便にめぐまれていないうえに、風光明媚な景勝地でもなく、『儀式帳』に「大山中」とあるものの、山岳修行にふさわしい深山幽谷でもなかった。

いずれにせよ、神宮建築の存在様式は、世界文明史上、極めて特殊な様式であり、少なくとも一国を代表するモニュメンタルな建造物で、他国にこのような例のあることを知らない。

大来皇女の斎王解任

壬申の革命後の天武三年（六七四）、大来皇女を斎王として伊勢に派遣した。そして、これをもって伊勢神宮の創立とするのが、現在までの多数意見になっている。ついでながら、平安後期に成立した『神宮雑事記』は、持統四年（六九〇）に、第一回の式年遷宮がおこなわれたとし、その後の式年遷宮を第何回とよぶのは、ここから起算したものである。ところが、天武崩御後、大津皇子の変に関連して、大来皇女は斎王を解任されて都にもどり、以後、斎王は不在だった。

通説では、大津皇子は、持統による実子、草壁皇子を皇位につけたいがための術策にはまったとされているが、このとき大津皇子が姉の大来皇女を訪ねて伊勢にいったことは、『万葉集』所載の大来皇女の歌から知られている。かつて政府批判勢力の中心となり、壬申の革命では、もう一つの革命戦略本部になっていたと推察される伊勢神宮に、天皇崩御直後に駆け込むというのは、ただ事ではないのである。『書紀』に、

〔持統称制前紀（六八六）一一月一六日〕伊勢神祠《いせのかみのまつり》に奉《つかへまつ》れる皇女大来《ひめみこおほく》、還《かへ》りて京師《みやこ》に至る。

とあり、「伊勢神祠」と書かれていることに注意される。この事件以後、伊勢神宮はもはや「神宮」ではなく「神祠」とされた。現在の多数意見になっている天武天皇による創立とする伊勢神宮の実体は、このとき消え去っていたともいえるのであって、現在にいたるまでつづいてきた伊勢神宮の創立を、天武三年にもとめる論説の数々は、白昼夢をえがきだしているにすぎないであろう。

大来斎王解任の結果、伊勢神宮を日本の天の神としてまつる天武天皇の神への誓約も破棄された。というよりは、壬申の革命で功績の大きかった神宮は自己主張して、天武の理想どおりにならなかったのではないだろうか。だからこそ、夫・天武の遺志をついだ持統天皇は、伊勢神宮を多気から度会へと遷す必要があったと考えられてくる。

持統六年（六九二）三月、大三輪朝臣高市麻呂《たけちまろ》が農時の妨げになると中納言の冠位を賭しての諫言にもかかわらず、持統天皇は伊勢地方に行幸し、二神郡および伊賀・伊勢・志摩の国々を通過した。その記事に、伊勢神宮がまったくみられないのは、はやくから注意されてきたことである。

持統天皇には、天武の遺志をついで、どうしてもしなければならない、そして彼女にしかできない重要な課題が残されていた。それは、壬申の革命による新国家建設は、天命に基づくものであり、しかも、その天は中国の天ではなく、小なりといえども中国から独立した一つの天下である日本の天であることを、多くの人々に、納得させることのできる、明瞭なかたちでしめさなければならない、ということである。『続日本紀』に、

〔文武二年（六九八）一二月二九日〕多気大神宮を度会に遷す。

とある。それまで多気郡多気にあった伊勢神宮を度会郡宇治に遷し、日本の天の神である天照大神を祀る唯一最高の神社として、まったく新しいよおそいのもとに創立したのであり、天照大神は、ここでもう一度、転生しなければならなかった。

延暦の『皇大神宮儀式帳』にみる神宮の鎮座地は「度会郡宇治五十鈴川上の大山中」である。現在、神宮に詣でて見渡すと、山が神宮近くまで迫っているのをみることができるけれども、さほどの高地ではないから「大山中」とは、人里から遠くはなれて山にかこまれた大森林の中と理解すべきであろう。現在の伊勢神宮が昼なお暗い杉木立に囲まれていることは、参詣した者なら誰もが知っているが、古くから伊勢神宮は鬱蒼とした照葉樹林のなかにたてられていたのである。

現に神宮の広大な宮域には、クスをクライマックスとする照葉樹林が太古そのままの姿で保存され、人々の参詣する神宮の周辺だけが杉木立になっている。そして、一九五九年の伊勢湾台風で参道の杉木立の多くが倒れたことに学んで、かつては杉木立だった参道も、宇治橋から眺める五十鈴川の両岸も、神宮の周辺をのぞいて、ほ

とんどがクスになって、元来の自然にもどっている。

古代ともなれば、自然の生態系や川の流れの変化に人の手も加わって、現状とはかなり変わっていたとしても不思議ではないが、『儀式帳』の神宮鎮座地についての記述は、現鎮座地に一致するとみていいだろう。

三　見ることと見えること

見ていながら見えていない

現存する伊勢神宮は、文武二年に多気から遷されたものであるのに対して、『日本書紀』は、文武先代の「持統天皇」巻三〇で閉じているから、『書紀』の伝える伊勢神宮関係の歴史的な記録は、すべて多気郡多気にあった時代の神宮について記述したものである。したがって『書紀』の記録する伊勢神宮は、現在、私たちの参拝する伊勢神宮とは、鎮座する場所や創立の時期はもちろん、おそらくは天照大神の神格も、建築の様式も違う、別の伊勢神宮である。

「垂仁紀」のヤマト姫説話によれば、天照大神を祀ったのは「神風の伊勢国は常世《とこよ》の浪の重浪帰《しきなみよ》する国」、すなわち海風がたえず吹き、海の彼方の理想郷からいく重にもなって波のよせてくる国であり、「傍国《かたくに》の可怜《うま》し国」、宮川、五十鈴川のデルタ地帯に自成した干潟をゆたかな農地にかえた国である。さらに『皇大神宮儀式帳』によれば「百船の度会う国」、多くの船が渡りあう国だった。そしてこれまでの学説によれば、伊勢神宮は大和朝廷が海上から東方へ進出するための前進基地であり、太陽神信仰の聖地でもあった。

ところが、現在の伊勢神宮は、海からへだたって、多くの船が往きあうどころか、水陸の主要交通路からも離

小《こ》裂《ぎれ》帖《ちょう》

志村ふくみ

人間国宝・志村ふくみが、染織を始めた頃から三十年ほどの間に、染めて織った布の端裂を貼りためておいた『小裂帖』を再現。オールカラー。書き下ろしの解説付。

87777-2　A4変型判（1月17日刊）8400円

著者が貼りためた『小裂帖』

伊勢神宮 森と平和の神殿

川添 登

日本人にとって伊勢神宮とは何か？　記紀神話の森を渉猟し、戦前戦後を通して隠されていた起源・祭祀・建築をめぐるミステリーに光をあてる古代史学への挑戦状。

84272-5　A5判（1月27日刊）3990円

トリックスター群像

●中国古典小説の世界

井波律子

道化者、詐欺師、暴力の化身、色欲魔、純粋少女たちが、中国の五大小説『三国志演義』『西遊記』『水滸伝』『金瓶梅』『紅楼夢』の中でどんな役割を果たしているかを辿る書下し。

83905-3　四六判（1月12日刊）2310円

価格は定価（税込）です。6桁の数字はJANコードです。頭に978-4-480をつけてご利用下さい。

1月の新刊 ●11日発売

ちくま新書

636
東アジア共同体をどうつくるか
筑波大学名誉教授
進藤榮一

アセアン+日・中・韓が推進する地域経済統合はどのようなシナリオを描いて実現へと向かうのか。日本再生の条件と東アジア共同体創設への道をさぐる注目の一冊!

06340-3
819円

637
輸入学問の功罪
▼この翻訳わかりますか?
東京医科歯科大学教授
鈴木直

頭を抱えてしまうような日本語によって訳された思想・哲学の翻訳書の数々。それらが生み出された歴史的背景にメスを入れ、これからの学問と翻訳の可能性を問う。

06342-7
756円

638
美しい日本の身体
武蔵野身体研究所主宰
矢田部英正

伝統文化の底に息づく古来の身体技法をたずねて、都市にあっても自然に適い、おのずから発する「たたずまい」の美学を究める。身体の叡智を照射した意欲的論考。

06338-0
735円

639
諜報機関に騙されるな!
ジャーナリスト・元公安調査官
野田敬生

ときに非合法的手段を用いて情報を集め、謀略活動すら敢行する「情報機関」の実態と限界、さらにその危険性を詳細な事例分析によって明らかにするノンフィクション!

06343-4
777円

640
頭を冷やすための靖国論
東京理科大学教授
三土修平

感情的な主張が激しく錯綜する靖国問題。議論のもつれの真因は靖国神社の戦後改革がはらむ矛盾にあった。歴史の水脈に分け入り問題全体の構図を冷静にとらえる。

06341-0
756円

価格は定価(税込)です。6桁の数字はJANコードです。頭に978-4-480をつけてご利用下さい。

イギリスだより

飯島周編訳 ●カレル・チャペック旅行記コレクション（全3巻）

風俗を描かせたら文章も絵もピカ一のチャペック。イングランド各地をまわった楽しいスケッチ満載で、今も変わらぬイギリス人の愛らしさが冴える。

42291-0 777円

昭和史探索（全6巻）

半藤一利編著 ●一九二六―四五

選び抜いた史料と背景の時代状況を1年ごとに分析、書き下ろした解説で昭和史を探索するシリーズ。2巻は海軍軍縮条約・五・一五事件・国際連盟脱退ほか戦争への道が顕わになる昭和五年から八年を探索する。

42222-4 924円

第2巻 昭和五―八（1930―33）年

海軍軍縮条約／柳条湖事件／上海事変／血盟団事件／満州国建国／五・一五事件／リットン調査団報告／国際連盟脱退／ゴー・ストップ事件ほか

好評既刊

第1巻 昭和元―四（1926―29）年 42221-8 798円

好評の既刊

＊印は12月の新刊

- ＊あなたの話はなぜ「通じない」のか　山田ズーニー　★42280-3　504円
- 質問力　齋藤孝　★42195-5　504円
- 段取り力　齋藤孝　★42278-1　504円
- ＊国家とメディア　魚住昭　★42275-7　735円
- この国で女であるということ　島崎今日子　★42282-X　819円
- ＊日本ばちかん巡り　山口文憲　★42256-0　945円
- 文化防衛論　三島由紀夫　★42283-8　819円
- むかし卓袱台があったころ　久世光彦　★42245-5　630円
- ＊落語で江戸のうらおもて　京須偕光　★42284-6　714円
- アイディアいっぱい！　整理整頓術　阿部絢子　★42263-3　609円
- ＊夜に猫が身をひそめるところ　吉田音　★42287-0　924円
- ＊世界でいちばん幸せな屋上　吉田音　★42294-3　924円
- ＊オフ・オフ・マザー・グース　和田誠訳　★42265-X　819円
- ＊くもの巣の小道　イタロ・カルヴィーノ　米川良夫訳　★42292-7　819円
- 水滸伝と日本人　高島俊男　★42274-9　924円

価格は定価（税込）です。6桁の数字はJANコードです。頭に978-4-480をつけてご利用下さい。
★印の6桁の数字はISBNコードです。頭に4-480をつけてご利用下さい。

1月の新刊 ● 12日発売 ちくま学芸文庫

Math & Science ちくま学芸文庫

もの・こと・ことば
廣松渉

「事物」と「事態」の関係に立入り、言語の認識論的・存在論的位置づけを明らかにする。壮大なスケールの廣松哲学への最良の案内書。解説 熊野純彦

09045-4 1050円

増補 科学の解釈学
野家啓一

「知のヒエラルキー」を解体し、科学哲学に「科学的理性批判」という事来の課題を担わせ、現代の哲学状例況と切り結ぶスリリングな論考。

09039-3 1575円

悪文 ■裏返し文章読本
中村明

文法的であってもどことなくしっくり来ない日本語表現をAからZまで26のテーマに分類、誤用・悪用例をとおして日本語の面白さを発見する。

09042-3 882円

風雅の図像 ■和風文様とはなにか
樹下龍児

日本人が好む文様は、たとえ無機的な幾何学文様でさえ、時の流れに感情を添わせる季節のうつろいのなかにある。その独自性のありかを探る。

09032-4 1470円

風景画論
ケネス・クラーク 佐々木英也訳

象徴世界の風景から現実の自然へ。風景画の変遷を検証し、西洋美術の表現に潜む信仰心・欲望・想像力を解明する名著。

09037-9 1470円

数のエッセイ
一松信

完全数、友愛数やπのコンピュータ数値計算などからタイル張りまで。エスプリのきいた語り口でエレガントな世界に誘う異色の数学エッセイ。

09041-6 1050円

価格は定価(税込)です。6桁の数字はJANコードです。頭に978-4-480をつけてご利用下さい。

れて、大和朝廷東方進出の前進基地にふさわしい場所とは、とても思えず、防風林のような昼なお暗い森にかこまれて神風の吹く太陽神信仰の聖地とも考えにくい。また「壬申紀」によれば、吉野をたった大海人皇子は、朝明郡の迹太川、現在の朝明川のほとりから「天照大神を望拝」したとされているが、朝明川のほとりから、現鎮座地の伊勢神宮を望めるはずはないのである。これらすべては、多気郡多気にあった伊勢神宮についての記述である。

このようなことは、伊勢神宮に参拝した人々の誰もが見ていて知っていることであり、古代史の研究者ならなおさら気づかなければならないことでもある。にもかかわらず、これまで多くの方々が、伊勢神宮は文武前から現鎮座地にあったと、思いこんでおられるのは、見ていながら実は見えていないのである。

しかし、炯眼の士は、必ずいるものである。おそらく古代史の研究者で法隆寺再建非再建論争で再建論の立場をとり、さらには継体・欽明の内乱による二朝並立を指摘した喜田貞吉の名を知らぬものはないと思うが、後にみるように喜田は、すでに大正一三年（一九二四）に「多気大神宮を度会に遷す」の記事が、現伊勢神宮鎮座をしるしたものであることを、いちはやく指摘していた。にもかかわらず、伊勢神宮成立史を論ずる研究者たちは、なぜかこれを見落としていたのである。

現在からのアプローチ

これまで古代の伊勢神宮を論じた方々の多くは、現実に存在する伊勢神宮を見ていながら、それが『日本書紀』の記述した伊勢神宮と違うものであることに気づいてはいなかった。それを私は、見ていながら見えていないといったのである。歴史は現在の視点からみるものであるといわれ、客観的でなければならないともいう。とすれば、伊勢神宮の研究は、眼前にあって誰もが見ることができ、少なくとも写真や映像によって知ることのできる、現在の伊勢神宮を、あらためて見直すことから始めるべきではないだろうか。

戦後、すでに三回の遷宮造替をおこなった伊勢神宮を、いわゆる現代建築とよべるかどうかはともかく、現代の建築であることに疑問の余地はない。

そして伊勢神宮を参拝したどなたもがご存知のように、五十鈴川や杉木立のない伊勢神宮は考えられない。建築とは、庭園をふくんだ敷地全体をいう語で、伊勢神宮もまた神殿や神庫など、個々の建物だけではなく、環境すべてをつつみこんだ神域の全体をさしている。そして伊勢神宮は神宮正殿に神を象徴する宝鏡を祭っているばかりでなく、神々の衣裳・調度などの生活財を整え、朝夕の食事を料理して差し上げ、春秋の神衣祭《かんみそさい》で衣替えをするなど、あたかもそこで神が生きて暮らしているかのように、神官たちによる天照大神ほかの神々への奉仕が、古代以来現在にいたるまで、それぞれの儀礼（行事）にもとづいて日々に営まれている。いいかえれば、式年遷宮に代表される祭典から日々の営みにいたるまでの儀礼によって、建築様式は保存されてきたのである。

伊勢神宮には、旧殿地と新殿地の二つの殿地（敷地）があって、旧殿地の御殿すなわち正殿、宝殿ほかの建物や垣などの諸施設が健在なうちに、新殿地にまったく同一の御殿を建て、これを二〇年ごとに繰り返していく。いわゆる式年遷宮である。燃えやすく腐りやすい木材を用いて、同じ建築様式を保存していくのに、これほど確実な方法はないだろう。中世戦乱の世に、一二〇余年遷宮造替が中断して、内外宮の本宮、別宮のことごとくが倒壊して、消滅した時期があったものの、創立以来一二〇〇年をこえる日本の歴史のなかで、数十回におよぶ遷宮造替を繰り返してきた。その間、神宮建築の「かた」を厳しく守りながらも、自然環境の遷移や社会経済の変化、工具・技術の発達などにともなって、「かたち」はそれなりの変化をしている。したがって私たちは、その「かたち」のなかに秘められた「かた」を抽出し、それをもとに、古代の神宮建築の「すがた」をある程度、思いえがくことはできるのである。

さいわい延暦の『皇大神宮儀式帳』や延喜の『大神宮式』などの記録をもとにした建築史家・福山敏男の研究によって、古代以来の神宮建築の変遷もかなりな程度明らかにされている。

そればかりか、伊勢神宮は、創祀されるまでに長い前史のあったことが知られているので、文献資料によるだけでなく、建築とよばれる物的な存在様式を通して、伊勢神宮成立史の過程を探ることさえ必ずしも不可能とはいえない。

見えないのに見える

戦後、私がはじめて伊勢をおとずれた一九五九年（昭和三四）は、新幹線のまだなかった時代である。その名も「伊勢」とよばれる客車すべて寝台車の参宮特急にのって夜おそく東京駅を発つと、伊勢、当時の宇治山田駅につくのは、朝まだ明けやらぬ払暁である。昨夜来の雨があがっていないこともあって、外宮の豊受神宮《とようけじんぐう》についたときは、まだかなり暗かった。

それまで伊勢神宮についてかかれた多くは、清楚、端麗、明澄といった形容詞をならべるのを常としていた。それへの反発もあって、古代の神宮は原始的な野性味をもった建物ではなかったか、と考えていたのだが、外玉垣ごしに外宮正殿を見て圧倒された。私はそのときの感想をつぎのようにかいている。

外宮を前にしたとき卒直にいって驚嘆し感動した。それは私のイメージをはるかに超えた荒々しい迫力で訴えかけてきたのである。昨夜来の雨にぬれた大きな茅屋根に青々とした苔が光り、大きな森にかこまれた八重垣の中にそそりたつ諸殿の棟々がつくりだす異様な空間は、原始の大酋長の館のような錯覚を与えるものだった（＊1）。

つぎに参拝した内宮の皇大神宮では、外宮のような荒々しい迫力はうけなかったものの、ようやく雲間をでた朝日に照り映えて、千木《ちぎ》、堅魚木《かつおぎ》の先端が金色にきらめいてたつ威風は、端麗、明澄などの形容詞が真実であることを知った。そして外宮で感じた大酋長に対して、内宮で思いうかべたのは、なまめかしい巫女の姿であった。こうして私はすっかり満足してつぎの旅行地へとむかったのである。戦前の中学生時代の修学旅行は別として、建築評論家として独立したばかりの私が、伊勢神宮からうけた第一印象は、このようなものだった。

ところが、それから数年たって伊勢神宮を参拝したとき、神宮の正殿は八重垣にかくれ、その屋根を遠くから仰ぐのみであることに、いまさらのように気づき、どういうわけかと少々うろたえた。かつて確かに見た、そして今でもありありと思いうかべることのできる神宮の姿は、どこから見たのだろうか。その姿をもとめて私は八重垣のまわりをうろうろと歩きまわった。このときふと頭をかすめたのは、ブルーノ・タウトは、いったいどこから伊勢神宮を見たのかということだった。

一九三三年、ナチス・ドイツから逃れて来日した建築家のブルーノ・タウトは、伊勢神宮の写真や図面を見せられて、たいした建築ではないと思い、伊勢行きに気乗りうすだったという。それだけに、日本の友人たちに強くすすめられ、建築家の上野伊三郎らと同行して伊勢参宮し、神宮をまのあたりにしたときの感慨はひとしおだった。それゆえタウトは、

まことに言語の途は絶え、また写真や絵画によって印象を伝える術もない。身みずからここに参りかつ見なければならない。

とのべ、つぎのようにしるしている。

まことに伊勢神宮こそ真の結晶物である。構造はこのうえもなく透明清澄であり、また極めて明白単純なるが故に、形式は直ちに構造そのものとなる。同様にここに用いられている材料も、香り高い見事な檜材、屋根に葺かれた萱、堅魚木の先端に嵌めた金色の金具から建築物の基底部に敷かれた清らかな石にいたるまで

浄潔の極みであり、またあくまで清楚である。用材には油塗料さえ施していない。即ち構造と材料とは、至純であるとともに相俟って見事な釣合を構成している。この釣合も同じく純粋無垢であり――特に外宮がすぐれている――実に一切のものは純粋の極致である。まことにその高貴な姿は、日本的な形のもつ大いなる秘密と、また世界に冠絶するその力とを包蔵するところの貴重な結晶にして初めて表現し得るごときものである(*2)。

タウトは建築家として、あくまでも実物に即して記述しているが、釣合がどうのといったことがらは、全体のなかでの対比で、はじめていえることである。ところが、彼の視線をさえぎっていたはずの八重垣については、まったくのべていない。あきらかに彼の視野から遮蔽物の八重垣は消えさっていた。先に私は、史学者たちは伊勢神宮を見ているのに見えていないといったが、タウトは逆に、見えないのに見えていたのである。ただしタウトは、つぎのように付け加えるのを忘れていない。

絵画や写真では、――写真を撮ったりスケッチしたりすることが禁じられているのはまことに道理である――これらの建築物は極めて控え目に見えるので、これに尊崇の誠を致すことは不思議とさえ思われるであろう。

タウトが見せられた図絵や写真が、文部省『尋常小学国史』教科書に代表されるような、真実を伝えるにはほど遠いものだったからかもしれない。しかし私の場合は、戦後、渡辺義雄の撮影した写真によって、神宮建築についてかなりな程度は知っていたから、その映像をかさねあわせて見ていた可能性がある。その後、神宮参拝した人々に、それとなく確かめてみたところ、実際には見えないにもかかわらず、見たと信じている人がかなりいることに気づいた。それとは逆に、神宮をこの眼でじかに拝みたいと意気込んで伊勢参宮したところ、正殿が見えないのに、いささかの不満をもったものが、少なからずいたのも不思議ではない。

この差異は、なにによって生じたのであろうか。タウトや、戦後はじめて伊勢神宮を参拝した私をふくめて、見えないはずなのに、見たと思いこんでいた人々が少なからずいるのはなぜなのだろうか。あえていえば、伊勢神宮は、見えないのに見える建築といえるかもしれない。

＊1　川添登「伝統論の出発と終結——伊勢神宮の造形について」『文学』岩波書店、一九五九年七月
＊2　ブルーノ・タウト、篠田英雄訳『ニッポン』春秋社、一九五〇年

第二章

神宮建築と神域の今昔

一　伊勢神宮の神域と建築

伊勢の神宮

伊勢神宮は、内宮、外宮とよばれる皇大神宮《こうたいじんぐう》と豊受大神宮《とようけだいじんぐう》の二つの本宮と、そのそれぞれに所属する別宮《べつぐう》——内宮一〇、外宮四の計一四宮、摂社——内宮二七、外宮一六の計四三社、末社——内宮一六、外宮八の計二四社、所管社——内宮三〇、外宮四、内宮別宮の所管社八の計四二社の総計一二五社の神社群によって構成されている。日本最高の神社とされるだけあって、その規模はまことに広大である。

ただし、延暦の両宮『儀式帳』や『延喜式』に記載された別宮は、内宮の荒祭宮《あらまつりのみや》、天照大神の弟神、月読尊《つきよみの》とその荒魂《あらみたま》を祀る月読宮、月読荒魂宮、同じく父母神を祀る伊佐奈岐宮《いざなぎのみや》、伊佐奈弥宮《いざなみのみや》、遥宮《とおのみや》とよばれる滝原宮《たきはらのみや》、滝原並宮《たきはらならびのみや》、伊雑宮《いざわのみや》、それに外宮の多《た》賀宮《かのみや》あわせて九宮で、他は以後に祀られたものである。

これらの神社群は、内宮の皇大神宮と外宮の豊受大神宮を中心に、櫛田川の左岸から櫛田川、宮川、五十鈴川の沖積平野と、その南、志摩山脈の山岳地帯にかけてひろく展開している。伊勢神宮が成立したのは、宮川、五十鈴川がたえず氾濫して、支流、分流それぞれが互いにつながって網の目となったデルタ地帯に生まれた無数の干潟を、農地へと開拓した時期にあたっていた。そして、古代には櫛田川の左岸、多気（現明和町）に天皇の皇女（内親王）が斎王をつとめる伊勢斎宮《さいぐう》がおかれていた。

内宮は外宮の上位にあるから、古く式年遷宮は内宮がおこなった二年後、現在では二日ないし三日後に、外宮がおこなうことになっている。にもかかわらず、内外宮に共通する三節祭《さんせつさい》——神嘗祭《かんなめさい》と春秋の月次祭《つきなみさい》——は、外宮が内宮の前日に行うので、「外宮先祭」とよばれている。三節祭には斎宮から斎王が、朝廷から勅使が伺候したので、地理的により近い外宮から先にというのが、その理由ではなかったかと思う。

この条件は、一般の参詣者も同じだから、先ず外宮を参拝し、その後に内宮を参拝するのが、伊勢参宮の古くからのならわしになっていた。そのため戦前までの参詣者数は、外宮の方が内宮よりも多かったが、現在は乗用車が普及したためもあってか、その逆になっている。

外宮

櫛田川、宮川の氾濫による沖積平野である伊勢平野を南下していくと、正面を東西にくぎる志摩半島の山並みから突出して高倉山（一一六メートル）が聳えたってみえる。その山裾に、宮川の支流、豊川が数珠つなぎにしたいくつかのお池がならんでいるが、外宮の豊受大神宮は、お池の一つをへだてて高倉山にむかって南面してたっている。神域の北方は、伊勢市の市街地とつながって平野がひらけ、南方は、深い森におおわれた志摩、さらには大台ヶ原へといたる熊野の山々がつらなる。

六世紀末、外宮神域内の高倉山山頂に築造された高倉山古墳は、この時期、伊勢地方最大の円墳（径四〇メートル）で、全国第七位の横穴式石室（一八・五メートル）をもち、伊勢神宮祭礼にかかわった氏族の墳墓と考えられ、もともと度会氏が古くから伊勢の神を祀っていた氏族であり、内宮よりも外宮の創立が早いとする主張の根拠の一つになっていた。また江戸時代には、高倉山古墳の横穴式石室はアマテラス神話で有名な天岩屋戸とされて観光スポットになっていたが、現在では立ち入り禁止になっている。

外宮をかこむ数々のお池は、この地がもと沼沢地であったことをしめしているが、山裾を埋立てて神宮を造営することによって、多くの池を発生させたともいえるであろう。つまり豊受大神《とようけのおおみかみ》は、もともと水源地につくられ

下御井神社
多賀宮
土宮
風宮
御池
御池
古殿地
四丈殿
西宝殿
東宝殿
正殿
外幣殿
御饌殿
御酒殿
忌火屋殿
北御門口鳥居
神楽殿
九丈殿
五丈殿
第二鳥居
行在所
斎館
土蔵
表参道
裏参道
第一鳥居
勾玉池
菖蒲園
茜社
手水舎
表御橋
見張所
警衛支部
手水舎
北御門口御橋
見張所
便所
旧道
御幸道
郵便局
至伊勢市駅

図2　外宮神域図

た水分《みくまり》の神だったのであろう。市街地に接した勾玉池《まがたまいけ》をふくむ神苑は、明治以後の造営で、およそ面白味がないものである。

豊受大神宮の殿地は、お池から参道をへだてた、ほぼ正方形の殿地を一段高くし、東西に二分して、羽目板張《はめいたは》りの高い板垣でかこんだ新殿地と、一面に玉石を敷いた古殿地との、あわせて約一四八アール（四四八二坪）である。殿地は垣内とも大宮院ともよばれるが、院とは垣や塀でかこんで結界をつくり、小宇宙をつくりだすことをいう（図2）。垣は、外側から板垣、外玉垣《とのたまがき》、内玉垣、瑞垣《みずがき》の四重で、それぞれの垣に囲まれた殿地を板垣内、外玉垣内、等々とよぶ。

ただし板垣は中世以前は低い荒垣だったから、現在のように、神宮を外界と隔絶するような印象をあたえてはいなかったであろうし、内玉垣はなく、外玉垣のつくりからみても、神宮がより開放的だったことは、比較的容易に推測できる。板垣の四方それぞれに板垣御門があり、南正面は、柱頭に冠木《かぶき》長押《なげし》をそえた冠木鳥居《かぶきとりい》、他の三方は、普通の神明鳥居《しんめいとりい》である。

正面の板垣御門を入ると、茅葺切妻屋根を八本の柱で支える八脚門の外玉垣御門がある。鳥居と同様に、本来なら扉のない素通しの門であるのに、明治以後、幕を下げて中をうかがうことさえ許さないのは、内宮と同じである。外玉垣は、母木、小木とよぶ長短二種の太い円柱を交互にたて、上下二本の貫を通した造りであるのは、古式をよく残している。

祭る人の空間と祭られる神の空間

内宮、外宮ともに大宮院は、二つの空間から成り立っている。その一つは、内院にあたる祭られる神々の空間で、正殿《しょうでん》、東宝殿《とうほうでん》、西宝殿《せいほうでん》がたち白玉石を敷きつめた瑞垣内の聖域である。もう一つは、外院にあたる祭る人々の空間で、外玉垣御門内の玉石を敷きつめた祭場である。

板葺き屋根のついた内玉垣御門前の外玉垣に囲まれた祭場を「中重《なかのえ》」とよび、中央に中重鳥居が立ち、その手前中央部の左右に、祭主、宮司、禰宜《ねぎ》など神官の着座する石壺《いしつぼ》を横一列にしつらえ、庭上で礼拝、祝詞《のりと》奏上などの儀をおこなって、他の神社ではみることのできない古式を保存している。ただし中重鳥居は、式年遷宮が中断して正殿すらもが仮御殿だった中世に、祭場の体裁をたもつために立てたもので、古代にはなかった。

石壺の東には東側だけ壁があり、他方三方は開放された建物の四丈殿《よじょうでん》がたっている。この御殿は、中世以前、斎王および女官たちの御座所だった斎王侯殿を明治に復元したもので、現在は雨天の祭儀（雨儀）に神官の座所としてもちいている。

中重は、一般参詣者も外玉垣ごしにうかがうことができるが、神楽殿《かぐらでん》の事務所に申し出てお神楽を奉納すれば、神官に誘導されて中に入り、正式参拝することができる。内宮の場合、正殿は外玉垣御門にかくれて、この祭場からまったくみえないが、内玉垣御門を前に玉石を敷きつめ、玉垣・板垣と杉木立にかこまれ、数本の杉をのこしたその内部は「神々しい」とは、こういう雰囲気をいうのかと実感させる祭祀空間である(＊1)。

中重でおこなわれる祭礼、参拝は、茅葺八脚門の内玉垣御門にむかっておこなわれる。内玉垣は、角柱に貫《ぬき》を通して連子板《れんじいた》を打ちならべたもので、瑞垣を簡略化した作りといっていい。内玉垣御門内の蕃垣《ばんがき》御門は、横板葺きで扉もとりつく垣もなく、中世再興の際につけられたものである。

最奥の瑞垣は、角柱に通した貫に、やや巾の広い縦板を打ちつけたもので、柱にあたる板をやや長くし、それぞれの板の上部左右を斜めにくりとっている。茅葺八脚門の瑞垣南御門の先は、ほぼ正方形に瑞垣のかこむ神域の中枢部で、中央のやや後ろに正殿、その前方左右に東宝殿、西宝殿が正殿に向って北面してたっているが、中世以前は、二つの宝殿が互いにむかいあってたっていた。

御饌殿

外宮で見落とすことができないのは、殿地の東北隅、板垣内にある御饌殿《みけでん》と西北隅の外幣殿《げへいでん》である。ともに板《いた》校倉造《あぜくらづくり》、階《きざはし》が一本の材からきざんだ刻御階《きざみぎょかい》であることで知られている。

御饌殿では創立以来、天照大神に、外宮の祭神で食事の神である豊受大神をご相伴に朝夕食事を差し上げる行事が、中世に式年遷宮が絶え、内外宮正殿が失われた時期をふくめて現在にいたるまで、一日も欠かさずおこなわれてきたので、古い建築様式を現在にいたるまで、よく保存してきたのである。

そして、中世以前は、内外宮の正殿をのぞいて、東宝殿、西宝殿および別宮のすべてが御饌殿と同じ板校倉造であったことが知られている。

したがって、神明造《しんめいづくり》とよばれる内外宮正殿の原型は、御饌殿にみられる板校倉造りだったと推定される。

神明鳥居

内宮は、外宮南の丘陵地帯を四キロ余南下した位置にある。中学校の修学旅行で初めて伊勢参宮をしたとき、五十鈴川にかかる宇治橋のたもとに、「下馬」とかいた大きな高札がたてられていたのを、神宮の高い権威を象徴しているかのように強く印象づけられたのを記憶している。そして宇治橋の前後それぞれに、二つの大きな神《しん》明鳥居《めいとりい》がたっている(図3)。

鳥居は神社の象徴であるばかりでなく、日本の伝統的な木造建築の構造原理をシンプルに表現した、日本建築の原点ともいえる造型物である。なかでも伊勢神宮の神明鳥居は、もっとも古く純粋な形を伝承していることで知られている。神宮の素木造、掘立ての丸柱などで知られた簡素な神明造にあわせて、柱・笠木は白木の丸木を

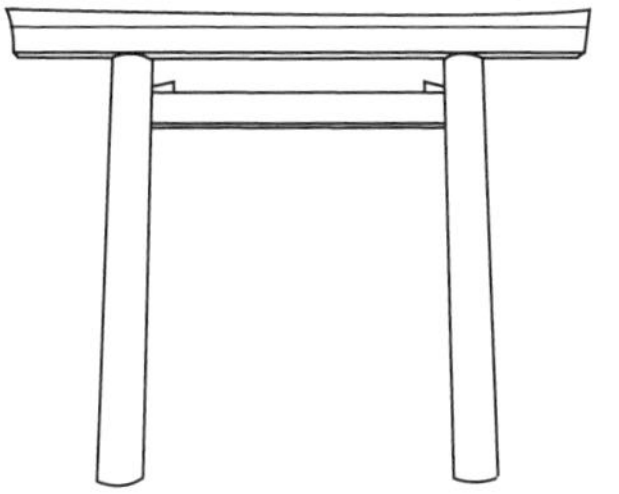

図3　神明鳥居

もちい、笠木にそりはなく、柱は垂直にたち、柱と柱をつなぐ貫の断面は矩形で、柱の外にとびださないなど、もっとも装飾性の少ない鳥居として知られている。

　ところが同じ神明鳥居でも様々なバリエーションがあって、例えば靖国神社や平安神宮の大鳥居など他の神明鳥居と比較してみると、神宮の神明鳥居は単純・素朴などの語では表現できない優美さがあり、五角形の断面の笠木をのせ、貫にくさびをうちこみ、二本の柱は垂直に立つのではなく、それぞれやや中央へ傾いている。これを柱がころぶという。宇治橋前後の鳥居の柱は、遷宮で解体された内宮・外宮の正殿それぞれの棟持柱《むなもちばしら》を使ったもので、もともと正殿の棟持柱じたいがころんでいるからなのである。神明鳥居が神明造の象徴であることはいうまでもないが、このことは、神明造の構造的な原理をも示しているのである。

　ただし中世以前に宇治橋はなく、したがって二つの大鳥居もなかった。

神域の拡大と変容

現在、宇治橋を渡った先は、洋式公園風に整備されているが、江戸時代には御師《おんし》らの経営する宿屋や土産物屋などの民家がぎっしり立ち並んで、上館町、中館町、下館町あわせて「内宮館三切」とよばれていた。どこからが神宮の神域だったのかよくわからない。そこで、これら館町は、いわゆる門前町にあたる鳥居前町であるから、おそらく神域の入口にたっているのが一の鳥居で、そこから先が神域であろうと、見当をつけて『皇大神宮儀式帳』で「鳥居」の文字をさがしてみたところ、まったく見あたらない。つぎに延喜の「伊勢太神宮式」で、ようやく「高欄鳥居丸桁端金十管」という文章を見つけた。古くは高欄の丸桁を「鳥居」とよんでいたのである。そこで私は、古く鳥居はなかったのではないかと思ったりもしたが、実は鳥居を「不葺御門（葺かずの御門）」とよんでいたのである。少なくとも神宮では、門と鳥居との区別を、扉の有無ではなく、屋根を葺くか葺かないかを規準にしていたのである。

それはともかく、江戸時代に人家の波は一の鳥居どころか、現在、神楽殿のあるあたりまでにおよんでいた。ために頻々と大火がおこった。とくに万治元年（一六五八）の火災は、神宮正殿、東西の宝殿をふくむ神域の諸殿舎八十余のことごとくを灰燼に帰した。そこで神宮にもっとも近い上館町のほぼ半分の人家を下流に移転させたけれども、斎館や手水舎あたりまで依然として人家に埋まっていた。

現在、表参道をゆき、お池から流れ出る水路にかかる表御橋を渡ると、その右手に手水舎がある。これは天明の大火後に整備されたもので、その先に一の鳥居がある。しかし、たいていの参詣者は手水舎を横目にみながら一の鳥居を通りすぎ、その先の右手にある石畳の階段をおりて、五十鈴川（実は御裳濯川）の清流に手をさしのべて手を洗い口をすすぐ。神宮で、もっともポピュラーな施設の一つになっている御手洗《みたらし》である。その石畳は、元禄期に敷設されたものである。

御手洗前の広場の南に、垣をかこんで石神をまつり、滝祭神《たきまつりのかみ》とよばれている。社殿がないにもかかわらず、『儀式帳』には滝祭神社とかかれ、摂社筆頭の高い位があたえられていた。

内宮の神域

志摩へと通じるので志摩路《しまじ》（島路）とよばれる島路山の渓谷を西から東へと流れる島路川は、もう一本の神路《かみじ》山の渓谷を南から北へと流れる神路川と、ほぼ直角に落ち合っている。この両河川それぞれの水源である神路山、島路山をふくむ約六六〇〇ヘクタールの広大な地域が伊勢神宮の宮域で、神域の環境保全のための涵養林になっている。本流の本来の正式名称は宇治川で、神域内の神路川は御《み》裳《も》濯《すそ》川、島路川は五十鈴川であるから、以下、このように川の名をもちいることにする。

内宮の神域は、五十鈴川と御裳濯川の二つの川にはさまれ、朝《あさ》熊《ま》ヶ《が》岳《たけ》からつづく連峰の山裾にある三角形の地域で、本宮の殿地は、山裾の傾斜地に五十鈴川へむいて南面し、総面積、約一四〇アール（四二三六坪）と外宮よりもやや狭く、外宮にくらべて南北に細長い。これに対して、内宮の正殿・宝殿は、外宮よりも横長であるため、その正面性（ファサード）をより強く印象づけている。

垣や門などは、外宮と共通した作りなので違うところだけをのべると、内玉垣は玉垣南御門の南にとりつき、

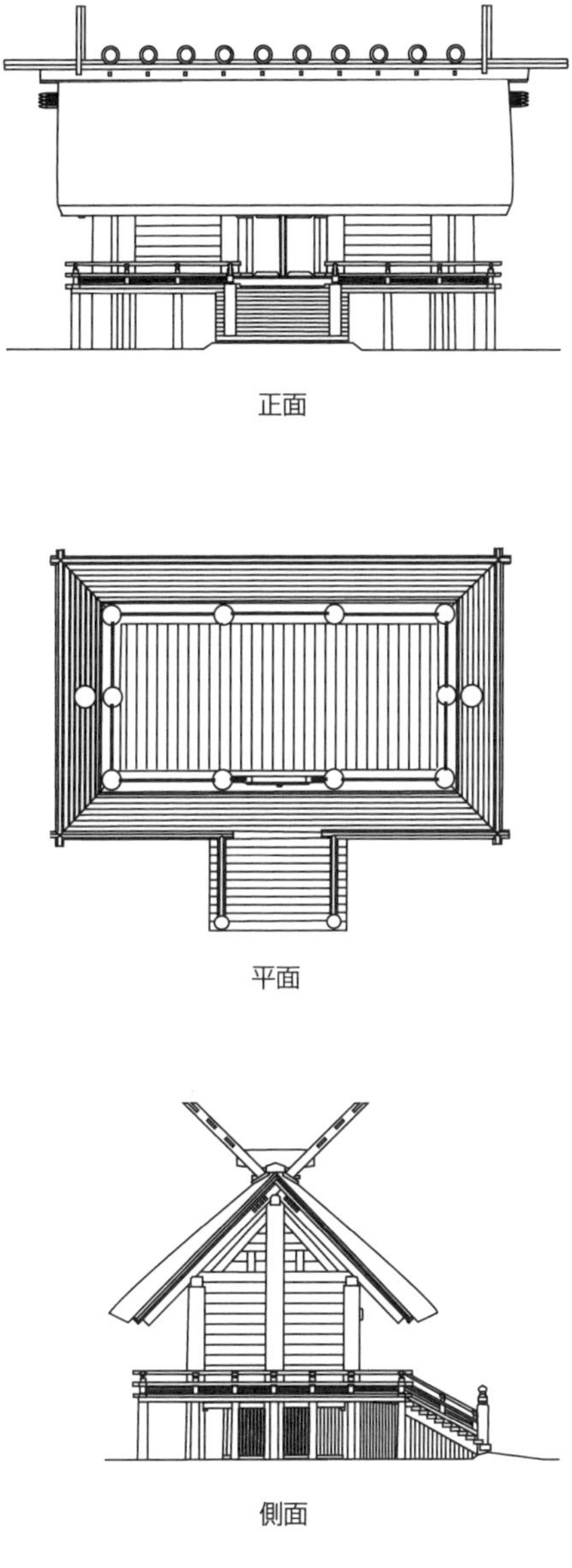

図4　内宮正殿

さらに同門にとりついた蕃垣があり、東西の御門の外にも蕃塀があるが、これは明治以後に造られたもの。瑞垣内のほぼ中央に正殿、その後方左右に東宝殿、西宝殿がある。また殿地の南正面、参道をへだてて御贄調舎《みにえのちょうしゃ》とよばれる建物があり、中に岩が設置され、神嘗祭に外宮の祭神、豊受大神の神座とされている。

正殿

伊勢神宮の中核である天照大神を祭る内宮正殿は、棟高約十メートル（三丈三尺三寸）、正面は三間、十一メートル（三丈六尺）、妻側は梁間二間、五・四メートル（一丈八尺）、壁からはなれて独立した棟持柱が簀子《すのこ》の回り縁を貫いてたっている。正面中央に外開き二枚の扉をつけ、他は、すべて柱と柱の間に板をおとしこんだ板壁で、扉以外に窓などの開口部はない（図4）。

建築構造は、掘立ての太い丸柱の総柱造り、柱梁構造による高床式で、内部は板敷き、外側に正面部分を大床とよぶ簀子の回り縁をつけ、正面の階《きざはし》両側の登高欄からつづく組高欄が簀子縁の周囲をめぐり、登高欄の親柱には擬宝珠《ぎぼうし》が、回り縁をめぐる高欄の上には花形の飾り金物でかざる赤・青・白・黄・黒、五色の据玉《すえだま》をおく。棟木の上には樋短束《ひづか》とよばれる束をたて、長い板状の甍覆《いらかおおい》をのせ、この覆いと両面の屋根の茅との間に障泥板《あおりいた》をいれて雨仕舞いしている。甍覆と障泥板は妻から突きだし、とくに甍覆は長く突出して、水平的な建築表現をことさらに強調している。

甍覆の上に堅魚木《かつおぎ》をならべ、妻側の軒先をささえる破風《はふ》は、茅葺きの屋根をつらぬき空にのびて千木《ちぎ》となる。二本の破風が交差する「拝み」の部分は、互いにくみあわせて同一平面に仕上げずに、むかって左を外にした段違いの古い工法をのこし、破風の下に元を四角、先を丸くした細い棒の鞭懸《むちがけ》が左右それぞれ八本ずつカンザシのようにささっている。簡明素朴といわれる茅葺きの切妻屋根ではあるものの、千木、堅魚木、甍覆、鞭懸などをつけているのは、古代貴族の髷飾りかのようである。

外宮正殿の正面は、内宮よりも一メートルせまく、側面は逆に約三〇センチ広く、棟高は八センチ高いので茅屋根が深々とそびえる。つまり内宮は正面性をもった水平的な美しいフォームですぐれ、古典的な格調をもっているのに対して、外宮は二棟の宝殿を前方におく建物の配置からくる空間的な奥行もあって、野性味をとどめたアーカイックな迫力でせまってくる（図5）。

さらに外宮正殿は、屋根の重みを支える平側の桁梁が妻側の梁の上にのっているのに対して、内宮正殿ではその逆になっている。内宮正殿は屋根の荷重を柱にかけるのに対して、外宮では直接板壁に伝え、もと板校倉造で

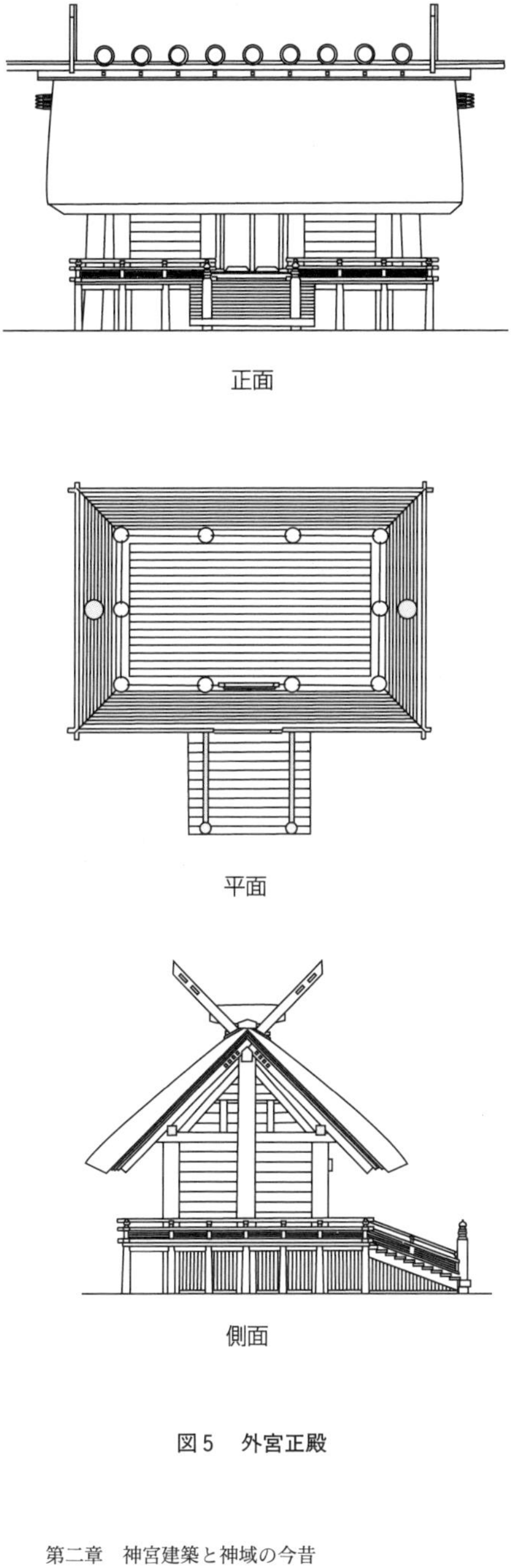

図5　外宮正殿

あった性格をよりよくとどめているのである。

内宮は千木の先端を水平に切る内そぎで風穴は二つ。外宮の千木は垂直に切る外そぎで風穴は一つである。堅魚木は、内宮は正殿十本、宝殿・別宮六本。外宮は正殿九本、宝殿・別宮五本である。このように内宮はすべて偶数であるのに対して、外宮はすべて奇数である。この違いを陰陽説で説明して、内宮の祭神・天照大神は、本来、陽神（男神）であるという俗説が、まことしやかに流布されているが、造形上からみれば、千木は内宮、外宮それぞれ正殿の水平性、垂直性を強調し、堅魚木の本数は、内宮、外宮の正殿、宝殿、別宮それぞれの棟の長さに、ほぼ見合っており、建築芸術のすぐれた所産である。

外宮先祭

八重垣に囲まれて見えないはずの神宮が、ブルーノ・タウトには、なぜ見えたのかと先に書いたが、日本人建築家としてはタウト唯一の弟子である水原徳言からお聞きしたところによると、一九七六年、ブルーノ・タウトの子ハインリッヒ・タウト夫妻が来日して伊勢の内宮を参拝した際、「ブルーノは神宮を見たと書いている。しかし見えない」と叫んだとのことである。しかし、ブルーノ・タウトが見たのは外宮であって、内宮ではなかったことに注意したい。

現在のように乗用車が普及するまで、ブルーノ・タウトの一行をふくめて、ほとんどの参詣者が外宮を先拝していた。むろん私も始めは外宮を参拝し、外玉垣ごしに建築空間の圧倒されるような迫力に感動したのをおぼえている。つぎに参道の玉砂利をザクザクと踏んで内宮を参拝したのに、玉砂利を踏んだ印象ばかりが強く記憶に残ったのは、もしかしたら内宮では正殿の屋根しか見えなかったからかもしれない。内宮はゆるい傾斜地の下から仰ぎみるために、外玉垣の外から内へと近づけば近づくほど、正殿は外玉垣御門にかくれて屋根さえも見えなくなる。

外宮も内宮と同様に、一般参拝者が入れるのは、外玉垣御門前までで、御門には幕を下げて中をうかがうことはできないけれども、御門のすぐ横にたって外玉垣ごしに正殿をのぞむことができる。

外宮は内宮よりもやや広い平地の殿地に、二つの宝殿が正殿の前方左右に背を向けてたっているので、奥行が深い。しかも、外玉垣御門、宝殿、正殿と、奥にいくほど大きな建物が、透視図とは逆の順に重なり合って見えるから、ちょうど望遠鏡が遠方の景色をひきつけるように、重量感のある正殿がせまってくる。参詣者たちは、外宮正殿を外玉垣ごしに拝観できたことで満足して、内宮へとむかうのである。


タウトや私が、内宮の正殿は、垣にかくれて見えないのに、あたかも見たように錯覚したのは、見てきたばかりの外宮の映像を、無意識のうちに重ねあわせていたのではなかったかと思う。

というのは、私が二度目に参拝して、内宮正殿の見えないことにあらためて知らされたのは、外宮先拝をせずに、いきなり内宮を参拝していたことを、後に気づいたからである。

かつては、参詣者のほとんどが外宮先拝していたのに、いまではいきなり内宮の宇治橋前まで車で乗りつけるものが少なくない。とくに若い建築家などが、伊勢神宮をこの目で拝もうと意気込んで参拝し、見えないことにいささかの不満をもって帰ってくるのは、たいていが外宮ぬきに参拝していた。

幸いなことに、内宮の後方には、玉垣一重だけの荒祭宮をまつり、裏参道には外幣殿や御稲御《みしねのみ》倉《くら》が垣もなく間近にたっている。これらの御殿は回り縁がなく、プロポーションその他に違いはあるものの、建築様式は正殿とほとんど同じだから、これらの身近に接することのできる建物からも、正殿の姿を思いうかべることができる。

かつて私が、外宮の荒々しい迫力から思いうかべた原始の大酋長に対して、内宮ではなまめかしい巫女だったのは、御稲御倉からのイメージだったことが思いだされた。御稲御倉は、すらりとした姿のいい小ぶりの建物で、女性の小宮殿に似つかわしいと思ったのである。その素木造りの丸柱に、女体をみるようななまめかしさを感じて、うら若い可憐な巫女の姿を思いうかべていたのだった。

タウトのいったように、建築的にみて外宮が内宮よりも優れているかどうかは、意見の分れるところであろう。だいいち、伊勢神宮は実際に見なければ解らないといったご当人が、実際に内宮を見たとは思えず、ごく限られた写真、絵図などを見た限りでの判断だったことは確かであろう。

タウトの時代と違って、現在では、渡辺義雄や石元泰博など、優れた建築カメラマンの撮影した多くの写真によって、内宮の奥深くまで、あたかも実際に見たかのように想い描くことができる。内宮正殿は、鮮明にイメージすることのできるすばらしい均整をもった建築であり、精神性において外宮をはるかにまさっている。が、実在感でせまってくるのは、やはり外宮であろう。

こうしたことから、外宮をまず参拝し、つぎに内宮を詣でて、神宮建築の映像とともに神の姿を脳裏にうかべるのが、外宮先祭の意味であるのかもしれないとさえ思われてくる。

二　視覚言語としての構成要素

すがたとかたち

実際には見えないのに見たと思い、ごく一部を見ただけで全体を見たように思い込んでいたことを、先に私は錯覚とよんだが、実は人間には、そのように認知できる能力をもっているからではないだろうか。

もともと建築とは、古代以来、政治的権威の象徴、宗教的信仰の表現など、理由のいかんをとわず、多くの人々に感動をひきおこすための造型芸術の一つであることに、古今東西変わりはない。伊勢神宮が、一度見たら、その映像をその人の脳裏に焼き付け、あるいは、その一部分をかいま見ただけでも、その全体像を思いおこさせるのは、いかにすぐれた造型性をもっているかを示している。

図Aをどなたもが直方体（正六面体）を線書きしたものとご覧になるだろう。実際に物体として存在する直方体は、表側の三面しか見えないのに、この図の場合は、透き通った形で裏側も同時に見ている。そのため見方によって、上方から見たものと下方から見たものと異なった方向をもつ二つの直方体を見ることができる。そこで、この二つの見方それぞれを、よりはっきりと意識させるため、二つの線上それぞれの中央に小丸を書き入れた「ネッカーの直方体」とよばれる図（図B）があり、その二つの小丸のどちらかを見つめると、異なった方向をもつ二つの直方体が見える。このような視覚認識の問題を研究対象としていたのは、かつてはゲシュタルト心理学、現在は認知科学の領域とされているが、いずれもが、これを錯視とか錯覚とよんで、人間の視覚認識の間違いや

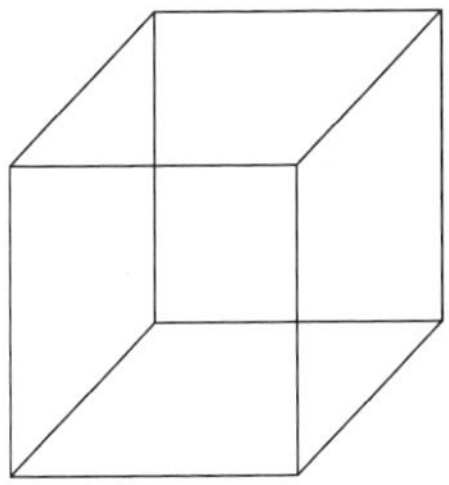

図A　直方体

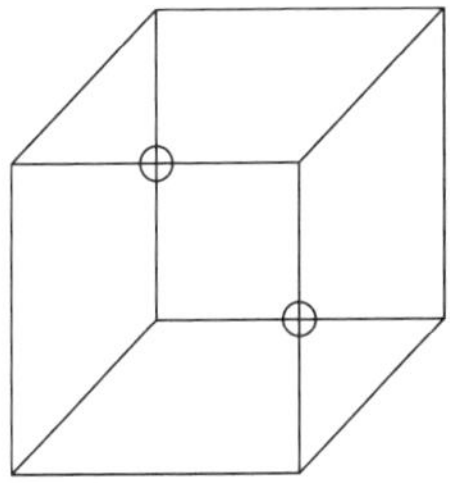

図B　ネッカーの直方体

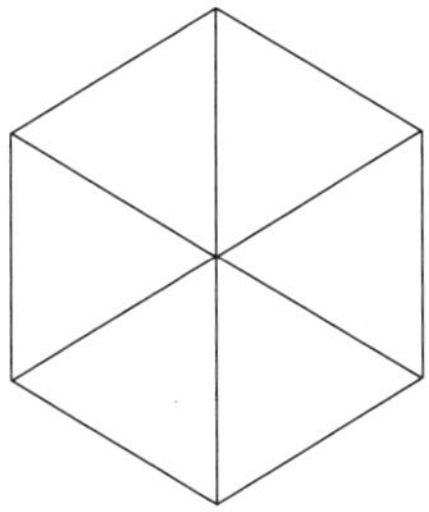

図C　正六角形

すさを指摘するのが常であった。

しかし、はたしてそうなのだろうか。ご覧のように小丸をつけるなどの仕掛けをしなくても、見ようと思えば、一つの図形から方向の違う二つの直方体を見ることができる（図A）。どちらにも見えるということは、錯覚というよりは、むしろ人間の視角のもつ優れた能力とみるべきで、だいいち平面に描いたものが立方体に見えるということ自体、驚くべきことではないだろうか。

人間は言葉や文字によって意思を伝達し、また考える。しかし言葉や文章はリニヤー（線的）だから、複雑多様な自然や社会の事象を語りつくせるはずはなく、それを補うため、古くから壁や紙などの平面に立体的、三次元的な世界を絵図にえがいてしめし、線書きの図面をひいて建築をたてた。視覚情報の発達した現在でも、写真はもちろん、映画やスクリーンやテレビの画面にうつしだされる映像は、ほとんどすべて面である。

立体写真や立体映像は、かなり早くに発明されていたにもかかわらず実用化されず、博覧会会場などで立体映画が上映される程度で、立体写真はいわばおもちゃ、立体映画は見世物にすぎないのは、ワイドスクリーンに立体音響を加えれば、実在感をもたせるにほぼ十分で、三次元の世界は、建築や景観のように、そのなかに入ることによってはじめて意味をもってくるから、単なる立体映像は、人間の生活にとって必要のないものなのだろう。

図Cを、どなたもが正六角形の各点から中心点を通る対角線を引いたものと見るだろう。しかし、これも図Aと同じ直方体を角度をかえて見たもので、直方体であると思って見ようとすれば、そのようにも見える。にもかかわらず、一見して正六角形に見えるのは、立体の直方体よりも平面の正六角形の方が、より単純な図形だからである。いいかえれば、人間は、さまざまなかたちをより単純な図形に見る傾向、というよりは能力を身につけているのである。したがって、たとえばさまざまな物が重なり合って全体として複雑なかたちでも、私たちは、個々の物に分別し識別できるが、ロボットはその能力をもたないので、多くの部品のかたまりから必要な部品を選別することはできない。

平面から立体をイメージすることのできる人間がもっているすぐれた能力は生得のものではなく、生まれたときから人工の物にかこまれて生活し、さまざまな道具を使って身につけてきたばかりでなく、幼い頃から言葉や文字を習い、絵を描いたり、絵本や図面を見るなどして、この立体的、三次元的な世界のかたちを、面的、二次元的な画像、映像などのすがたに写しとることを、訓練に訓練を重ねてきた結果である。確かに人間は間違いやすく、間違いのない人間などはいない。が、それは多元的な事象をリニヤーな言葉や文章で考え人に伝え、三次元の世界を平面にえがいてすがたをイメージしてきたことへの代償なのである。

伊勢神宮の神域を歩いていくと、森のなかから、同じ神明造りの「かた」でありながら、それぞれ「すがた」「かたち」を微妙に変えた大小さまざまな殿舎がつぎつぎにあらわれ、私たちの眼を楽しませてくれる。

このような話は、一見すると文献史学となんの関わりもないようにみえる。が、そうではない。文献史学はリニヤーな文章の解読だけではなく、系図や年表に代表される「図」や「表」の面的な表現を有力な手段としていることは、誰もが知っていることだろう。そして「図」や「表」は、ある認識を面的な表現に固定することによって、史学の共有財産になる。ここに史学と文学との違いがあるとさえいえるであろう。逆にいえば、文学は、文章によって視覚的なイメージをひきだすものでなければならないのではないだろうか。

視覚言語

現在では、ほとんどきかれなくなった言葉であるが、一九六〇年、東京で世界デザイン会議が開かれ、デザインという語がようやく普及しはじめた頃、建築家やデザイナーの間で、ビジュアル・ランゲージという和製英語がよくつかわれていた。もともとは、ギオルギー・ケペッシュの『視覚言語』(ランゲッジ・オブ・ビジョン)(一

主家１、妻家２、倉４、納屋１の計８個分。

九四四年）からの流用である。ケペッシュは、モダンアートの開発した手法を、色や形を単語にして、文法にあたるある種の法則性によって構成する視覚言語であるとして、多くの絵や図をもちいて解読した好著で、邦訳書（一九七三年）には「絵画、写真、広告デザインへの手引」の副題がつけられている（＊2）。

　私たちのいっていた視覚言語は、これとはちょっと違う。建築にしても室内や街角の景観にしても、ちょうどさまざまな言葉を組み合わせて詩をかくように、さまざまな形や色をしたモノの組み合わせによって構成されている。このことから、建築その他のデザインの構成要素を視覚言語とよんだのである。

　豆腐を切ったようなと表現されたように、近代建築はアパートもオフィスもコンクリートやガラスの箱にし、全面ガラスのカーテンウォールは窓と壁との区別をなくした。そこで、かつての建築が構成要素としていた柱、壁、窓、屋根、庇《ひさし》、扉、等々が表現していた思想的・精神的な意味を、もう一度見直し考え直してみよう、というものだった。

千木・堅魚木

『古事記』は、天孫降臨したニニギがたてた御殿を、「底つ石根《いわね》に宮柱ふとしり、高天原に氷椽《ひぎ》たかしりて」と形容している。掘立て柱に地を、氷椽（千木）に天を象徴したのである。神社建築の標識になっている千木・堅魚木《かつおぎ》の千木は、秀木《ひぎ》ともよばれ、秀木は日木、千木は風木であろうとされる。つまり秀木のヒは太陽の光のヒ、千木の

図6　群馬県赤塚古墳出土の埴輪家

チはコチ（東風）、ハヤチ（疾風）のチ、また血、いのちのチで、チは生命力の根源のような霊的な存在態であるとかんがえられていた。したがって秀木、千木は、太陽の光や風がおくってくる霊気を、アンテナのように受信し、あるいは神社の内なる神の霊気を発信するものであったのかもしれない。

雄略大王が河内を行幸したとき堅魚木をのせた家があったので、だれの家かとたずねさせたところ、志幾《しき》の大県主《おおあがたぬし》の家だった。大王は、皇居に似せてつくるのはけしからんと、その家を焼かせようとした。という説話が『古事記』にみえる。ただし、この説話では、単に「堅魚」であって「堅魚木」とはかいていない。なぜ堅魚木とよんだのかについては、さまざまな解釈がなされているが、堅魚に似ていることからよばれたとするのが、ほぼ通説になっている。茅屋根は火に弱いので、水にすむ堅魚をまじないとして付けたというのである。名古屋城の金の鯱《しゃちほこ》と同じである。

古墳時代の埴輪家《はにわや》のなかには堅魚木をのせたものがかなりあって、群馬県赤塚古墳から、主家《おもや》一、妻家《つまや》（副屋《そえや》）二、倉四、納屋一、計八個のセットになって出土した埴輪家のうち、主家だけに堅魚木がのせられているのをみると、もともとは棟の押さえであった堅魚木が、古墳時代には族長の権威の象徴としてかなりひろく用いられていたことがわかる。雄略紀の物語は、堅魚木を皇居以外の使用を禁じたことを説話化したものであろう（図6）。

千木、堅魚木には、大社造《たいしゃづくり》の置千木《おきちぎ》などのように、さまざまなバリエーションがあって、それぞれの神社の造りを特徴づけているが、神明造の特徴は、茅葺きの屋根をつらぬいて、まっすぐに空にのびる千木の直線的、鋭角的なするどさと、ふくらみをもった太い堅魚木の重量感とである。

大工による精密な日本の木造建築は、檜に代表される優れた木材と、出雲の製鉄に象徴される鋭利な鉄製工具とによってつくりだされたものだが、古代には縦引き鋸はなかった。そのため板をつくるには、檜のように木目のまっすぐに通った木材をえらび、くさびをうちこんで割ってチョウナやヤリガンナで表面を仕上げた。したがって、千木は木目にそって切る刃物、堅魚木は丸太を輪切りにする横引の鋸という二種の工具による木工技術の原点を表現している。千木は天へとのびる高揚を、堅魚木は厚い茅葺きの屋根をおさえて安定性を表現している。そして、このような感情表現は、同時に伝統的な技術の表現手段でもあったのである。

本宮、別宮、摂末社など神を祭る神殿以外で、千木、堅魚木をのせている御殿は、東西の宝殿、瑞垣御門、内外の南御門、内宮の御稲御倉、外幣殿、外宮の御饌殿、外幣殿で、いずれも祭神と深くかかわった建物であることがわかる。ただし四丈殿は、もともとは斎王侯院で、現在では雨儀にもちいる、いわば幄舎《あくしや》であるから、千木、堅魚木をのせるのはおかしいのであって、この建物の存在理由のいかがわしさを物語っている。

切妻・高床

神社の建築様式として知られている切妻屋根、高床、千木、堅魚木などは、もともとは王の宮殿を象徴する造形的な要素と考えられている。

屋根は雨水を二方向に流す切妻《きりづま》と四方向に流す寄棟《よせむね》とに大別されるが、切妻の周囲に庇をめぐらすと入母屋《いりもや》になる。竪穴住宅は寄棟土間式で、これを起源とする近世の農家のほとんどは寄棟である。切妻の農家は奈良県の大和棟や山梨県の本棟造《ほんむねづくり》、飛驒白川の合掌造《がっしょうづくり》などの養蚕農家に例外的にみられるにすぎなかった。ただし密住する町家や漁家は切妻で瓦葺きないし柿《こけら》（うす板）葺きで、明治になるまで東日本の圧倒的多数の民家は土間だけのものだった。また朝鮮半島や中国大陸から渡来した仏教寺院も基本的には寄棟土間式である。

切妻と寄棟の屋根を平側からみた立面図にえがくと、切妻は矩形、寄棟は台形に表現されるが、弥生時代の香川県出土とつたえられる銅鐸にえがかれた米倉をはじめ、古墳時代の埴輪家で切妻や入母屋の多くは、妻側の屋根が上部へいくほど庇《ひさし》のようにとびだしており、銅鐸図や家屋文鏡では、台形をさかさにした逆台形にえがかれている。このような屋根を、「妻がころぶ」という。銅鐸図や家屋文鏡にえがかれた倉とおもわれる切妻の建物は妻入りだから、入口の庇として役立ててもいたであろうが、入母屋も妻がころんでいるのは、その下を煙出しや明りとりとし、そこから雨が降りこむのを防ぐために妻屋根を庇のように突出させたのである。入母屋の形式が生まれたのも、屋内を広くするだけでなく、寄棟に煙出しや明りをとるための必要からだろう。

屋根を逆台形にしたもう一つは、工法に関係する。日本建築は、釘などの金具をほとんどつかわず、木組みによって部材を接合するのを一つの特徴としている。これは木組みの発達によって金具を不用にしたというよりは、金具なしに建物を造ってきた古くからの伝統を極度に発達させたともいえるもので、たとえば神宮の造営で鉄釘を用いるのは、垂木をうちつける場合のみであるが、古くは縄で縛っていたであろう。

そのような工法で、しかも古墳時代の限られた工具による素朴な技術では、切妻によって外部にあらわれる妻壁上部の三角形部分を完全にふさぐことは、かなりむずかしかった。壁は板を井桁《いげた》に組んで校倉にしたり、柱と柱の間に板を落としこむなどして造ることができたものの、この三角形の部分をふさぐには、かなりの工夫を必要とした。

静岡県登呂遺跡に復元された穀倉は、現在ではこの部分を檜皮でふさいでいるが、復元当初は開いたままになっていた。この倉には扉がなく、そこから収納物の出し入れがおこなわれていたと考えられたからである。しかし開けはなしにしておいたら、鳥やこうもりや虫などが入りこんでくるであろうから、なんらかの手段でふさいではいたであろうが、きっちりしたものではけっしてなく、檜皮でふさぐ程度と考えられたのである。ところが、これでは一度ふさいだら最後、開けるのに大変である。したがって、来年開けるまで締め切っておく場合はこれでよいが、それまでは収納物である籾などの上に、ムシロや布などをおおっていたのではないか、とも考えられている。

住居の場合は、煙出しや明りとりのために、せいぜい簀子程度にし、妻屋根を庇のように突き出して雨が降りこむのを防いでいた。

妻吹く風

妻をころばすことによって、雨を防ぐことはできたものの、風は容赦なく吹きこんできただろう。『記』『紀』ともに第一号の歌謡である、

八雲立つ　出雲八重垣　妻ごめに　八重垣つくる　その八重垣を

という著名な歌がある。この「妻ごめに」は、新妻をこめる、と解釈するのが一般であるが、はたしてそれだけの意味だったのだろうか。「出雲立つ」が出雲を代表する歌であるとすれば、大和を代表するのは、

大和は　国のまほらま　たたなづく　青垣　山こもれる　大和しうるはし（『記』）

であろうことに異論はないだろう。この「山こもれる」は、山がこもっているのではなく、山が青垣となって大和をかこんでいることをうたっているから、「こもれる」は大和にかかる他動詞である。また万葉には、持統上皇が三河地方へ行幸された際、それに従った夫の留守をまもっていた誉《よ》謝女王《さのおおきみ》の次の歌がある。

ながらふる　妻吹く風の　寒き夜に　わが背の君は　独りか寝らぬ（万一―五八）

「ながらふる」は「ながる（流る）」の継続をあらわす「ながらふ」の連体形で、この歌の大意を、『日本古典文学大系』は、「君の帰りを待って空虚な日々をおくっている妻（である私）を吹く風の寒いこの夜に、背の君はやはり一人淋しくおやすみであろうか」と説いている。

これまでの解釈はこれと大同小異だったが、伊藤博は、「絶え間なく横なぐりに吹きつける風の寒い今宵、いとしいあの方は、ひとりさびしく寝ていることであろうか」と解釈した。これには「妻」の語はみえないが、「註」に「つま吹く風」として、「家の切妻の部分に吹きつける風、つまり、横なぐりに吹く風の意か。（中略）旅先の夫を思うて籠る我が屋に横なぐりに襲いかかる風の荒びを気にしながら、夫を偲ぶ姿と思われる。この「つま」には配偶者である「妻」の意識されており、我が身そのものに風が吹きつける気分もこめられているのであろう。一種の懸詞である」と書いている。しかし当時の切妻住居の多くが、先のようなものであるとすれば、とくに横なぐりに吹きつける風ではなく、ちょっとした風でもあれば、遠慮なく妻から吹きこんできただろう。

それゆえ「ながらふる妻吹く風の寒き夜」は、「たえまなく流れこんでくる妻を吹く風の寒い夜に」とすなおに、そのまま解釈すればよい。その妻が、配偶者である作者自身にも懸るものであるように、「八雲立つ」の「妻」もまた、新妻の妻と切妻の妻との両方に意味のかかる懸詞である。

大社造とよばれる出雲大社の建築様式は、きわだって高い高床の上に、あたかも胸をはって立つかのように、妻を正面に堂々とそびえている。その妻が隙間のある素朴な造りであったとしたら、「妻ごめに、八重垣つくる」と歌うことができたであろうか。たとえ新妻を意味する妻であったにしても、現実にたっている建物の妻が堅固に張りこめられているからこそ、出雲八重垣の歌を、高らかにうたいあげることができたのである。「八雲立つ」の歌は、新妻をこめるという「聖婚」の儀礼への寿ぎをふくみながら、八重垣に囲まれ妻も張りこめられた、なんと堅固で立派な建築であることか、とうたった宮殿讃歌である。

鏡形木

福山敏男は、法隆寺金堂の解体修理の際にわかった金堂再建当初の妻の形式と、室町初期の文献から知られる戦国以前の神宮正殿の形式とが、ほとんど同じであること、したがって伊勢神宮が現在のような建築様式に整えられたのは、法隆寺再建と同時期と考えられることを明らかにしている（図7）(＊3)。

妻壁には、中央に宇立《うだ》ちとよばれる束を立て、束の左右に板の部材をT字形にわたして、これを「鏡形木《かがみがたぎ》」あるいは「鏡形」とよび、釘隠しのような鍍金《めっき》した飾金物妻飾りをつけていた。さらに福山は、『皇大神宮儀式帳』

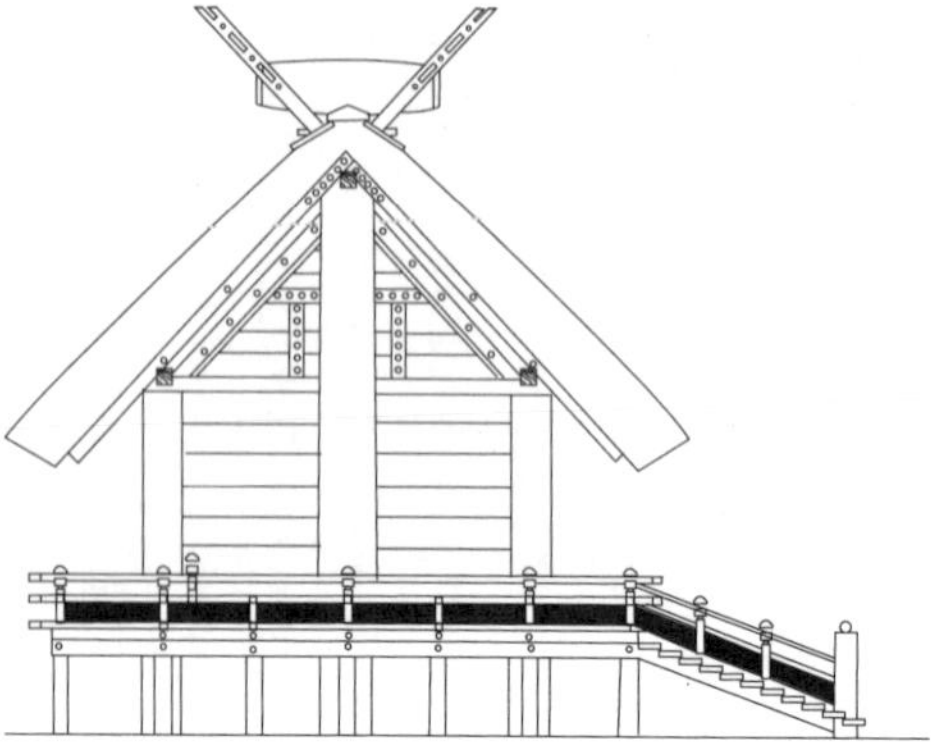

側面

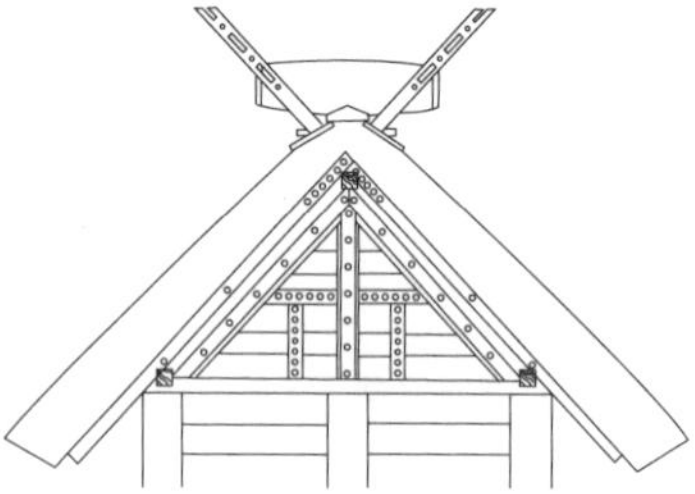

妻飾

図7　古代の内宮正殿推定復元図
（福山敏男作図）

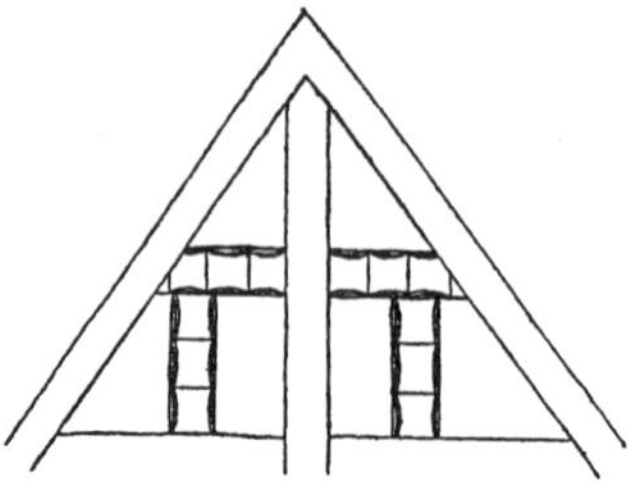

図8　鏡形木の文様図
（『天地麗気記』より福山敏男作図）

に、遷宮のための新社殿造営の行事として、正殿の造営が終ったら、東西妻の御鏡形を地祭物忌父《とこまつりのものいみ》が彫りはじめ、もし物忌父に事故のあるときは禰宜《ねぎ》がおこなうべきであることをしるしていることから、古くは内部にも特殊な文様が刻みこまれていたことを指摘し、大要つぎのようにかいている。

鎌倉末の『天地麗気記』によると、T字形の水平、垂直の材それぞれを三等分してできた縦横各三、左右で六の矩形部分の両辺に、二重の弧線を刻み墨を塗っていた。鎌倉末、すでに意味がわからなくなってはいたが、祭儀にかかわりをもつ文様が変えられることはない、とおもわれるから、古くから伝えられたものであろう（図8）。

「眼を転ずると、南洋諸島等の集会所などの建造物その他の土俗品の装飾にこのような、各単位に背中合わせの弧線をもつメトーベ文様は多数見出すことができる」と台湾のアミ族など、いくつかの例をあげ、ふたたび日本にもどって「北九州から中国・近畿を経て伊勢湾北岸地方にまで達している弥生式の第一様式土器に弧線を伴うメトーベ文様（線刻あるいは彩色）で木葉文とよばれるものに連絡する」と結論づけた。これを所功の『伊勢の神宮』(*4)にも紹介している。

要するに、背中合わせの弧線の文様は、日本ではなく南洋諸島にあり、弥生時代の木葉文につながるというのだが、木葉文は、弧が文字通り木の葉の形についたもので、背中合わせとはデザインのモチーフがまったく逆であるばかりではない。これでは、なぜ「鏡形木」あるいは「鏡形」とよばれたのかを説明できない。「鏡形木」をそのまま読めば、「鏡の形の木」であって、内宮で鏡といえば神鏡以外には考えられない。鏡形木の文様は神鏡を象徴したから、「鏡形」とよんで神聖視していたとするのが素直な見方だとおもう。人の眼にふれることのない内側の妻壁に、なにやら意味ありげな文様をつけたのは、単なる装飾ではなく、妻から悪霊の入るのをふせぐ呪術的な意味からだろう。それは古代人が妻のかためをいかに重視していたかを物語ってもいるが、古代の伊勢神宮に奉祀した人々が、神鏡の文様に強い呪力があると信じていたとしても不思議ではない。

それでは鏡形木の文様に通じる白銅鏡の文様はあるのか、と考えてみると、和鏡である内行花文鏡《ないこうかもんきょう》の内行花文が思いあたる。つまり、鏡の内行花文は、弧文（花文）が円の内周にとりついているのに対して、鏡形木では細長い短形の長辺の内側についている違い、そのことからする花文の形や数の違いはあるにしても、弧文（花文）を内むき（内行）にとりついていることでは基本的に同じと考えられるからである。

ここまで書いてきて、はたと気がついた。福山敏男は、鎌倉末の『天地麗気記』にかかれている鏡形木の図によって、その文様について論じている。しかし、鎌倉時代は戦国前であるから、その妻および御形の形式は、福山自身があきらかにした法隆寺再建当時と同じ形式——T字形の水平・垂直の材の幅が、より狭いものでなければならないからで、この文様の問題は、あらためて考え直さなければならないようである。

三　伊勢神宮の矛盾

明治の変貌

現在、私たちが参拝する伊勢神宮、そして写真や映像をふくめて私たちが見ている伊勢神宮は、古代以来のありのままの姿ではなく、さまざまな歴史的な経緯をへてきた神宮であり、その過程で失われたものがある一方では、付け加えられたものもある。この歴史的な変化のなかで、伊勢神宮のあり方を大きく変えた一つは明治維新であるが、当然のこととして神宮建築にも相当な変化をもたらした。先に、現在の伊勢神宮にみられる内外のアンバランスを、神宮建築の巨大工芸化、城塞化と評する一方では、近現代建築のすぐれた達成ともいえるとかい

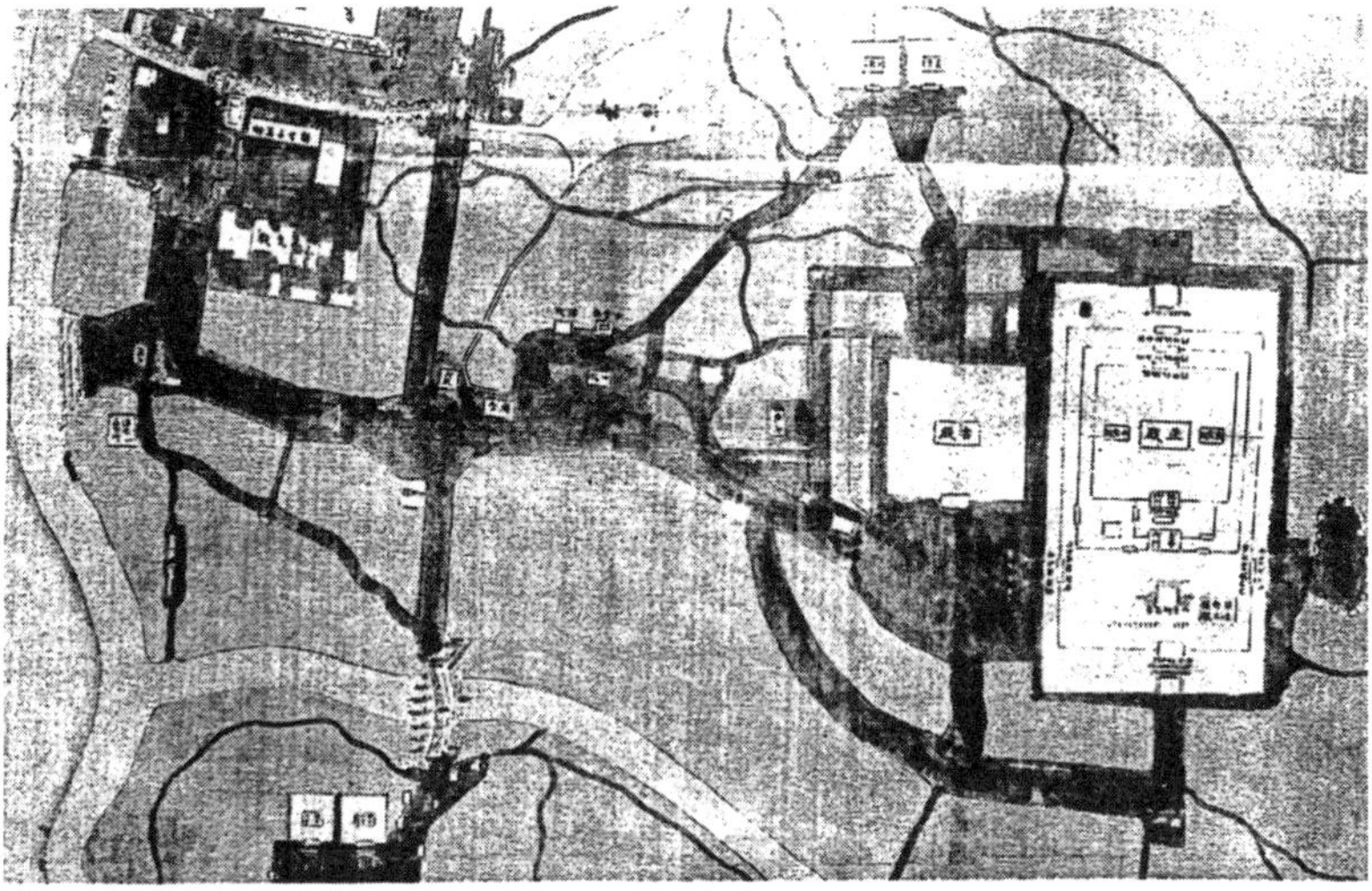

図９　明治２年の式年遷宮直前の神域図

たが、まずこのことを、誰の眼にも明らかな事実で説明しておこう。

　図9をご覧いただきたい。明治二年（一八六九）の式年遷宮直前の神域図の一部で、黒く塗りつぶした部分は、参詣者の歩く参道、白い部分は殿地である。この図からどなたもが気づくのは、新旧二つの殿地のうち、東（右）側の新殿地には正殿と東西の宝殿が横一列にならんでいるのに対して、西（左）側の旧殿地は、ほぼ正方形に区画されて、新殿地に比べて著しく狭く、中央に正殿が存置されていることであろう。旧殿地の中重は広場のように公開し、旧正殿も参詣者の観覧に供していたのである。それはいいが、この神域図は、西殿地が東殿地よりも著しく狭かったことをしめしている。

　五十鈴川はたえず氾濫して参道付近を水に浸していた。長年の雨による浸食と、度重なる式年造営とが重なって、山裾の傾斜地にある殿地、とくに西殿地は削りとられていったのであろう。だから、現在、私たちの見る伊勢神宮は、明治以後、かなり大規模な土木工事による城塞化したもので、近現代建築としての伊勢神宮のすぐれた達成であるともいえるのである。

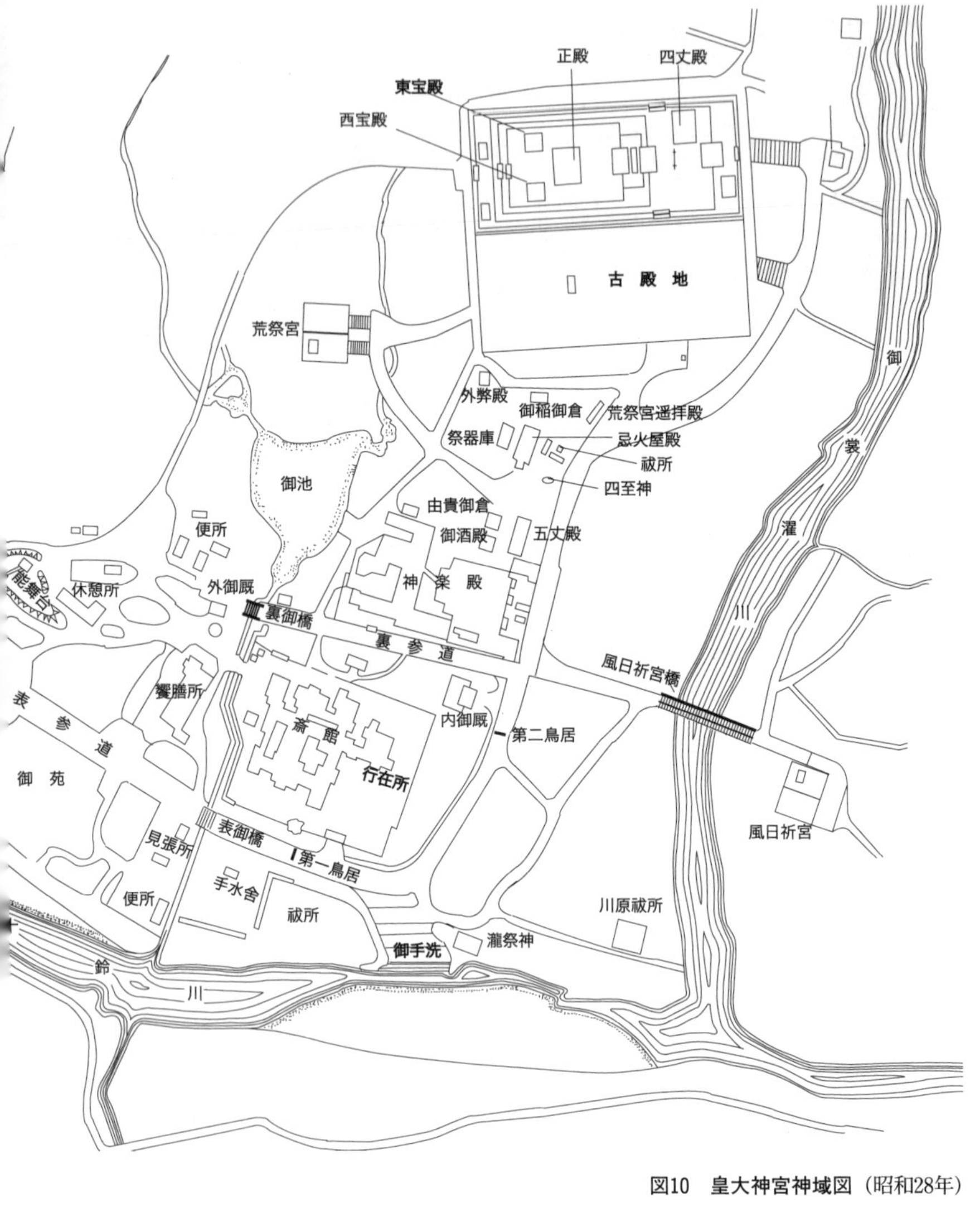

図10　皇大神宮神域図（昭和28年）

ついでに付け加えておくと、図の右端に東殿地をかこむ参道から東にでた溜まりのような部分があるが、ここには東殿地に接した丘があり、その上から神宮垣内を見渡すことができた。戦前の『尋常小学国史』教科書の挿絵をはじめとして公表された伊勢神宮の写真、絵図のアングルが同一であったのは、すべてここから写したものだからである。

五十鈴川と御裳濯川

図10は、昭和二八年（一九五三）遷宮時、神宮から一般に公表された皇大神宮の神域図で、以後発表された伊勢神宮についてしるした図書のほとんどは、この図を掲載している。問題は、宇治橋の下を流れる川を五十鈴川、神宮前の川を御裳濯川と記入していることである。さすがに最近の地図では、御裳濯川の名を削って神宮前の川名を記入せずにしているが、本来は、神宮前を流れる川が五十鈴川で、二つの川の落合から宇治橋付近までは、

ヤマト姫が天照大神を捧じてこの地にたどりついたとき、よごれた御裳の裾を洗ったという伝承から、御裳濯川とよんでいた。別名でいえば神路川の神宮神域を流れる部分が御裳濯川で、島路川の神宮前を流れる部分が本来の五十鈴川である。

宇治橋をわたって表参道をすすむと、右手に川にむけて石畳をかまえた御手洗場《みたらし》があり、参詣者たちは、川の清流で手を浄める。参詣者の多くは、その川が五十鈴川であると信じきっているのではないかと思う。事実、神宮が公表している神域図ばかりか、広く一般に頒布されている地図にも五十鈴川とあるのだから間違いとはいえない。しかし、明治前の地図はすべて、宇治橋の下を流れる川は御裳濯川、神宮前の川は五十鈴川とし、それにしたがって宇治橋は御裳濯川橋、風日祈宮《かざひのみのみや》へわたる風日祈宮橋は五十鈴川橋とよんでいた。現在も、風日祈宮橋の擬宝珠銘に「大神宮風宮　五十鈴川御橋　本願観阿彌」とあり、風日祈宮を風宮《かぜのみや》とよんでいたこととともに、二つの川の名が入れ替えられていることを証拠づけている。常識で考えてみても、ヤマト姫が御裳を洗ったと伝える川が手前にあり、奥の神宮に接してその前方を流れる川が五十鈴川でなければおかしいのである。

とはいえ、江戸時代の地図でも、南伊勢地方全体を描いた地図になると事情はかわって、櫛田川、宮川とならんで、上流から河口までの神路川の総称を、五十鈴川としていることでは現在とかわりがない。

川の名が上流、中流、下流それぞれで異なるのは、ごく普通にみられたことである。国や県の行政機関が河川を管理するようになって、本流、支流それぞれに統一した名称を定めたであろうが、神宮の宮域を流れる本流の名称に五十鈴川を選んだのは、ごく自然なことだった。そして現在では、国土地理院の地図をはじめ、一般に販売されている地図は、すべて本流の神路川を五十鈴川とし、本来の五十鈴川を島路川とするのが一般化している。したがって広域の場合は、一般に流布されている名称に従うことにするが、神域内については、本来の名称で記述することにしたい。

図11　九月十六日由貴大御饌供進図（『皇大神宮旧式典図』）

川と神宮

五十鈴川に正対し南面してたつのが、伊勢神宮である。いいかえれば、神宮の前を流れる川を五十鈴川とよぶのである。そして川に正対し南面してたつのは皇大神宮（内宮）に限ることではない。豊受大神宮（外宮）の前のお池をつないでいる川は豊川である。荒祭宮は、やや西にふれてはいるが、やはり南面して、現在は暗渠になっている谷川（宇治川）に正対していた。さらに別宮の滝原宮、滝原並宮が並びたっている前には大内山川の支流・頓登川が流れている。これだけ揃えば、川に正対し南面してたつのが、伊勢神宮の本来のすがたであることが理解されてくるだろう。

このように、神殿が川に向って立っているのは、伊勢の神宮は、もともと川を祭る祭場であり、伊勢の神は川の神ではなかったのかとさえ考えられてくる。

にもかかわらず、神宮前の谷を流れる五十鈴川は表参道から見えないばかりか、現在は谷へ入ることを禁じているので、参詣者のほとんどは五十鈴川の流れに気づくことなく通り過ぎていく。荒祭宮の前を流れていた宇治川は、神宮の後ろを流れていることから宮後川ともよばれていた。つまり神宮の前と後ろに流れていた二つの川を、表参道をいく参詣者の目からともに見えなくしたのである。

図12　九月十七日神嘗祭正殿御扉奉開図（『皇大神宮旧式典図』）

心の御柱

神宮には、新殿地・古殿地の二つの殿地があり、それを交互につかって遷宮がおこなわれるが、内外宮ともに、白玉石を敷きつめた古殿地の中央には、小さな覆屋《おおいや》がたっているのが見える。この中には、神宮の秘中の秘とされる「心《しん》の御柱《みはしら》」とよばれる、榊をとりつけた約一メートルの高さの檜の柱が立てられている。

正殿の真後ろから北面をうつした写真をみると、床下中央に柵で囲んだ部分のあることがわかる。この中に心の御柱が立てられているわけであるが、その真上に、神体の鏡が祭られているとされている。現在の遷宮造営のように、新御殿がほぼ完成して、洗清《あらいきよめ》の行事の後に、心の御柱を立てる行事がおこなわれるようになったのは江戸初期からで、それ以前は、山口祭にひきつづいて心の御柱を立てることから始め、その上に正殿を建てた。そして、この柱に、なにか故障がおこったときには、神体を東宝殿に遷す仮遷宮がおこなわれたほど神聖視されていた。

明治一〇年（一八七七）に、式年遷宮をのぞいて神宮の祭式は大きく変えられたが、その際、明治以前、神宮でおこなわれていた祭典を記録するためにえがいた『皇大神宮旧式祭典図』という絵巻物が神宮文庫に保存されている。そのなかに、神官が床下に入り、この心の御柱にむかって祭儀をしている図がいくつかみえる。「九月十六日由貴大御饌《ゆきのおおみけ》供進図」（図11）はその一つで、神嘗祭《かんなめさい》の前夜祭である。これに対して、「九月十七日神嘗祭正殿御扉奉開図」（図12）のように、神嘗祭は正殿の扉を開けて挙行される。このように正殿の扉を開けて行われる行事は、神嘗祭、春秋それぞれ二度の月次《つきなみ》祭と神衣《かんみそ》祭で、いずれも勅使がつかわされる祭りである。

これをみると、同じ天照大神を祀るものでありながら、心の御柱は地元の神領民によって祀られる神であり、正殿は天皇によって祀られる神ということになり、文字通りの二重構造を示している。

御贄調舎

他方、神宮の南正面には、参道をへだてて、御贄《みにえ》調舎とよばれる建物があり、中に石を設置して豊受大神の神座としている。『儀式帳』によると、古く五十鈴川は、神宮の前で二股にわかれて流れ、中に中洲があり、黒木の橋を架け、中洲には四尺四方の石畳を設け、石畳は造宮司が設置し、黒木の橋は郡司が架けることになっていた（図13）。

そして三節祭――神嘗祭と春秋二回の月次祭、つまり六月、九月、十二月の十六日夕の大御饌と十七日朝の大御饌を、その豊受大神の神座の前で、志摩国の神戸の磯部たちが供進したアワビやサザエなどの御贄を机にのせ、

> 禰宜、内人、物忌ら、御贄のみさきに追ひて持ち立てて、とぢたる御橋を開き参りてわたりて、止由気の大神の御前に跪き侍りて、則ち御河に清め奉りて、御饌に料理しをはりて、先の如く持ちて、御贄の御前に追ひて、天照皇大神の御饌供へ奉る。

とある。すなわち、新鮮なアワビやサザエなどをもって黒木の橋を渡り、中洲で豊受大神の前にひざまずき、五十鈴川で洗い清めて料理し、先のように机にのせて神宮内院に参入して天照大神の大御饌としてお供えすると

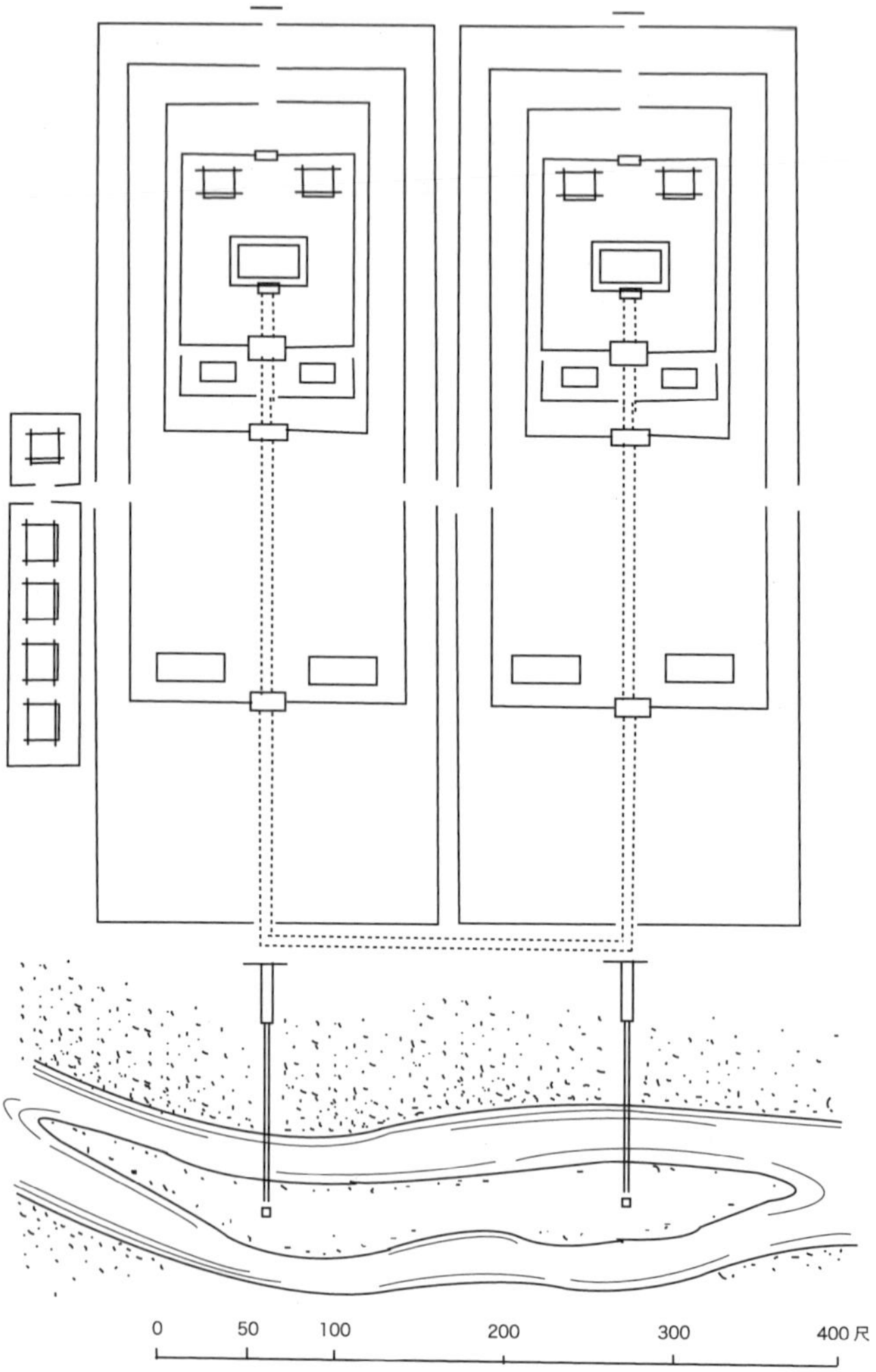

図13　古代の皇大神宮大宮院復原図（福山敏男図に加筆）

いうのである。神嘗祭といえば、新米によるご飯と黒酒白酒とよばれる神酒とであろうが、新鮮な海産物も供えられていた。先に紹介した、神職たちが正殿床下に入って心の御柱を対象におこなっていた「九月十六日由貴大御饌供進図」の由貴大御饌には、五十鈴川で清めた御贄が供進されていたのである。

二つのすすぐ川

五十鈴川のない伊勢神宮は考えられないが、「イスズ」の「イ」はい吹き、い向うなど動詞につけて意味を強調する語で、イ・ススグことによって神の誕生する川ではないだろうか。

さらに五十と書いて「イソ」とよまずに「イ」とよませているが、もしかしたら「五十鈴川」は「磯すすぐ川」だったかもしれない。大神に食事を差し上げる神嘗祭が、神宮を性格づける最大の祭事であることは、式年遷宮を平年の神嘗祭の日に挙行することからも明らかであるが、その基本的な行事は中洲で営まれ、小石の堆積した中洲もまた磯だろうから、「磯すすぐ」の意をさらに強く感じさせられる。

そしてもう一本、神宮の神域を流れている川、御裳濯川は、ヤマト姫がアマテラスを奉じてこの地にたどりついたとき、汚れた裳の裾を洗ったので、この名がつけられたとされているが、『古事記』は、よみの国から帰ってきたイザナギノミコトが、そのケガレをはらうために禊をすると、数々の神々があらわれ、最後に、アマテラス、ツクヨミ、スサノオの三貴子が現われたとかき、これらの神々は「御身《みみ》を滌《すす》くによりて生《な》りし者《かみ》なり」としめくくっている。とするなら、もともとは「御身すすぐ」川で、それが「ミモすすぐ」川になまったのではないか、とも考えられる。

つまり五十鈴川、御裳濯川は、固有名詞ではなくて普通名詞ではないのか。現在の伊勢神宮が『書紀』にしるされた伊勢神宮ではないことに、これまで気づかれなかった理由の一つは、ヤマト姫説話に「斎宮を五十鈴の川上に興つ」とある五十鈴川を、現在と同じ五十鈴川と信じこんでいたからだろう。つまり五十鈴川とは清流をよんだ普通名詞であって、特定の川をよんだ固有名詞ではなかった。このことは、古く伊勢神宮では、この二つの川に関連して祭事をいとなんでいたことを示しているのである。

石神たち

内宮を参拝して興味をそそられるものに、神域のあちこちに祀られている石神たちがある。まず御手洗場の南に滝祭神《たきまつりのかみ》があり、柵にかこわれた中に石が祀られている。『儀式帳』には、滝祭神社とあり、社殿がないにもかかわらず、摂社の筆頭におかれる高い地位があたえられていた。ついで表参道に接して五丈殿の前に四至神《みやのめぐりのかみ》(宮廻りの神)、本宮正面、参道をへだてた御贄調舎には、岩石を設置した豊受大神の神座がおかれ、神宮の入口、板垣南御門外のむかって左方に屋乃波比伎神《やのはひきのかみ》(屋のは入り口の神)、神宮殿地西北部の板垣内に興玉神《おきたまのかみ》(殿地の地主神)と宮比神《みやびのかみ》(宮殿の守護神)などが祀られている。滝祭神と御贄調舎は別として、他は、それぞれ石段を構え、岩を置いて神座とし、かたわらに榊の木を植えて祭っている。

古く神々は、すがた・かたちはなく、祭りの日だけ、いずこともなく現われて木や石にとりついたという。すなわち、これら石神たちは、垂仁紀のいう磯城《しき》、神籬《ひもろぎ》や、神宮の「心の御柱」などとともに、神社建築がつくられる以前の原始的な祭祀形態をしめしているかのように思わせる。しかも、これらの石神は、すべて海岸からもちこまれた海石で、それぞれ海蝕による個性的なかたちを選んで設置し、近代的な感覚をさえ感じさせ、私たちを空想の世界へと誘いこんでくれるのである。日本庭園や古代史にも詳しい建築家の堀口捨巳が、これらの石神を三輪山の磐座《いわくら》とともに、日本庭園の原形とされていたから、私もその気になって勝手な解釈をしたことがあるが、実はそうではなかった。

たとえば、通説では、本宮殿地の奥に祭る輿玉神、宮比神の祭神をサルタヒコとアメノウズメとするが、これは『神名秘書』を初見とする中世以後の俗説で、伊勢神宮のどこをさがしても、サルタヒコ、アメノウズメ両神の片鱗をさえ見出すことはできない。いいかえれば、輿玉神、宮比神は鎌倉時代に祀られたもので、古くからあった滝祭神にしても、本来は祭場であったものを、中世以後、さまざまに様相をかえ、現在の石神にいたっては、昭和四年（一九二九）の大造営の際に、石を設置した可能性が高いのである。

四　式年遷宮

式年遷宮の意味

式年遷宮は、二つの宮地のうち、一方の宮地に正殿・別宮ほか院内・院外の付属建造物が健在なうちに、もう一方の宮地にそれと寸分たがわぬものを建て、新しい御殿に神体をうつす神うつしの行事を、二〇年ごとにくりかえしていく。したがって遷宮祭の際には、新旧二つの宮地に、正殿ほかの建造物が並び建つことになる。

腐朽しやすく燃えやすい茅葺き屋根・掘立柱の建造物を、後世に伝えていくのに、これほど確実な方法はない。そのためか、式年遷宮の由来を、茅葺き掘立柱は二〇年しかもたないからだというのが通説になっている。

建築は、なにかの用途のために建てられるもので、まず建築を建て、つぎにそれに合わせて用途を考える、というのでは主客の転倒である。神の建築であろうとも、この原則に変わりのあるはずはない。神社は、神を祀るためにつくられるもので、神を祀る祭礼こそが神社建築の主目的である。しかも、式年遷宮祭は二〇年に一度の神宮最大の祭典であり、平年の神嘗祭の日にいとなまれる大神嘗祭である。とすれば、この大祭をおこなうためにこそ、神宮建築の様式が創られた、と考えられてもくる。

伊勢神宮の建築様式が成立したころには、すでに寺院建築が建てられ、法隆寺に代表されるように、長期の使用に耐える永久建築を造ろうと思えば、できないわけではなかった。そしてまた、式年遷宮は、住吉、鹿島、香取など、朝廷と深いかかわりをもつ神社でもおこなわれていた。ところが、膨大な国費を要することから廃止されたが、その後、これらの神社が、より長期の使用に耐える建物に改造されたことは確かである。にもかかわらず、伊勢神宮のみは、莫大な出費を覚悟で、あえて短期にしか耐えることのできない材料・工法を用い、二〇年ごとに建て替える手段を採りつづけたのは、もともと伊勢神宮は、二〇年ごとに挙行される式年遷宮を前提として計画された建築ではなかったのかと考えられてもくる。

『古事記』のヤマトタケル説話は、神宮を「神の朝廷」とよんでいる。神宮正殿は、板校倉造《いたあぜくらづくり》を原型としながらも、簀の子縁をめぐらし、欄干に五色の据玉をおくなど、天皇の宮殿を模して造られたと思われるが、「朝廷」とよぶからには、正殿だけでなく、八重垣をめぐらした大宮院の全体が朝廷を思わせるものだったのだろう。

図13は福山敏男の大宮院復元図に御贄の中洲を描き加えたものである。新旧の宮地に、正殿をはじめ多くの殿舎がならびたち、東宝殿、西宝殿など、高床建物は、すべて校倉造であることをしめしている。現在では、遷宮後一年で旧御殿は撤去されるが、江戸時代には正殿はそのまま古殿地に存置して、参詣者たちの観覧に供していたが、より古くは、宝殿ほか、すべての殿舎はそのまま旧殿地におかれていた。

幄舎は悪舎か

内外宮の大宮院を特徴づけているのは、祀る人々の空間と祀られる神の空間とにあること、そして祀る人々の空間は中重《なかのえ》とよばれる祭祀空間で、そこには他の神社に見ることのできない古式が保存されていると述べたが、これをいいかえれば、他の神社では、その後、祀る人々の空間を建築化した拝殿がたてられていたのである。つまり伊勢神宮には拝殿がなく、その結果、明治以後に出現したのが、中重の四丈殿《よじょうでん》の復活と、正殿前に設置した幄舎《あくしゃ》とであった。

四丈殿は、もともとは斎王とおつきの女官の座所であった。斎王、女官たちのために屋根付きの四丈殿を設けたということは、神官たちは雨天にも雨にうたれながら祭事をおこなっていたことを物語っている。このことは瑞垣内で営まれる祭礼も同じだったから、明治前に幄舎はなく、幄舎は、祭日が雨天の祭事（雨儀）にそなえて、明治二二年（一八八九）の遷宮に組立て式でつくったものにはじまるというが、正殿の前に常設して著しく美観をそこね、より身近な別宮でさえ、参拝をじゃまだてして神殿のさわやかさ、すこやかさを阻害しているのは、いなめない事実である。ただし正殿の階の庇は、明治二年（一八六九）の遷宮後つけられたものであることが、当時の写真からわかる。

先に、祀る人々の空間としての中重と、祀られる神の空間としての瑞垣内とかいたけれども、正殿の前庭でも祀る人々による祭事が営まれていることはいうまでもない。しかし、斎王は瑞垣内に入ることはなく、正殿の扉があくのは、勅使のこられる神嘗祭、春秋の月次祭、神衣祭の年にわずか五日のみである。その祭日がたまたま雨であれば、階を昇降する間だけ傘をさしかければすむことで、庇を常設する必要があるとは思えない。また明治前には、たまたま雨天となった祭事は、祭官たちそれぞれが正殿の真横にたっていた宝殿や垣の近くなどに、適時移動して風雨を避けながら営んでいた。

幄舎とは、幄字の偏が巾であることからもわかるように、本来は布製のテントをいい、『年中行事絵巻』にはあざやかな彩色の幄舎が描かれているが、祭日に張りめぐらす幕と同様に、祭りに必要な用途ばかりでなく晴れやかさを表現する手段にもなっていたのであろう。家の内外をとわず、必要なものだけ出して他は片づけ、身辺をつねに整理整頓しておくのが日本の美学だったはずで、それが身辺をつねに清浄にたもつという神宮の理念にもかなうものであるだろうに、出しっぱなしにしているのは、神々と参詣者をできるだけ隔離しようと邪魔立てしているとしか思われない。

建築家の丹下健三は、『伊勢――日本建築の原型』（一九六二年）の編集にあたって、渡辺義雄の写真から幄舎をすべてトリミングした。氏の美意識にとって、とても我慢できるものではなかったからである。

とはいえ、正殿前の幄舎は、雨儀のためだけにあるのではない。明治前の祭典の有様を記録した絵巻物『皇大神宮旧式祭典図』のなかに、神官が正殿の床下に入って「心の御柱」を対象に祭りをおこなっている様子が描かれているが、このような祭儀は、すべて正殿前の幄舎でおこなうように改変したからである。あえて推測すれば、文明開化の内務官僚たちの眼に、床下で柱を祭るなど、原始未開の蛮風と映ったのかもしれない。しかしこれは、旧儀にもどせばすむことである。また、先にのべたように、明治前、雨天となった祭事の際に、各自それぞれ場所をとっていたなど、とんでもないことだと思ってもいたであろうし、東西宝殿の配置も正殿後方へと旧にもどしたので、雨をさける場所にも欠けていた。

勅使以下、雨の日にもなんのさわりもなく粛々と祭典をおこなえる幄舎あってこそ文明開化の時代にふさわしい神宮であるのかもしれない。とくに明治まで前例のなかった天皇親拝に対する配慮もあったであろう。だいいち、別宮とは違って、内宮、外宮正殿瑞垣内の祭事は、外からうかがうことはできないのだから、それをいちいち片づける必要もなかったのである。

古式を保存させたもの

ところで私はなぜ、幄舎のような、神宮の本質とはかかわりのない、ささいなことをとりあげて、くだくだとのべてきたのだろうか。それは幄舎が、数多くの大神社のなかで、伊勢神宮にだけ見られる固有の問題だからである。他の大神社は、中世の頃には、拝殿をつけることによって、雨儀の問題をいちはやく解決していた。いいかえれば、伊勢神宮は日本最大の神社であるにもかかわらず、前庭で神祭りをおこなう古代以来の古式を今もとどめている、唯一の大神社ではないかと思う。

数ある神社のなかで、伊勢神宮のみが古式をよく残すことができたのは、二〇年ごとの式年遷宮をくりかえしてきたことにあるだろう。神宮の祭式を大幅に変更した明治政府も、さすがに式年遷宮には手をふれることはできなかった。いい方をかえれば、伊勢神宮は式年遷宮によって、明治以後の国家神道の嵐にもかかわらず、古式をよく維持しながら、私のいう現代建築としての見事な達成をなしとげることができたのである。

しかも式年遷宮で造り替えるのは、建物だけではなく、天照大神や豊受大神が、その相殿神々とともに、それぞれの正殿を神の住まいとして日々の暮らしを営むための衣服・調度など生活財の一切をふくんでいる。このことは、伊勢神宮の神域全体が神の生活空間として造営されていることを物語っている。このような神々の生活世界を、古代日本人は高天原とよんだが、それを天上の高天原ではなく葦原の中つ国とよばれる地上に実現したのが伊勢神宮だったのである。

たとえば、外宮の御饌殿では、食事の神、豊受大神をご相伴に朝の食事が古代以来、中世戦乱の世の一〇〇余年、式年遷宮の中断した時期にも、一日も欠かすことなくおこなわれてきた。そして春秋二度の神衣祭で神の衣裳は衣替えされた。その食事を料理し神衣を織るのはもちろん、神田の耕作、野菜の栽培、魚介や海藻の採集、製塩、神酒の醸造、土器の制作や鍛冶等々、神の暮しをまかなうために、度会・多気の神郡その他で古代以来営みつづけてきたことを、式年遷宮は、今さらのように気づかせてくれる。

式年遷宮は、古代以来の古式をいまに伝えることによって、生きた正倉院といわれているが、伊勢神宮は日常の祭事をも含めて、生活史の生きた博物館でもある。

神像としての建築

戦前、内宮正殿前につけられた幄舎を、部外者、つまりは国民の誰もが知らなかったろう。八重垣にかくされて見えなかったし、『尋常小学国史』の挿絵はもちろん、戦前戦後に公表された神宮の写真は、私の知るかぎり、明治二年の式年遷宮直後の写真のみで、幄舎のつけられていなかった時期のものだったからである。外宮正殿の幄舎は参詣者にも見えたはずだが、ほとんどの人々は気にもしていなかっただろう。戦後初めて外宮を参拝し、神宮建築の迫力に圧倒された時の私とても同じだった。見えるものすべてが気になっていたら、人間は生きてはいけないから、気にしないものごとは、見たとしても見てはおらず、誰もが選択的に見ているのである。だから知らなかったほとんどは気づかなかったのであり、知っていると思い込んでいることほど、かえって気づかないことが多いことに、それこそ気づかなければなるまい。

神宮正殿の正面につけられた幄舎を気にし嫌悪さえしたのは、建築家のなかでも、とりわけ形に対してきびしかった丹下健三だった。丹下が、幄舎をことさら嫌悪したのは、氏にとって伊勢神宮という建築そのものが神像であり、神々の形姿を表現するものだったからである。氏は、つぎのようにかいている(＊5)。

しばしば宗教と芸術はその起源を同じくしていた。神話の形成は、芸術としての神像の創造と並行していた。むしろ、神像や仏像を通して、ひとびとは宗教的世界をのぞきみたのである。それにしても、日本の神話には、なぜ神像を伴っていないのだろうか。

ふと私には、伊勢で、この神域そのものが神話の形象化とも思われた。ここの自然そのものに、神が宿り、神話がひそんでいるようにさえ思われた。ここでは、一つ一つの石や木が、そうして社殿がそのまま神像であるかのようでもあった。

伊勢の内宮や外宮の社殿がもつ形態均衡、諸社殿の配置がつくり出す空間秩序、それらは千余年のあいだに、多少の修飾や変遷があったことも明らかにされている。しかしその間、なにか一貫したものが、その背後につらぬかれていた。また内宮正殿の堅魚木は一〇本で、内宮のそれは九本である。その他の社殿ではその数はさらに少ない。千木の形も社殿ごとに異なっている。しかし、そうした差異にもかかわらず、私たちは、その背後に一つのものをみている。それは具体的な形態の背後にある本質的な形相といってもよいようなものである。こうしたものをフォームと仮によんでおこう。

私たちは、伊勢の神域、とくにその社殿の形象に、社殿と社殿のあいだの空間に、このフォームを感じているのである。そうして、また、伊勢のこのフォームに神をみているのである。このフォームがそのまま神像なのである。日本人の神棚にまつられてきた神像は、このフォームであった。

その後、千年をこえる日本建築の歴史も、このフォームを超えることができなかった。これほどに、長い歴史に耐えてきた正確なフォームがまたとあるだろうか。そうして、このフォームはまた、日本建築の原形となったのである。

日本でも八世紀の初め頃には神像がつくられていた。しかしたいていは参詣者の見えないところにおかれて、寺院の仏像やギリシャ神殿の神像のように、麗々しく飾って信仰の対象にしようとはしなかった。たとえば古代には四〇メートルの高さがあったとされる出雲大社も、神の住まいである部分は人間的なスケールでつくられている。いいかえれば、日本の神社は、たとえ祭神が人格神であっても偶像崇拝にはならず、神社建築そのものが神の姿をイメージさせていたのである。

神宮正殿平入《ひらい》りの深い軒、御殿をめぐる高欄のついた縁側、きざはし等々、すべてヒューマンスケールでつくられ、そこにありありと神の姿がイメージされてくる。さらに広くその神域は、天照大神をはじめとする神々の生活世界としてつくられ、神々の生活が、それに奉仕する人々の暮らしとともに古代以来つづけられている。それを丹下健三は、伊勢神宮の神域そのものが神像だといったのである。

見ることと読むこと

人間は目に見えることをすべて見たつもりになっているが、見えることすべてが気になっていたら生活などできるものではない。私たちは気になるもの、つまりは関心のあるものごとを選択的に見ているのであって、実際には見ていても気がつかないことの方がはるかに多い。

神話にしても歴史にしても文章によって伝えられ、現在の私たちは文章を読むことによって、その世界に旅だつ。ところが、文章は筆者によって選択的に書かれているから、書かれていないことがたくさんある。読むとは、その書かれていないことを、それぞれのイメージでおぎなって理解することだろう。

いうまでもないと思うが、『古事記』『日本書紀』が記述しているのは、後世に伝える価値があると判断された公的な記録であって、私的なことがらや当時の読者と想定される人々(貴族)なら誰もが知っているような日常的・常識的なことは省略される。歴史家は、現代の視点から歴史を批判的に読むといい、国文学者は、そこに住みつくともいわれる。いずれにしても、自らの常識を歴史のなかに持ちこむことによって、結局のところは読む人それぞれの常識が、そこで問われることになる。常識(コモンセンス)とは、その社会の人々が共通にもっている共通感覚(コモンセンス)をいうのである。現代の私たちと古代の貴族社会の人々とでは、生活感覚が相当に違うものであろうことは容易に想像できるが、現代人である私たちは、古代日本人の常識としての生活感覚がどのようなものかを、ほとんどの場合、知ってはいない。ところが、伊勢神宮では、神とともに古代以来の生活が、いまもなおいとなまれ、伊勢神宮は、衣食住すべてをふくんだ日本人の生活史の宝庫でもあり、その全体を表現し展示している。

そこで、伊勢神宮という建築を見ることと、『古事記』『日本書紀』などの古典を読むこととの関連のなかで、それぞれの場所と場合で、伊勢神宮が、現在の私たちに語りかけていることの意味を考え、また古典を読み解いていくことにしよう。

＊1　日本の数多いデザイナーのなかでも、抜群の感性をもっていたグラフィック・デザイナーの亀倉雄策は、自身の実感した中重の雰囲気を読者に伝えたいと、氏のレイアウトした英語版『伊勢——日本建築の原形』で、渡辺義雄の写真を観音開き、すなわち四頁分に横に拡大して掲載し、それを大いに自慢していたことを思いだす。Kenzo Tange, Noboru Kawazoe, photographs : Yoshio Watanabe, *ISE, Prototype of Japanese architecture*, the M.I.T. Press, Cambridge, Massachusetts, 1965, p. 99-102.

＊2　ギオルギー・ケペッシュ著、編集部訳『視覚言語』グラフィック社、一九七三年

＊3　福山敏男『神宮の建築に関する史的調査』内務省造神宮使庁、一九四〇年

＊4　所功『伊勢の神宮』新人物往来社、一九七三年

＊5　丹下健三・川添登・渡辺義雄『伊勢——日本建築の原形』朝日新聞社、一九六二年

第三章　天照大神とよぶ神

一　史書編纂と天照大神

『古事記』と『日本書紀』

『古事記』は、太安万侶《おおのやすまろ》の序によれば、和銅四年（七一一）九月一八日、元明天皇から、稗田阿礼《ひえだのあれ》が天武天皇の勅命で誦み習った帝紀・旧辞の編纂を命じられ、翌五年一月二八日に撰上している。すなわち、帝紀と旧辞は邦家の経緯（国家組織の根本）、王化の鴻基《こうき》（天皇政治の基礎）であるにもかかわらず、諸氏の所有している帝紀・旧辞は、それぞれ自家に都合のよいように虚偽を加えているので、今の時点で詳しく調べ訂正し、後世に伝えたいと、天武天皇自らが定本「帝紀・旧辞」を選定し、稗田阿礼に誦み習わせたとある。

他方、『日本書紀』の編纂については、天武紀一〇年（六八一）三月四日条に、

川嶋皇子《かはしまのみこ》・忍壁皇子《おさかべのみこ》・広瀬王《ひろせのおほきみ》・竹田王《たけだのおほきみ》・桑田王《くはたのおほきみ》・三野王《みののおほきみ》・大錦下《だいきむげ》上毛野君《かみつけののきみ》三千《ちぢ》・小錦中《せうきむちう》忌部連《いむべのむらじ》首《おびと》・小《せう》錦下《きむげ》阿曇連《あづみのむらじ》稲敷《いなしき》・難波連《なにはのむらじ》大形《おほかた》・大山上《だいせんじやう》中臣連《なかとみのむらじ》大嶋《おほしま》・大山下《だいせんげ》平群臣《へぐりのおみ》子首《こびと》に詔《みことのり》して、帝紀《すめらみことのふみ》及び上古《いにしへ》の諸事《もろもろのこと》を記し定めしめたまふ。大嶋・子首、親《みづか》ら筆を執りて以て録《しる》す。

としるしている。ところが、この史書編纂事業は意外に早く頓挫したらしい。青木和夫の推測によれば、文章能力をもつ人材の不足はいかんともしがたく、その年のうちに作業の困難を天皇に上奏し、そこで天皇は稗田阿礼を相手に帝紀・旧辞の「誦習」を始めたとされている。そして氏は、『古事記』の叙述の一貫性は極めて強いにもかかわらず、下巻になると乱れはじめ、終りになるほど乱れが顕著になることについて、

今日残る『古事記』は、天武の病死による未完の書物と考えざるを得ないのである。

と結論づけている(*1)。

『日本書紀』の編纂事業の再開は、結局のところ、「飛鳥浄御原令」の制定後の持統朝にもちこされた。当時、『書紀』と『令』の両者を併行して作業するだけの文章能力をもった人材に欠けていたからで、舎人《とねり》親王によって『日本紀』が撰上されたのは、養老四年(七二〇)であった。

『日本書紀』の述作過程

森博達は『日本書紀の謎を解く』(*2)で『日本書紀』全三〇巻を、使用されている漢字の音韻や語法を詳細に検討、分析して、渡来人(唐人)が記述した正確な漢文によるα群と、日本人の筆録した漢字を誤用奇用するなど倭習化された漢文によるβ群とに大きく二分されることを明らかにした。ただし『書紀』の編纂は、国家の大事業であるから、政治的に有力な日本人が主導したのはもちろんのことで、ここでいう執筆者は、編纂された資料を単に文章化した人たちである。森によると大要つぎのようである。

『書紀』の述作は、漢文に精通した二人の渡来人(唐人)続守言と薩弘恪によって、それぞれ古代の画期である巻一四「雄略紀」からと巻二四「皇極紀」からとの二つに分担して始められた。しかし前者は、巻二一「用明紀・崇峻紀」の終了間際になんらかの事故、おそらくは筆者の死亡で中断し、崇峻紀四年以後と巻二二「推古紀」、巻二三「舒明紀」は倭習の漢文で日本人執筆者によって書きつがれた。後者、巻二四からの執筆者も巻二五「孝徳紀」終了後、述作から引退し、巻二六以後を書きついだのも日本人である。ただし巻三〇「持統紀」は、他が大津皇子、高市皇子と記するところを、皇子大津、皇子高市と書くなど、独特な語法を用いた特異な巻として知られ、倭習は少ないものの筆者は日本人と推測される。そして文武元年以後に、『書紀』の編集方針が変わって、神代から巻一三「允恭・安康紀」までを日本人執筆者によって書き加えられた。

『書紀』の編集方針が転換したことを明瞭に示す証拠は、使用されている暦の違いである。『書紀』巻一四「雄略紀」以下は元嘉暦《げんかのこよみ》から推算されているのに対して、巻三「神武紀」から巻一三「允恭・安康紀」までは新しい儀鳳暦《ぎほうのこよみ》を用いている。持統四年（六九〇）一一月一一日に、

勅《みことのり》を奉《うけたまは》りて始めて元嘉暦と儀鳳暦とを行ふ。

とあるのは、推古朝頃から用いられてきた元嘉暦を儀鳳暦にきりかえるための準備期間と考えられている。『日本書紀』は持統十一年（六九七）八月一日「乙丑の朔」に文武天皇へと皇位を譲位しているのに、『続日本紀』は文武元年（六九七）八月一日「甲子の朔」に受禅即位したとあって、朔日の干支が異なるのは、『日本書紀』は元嘉暦を、『続日本紀』は儀鳳暦を用いたからである。

さらに『続日本紀』和銅七年（七一四）二月一〇日条に「従六位上の紀《き》朝臣清人《きよひと》、正八位下の三宅《みやけ》臣藤麻呂《ふじまろ》に勅して国史を撰せしむ」とあるのは、『日本書紀』の完成を命じたもので、清人が「持統紀」の撰述を担当し、藤麻呂は全巻にわたって漢籍による潤色を加え、さらに若干の記事を加筆した。そして『続日本紀』養老四年（七二〇）五月二一日条は、『日本書紀』の完成を伝えている。

以上が、森博達があきらかにした『書紀』述作過程の大要で、この説にしたがえば、『書紀』はもともと雄略朝から書き下ろされたもので、神代から安康朝までは、文武朝以後に述作されたものだった。歴史に神話・伝説を加上したのである。

すなわち、『古事記』は、天照大神そのものを生み、伊勢神宮を多気に創立した天武天皇その人によって原本（西宮一民のいう「天武天皇御識見本」）がつくられていた。太安万侶は下命からわずか四カ月で執筆を完了しているから、下巻の乱れにもかかわらず、加筆することはなかったとみられている。

他方、『日本書紀』の「神代」から「允恭・安康」までは、伊勢神宮が文武二年末に創立し、奈良時代中頃ま

でかけて拡充、整備された時期とほぼ時を同じくして記述されていた。これが伊勢神宮の創立と無関係にしるされたとは、とうてい考えることはできない。むしろ、歴史をさかのぼる神話・伝説を再構築することによって、小天下的国家としての日本の天にふさわしい神である天照大神の再発見、再創造を意図していたとみるべきであろう。

すなわち『古事記』『日本書紀』の伊勢神宮についての歴史的な記述は、すべて多気郡多気にあった頃の伊勢神宮であって、現在まで存続している伊勢神宮ではない。そして『書紀』の天孫降臨神話や天照大神の祭祀と神宮の起源などを述べた雄略前の記述は、伊勢神宮を多気郡多気から度会郡宇治に遷座、創立し、整備・拡大して日本唯一最高の神社としての地位を確立する時期と、ほぼ同時並行して記述されたのである。

天照大神

そもそも天照大神とは、どのような神なのだろうか。原田敏明は、つぎのように書いている(＊3)。

天照大神といえば、その字面から太陽神であり、太陽崇拝であると解する。しかし天照というのは、ほかの例にもある。すなわち「あまてる」「くにてる」「しなてる」など。また「たかひかる」などとも同じように、すぐれた姿をたたえた語である。もし天照が太陽であるとすれば、国照のごときは何をさすことになるか。つまり大神の神威をほめたたえたもので、天照大神という名は、むしろ大神というのがその骨子で、大神の至高の性格をたたえて天照とも称したものである。それからすると、これまで天照大神を Sun-goddess と訳したのは、字面の直訳で、むしろ glorious-great goddess であり、great glorious goddess というのが真意でなくてはならない。

神野志隆光の文章を借りれば、天照大神は、天に照り輝きたまうような、という称辞であり、その名は全体が称辞からなる。名に実質をもたず、実質を超越した至高の神なのである（＊4）。

私は、原理的には両氏の意見に賛成である。しかし、これまでほとんどの日本人が天照大神を太陽神と信じてきたばかりでなく、それが古代史学界でも多数意見ではないだろうか。少なくとも、天照大神の語に太陽神の意が含まれていることは否定できない。しかも、原田の提起した「あまてる」「くにてる」などが何を意味するのかに対する答えがないわけではないのである。にもかかわらず、天照大神が太陽神ではなく、太陽という実質をこえた存在であったのも事実であろう。つまり天照大神の神格そのものが、いまだに明確にされているとは、必ずしもいうことはできないのである。

宇宙開闢

『古事記』の巻頭は、つぎの文章にはじまる。

　天地《あめつち》初めて発《ひら》けし時、高天原《たかまのはら》に成りし神の名は、天之《あめの》御《み》中主神《なかぬしのかみ》、次に高御《たかみ》産《む》巣《す》日神《ひのかみ》、次に神《かむ》産《む》巣《す》日神《ひのかみ》。この三柱の神は、みな独神《ひとりがみ》と成りまして、身を隠したまひき。

アメノミナカヌシは、つねに天中にある北極星とされる。この天中にあって不動のアメノミナカヌシにかわる最高神として、タカミムスヒ、カムムスヒは、『古事記』ひいては天皇神話の根本理念であるムスヒそのものを象徴する神として、なくてはならない神であるはずなのに、どうして「身を隠した」などと書いたのだろうか。

しかし、『記』の開闢《かいびゃく》神話は、まだ始まったばかりであって、

　次に国稚《わか》く浮ける脂《あぶら》の如くして、海月《くらげ》なす漂へる時、葦牙《あしかび》の如く萌《も》え騰《あが》る物によりて成りし神の名は、宇摩《うま》志《し》阿《あ》斯《し》訶《か》備《び》比《ひ》古《こ》遅神《ぢのかみ》、次に天之《あめの》常立神《とこたちのかみ》。この二柱の神もみな独神と成りまして、身を隠したまひき。上の件

の五柱《いつはしら》の神は別天《ことあま》つ神。

以上二つのグループを「別天神《ことあまつかみ》」、つぎに国之常立神《くにのとこたちのかみ》から伊邪那岐神《いざなきのかみ》、さらに妹伊邪那美神《いもいざなみのかみ》までを合わせて神《かみ》世《よ》七代《ななよ》というとし、ここでようやくイザナギ、イザナミがあらわれ、両神による国生み、神生みの神話がはじまる。

アメノミナカヌシ、タカミムスヒ、カムムスヒのムスヒ三神は、「身を隠したまひ」て、姿形を現わさなかった神世七代から、さらに先の別天神に分別された、はるかかなたに位置づけられているのである。

このように『古事記』は、別天神、神世七代と連続した一つの縦系列に記述しているのに対して、『日本書紀』は、グループ別の神話の一ないし二を、本文と第一から第六の一書、計七つにふり分け、それぞれの冒頭を「開《あめつ》闢《ちひら》くる初《はじめ》に、洲壌《くにつち》の浮れ漂へること」（本文）、「天地初めて判るるときに」（第一の一書）などとかきおこしている。ところが、問題のムスヒグループは、『書紀』開闢神話群のなかでひとつ孤立し、第四の一書につぎのようにかかれている。

天地初めて判るるときに、始めて倶《とも》に生《なりい》づる神有《ま》す。国常立尊《くにのとこたちのみこと》と号す。次に国狭槌尊《くにのさつちのみこと》。又曰はく、高天原に所生《あ》れます神の名《みな》を、天御中主尊《あまのみなかぬしのみこと》と曰す。次に高皇産霊尊《たかみむすひのみこと》。次に神皇産霊尊《かむみむすひのみこと》。

アメノミナカヌシ、タカミムスヒ、カムミムスヒのトリオ、とりわけアメノミナカヌシは、『古事記』では主神中の主神であるはずである。また『日本書紀』の天地開闢神話では、ムスヒグループを異伝中の別伝としているものの、天孫降臨神話の本文ではタカミムスヒを本来の司令神、すなわち天皇の祖先神であるとともに高天原の主神であるとし、カムミムスヒを黄泉《よみ》の国の主神としている。

アメノミナカヌシ

ところがアメノミナカヌシは、『古事記』にも『日本書紀』にも、これ以外にはまったく現われず、この神を祭る神社もしられていない。明治以後の天御中主《あまのみなかぬし》神社は、中世以後にあらわれた北辰《ほくしん》社を名称変更したもので、北辰とは北極星のことであるが、中世の北辰信仰は、主として北斗七星をまつるものだったようである。少なくとも『記』『紀』『万葉』『風土記』などに北極星信仰は見当たらない。その理由は、日本では天皇は太陽であるが、中国では北極星を天皇としていたからではあるまいか。中国では北極星を太一神とよんでいた。福永光司によれば、それが文字通り宇宙の最高神として天皇大帝とよばれたのは、西暦紀元前後、前漢末期から後漢初期にかけてだという。

「天子は南面す」といわれるように、天子の宮殿がすべて真南に向けて建てられていたのは、正面からながめると、宮殿の真上には天中にあって不動の北極星がつねに輝き、天下を支配する天子であることを表現するからであり、宮殿設計、都市設計の基軸は北極星によって決定づけられていた。藤原京、平城京を南北に貫いて通っていた直線の道路は目をみはるばかりであるのに、その基点としたはずの北極星、アメノミナカヌシについて『記』『紀』は何ごとも語っていない。

『古事記』は天地開闢のはじめに、『日本書紀』はいくつかの開闢神話のなかの異伝として特別扱いにし、天皇家の祖先神で、ともに独り神であるタカミムスヒとカムムスヒ二神の要とした三角形の頂点に、ひいては神統譜の頂点にアメノミナカヌシをおいたものの、書くべきことはなにもなかった。北極星は、どんな場合にも同じ場所にじっとしているから書くことがなく、天御中主という神名をしるすだけで充分だったのであろうか。

天皇の称号は、『旧唐書』など中国古典にみえる天皇の語を移入したもので、道教の重要な神である北極星を神格化した「天皇大帝」に由来するという福永光司の説が通説になっている。もともと天皇とは、北極星と同じように、そこに存在することにおいてのみに意味をもっているということなのだろうか。それにしても、天御中主は、大物主、大国主、事代主など出雲系の神名である「主」を名のっているのも不思議である。

二　アマテラスの誕生

父母神からの誕生

同じ最高神であっても日本で唯一最高の神社、伊勢神宮の祭神アマテラス大神ともなれば、その誕生・出現の仕方からして一様尋常のものではない。ただしアマテラスは単独に生まれたのではなく、三貴子とよばれるように、アマテラス（天照大神）、ツクヨミ（月読尊）、スサノオ（素戔嗚尊）の三姉弟一緒にトリオで生まれたのであるが、それにはいくつかの神話がある。

その中で、もっとも完成したかたちをしめしているのは、『日本書紀』神生みの段、本文である。アマテラスら三貴子は、大八島の国々島々を生んだイザナギ（伊弉諾）とイザナミ（伊弉冉）を両親にして生まれた。

　既にして伊弉諾尊・伊弉冉尊、共に議《はか》りて曰《のたま》はく、「吾《われ》已に大八洲国《おほやしまのくに》及び山川草木を生めり。何《いかに》ぞ天下《あめのした》の主者《きみたるもの》を生まざらむ」とのたまふ。是《ここ》に、共に日の神を生みまつります。大日孁貴《おほひるめのむち》と号《まう》す。（大日孁貴、此をば於《お》保《ほ》比《ひ》屢《る》咩《め》能《の》武《む》智《ち》と云ふ。孁の音は力丁反《のかへし》。一書に云はく、天照大神といふ。一書に云はく、天照大日孁尊《あまてらすおほひるめのみこと》といふ。）此の子《みこ》、光華明彩《ひかりうるは》しくして、六合《くに》の内に照り徹る。

『日本書紀』本文は、アマテラスの正式名称を「オオヒルメノムチ」としているのである。オオヒルメは大日女、すなわち太陽女神であり、ムチは貴人の意という。正史である『書紀』の本文は、朝廷（政府）の公式見解であり、「一書に曰はく」とある一書は、諸氏に伝えられた伝承を列記したとみるべきであろう。であるとすれば、オオヒルメノムチこそ、朝廷の定めたアマテラスの正式名称のはずである。ところが、オオヒルメノムチの名は、つぎの第一の一書にも用いられているけれども、以後、『書紀』にこの神名があらわれることはない。であるのに、正史『日本書紀』本文は、アマテラスの正式名称を、なぜオオヒルメノムチとしなければならなかったのだろうか。その理由は、オオヒルメノムチの「ムチ」に隠されているのかもしれないと思った私は、他にムチの神はいないかと、『書紀』神生みの段の下文に探索の旅に出かけた。

オオアナムチ

高天原から追放されたスサノオ（素戔嗚尊）は、出雲国の簸《ひ》の川上へくだり、八岐大蛇《やまたのおろち》を退治して助けた奇稲田姫《くしいなだひめ》と新婚家庭を営むために宮殿を建てて、

　八雲たつ　出雲八重垣　妻ごめに　八重垣作る　その八重垣を（記一、紀一）

の有名な歌をうたった。そして

　乃ち相与《とも》に遘合《みとのまぐはひ》して、児《みこ》、大己貴神《おほあなむちのかみ》を生む。

とあり、ここでようやくもう一柱の「ムチ」の神、オオアナムチに出会うことができた。これは『書紀』本文であるから、オオアナムチが正式名称であるはずである。ところが、第六の一書に、

　大国主神、亦の名《みな》は大物主神《おほものぬしのかみ》、亦は国作大己貴命《くにつくりのおほあなむちのみこと》と号《まう》す。亦は葦原醜男《あしはらのしこを》と曰《まう》す。亦は八千戈神《やちほこのかみ》と曰す。亦は大国玉神《おほくにたまのかみ》と曰す。亦は顕国玉神《うつしくにたまのかみ》と曰す。

と大国主神を正式名称とし、本来なら本文に記入するはずの別名を列記し、オオアナムチにのみ「国作大己貴命と号す」と「国作」の名をつけて特記している。『書紀』神代巻本文が、最初だけオオヒルメノムチとし、以後は天照大神としているのと同じである。要するに、古名に敬称のムチをつけてオオヒルメノムチとオオアナム

チとよび、その上で、高天原と葦原の中つ国それぞれの主神にふさわしく天照大神と大国主神と命名して、伊勢神宮と出雲大社に祀ったのである。

ただし、大日孁貴はオオヒルメノムチと、ムチの前にノを入れてよんでいるのに対して、大己貴は、第二の一書に「大己貴、此をばオホアナムチと云ふ」と注記している。つまりノぬきである。それは、『出雲風土記』が、一貫してオオアナモチ（大穴持）とモチでしるしていることに関係しているだろう。神名、氏名についての詳細な研究では第一人者の溝口睦子が、オオヒルメノムチ（大日孁貴）の「ムチ」を大変気にして、宗像神社のチヌシノムチ（道主貴）には気づき、また自身でオオアナムチとなんべんもかきながら、オオアナムチの「ムチ」を見落としている。専門家であることによる盲点といえるかもしれない。

神話の内容では、天岩屋戸神話と天孫降臨神話との二つが一つのセットになって連続しているが、実はその間に、高天原を追放されたスサノオのオロチ退治から大国主の国譲りにいたるまでの出雲神話と各種各様の国譲り神話とがはさまっているから、『書紀』の文章の森の中にムチを探索するオオヒルメノムチからオオアナムチに遭遇するまでの旅は、まさに山こえ海こえてという感じである。

当然のことながら、出雲の国譲りは天孫降臨に先行している。史上でも出雲大神の創立が伊勢神宮の成立に先行したとみていい。これは出雲国造氏の代替りにあたって、世継ぎの前年と一年後、朝廷に数多の神宝を献上して唱える祈詞『出雲国造神賀詞』に「高天原にます高御魂神」と天孫降臨の司令神をアマテラスではなくタカミムスヒとしていることからもあきらかである。

また『書紀』の国譲りの段、第六の一書は、『古事記』の説話と類似していることから、大和地方の伝承と考えられ、「国作りオオアナムチ」にスクナヒコナ（少彦名）が協力して国作りしたとされて、後世、「大沙少御神の作らしし味背の山を見らしくも」（柿本人麻呂　万七・一二四七）、「大沙少彦名の神代より言ひ継ぎけらく」（大

伴家持　万一八・四一〇六）など、人麻呂、家持らの万葉歌人にうたわれている。

鏡からの誕生

『日本書紀』神生みの段、第一の一書は、つぎのように書いている。

伊弉諾尊の曰《のたま》はく、「吾、御寓《あめのしたしら》すべき珍《うづ》の子《みこ》を生まむと欲《おも》ふ」とのたまひて、乃ち左の手《みて》を以て白銅鏡《ますみのかがみ》を持《と》りたまふときに、則ち化《な》り出づる神有《ま》す。是を大日孁尊《おほひるめのみこと》と謂《まう》す。右の手に白銅鏡を持りたまふときに、則ち化り出づる神有す。是を月弓尊《つくゆみのみこと》と謂す。又、首《みぐし》を廻《めぐら》して顧眄之間《みるまさかり》に、則ち化る神有す。是を素戔嗚尊と謂す。

鏡に写った自分は、もう一人の自分であり、鏡の中に別世界があるという思想は、神話ばかりでなく、キャロルの『鏡の国のアリス』に代表されるように、近代の創作童話やロマン主義文学の主題にさえなっているし、たえず姿を写している鏡は、その人の魂がやどる、ともいわれる。だから、イザナギが鏡を左手にもったときオオヒルメ、右手にもったときツクユミ、首をまわして鏡をみたときスサノオが生まれた、というのは、イザナギの魂の宿った姿・映像から、鏡の中から三貴子それぞれが出現した、ということなのだろう。

鏡という人間の道具を神の象徴としたことは、自然神から人格神への変容の足がかりとなった。伊勢神宮の神体が八咫鏡《やたのかがみ》とよばれる鏡であることは、よく知られている。それはアマテラスを象徴する白銅鏡だったが、神は鏡の中から出現したのだから、もはや鏡にその姿を見ることはできないけれども、もともとはその鏡に写して見ることのできる姿をしていたのである。にもかかわらず、イザナギが左の手をもって白銅鏡を持ったときに「なり出づる神」としての、人間の姿をした人格神のアマテラスではなくオオヒルメノムチ、すなわち高貴な太陽女神だった。

鏡に写されていたのに写されていないというのは、私のいい方をすれば、見ていて見えていないのであるが、その姿は、文字どおり鏡のように、あくまでも透明で澄みきっていたからである。しかもそれは太陽のように輝いた。だからこそ、西郷信綱はスム（澄む）が、天皇をスメラミコトとよぶスメラへと聖化した媒体として鏡をあげたのであろう。

八咫鏡

鎌倉初期の『伊勢二所皇太神御鎮座伝記』、略して『御鎮座伝記』は、伊勢神宮に天照大神の神体として祀られている「神鏡」について、つぎのように注記している。

一名、日像八咫鏡は是なり。古語は八頭なり。八頭花崎花葉形なり。故に八咫というなり。中台円形に座すなり。円外日天に座す。

いろいろと書かれているが、伊勢神宮の神鏡は「一名、日像八咫鏡」、すなわち太陽をかたどった八咫鏡で、八咫は古語では八頭といい、形は「八頭花崎花葉形」であるという。この花崎は内行花文鏡の花文、花葉は擬宝珠のような模様とされている。また「中台円形」は中央に紐をとおす紐台のある円鏡であり、「円外日天」も内行花文の意味を説明する語句と思われもするが、中国の考古学では連弧文鏡とよび、内行花文を太陽の輝きを表現する模様と推定しているという。

八咫鏡の咫は親指と人指し指をひらいた長さ、つまり親指と人指し指を尺取り虫のように動かして尺取りをする寸法の単位である。試みにこの仕方で実際にやっていただければ解るだろうが、八咫は、鏡の円周としてけたはずれに大きい。かりに咫を一六センチとして八咫は一二八センチ、円周率でわると直径は約四〇・八センチにもなる。実際に、そんなに大きな鏡があったのだろうか。

『皇大神宮儀式帳』や『延喜式』は、神鏡を納める御樋代《みひしろ》の内径を一尺六寸と規定している。これは唐尺なのでセンチに換算すると約四九センチである。この寸法から、先に推定した八咫鏡の直径約四〇・八センチを引いた残りの半分の約四センチが、神鏡を御樋代に納めた場合のすき間で、布におおった鏡を納めるのに、ほぼ適した寸法ということができる。以上は、文献資料からも推測できる八咫鏡とよばれる鏡である。

ところが、一九五六年に、福岡県平原《ひらばる》市に住む北九州の地元学者・原田大六によって発掘調査された平原古墓の遺跡から驚くべき発見があった。もっとも注目される出土品は、ほとんどが破砕された四二面もの白銅鏡である。そのうちの四面は同形同大の同笵鏡で、直径四六・五センチ。先に推定した八咫鏡よりもさらに大きく、『儀式帳』の定める御樋代の内径にぴったりした寸法の超大型鏡だったばかりか、文様も、『御鎮座伝記』の「八頭花崎花葉形」に合致する八葉八花の内行花文鏡だったのである（図14）。

図14　平原古墓出土の超大型内行花文鏡
（直径46.5センチ）

このことは、原田大六著『実在した神話——発掘された「平原弥生古墳」』（学生社、一九六六年）にすでに報告されていたが、さらに大判の調査報告書『平原弥生古墳——大日霎貴の墓』（葦書房、一九九一年）にまとめられた。オオヒルメノムチは太陽神としての天照大神の原名であるが、二、三世紀頃、弥生時代の北九州で、八咫鏡とよばれるにふさわしい超大型鏡が、少なくとも四面は鋳造されていた。同じ型から鋳造した同笵鏡が、もう一、二面鋳造されていたと考えても無理はない。その一面が、はるばる伊勢にたどりついていたのである。超大型白銅鏡・八咫鏡が伊勢神宮に祀られたのは、いつのことだったのだろう。おそらくは伊勢大神とよばれていた伊勢の神が、日神とよばれるようになった時期ではないだろうか。

それにしても平原遺跡から出土した四二面もの白銅鏡は、いったい何に用いられたのだろうか。原田大六の描いたヴィジョンは、はなはだドラマチックである。弥生時代と判明している北九州の平原遺跡ほかの四遺跡から出土した約一三〇面もの白銅鏡は、いずれも円形凸面で、ぴかぴかに磨きあげられる。

凸面鏡に光線があたると、光は四方八方に四散する。この凸面鏡を榊にかけて外に出してながめたとすると、鏡面の前ならば、どこからながめても、それが光り輝くのが見られる。

このような凸面鏡を多数所有していた王墓の被葬者は、生前、それを太陽を迎える装置として使用していた。日迎えの道具であった白銅鏡は、後世の神社に懸けられる神鏡のように、参拝者の方に向けて使用したのではなくて、太陽に向けて飾り、東の山から登ってくる太陽が、鏡と相照らすという状態に用いられたものと考えられる。また日課の日迎えには、一面とか二面の鏡を使用したにすぎなかったろうが、大祭日（神嘗、新嘗など）には、おびただしい鏡が万華鏡のように使用され、それらが朝日で一度に照り輝いた盛大さがしのばれる。

これは想像であるにしても、ないものを空想したのではなく、実行可能の想像である。そして八咫鏡は太陽の力がもっとも弱まり、ふたたび力を盛り返す冬至の祭礼のために鋳造されたもので、天岩屋戸に閉じこもったアマテラスがアメノウズメの踊りに神々がどっと笑ったのを不審に思って岩屋戸を細く開けたとき、すかさず鏡をさしだし、そこに自分の姿が写ったのを見てますます不思議に思ってさらに出てきた女神の手を、タチカラオがもって引き出したという神話は、鏡が太陽を招く祭器だったことを物語っているという。

大型凸面白銅鏡

私たち、少なくとも私は、ぴかぴかに光る白銅鏡を見たことはない。だから天皇をスメラミコトとよぶにふさわしくどれほど澄んでいるかは、想像することはできても実感したことはない。しかも、凸面鏡であったことすら知らなかった。というより気づかなかった。原田の書を最初に読んだとき、鏡は平面に決まっているという固定観念があって、四二面もの鏡を並べれば、平面鏡でも万華鏡のように照り輝くだろうからと、読み落としていた。というのも、それまで考古学関係の書物は、『書紀』が「白銅鏡」としるしているにもかかわらず、単に銅鏡とかき、さらには青銅器時代とよばれていたこともあって青銅鏡とかくものすら少なくなく、かりに凸面鏡とかかれていたとしても、それが古鏡の特徴の一つであることを断っていただかなければ、私のようなアマチュアが見落としたのも無理はない。

各地の古墳から出土した同笵鏡の分有関係、とくにきわ立って多くみられる三角縁神獣鏡《さんかくぶちしんじゆうきよう》は、『魏志倭人伝』にかかれている、景初三年に魏王から邪馬台国の卑弥呼に下賜された一〇〇枚の鏡であるとされ、その分有関係は、古墳の被葬者の連合関係をしめすものとする考古学者・小林行雄の主張が、一時代の脚光をあびていた。しかし、三角縁神獣鏡は倭国でつくられたという反対意見がはやくから出されていた。その後、中国の考古学者によって、中国で造られたものではないという決定的ともいえる研究が発表されて、この問題には一応の決着がついたとされている。ともあれ、伊勢神宮の神体である鏡にかかわることだけに、私も銅鏡については、それなりの関心をはらっていたが、森浩一に教えられて、強い興味をひかれたのは、魏鏡と和鏡との基本的な性格の違いである。

森によれば、銅鏡の見どころの第一は、その大きさである(＊5)。

不老不死の信仰をといた葛洪《かつこう》の『抱朴子《ほうぼくし》』によると、鏡は神仙思想を知るためのもので、道士が魑魅魍魎《ちみもうりよう》をさけるためには、「明鏡径九寸已上」を必要とするとし、また鏡に自分を映し、七日七晩、瞑想して神仙をみるとしているのも九寸以上の明鏡としているという。当時中国の九寸は約二一センチであるが、このような大型鏡は、魏が領域としていた華北出土の銅鏡にはきわめて少ないにもかかわらず、三角縁神獣鏡は約二一センチであるのをはじめ、日本の古墳に集中的に出土する鏡のほとんどは、二一センチ前後の大きさで、森は一応の目安として径一八センチ以上を大型鏡としている。これに対して、華北の洛陽、西安で出土する漢鏡とその系統の鏡は、径一二〜一四センチ程度の主に化粧用の中型鏡で、漆製の化粧箱に入れた状態で出土する。さらに日本の弥生前期、北九州を中心に径五〜八センチの小型鏡が多数造られていた。したがって卑弥呼に下賜された一〇〇枚の銅鏡の最有力候補は、洛陽にしかなかった中型鏡とみるべきである。

森による、銅鏡の見どころの第二は、鏡の縁である。

華北の漢鏡は、中心に近い主要な文様の部分よりは厚くなるが、ひかえめな平縁でしめくくる。これに対して、越の伝統文化を強く残した江南の紹興市および周辺地域に、後漢末から、縁の断面が鋭い三角形の大型鏡が製作されるようになった。すなわち三角縁鏡である。

この鏡の存続期間は、二〜三世紀にまたがる短期間で、その出現も消滅も謎である。『魏志倭人伝』の伝える「倭国大乱」に当る時期、江南の地域だけ急速に、しかも根強くひろまった銅鏡であり、径二一センチ前後のものが多いことから、『抱朴子』のかたる呪術的な機能の銅鏡に関連するだろう。日本の古墳時代前期を特徴づけるのは、前方後円墳と副葬品の三角縁神獣鏡で、その分布は九州から東北におよんでいる。したがって、年代を別にすれば、東アジアで三角縁神獣鏡の分布地は、中国と日本の二つだけであるが、中国江南の東京都ほどの広さもない紹興市地方の地域集中型であるのに対して、日本は全国拡散型という、きわだった対照をみせている。

そして華北の漢鏡の流れをくむ中型鏡や弥生時代の小型鏡など、化粧用の鏡は、現在と同じように平面鏡だったとして間違いあるまい。これに対して、三角縁鏡は、先に『抱朴子』でみたように呪術的な機能の鏡である。

では、その機能を、凸面鏡は具体的にどのような役割をはたすのだろうか。いうまでもないと思うが、室内であれ戸外であれ、自分の顔だけでなく、その背後の環境をも写しだす。どの程度広く写しとるかは、凸面の曲率によるが、よほどの専門書でないかぎり曲率をしるした資料はないだろう。

私が見出した唯一の資料は、三角縁神獣鏡の断面図である（図15）。これを最初にみたとき、製作されてから二千年に近い歳月のなかで内側に収縮したのではないかと思っていた。鏡は当然、平面につくられたと信じこんでいたからである。次に凸面鏡と知って、鋳造した銅鏡が冷える際に内側へと収縮したのかもしれないと思った。それは冶金学の専門家にでもお聞きしなければわからないが、少なくとも化粧用の小中型平面鏡ではなく、大型凸面鏡を意図的に製作する場合に、三角縁の方が平縁よりも容易であろうことは、森浩一が説明した両者の文様による断面の違いからも容易に推察できるのではないだろうか。

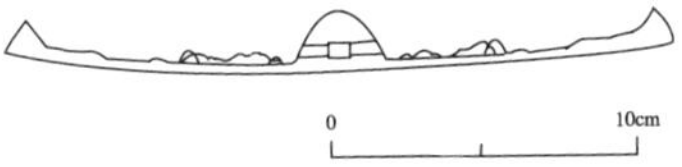

図15　三角縁神獣鏡の断面図

中国の江南からはるばる渡来した銅造の工人たちは、内行花文鏡など、元来は、中型平面鏡だったものを、倭人の要求に応えて大型凸面鏡へと拡大し、ついには径四六・五センチにもおよぶ超大型凸面鏡をつくりだしていたのである。それは後にのべる、天テルから天テラスへの進化・変貌の第一歩だったといえるかもしれない。

丹生

私たちは写真や博物館に展示された三角縁神獣鏡とか家屋文鏡など、鏡の背面につけられた模様を見て知っていても、ぴかぴかに磨いた凸面白銅鏡に自分の顔がどのように写るのかを見たことがない。それは、保存されている鏡のほとんどは、鏡面を磨くことなく錆びたまま眠っているからだろう。

鏡は、丹生《にう》とよばれる水銀と細かい砂を練りあわせた丹砂《たんさ》を鏡面にぬり、朴《ほう》の葉などで磨き上げるのだという。丹生の丹は奈良の枕詞「青丹《あおに》よし」の丹であり朱《しゅ》でもあるから、朱色の顔料、塗料として、すでに縄文時代から土器につかわれ、古墳に遺体を埋葬するときにも多量の朱が用いられていた。さらに水銀で金のアマルガムをつくって仏像に塗り、焰で水銀を蒸発して鍍金《めっき》にもつかった貴重な鉱物資源だった。

丹生についての大著に、松田寿男の大著『丹生の研究――歴史地理学から見た日本の水銀』(早稲田大学出版部、一九八〇年)がある。東洋学者である松田は、戦後、氏の専門領域とした地域は鉄のカーテンにかくされて入国できなくなったので、国内へ視点をむけて丹生をテーマに選んだとのことであるが、その理由は、つぎの二点であったという。

第一は、鉱物を歴史研究の決め手につかうこと。鉱物は環境の変化に影響をうけやすい動植物と違って、過去・現在を通じて不変の立脚点をあたえてくれる。しかも銅・鉄・金・銀などの鉱物については、かなり研究成果をもっているが、縄文土器や古墳にみられる朱の使用以後、塗料、染料、薬用、鍍金など、古代人の生活に密着していた水銀について顧みる人はほとんどなかった。それは平安以後、需要の多くを中国からの輸入にまかせ、明治になるまで国内の水銀鉱業は中断されていたからである。

第二は、丹生神社とよばれる神社を資料として駆使できたことである。神社は古代人の信仰や社会生活を表示するが不変のものではなく、神社は中央政府の働きかけやそれを受け入れた民情の変化など、地方史研究の絶好の資料を残してくれる。

松田は、近畿日本鉄道の後援で、大和から紀伊、伊勢にかけての調査からはじめ、それが一段落ついた頃、早稲田大学理工学部の矢嶋澄策博士から協力の申し入れがあり、採集試料を微量分析して鉱床学的に裏付けた。人文科学と自然科学とを一体化した共同研究は、現在の考古学では珍しくなくなっているが、おそらく日本最初のものだったろう。その調査によって、北海道を除く本土で約三〇の水銀鉱山が確認されたが、その三分の二は、地質学でいう中央構造線（メディアン・ライン）にあり、

> 伊勢の丹生から西に、数々の丹生をつらねて豊後の丹生まで、地質学での中央構造線は、まさしく「丹生通り」を形成しているではないか。

とし、つぎのようにもいっている。

> いわゆる「丹生通り」の東端である伊勢の丹生にも、丹生水銀鉱山がある。この鉱山に隣接する佐奈には水銀の旧坑が開口している。

なお、「丹生通り」の西端である豊後には、宇佐八幡神宮があった。

丹生神社

丹生神社は水銀の女神ニウズヒメをまつる神社である。ニウズヒメは天つ神ではなく、記紀神話のかたる神々の系譜にふくまれていない国つ神で、松田が現存を確認し、あるいは古記録からひろいあげた結果は、一三〇社あったという。そのなかで延喜の『神名帳』に記載されているのは、伊勢国飯高郡——丹生神社、丹生中神社。大和国宇智郡——丹生川神社。同宇陀郡——丹生神社。越前敦賀郡——丹生神社。同丹生郡——丹生津神社。紀伊国伊都郡——丹《に》生都《うつ》比女《ひめ》神社で、式名社は、すべて近畿地方に限られていることに注目される。それは資源が多かったのもさることながら、畿内は他地方にくらべて、造寺造仏に代表される水銀の消費量が圧倒的に高く、朝廷とのむすびつきも強かったからだろう。そのうち同じ郡に二つの丹生神社のある伊勢国飯高郡は、丹生の生産量がとりわけ高かったことを容易に推測できる。

『今昔物語』巻一〇に、伊勢国飯高郡の下人が、郡司から水銀を掘る役夫を命じられ、同郷者三人とともに十余丈の穴に入ったところ、土が崩れて穴の口が塞がれたが、日頃、精進していた地蔵尊に助けられた話がのっているなど、飯高郡の水銀は、「伊勢の水銀」とよばれてよく知られていた。

それが松田のいう「伊勢の丹生」であって、飯高郡に隣接した多気郡の佐那、すなわち天岩屋戸神話で、鏡に写った自分の顔を見たアマテラスが驚いて一歩出たところを、天岩屋戸から引き出したタチカラオの祭られている佐那にも水銀の鉱山があったことに注目される。

スメラとは

大王（オオキミ）は、天皇とされスメラミコトとよばれるようになった。そして天照大神は伊勢の皇大神宮にまつられたスメラオオミカミであり、天皇にスメラとよばれる神性を付与した神とも考えられている。ではスメラとは、どのような意味の語なのだろうか。江戸以来、スメラとは「統ぶ」のスブがスメラと語尾変化したものと考えられてきたが、スブが語尾変化した場合のメは、上代特殊仮名遣いでいう乙類で、スメラのメは甲類であるから、これは間違いとされた。このことをうけて、西郷信綱は「スメラミコト考」(＊6)に、つぎのように書いている。

多くの辞書にいうとおり、スメ・スメラが尊称、それも宮廷的なものにかんする独自な尊称である点は、ほぼ動かないであろう。問題はこの尊称が何という語に由来し、何を含意するかにある。宮廷がいかに超越的存在であったにせよ、それにたいする尊称語が真空のなかで鋳造されたとは考えられぬ。それはやはり日常語に基礎をもち、そこから撰ばれ、独自に聖化されていったはずで、つまり具体的には「統ぶ」に代る語は何かということになる。ずばりいってスメ・スメラは「澄む」という語から来ていると私は考える。

しかし問題は、かつて「統ぶ」が支持されていた理由である国民国家的な志向を、はたして「澄む」に求められるかである。そこで直ぐにも思いあわされるのは、三種の神器の一つになっている鏡である。鏡は影見として遠い世を、形見として過去を写しだし、またカガヤクものとして闇をはらうなど、鏡のもつ多様な象徴的な機能を指摘し、三種の神器や天照大神の象徴としての鏡について論じて天岩屋戸神話におよぶ。

とにかくこれは、天照大神を至上とする新たな宇宙的・社会的秩序の確立を告げる物語である。闇にたいする光は、いうまでもなく支配の原理を象徴する。

スメラミコトのスメラが「澄む」にもとづくのではないかと私は説いてきたが、それは天照大神の魂であるマスミノカガミが君主の正統性を保証する神器としてかく伝授されていることと、不可分に包みあっているはずである。「澄む」という普通語がひとりでに上昇し、聖別され、スメラミコトを規定するに至ったと見るより、「澄む」という語は神器の鏡に媒介されることによって始めてスメラミコトの属性となりえたと見る方が正しいだろう。（中略）スメラミコトなるものの政治史的・宗教史的成立は、鏡が天照大神を象徴する神器として位置づけられ、公認されることに至ったこと、また、伊勢神宮が建立されたということとも重なるはずである。

宮廷儀礼がケガレを忌むことときびしいのを、たんに固有信仰あるいは原始信仰一般に還元すべきではない。（中略）スメラミコトのスメラは、多分に政治的・宗教的に聖別された状態であり、「明き清き心」を以て仕え奉れという服従が要求されたのも、スメラミコトのこのような本質と対応している。

長々と引用させていただいたが、それでもごく一部である。西郷は、王朝の組織化にともなう「儀礼的強化」のなかでスメラの語が発生したことを、鏡という、いわば文明の利器で説明された。鏡という具体的な事物を媒介とすることによって、ケガレを忌む宮廷儀礼を、固有信仰や原始信仰一般に還元すべきでないとした氏の態度は正しい。けれども邪馬台国のヒミコの時代から貴重視されていた鏡で説明しなければならなかったことが、氏に多弁を必要とさせたのである。

その後、飛鳥古京の石神遺跡が発掘されて、玉石を敷きつめてケガレを一切排除した須弥山《しゅみせん》石、亀形石、酒船石など、石造施設を配置した儀礼空間が再現されて、大王の聖化には水が欠かせないこと、ひいては聖化とは浄化にほかならないことが明らかになった。そればかりか、ミソギ用と推察される方形池の付近から、「天皇」の字のしるされた木簡が発見され、天武天皇その人も、この池でミソギをしたと考えられている。清澄明浄であるスメラこそが大王の聖性を保証するものだったことを、「石と水の都」の都市空間そのものが実証したのである。

三　水神アマテラス

すすぎによりて生める神

『古事記』と『日本書紀』神生みの段、第六の一書は、つぎのようにしるしている。

イザナミは多くの神々を生んだ最後に、火の神カグツチ（軻遇突智）を生んだため焼死した。イザナギは亡き妻を忘れられず、黄泉の国をおとずれ、そこで見てはならないという禁をやぶって見たのは、体じゅうに蛆《うじ》がたかり、頭には大雷、胸には火雷等々いくつもの雷がとりついたイザナミのすさまじい姿だった。その姿を見られたことを怒ったイザナミの手下ヨモツシコメ（泉津醜女）という八人の鬼女に追われながら、ほうほうのていで地上に逃げかえったイザナギは、筑紫の日向の小戸《おど》の橘の檍原《あはきはら》で、黄泉の国からつけてきたけがれをはらうために、「上つ瀬は瀬速し、下つ瀬は瀬弱し」といって中つ瀬でミソギをした。すると、そのミソギから、つぎつぎに神があらわれた。実質的な内容は、『記』『紀』ほとんど同じであるが、『日本書紀』は、より多くの神々についてしるしている。ここではそれらすべてをとりあげる必要はないので、『古事記』をみることにする。

ここに詔《の》りたまはく、「上《かみ》つ瀬は瀬速し。下つ瀬は瀬弱し」とのりたまひて、初めて中つ瀬に堕《お》ちかづきて滌《すす》きたまふ時、成りし神の名は、八十《やそ》禍津《まがつ》日《ひの》神、次に大禍津《おおまがつ》日《ひの》神。この二神《ふたはしら》は、その穢《けが》らはしき国に到りし時、汙垢《けがれ》によりて成りし神なり。

次にその禍《まが》を直さむとして成りし神の名は、神直毘《かむなほびの》神、次に大直毘《おほなほびの》神。次に伊豆能売《いづのめ》、（幷せて三神なり。）

次に水底に滌きたまふ時成りし神の名は、底津《そこつ》綿津《わたつ》見《みの》神、次に底筒之《そこつつの》男命《をのみこと》。中に滌きたまふ時成りし神の名は、中津《なかつ》綿津《わたつ》見《みの》神、次に中筒之《なかつつの》男命《をのみこと》。水の上に滌きたまふ時成りし神の名は、上津《うはつ》綿津《わたつ》見《みの》神、次に上筒之《うはつつの》男命《をのみこと》。この三柱の綿津見神は、阿曇連《あづみのむらじ》等が祖神《おやがみ》ともちいつく神なり。かれ、阿曇連等は、その綿津見神の子、宇都志日金析命《うつしひかなさくのみこと》の子孫《うみのこ》なり。その底筒之男命・中筒之男命・上筒之男命の三柱の神は、墨江《すみのえ》の三前《みまへ》の大神なり。

ここに左の御目《みめ》を洗ひたまふ時成りし神の名は、天照大御神。次に右の御目を洗ひたまふ時成りし神の名は、月読命《つくよみのみこと》。次に御鼻を洗ひたまふ時成りし神の名は、建速須《たけはやす》佐《さ》之《の》男《をの》命。

右の件《くだり》の八十禍津日神より以下、速須佐之男命より以前《さき》の十柱の神は、御身《みみ》を滌《そそ》くによりて生《な》りし者《かみ》なり。

この神々は、つぎの三つの類型に分けられる。

一、けがれをはらうことから生成した神々。

ミソギという行為そのものにかかわる神々で、『日本書紀』では、ヤソマガツヒ、カムナホヒ、オオナホヒの三神であるのに、『古事記』ではヤソマガツヒ、オオマガツヒの二神である。しかし、次に、「その禍を直さむとして成りし神の名」は、カムナホヒ、オオナホヒ、イヅノメのあわせて三神なりとするしている。したがって、本来は三神で、阿曇連の三祖神、住吉の三神、三貴子神というように、「三」はこの説話を伝えた海洋系氏族の聖数とされている。

二、水の底と中と上とですすいだときにうまれた、阿曇連の三祖神と墨江の三前の大神、すなわち住吉神社の三柱の祭神。

神々の出現を「海の底に沈きすすぐ時」「潮の中に潜きし時」「潮の上に浮きし時」と、やはり三つの場所と場合で述べているが、『魏志倭人伝』に「今、倭の水人、好んで魚蛤を捕え」とある潜水をよくした沿岸漁撈民ならではの神の出現である。

三、アマテラス、ツクヨミ、スサノオの三貴子。

アマテラスほか三貴子は、左右の眼や鼻を「あらう」ことによって誕生したとする。そしてこの説話が伝える神々について、『記』『紀』ともにほぼ一貫して、何々をススグによりてうめる神（『記』）、何々にススグによりてなせる神（『紀』）と、ススグことによって神々が生成したと述べ、とくに『古事記』は、この説話の最後に、これらの神々は、三貴子を含めて「御身を滌ぐによりて生りし者《かみ》なり」と注記している。

太安万侶も『古事記』序に、

陰陽斯《ここ》に開けて、二霊群品の祖《おや》と為りき。所以《このゆゑ》に幽顕に出入して、日月目を洗ふに彰《あらは》れ、海水に浮沈して、神祇身を滌くに呈《あらは》る。

としるしている。

すなわち、アマテラス・ツクヨミ・スサノオの三貴子、阿曇連の三祖神、住吉の三神は、いずれもミソギ、いいかえれば「御身すすぐ」ことによって現われた神々だったのである。

そして内宮の御裳濯川は、もともとは「御身すすぐ」川で、それが「ミモススグ」川になまったのではないかと考えられることは先にのべた。

四　日神アマテラス

高天原に坐すアマテラス

天照大神は、先に引いた『日本書紀』神生み神話、本文に、つぎのようにかかれている。

是《ここ》に、共に日の神を生みまつります。大日孁貴《おおひるめのむち》と号《まう》す。此の子、光華明彩《ひかりうるは》しくして、六合《くに》の内に照り徹る。故《かれ》、二《ふたはしら》の神喜びて曰《のたま》はく、「吾が息多《こさは》ありと雖も、未だ若此《かく》霊《くしび》に異《あや》しき児有らず。久しく此の国に留めまつるべからず。自《おの》づから当《まさ》に早《すみやか》に天《あめ》に送《おくりまつ》りて、授くるに天上《あめ》の事を以てすべし」とのたまふ。是《こ》の時に、天地《あめつち》、相去ること未だ遠からず。故、天柱《あめのみはしら》を以て、天上に挙《おくりあ》ぐ。

日の神、すなわち太陽神であったばかりでなく、オオヒルメノムチとよばれる偉大な女性神であって、照り輝くばかりの神であったが、同時に、地上で生誕し、天上にあげたと、地上的な根拠をもしるしている。

次に月の神を生みまつります。（一書に云はく、月弓尊、月夜見尊、月読尊といふ。）其の光彩《うるは》しきこと、日に亜《つ》げり。以て日に配《なら》べて治《しら》すべし。故、亦天に送りまつる。

次に蛭児を生む。已に三歳になるまで、脚猶《あしなほ》し立たず。故、天磐櫲樟船《あまのいはくすぶね》に載せて、風の順《まにま》に放ち棄つ。

次に素戔嗚尊《すさのをのみこと》を生みまつります。（一書に云はく、神素戔嗚尊、速素戔嗚尊といふ。）此の神、勇悍《いさみたけ》くして安忍《いぶり》なること有り。且《また》常に哭《な》き泣《いさ》つるを以て行《わざ》とす。故《かれ》、国内《くにのうち》の人民《ひとくさ》をして、多《さは》に以て天折《あからさまにし》なしむ。復使《また》、

	天照大神	大日女	月読尊	素戔嗚尊
『古事記』	高天原		夜の食国	海原
『日本書紀』本文		天上	日に配ぶ	根の国
『書紀』第一の一書		天地	日に配ぶ	根の国
『書紀』第六の一書	高天原		滄海原	天下
『書紀』第一一の一書	高天原		日に配ぶ	滄海原

表1　三貴子の分治一覧表

青山《あをやま》を枯《からやま》に変《な》す。故、其の父母《かぞいろは》の二の神、素戔嗚尊に勅《ことよさ》したまはく、「汝《いまし》、甚だ無道《あづきな》し。以て宇宙《あめのした》に君臨《きみ》たるべからず。固《まこと》に当《まさ》に遠く根国《ねのくに》に適《い》ね」とのたまひて、遂《つひ》に逐《やら》ひき。

神生み神話は、アマテラス、ツクヨミ、スサノオ三貴子誕生の神話であるとともに、この宇宙を三神で、どのように分治するかの神話でもあった。

アマテラスについで生まれたツクヨミの「月を読む」とは、月齢を読んで海の干満を予測することであるが、伊勢神宮には、内宮別宮の月読宮、月読荒魂宮、外宮別宮の月夜見宮の三つの別宮をまつっているのは、海上から東国へむかう大和朝廷の前進基地にふさわしいといえるかもしれない。とはいえ、『書紀』第十一の一書を除いて、ツクヨミの積極的な動きはみられず、三貴子の分治は、アマテラスとスサノオの対立関係にもとめられるというのが、諸先学のほぼ一致した意見になっている。

けれども表1から明らかなように、オオヒルメとよぶ伝承ではアマテラスは天上か天地で、その場合、ツクヨミは「日に配ぶ」、スサノオは「根の国」と一定しているのに対して、天照大神とよぶ伝承では大神はつねに高天原であるが、スサノオ、ツクヨミの二神の分治には混乱がある。

男性太陽神・ヒルコ

『書紀』本文の説く三貴子誕生の神話に、ツクヨミとスサノオとの間に生まれながら、クスの船にのせて風のまにまに放ち棄てたヒルコ（蛭子）とは、いったいなんなのであろうか。

『古事記』では、イザナギ、イザナミの神生み神話の最初に生まれたのが、水蛭子《ひるこ》だった。国若く、脂の如くにして、くらげただよえるとき、イザナギ、イザナミが天浮橋に立って、天の沼矛《ぬほこ》を指し下ろしてかきまわし、塩こをろこをろに掻きならして引き上げると、その矛の先からしたたり落ちる塩、かさなりて積もって島となった。これをオノコロ島という。この島に降った両神は、天の御柱を立て、この柱をめぐり、イザナミが「あなにやし、えをとこを（なんとまあ、いい男よ）」といい、ついでイザナギが「あなにやし、えをとめを（なんとまあ、いい女よ）」といわれた。女が先にとなえたのはよくない、といったものの、くみどを興して生める子は水蛭子で、この子は葦船に入れて流し去った。

『記』によれば、国土形成の直前に生まれ、『書紀』によれば、天と地と海とをそれぞれ統治する三貴子とともに誕生した「子」がヒルコである。単に流産した胎児、あるいは不具の子を水に流したというだけではすますことのできない重大事が秘められているように思える。このヒルコとは、いったいなんであるのか。

アマテラス大神がオオヒルメ（大日女）のヒルメ（日女）であるのに対して、男性太陽神のアマテル神がヒルコ（日子）ではないかとおもう。荻生徂徠の『南留別志《なるべし》』は、
ひるこに蛭をかき、ひるめに日をかけるは、本義にあらざるなり。ふたばしらながらひるといひて、子とめとにて、男女をわけたるまでなれば、元来は義おなじかるべし。

と単純明快である。松村武雄は、滝沢馬琴の『玄同放言』も蛭子を日子としているとし、松前健もそれにならっている。たしかに馬琴は同書の冒頭で「按ずるに、蛭子は日子なり」と書いている。ところが、これは書き出しにすぎず、天慶六年（九四三）の日本紀竟宴の歌に蛭子を「ひるの子」とよんでいることから、日の子は「ほの子」、つまり「ほ子」で星子であるが、数ある星のなかで「ほの子」とよんだのは、北辰すなわち北極星であ

り、だから三歳になっても立てなかったのだと断じている。馬琴は徂徠と違って屈折しているのである。蛭子については江戸時代以来、多くの学者によるさまざまな解釈がだされているが、問題は、なぜ蛭子と書かれたかについての明解な説明はなく、以下のような考え方は、これまでだされたことはなかったようにおもう。

アマテル神

太陽信仰は、世界諸民族にかなり普遍的にみられるもので、日本でも大和の城下郡に鏡作りに坐《まし》ます天照御魂《あまてるみたまのか》神社《みのやしろ》、城上郡に他田《おさだ》に坐ます天照御魂神社、山城の葛野郡に木嶋《このしま》に坐ます天照御魂神社、摂津の嶋下郡に新屋《にいや》に坐ます天照御魂神社がある。山城久世郡の水主《みぬし》神社十座の中にも水主に坐ます天照御魂神一座の名が、丹波の天《あま》田《た》郡の天照玉命《あまてるたまのみこと》神社、播磨の揖保郡の粒《いいぼ》に坐ます天照神社、対馬の下県郡に阿麻抵留《あまてる》神社などがある（『延喜式』）。さらに尾張氏の祖神とされる天照国照彦火明命《あまてるくにてるひこほのあかりのみこと》などのアマテル神（『書紀』）がある。

これらアマテル神は、男性神であって、ごく普遍的な自然現象に対する太陽信仰である。いい方をかえれば、アマテルのテルは他動詞でアマテル神は現に実在する太陽の神であるのに対して、アマテラスのテラスは自動詞であり、アマテラス大神はあるべき当為としての太陽の神なのである。

イザナギ・イザナミが相互によびかけた「あなにやし、えをとこを」のヲトコ。ヒメ（日女・姫）にはヒコ（日子・彦）であるから、女性太陽神のヒルメ（日女）に対して男性太陽神をヒルコ（日子）とするのはごく自然であり、世界諸民族のどこにあってもおかしくない、朝日や夕日を拝んだりするごく普通の太陽信仰である。

しかし、天に太陽が二つとないように、天を統治する至上神オオヒルメ、高天原にますアマテラスは二つとあってはならなかった。それはお天とう様とか今日様とよび、戦前戦後の子どもたちが、紙でつくったテルテル坊主を軒先に下げて「テルテル坊主テル坊主、明日、天気になあれ」と唄ったことにいたるまでの、ごく日常的なお日さまである太陽神・アマテル神ではなくて、国家最高の神としての太陽神・アマテラスなのである。

だからといって、各地でおこなわれていた男性太陽神、アマテル神の祭祀を禁じるわけにはいかない。むしろ、延喜の『神名帳』に記載し国の保護し育成すべき神社としてまつらせ、より普遍的、日常的な太陽信仰のうえに、天照大神を祀る伊勢神宮の民衆信仰をひろめたとみるべきだろう。したがってヒルコの存在を認めるが、日子とかくのはよろしくない。それは天子や皇太子をよんだ「日の御子」とも抵触する。そこで蛭子として水に流したのではなかったろうか。ヒルを蛭とかくのは当て字で、よいことには嘉字をあて、よくないことには卑字をあてるのは、『記』『紀』を含めて古来の通則である。日子の存在は認めるが、あまり感心したものではなく、少なくとも天照大神とかかわるような太陽神ではないとしたのである。

太陽神の妻

天照大神は男性神であるという主張が、少々うんざりするほど根強く存在しているのは、生殺しともいえる男性太陽神の否定と肯定の上にアマテラス信仰がなりたっていたためかもしれない。というよりは、現在の古代史学者たちは、古代の日本人にまさる男性優位論者だからではあるまいか。

折口信夫は、「ひるめ」を伊勢神宮別宮の筆頭で、皇大神宮の背後にまつられている荒祭宮に関連させて、つぎのように述べている(*7)。

ひるめは日之妻(ひぬめ)で、日神の妃といふことになる。

荒祭宮はこの神の霊の遊離したもの、といわれるが、太陽神としての性格を示すものではないだろうか。

これをうけて岡田精司は、荒祭宮に祭られた神こそ、男性太陽神であるタカミムスヒであり、天照大神ことオオヒルメは、祭られる神であるとともに、この神を祭る神であるヒルメ（日妻）にほかならないとした。松村武雄・西郷信綱・松前健らの諸氏がヒルメを「日妻」とし、さらに巫女として男性太陽神を祭る神としたのも、アマテラス＝男性太陽神説の一変形であろう。

五　軍神アマテラス

男装し武装するアマテラス

スサノオは海原を治めることを命じられたにもかかわらず、泣きわめいて青山を枯山のように泣き枯らし、河や海をことごとく泣き乾し、ために悪い神の音が、さ蠅《ばえ》なすようにみち、よろずのもののわざわいがことごとくにおこった。イザナギがなぜ泣いているのかときくと、妣《はは》の国である根の国にいきたいから泣いているのだと答えたので、神はおおいに怒りスサノオを追放した。そこでスサノオはアマテラスにことの次第を告げたいと天へかけのぼった。ために山川国土はことごとく震動した。アマテラスは、これはよからぬ心があるにちがいない。わが国（高天原）をうばおうとしているのではないかと、スサノオをむかえ討つため身支度をととのえた。

即ち御髪を解き、御みづらに纏《ま》きて、すなはち左右の御みづらにも御鬘《みかづら》にも、左右の御手にも、各八尺《やさか》の勾《まが》璁《たま》の五百箇《いほつ》のみすまるの珠を纏き持ちて、そびらには千入《ちのり》の靫《ゆき》を負ひ、ひらには五百入《いほのり》の靫を附け、亦いつの高鞆《たかとも》を取り佩《お》ばして、弓腹《ゆはら》振り立てて、堅庭《かたには》は向股《むかもも》に蹈みなづみ、沫雪如《あわゆきな》す蹶《く》ゑ散《はらら》かして、いつの男建《をたけ》び蹈み建びて待ち問ひたまはく、「何の故にか上《のぼ》り来つる」と問ひたまひき。（『古事記』）

アマテラスは、男装し武装して男建びをあげスサノオの前に立ちふさがったのである。松前健・岡田精司は、これは「どうみても女神の姿ではない」(*8)とし、水林彪も、このことをもって『古事記』の天照大御神を男神としている(*9)。『日本書紀』は、スサノオがアマテラスを姉とよんでいるから、アマテラスが女神であるのはあきらかである。にもかかわらず、松前、岡田、水林らの諸氏が『古事記』の一説話にかぎって男神と推論したのは、天孫降臨神話に登場する天皇家本来の祖神であるタカミムスヒを、原アマテラスであるとして両神を結びつけたかったからである。

アマテラスが男神であれば、わざわざ髪をゆいなおす必要はないし、男が男の髪形をしているのは当り前のことだから、いちいち書かないのが常識である。男装の麗人という言葉はあるが、女装の麗人というのは馬鹿げている。だからアマテラスが男装したと書いていることじたい、女神であることの証拠である。さらに私が不審でならないのは、天照大神ともかかわりのある神功皇后も、新羅へ出征するにあたって男装し武装したことを、先学諸氏が意識的か、無意識・無自覚であったかを問わず忘却されていることである。

単なる天照るではなく、万象を見守る天照らす神である女性太陽神も、世界の神話に、必ずしも例外的なものではない。たとえば、日本で親しまれているギリシャ神話の太陽神もローマ化される以前は、四頭立ての馬車にのる女神へーリオスだった。ついでながら、エジプトや日本の日神は船にのるが、メソポタミア、インド、中国は馬車である。

ブルーノ・タウト以来、伊勢神宮は、よくギリシャ・アテネのパルテノン神殿にたとえられているが、強力な海軍で地中海に覇をとなえた都市国家アテネの守護神としてパルテノン神殿に祀られている女神アテナの神像も同様に鎧兜で身をかためている。大和朝廷の勢力が海路東国へ進出する前進基地であった南伊勢の守護神だったプレ・アマテラスは、武装したから男神であるなどという神話学者がいるのは、専門家の常識知らずとでもいう以外にない。

日神は太陽神ではない

ギリシャの神殿で伊勢神宮にあたるのは、アテネのパルテノン神殿よりもデルフォイの神託で知られたデルフォイの神殿であろう。その主神はもともとは大地の神で蛇身の女性神ガイアであったが、アポロンにとってかわられた。そしてアポロンは弓と竪琴をもってあらわれたように武人であり音楽神であったにもかかわらず、ローマ化されたギリシャ神話では、ギリシャ精神を象徴する理想神として男性太陽神とされたのである。

天照大神もまた、理想化された女性太陽神であって、「神風の伊勢」とよばれた伊勢大神はアテナと同じように水軍の守護神としての女神ではあったものの、必ずしも太陽神そのものではなかった。

天照大神は、神野志隆光のいうムスヒのコスモロジー『記』では、一貫して天照大御神の神名でかかれているのにもかかわらず、「陰陽」のコスモロジーである『書紀』は、大日女とか日神と書いて、決して太陽神と書かないのは、陰陽道がひろまっていた当時、太陽神と書けば男性太陽神を意味したからであろう。したがって日神と書いていること自体が、女性太陽神であることをしめしているのである。

古代日本の神道が、道教、陰陽道から強い影響をうけていたことはよく知られている。その日本で太陽の文字をまったく使用していなかったわけではなく、『養老令』『延喜式』に日蝕で太陽が欠ける場合に限って陰陽寮がらみの天文学用語として限定的に用い、『書紀』『続日本紀』ほかの六国史は、日蝕の場合をもふくめて、すべて太陽の語を慎重に避けていることに注意すべきであろう。

アマテラスとスサノオのウケヒ

アマテラスは、スサノオが山川国土を震動させながら昇天してくるのを、根の国から高天原への侵略とみて、迎え撃つのは自分以外にないと男装し武装して待ちかまえた。アマテラスがしめした高天原の王者としての貫録である。

男装し武装したアマテラスは、スサノオの前にたちふさがり弓を振り立て、堅い地面を足のももまで没するほど踏み込んで、沫雪のように土を蹴散らして雄たけびをあげ、「なにしに上っていたのか」と詰問した。スサノオが邪心はないと弁明したのに対して、「それではお前の心が清く明るいことを、どうして知ることができるのか」と問われて、スサノオは「それぞれ盟約をして子を生みましょう」といった。

そこで両神は、天の安河《やすのかわ》をはさみ、アマテラスはスサノオの帯びている十拳剣《とつかつるぎ》を受けとって三つに折り、これを噛み砕いて、吐きだした霧から三女神が化成した。他方スサノオが、アマテラスの左の御髪に巻いた八尺《やさか》の勾玉を嚙みに嚙んで吐きだした霧から化成した神はアメノオシホミミ、右の御髪に巻いた玉を嚙みに嚙んで吐きだした霧から化成した神はアメノホヒ、等々と、アマテラスが身につけていた数々の玉からつぎつぎに五柱の男神が化成した。アマテラスは、この後に生まれた五柱の男の子は私の物である玉を物実《ものざね》として成り出た神であるから私の子であり、先に生まれた三つの柱の女の子は、汝の物である剣を物実として成り出たものだから汝の子である、といわれた。

ともかく、このウケヒ（盟約）によって、『古事記』はスサノオの子は男の子だったから、『書紀』はアマテラスの子は女の子だったから、スサノオの潔白は証明されたなど、結果がでてから判定基準が示されるといった、矛盾だらけのなんとも奇妙な話ではある。高天原を統治するアマテラスと根の国ないしは海原を統治するスサノオとの合体で天皇の祖先神が生まれた、とすればすむところを、あくまでも清浄でなければならないアマテラスに、同母弟スサノオとの近親相姦と思わせないための神話的な工夫ではないかと思う。

このウケヒ（盟約）神話は、『古事記』と『日本書紀』本文と三つの一書のあわせて五つの異なる伝承を記録

表2　ウケヒ神話の異伝

	古事記		日本書紀									
			第六段								第七段	
			本文		第一		第二		第三		第三	
(1)物実	スサノオの剣	アマテラスの玉	スサノオの剣	アマテラスの玉	日神の剣	スサノオの玉	スサノオの玉	アマテラスの剣	日神の剣	スサノオの玉	日神の剣	スサノオの玉
(2)直接生み出した神	アマテラス	スサノオ	アマテラス	スサノオ	日神	スサノオ	アマテラス	スサノオ	日神	スサノオ	日神	スサノオ
(3)物実交換の有無	有	有	有	有	無	無	有	有	無	無	無	無
(4)生まれた神	三女神	五男神	三女神	五男神	三女神	五男神	三女神	五男神	三女神	六男神	「云々」で省略	六男神
(5)生まれた神の帰属	三女神はスサノオの子	五男神はアマテラスの子	三女神はスサノオの子	五男神はアマテラスの子	三女神は日神の子	五男神はスサノオの子	子の帰属について言及なし		三女神は日神の子	六男神はスサノオの子(2)		六男神はスサノオの子
(6)オシホミミの名称	正哉吾勝勝速日天之忍穂耳命		正哉吾勝勝速日天忍穂耳尊		正哉吾勝勝速日天忍骨尊		天哉吾勝勝速日天忍骨尊(1)		コトアゲして「正哉吾勝」名称は勝速日天忍穂耳尊		正哉吾勝勝速日天忍穂根尊	
(7)スサノオの清明心判定の基準	物実により子の帰属を決め、女神なら清心とする。		物実により子の帰属を決め、男神なら清心とする。		男神なら明浄心。		男神なら赤心。		男神なら赤心。		男神なら清心。	

(溝口睦子氏の作成による)

(1)第六段第二の一書のオシホミミは第二子である。第一子は天ノホヒになっている。
(2)第六段第三の一書の六男神は、スサノオの玉によってスサノオが生んだのでスサノオの子であるが、日神がその六男を取って日神の子とし、天原を治めさせたとしている。

している。溝口睦子は、この五つのバリエーションを表2のようにまとめている(*10)。そして、もともとこれはスサノオがアマテラスに挑んだ大勝負の物語で、おそらく宇宙の支配領域をめぐり、天の川をはさんだ壮大な舞台装置と荘重な演出で、互いに子を生み比べるというやり方でおこなわれ、「正に勝つ吾れ勝つ」というスサノオの勝ち名乗りが、勝負と関係なくオシホミミの名に正哉吾勝勝速日天忍穂耳尊《まさかあかつかちはやひあまのおしほみみのみこと》とつけられていることから、本来の神話での結果は、スサノオが勝利し、勝ち誇ったスサノオが天上界で大暴れする展開だったであろうとしている。

オシホミミは天孫降臨したニニギの父であり、オシホミミがアマテラスの子であることによって、はじめてニニギを天照大神の皇孫とよぶことができる。そのため『古事記』および『日本書紀』本文は書き直したものの、『書紀』三つの一書は、オシホミミをスサノオの子とする古伝のまま掲載している。オシホミミを、つまりは天照大神を天皇の祖先神とするのは、『書紀』編纂当時、かなりの異論があり、相当な無理があったのである。また、これら異伝は、すべて天照大神ではなく、日神としるしていることにも注意すべきであろう。

六　神功皇后伝説

名のりをあげた神々

ヤマトタケルの皇子・足仲彦尊《たらしなかつひこ》は仲哀《ちゆうあい》天皇となり、熊襲を平定するため筑紫に出陣して橿日宮《かしひのみや》(香椎宮)に入った。そして群臣をあつめて熊襲を討つ会議をひらいた。このとき皇后の気長足姫《おきながたらしひめ》(神功《じんぐう》皇后)に神がかって、「天皇はなぜ熊襲の従わないのを憂えるのか。そこは荒れてやせた土地で討つにあたいしない。むしろ海上にみえる国、新羅には金、銀、財宝が多くある。もし自分を祀ったら、血をみずになんなく服従するだろう。そうすれば熊襲も従うだろう」との神託があった。しかし仲哀は、高い山からながめても海の彼方に国はみえなかったので、神託を信じず、熊襲を討ったがはたせず、やがて病にかかって急死した。

皇后は、吉日を選んで斎宮に入って自ら神主となり、武内宿禰に琴をひかせ、中臣烏賊津使主《なかとみのいかつのおみ》を神託の意味を解く審神者《さにわ》（沙庭）とした。そして「先の日に天皇《すめらみこと》に教へたまひしは、誰《いづれ》の神ぞ。願はくは其の名をば知らむ」といわれた。七日七夜にいたって答えがあったが、「この神以外にまた神が有るか」「亦有《またおは》すや」と、つぎつぎに問いただすことによって、名のりをあげたのは、つぎの神々であった。

一、神風の伊勢国の百伝《ももづた》ふ度逢県《わたらひのあがた》の拆鈴《さくすず》五十鈴宮に所居《ま》す神、名は撞賢木《つきさかき》厳之御魂《いつのみたま》天疎向津媛命《あまさかるむかつひめのみこと》。

神風の、百伝う、拆鈴は、それぞれ伊勢国、度逢県、五十鈴宮の枕詞。したがって、伊勢国度会県の五十鈴宮にいます神で、名はツキ・サカキ・イツノミタマ・アマサカル・ムカツ・ヒメノミコト。すなわち、撞《つ》きたてたサカキに依りついた厳しい（神聖な）み魂であり、天からはなれて津（港）に向ってとんできたヒメミコトであるというのである。

伊勢度会の五十鈴宮といえば、文武二年以後の伊勢神宮内宮をさすから、その後につくられた神名であることは明らかであるが、五十鈴宮と宮号でよびながら、神殿に祀られた神ではなく撞きたてたサカキに依りついた神というのである。この撞きたてたサカキは、崇神紀の「ヒモロギ」、垂仁紀の「祠」、後の「心の御柱」にあたるであろう。そこに依りついた神聖な魂で、その名はアマサカルムカツ姫、天から津――港にとんできた姫である。

これに対応する『古事記』の神功皇后記事では、はっきりと天照大神とかいているから、ツキサカキ……の長い神名を名のったのは、原アマテラスともいうべき、伊勢の大神であろう。

二、幡荻穂《はたすすきほ》に出し吾や、尾田《をだ》の吾田節《あがたふし》の淡郡《あはのこほり》に所居《を》る神。

吉田東吾の『大日本地名辞書』は、伊勢神宮の遥宮《とおのみや》とよばれる別宮・伊雑宮《いざわのみや》の祭神である稚日女尊《わかひるめのみこと》とする。『皇大神宮儀式帳』や延喜『大神宮式』によると、伊雑宮は「志摩国答志郡粟島に坐す伊射波神社」とあり、また『倭姫命世紀』には、倭姫が伊雑の乎田《おた》にこの宮をはじめてつくったとしているから、「尾田の吾田節の淡郡にいる神」は、これにあたるとみてよい。

三、天事代《あめにことしろ》虚事代《そらにことしろ》玉籤入彦《たまくしいりびこ》厳之事代神《いつのことしろのかみ》。

天つ事代、虚の事代、玉籤入彦、厳の事代と仰々しく装飾語をならびたてているが、そのことごとくを説明する必要はないだろう。要するに事の是非をただす事代主の神である。

四、日向国《ひむかのくに》の橘小門《たちばなのをど》の水底に所居《ゐ》て、水葉《みなは》も稚《わかやか》に出で居る神、名は表筒男《うはつつのを》・中筒男《なかつつのを》・底筒男《そこつつのを》の神。

日向国の橘小門は、黄泉の国から帰ったイザナギが禊をし、そこから多くの神々が化生した場所で、表筒男・中筒男・底筒男は、住吉神社の三祭神であることは、すでにご存知のとおりである。

『古事記』では、神がかった神功皇后に依りついて名のりした神は、天照大神と住吉三神のみである。このことは、この説話が、住吉から筑紫、すなわち瀬戸内海から対馬海峡にいたる海域の漁撈民や、朝鮮半島へもたびたび出撃した安曇連など水軍の守護神だった住吉神社を祀る人々によってつくられた可能性の高いことをしめしている。

それにしてもアマテラスは、神託を信じなかった仲哀を殺すほど恐ろしい神とされていたのである。

男装する皇后

神功皇后は、神の教えにしたがって、新羅を自ら討とうと決意して男装する。『日本書紀』神功皇后摂政前紀は、その場面をつぎのようにしるしている。

皇后《きさき》、橿日浦《かしひのうら》に還り詣《いた》りて、髪《みぐし》を解きて海《わた》に臨みて曰《のたま》はく、「吾、神祇の教《みこと》を被《う》け、皇祖《おほみおや》の霊《みたまのふゆ》を頼《かうぶ》りて、滄海《あをきうなはら》を浮渉《わた》りて、躬《みづか》ら西《にしのかた》を征《う》たむとす。是《ここ》を以て、頭《かしら》を海水《うしほ》に滌《すす》がしむ。若《も》し験《しるし》有らば、髪自づからに分れて両《ふたつ》に為れ」とのたまふ。即ち海に入れて洗《すす》ぎたまふに、髪自づからに分れぬ。皇后、便ち髪を結分《あ》げたまひて、髻《みづら》にしたまふ。

皇后は香椎宮に帰り、髪を解いて海に臨んで「私は神祇の教えをうけ、皇祖の霊に頼って、青海原を渡り、自ら西方を討とうと思う。そこで頭を海水でそそぐが、もし霊験があるなら、髪がひとりでに分れて二つになれ」といわれた。海に頭を入れてすすぐと、髪はひとりでに分れた。皇后は分れた髪をそれぞれに結いあげて髻にした。この髪型は、ウケヒの神話で語られた、天地を震動させながら高天原へと駆けあがってきたスサノオと対決するにあたって、アマテラスが結い上げた髻と同じである。男装したことをもってアマテラスを男神とした諸先学は、神功皇后伝説の有名なこの場面をお忘れだったのだろうか。

七　穀霊神と太陽神

死と再生

生と死あるいは死と再生は、J・フレイザーやM・エリアーデなど神話学者の好んでとりあげたテーマのひとつである。『古事記』によると、その狼藉によって高天原を追放されたスサノオが最初に出会ったのはオオゲツ姫（大気津比売）である。おなかをすかしていたスサノオがオオゲツに食事をもとめると、オオゲツは鼻や口、尻などからさまざまな食物を取りだして料理し差しだした。これを見たスサノオは、汚らしいことをすると腹を立て、姫を殺した。すると死んだオオゲツの頭から蚕、目から稲、耳から粟、鼻から小豆、ホトから麦、尻から大豆が生えた。カムムスヒノ神がこれらをもとに農業と養蚕をはじめたという。

『書紀』第五段の第一一の一書は、つぎにように書いている。アマテラスは、葦原の中つ国に、ウケモチノ神(保食神)がいるときいて、弟のツクヨミを見にいかせる。するとウケモチは、首を陸にむけて口から飯を出し、海にむけて大小の魚を、山にむけて鳥やけものを出して、これを料理した。ツクヨミは口から吐いたものを食べろとはなにごとかと、剣をぬいてウケモチを殺してしまう。ツクヨミはそれをアマテラスに報告すると、アマテラスは怒って、もうお前の顔を見たくないといったので、太陽と月とは一日一夜離れて住むことになった。そしてアマテラスはアマノクマヒト(天熊人)に、ウケモチの様子を見にいかせると、その死体の頭から牛と馬、ひたいから粟、眉から蚕、眼からヒエ、腹から稲、ホトから麦と大豆・小豆が生えていた。これらをアマテラスに奉ると、大神はたいへん喜んで、陸田、水田および養蚕の種とした。オオゲツのゲは食物、ツは天ツ神、国ツ神のツ。ウケモチのウケは、外宮、豊受大神宮の祭神トヨウケのウケで、ともに食事の神である。

新約聖書にも「一粒の麦、もし死なずば」の文言があるように、穀物の種は地にまかれて一度死ぬことによって翌年、芽を出して穂に実をみのらせる。アズテックやマヤなど中央アメリカのメソ・アメリカ文明には、人身御供として殺された死体からトウモロコシが生えたという神話ばかりでなく、実際にも儀礼としておこなわれていたことは、スペインの征服者たちによって記録されている。動物の犠牲にともなって、豊穣のための人身御供、さらには王殺しの物語が古代オリエントをはじめ、かなり普遍的に見出せることは、コーン・キングの名とともに知られている。この死と再生は、冬至に力を失い、春にむかって再生する太陽についても語られた。

『古事記』の天岩屋戸神話によると、アマテラスが神忌服屋《かむいみはたや》で神御衣《かむみそ》を織っていると、スサノオは機屋の屋根に穴をあけ、皮を逆さにはぎとった斑馬《ぶちうま》を落とし入れた。天の服織女《はたおりめ》は驚き動転して機の梭《ひ》でホトをついて死んだ。

それをみたアマテラスは天岩屋戸にこもり、高天原も葦原中つ国もことごとく闇になった。『書紀』本文は、斎《いみ》服殿《はたどの》でアマテラス自身が梭でカラダを傷つけたとし、第一の一書は、ワカヒルメ（稚日女）がホトをついて死んだという。いずれにしても、アマテラス自身が傷つき、あるいはアマテラスの分身であるワカヒルメが死んで世界が暗闇となり、やがてオオヒルメ＝アマテラスが岩屋戸からあらわれたという太陽の死と再生の神話であると解釈することはできる。

践祚大嘗祭と式年遷宮

スサノオのおこした事件は、『記』によれば「大嘗《おほにへ》聞こしめす殿に」、『書紀』本文によれば「新嘗《にひなへきこ》しめす時をみて、則ち陰《ひそか》に新宮《にひなへのみや》に」であって、大嘗、新嘗をおこなう御殿、新宮をけがしたことが発端になっている。『記』のいう大嘗は、後の新嘗と同じ平年大嘗祭《だいじょうさい》であり、民間の新嘗祭に対して、朝廷の新嘗祭を大嘗祭とよんだと解釈されている。天皇即位に際して営まれる践祚《せんそ》大嘗祭は平年の新嘗祭の日に、二〇年ごとに営まれる伊勢神宮の式年遷宮は通年の神嘗祭の日に挙行される。したがって、践祚大嘗祭は天皇一世一代に一度の大新嘗祭、式年遷宮は二〇年に一度の大神嘗祭である。

穀霊神にせよ太陽神にせよ、死と再生は一年で循環するのに対して、践祚大嘗祭も式年遷宮祭も世代交替にあたるであろう。この一年の循環から世代交替への転換を、神話学では通過儀礼によって説明づけている。たとえば『書紀』本文の天孫降臨神話に、皇孫のニニギがマトコオフスマ（真床追衾）にくるまれて天降るとかかれているのは、胞にくるまれた嬰児を意味し、大嘗祭でも同様に天皇はフスマにくるまれ、穀霊ならぬ天皇霊が受けつがれることを語ったものとした折口信夫の指摘は有名である。しかし現在では、マトコオフスマは、元来は、北方騎馬民族のフェルトの敷物であったとされている。

死と再生の説話で殺されるのは、オオヒルメに対するワカヒルメ、カミムスヒにはワカムスヒというように、ワカ（稚）であることに注目される。このワカは種子のことかと思っていたが、未成年者が成人になるための通過儀礼であればワカ（若）でいいはずだが、多く禾偏のついた「稚」の字をもちいてワカとよませているのは、もともと農耕儀礼であったからであろう。天岩屋戸神話でも、ワカヒルメが死んで、オオヒルメであるアマテラスが天岩屋戸にかくれ天地は暗闇になり、再びあらわれるという、太陽神の死と再生がかたられている。伊勢神宮内宮に祭られるアマテラスは太陽神、外宮に祭られるトヨウケは穀霊神であるから、二〇年に一度の式年遷宮祭を、天岩屋戸神話にむすびつけて、死と再生の儀式と考えられなくもない。

実は、私自身かつてはそう思っていた。しかし気づいてみれば、式年遷宮は九月一六日の夜半にいとなまれていた。現在、神宮の祭礼はいずれも太陽暦によっているが、明治前はいうまでもなく太陰暦で挙行されていたから、遷宮祭は皓々と照らす満月のもとでいとなまれ、『古事記』の天岩屋戸神話が、

ここに高天原みな暗く、葦原中国悉《ことごと》に闇《くら》し。これによりて常夜《とこやみ》往きき。ここに万《よろづ》の神の声《をとなひ》はさ蠅なす満ち、万の妖《わざはひ》悉に発《おこ》りき。

と、かたる暗黒と混沌の闇夜とはまったくの別世界である。

このカオスは、あらゆる王権に共通して定義づけられる中心性の喪失にほかならない。つまり王の死による秩序の崩壊である。古代日本でいえば、大王崩御であり諒闇であろう。そして、この天岩屋戸神話につづく天孫降臨神話が、本来は、践祚大嘗祭をかたるものであったことは、先にのべた。

天照大神の神話のなかで、古くから一般にもひろく知られていたのは、天岩屋戸神話と天孫降臨神話であり、この二つの神話はアマテラス系神話のハイライトである。アマテラス系神話を『日本書紀』に記述された神話の流れから見直すと、出雲神話を間にはさんで、天岩屋戸神話と天孫降臨神話とが連続し、アマテラス大神が両神

話ともに主役であるのはもちろんであるが、脇役も共通して登場する神々が多い。たとえば伊勢神宮の正殿に、相殿の神として祀られるタチカラオは、天岩屋戸にこもったアマテラスを引きだす主要な役割を演じて、天孫降臨神話にも登場するのに、なんの役もあてがわれていないのは、本来は、この二つの神話が連続したものであったことを物語っているのである。

神衣を織る女神

天岩屋戸神話で、アマテラスも神衣を織っていることから、アマテラスは祀られる神であるとともに祀る神であるというのが、かなり有力な学説になっている。そしてこの説は、アマテラスに祀られる神はタカミムスヒであるとされ、原アマテラスとしての太陽神は男神であり、つまりはタカミムスヒにほかならないとした西郷信綱・岡田精司ら諸氏の説にむすびついてくる。しかしそうではなく、アマテラスの生活をのべたものとする溝口睦子の主張に、私は全面的に賛成である。女史は、つぎのようにかいている。

アマテラスは、自分の国である天上界で田作りもしている。そして田を作る以上、収穫祭も行なわねばならず、実際にアマテラスは収穫祭である新嘗を行なっている。

このようにアマテラスは、天上界で殆ど人間と変らぬ生活をし行動をしている。それらの行動の一環として、斎服殿で機を織るという行為もある。

天上界であれ、どこであれ、生活をする以上、農耕や機織り、そして祭りごとは、欠くことのできない仕事だと古代の人びとは考えた。太陽を擬人化して一人の女性として捉えた古代の人びとは、当然アマテラスも天上界でそれをやるものと考えて神話の中でそれらの仕事をさせたのである(＊11)。

このようなアマテラスの生活世界を、天上の高天原ではなくて葦原の中国とよばれる地上に現出させたのが、伊勢神宮だった。事実、伊勢神宮では、外宮の御饌殿でトヨウケノ神をご相伴にアマテラスへ朝夕の食事を差し上げ、春秋の神衣祭で神の衣裳の衣替えがおこなわれるなど、アマテラスほかの神々があたかもそこで生きて暮しているかのように、日々の生活に必要な衣食住の一切を整え、神領民たちの奉仕によって、神々の暮しが古代以来、続けられてきたのである。

＊1　青木和夫『日本律令論攷』岩波書店、一九九二年
＊2　森博達『日本書紀の謎を解く』中公新書、一九九九年
＊3　原田敏明『日本古代思想』平凡社、一九七二年
＊4　神野志隆光『古事記と日本書紀』講談社現代新書、一九九九年
＊5　森浩一『日本神話の考古学』朝日新聞社、一九九二年
＊6　西郷信綱『神話と国家——古代論集』平凡社選書53、平凡社、一九七七年
＊7　折口信夫「天照大神」『折口信夫全集』第二十巻、中央公論社、一九六七年
＊8　松前健『日本の神々』中公新書、一九七四年、岡田精司『古代王権の祭祀と神話』塙書房、一九七〇年
＊9　水林彪『記紀神話と王権の祭り』岩波書店、一九九二年、新訂版二〇〇一年
＊10　溝口睦子「スサノオの復権——ウケヒ神話を中心に」『東アジアの古代文化』一二〇号、大和書房、二〇〇四年八月
＊11　溝口睦子『王権神話の二元構造——タカミムスヒとアマテラス』吉川弘文館、二〇〇〇年

第四章　天孫降臨と伊勢神宮

一　天孫降臨神話

天孫降臨神話の諸系統

天孫降臨神話は、『古事記』および『日本書紀』巻第二「天孫降臨の段」本文と第一、第二、第四、第六の一書、計六つの系統を異にする伝承が記録されている。このように、いくつもの異伝があるのは、神話を伝承した集団（氏族）の違いとされているが、もともと天皇家が、この国の統治者であることの由来を説く天孫降臨神話に、あまたの異伝があるという問題を生じた根本は、天皇の祖先神として天孫降臨を司令した神に、タカミムスヒとアマテラスという系統をまったく異にする二柱の神がいたことである。

三品彰英は、『記』『紀』の天孫降臨神話の六つの伝承それぞれを、「司令神」「降臨神」「降臨神の様態」「降臨地」「随伴神」「神宝」「神勅」の諸要素によって比較し、構成がより複雑になる度合いで、その新旧を判定する「天孫降臨神話比較表」を作成して、より古いと考えられるものから、書紀本文→第六書→第四書→第二書→古事記→第一書の順に並べ、書紀第一書が最も新しい段階に位置づけられることを明解に提示した。これを「司令神」でみれば、はじめにタカミムスヒを司令神とする所伝がつくられ、次にタカミムスヒとアマテラスの二神を司令神とする形に発展し、最後にアマテラスのみを司令神とする形にまとまる、という三段階を想定することができる。氏は、これを「基本的なタイプ」が発展し変化して「高度化した」と述べた（*1）。

西條勉は、「この三品氏の分析は、モチーフの異同を軸にして記・紀の所伝を構造的に比較する方法を開発したものであり、その意義はきわめて大きい」としながらも、修正すべきところが二つあるとした（*2）。

その一つは、『日本書紀』第二の一書の「司令神」のとらえ方である。この所伝は、確かにタカミムスヒとアマテラスの二神が登場するけれども、第九段（国譲り〜降臨）の全体をみると、国譲り（出雲国譲り神話）の段では、もっぱらタカミムスヒを司令神とし、降臨の段になるとアマテラスに交代する。だから第二の一書においてホノニニギの降臨を司令するのは、あくまでもアマテラスだけである。そこで三品説に修正をほどこし、改めて『日本書紀』の所伝を整理してみると、タカミムスヒを司令神とするタカミムスヒ系と、アマテラスを司令神とするアマテラス系とに二分される。『書紀』でみるかぎり、三品説の三段階は結局のところ二段階であって、『古事記』は、この両者を統合しているのである。

もう一つは、サルタヒコ（猿田彦）とアメノウズメ（天鈿女）の叙述にかかわる「伊勢神宮」の要素を別立てで設定する必要があることで、オモイカネ（思兼）、タヂカラオ（手力男）など神宮に関係すると思われる神々も、「随伴神」のかたちであらわれている。これに関連して「随伴神」も東征（神武東征神話）系と石屋戸（天岩屋戸神話）系とに二分される。

こうしたことから西條は、「降臨神話所伝系統表」（表3）にまとめて提示した。この表をみると、東征系はタカミムスヒ系に、石屋戸系はアマテラス系に含まれていることが解る。このことから、西條は、大国主の国譲りを含むアマテラス系の神話は、タカミムスヒ系の神武東征神話が確立した後に創作されたものであることを明らかにした。実際、神武東征神話は、すでに国譲りされているはずの出雲と、まったく無関係に語られている。このように神話でみるかぎり、伊勢神宮と出雲大社の創立はセットであり、出雲大社が伊勢神宮に先行して創立された可能性が高いと推測している。

降臨神話の『古事記』と『日本書紀』

表3　降臨神話所伝系統表

系統	タカミムスヒ系			アマテラス系		統合
所伝／要素	紀本文	第六書	第四書	第二書	第一書	記
司令神	タカミムスヒ	タカミムスヒ	タカミムスヒ	アマテラス	アマテラス	タカギノカミ・アマテラス
降臨神	ホノニニギ	ホノニニギ	ホノニニギ	オシホミミ→ホノニニギ	オシホミミ→ホノニニギ	オシホミミ→ホノニニギ
降臨の様態	真床追衾に包まれる	真床追衾に包まれる	真床追衾に包まれる			
降臨地	日向襲高千穂峯	日向襲高千穂添峯	日向襲高千穂槵日二上峯	日向槵日高千穂峯	筑紫日向高千穂触峯	竺紫日向高千穂久士布流多気
随伴神 東征系			アマノオシヒ アメクシツノオホクメ			アメノオシヒ アマツクメ
随伴神 石屋戸系				アマノコヤネ フトタマ 諸部神	アマノコヤネ フトタマ アマノウズメ イシコリドメ タマノヤ	アメノコヤネ フトタマ アメノウズメ イシコリドメ タマノヤ オモイカネ タヂカラオ イハトワケ
神宝				宝鏡	三種神宝	三種神宝
神勅				同床共殿 斎庭稲穂	天壌無窮	瑞穂国統治 宝鏡奉斎
伊勢神宮 先導神					サルタヒコ	サルタヒコ
伊勢神宮 鎮座					伊勢之狭長田五十鈴川上	佐久久斯侶伊須受能宮 外宮之度相

（西條勉氏の作成による）

西條の「降臨神話所伝系統表」は、『書紀』の「タカミムスヒ系」「アマテラス系」、『記』の「統合」の三つの系統に分類している。すなわち氏は、『書紀』が記載している各種の所伝を『記』が統合している、と評価しているのである。

私は、この評価に必ずしも反対ではないけれども、問題がないわけではないと思っている。いうまでもないと思うが、『古事記』は『日本書紀』が記述される以前に、天武天皇が稗田阿礼に誦習させたものである。したがって「アマテラス系」天孫降臨神話の最初の統合者が、天武であることに疑問の余地はないだろう。であるとすれば、天武は「アマテラス系」天孫降臨神話の創作者とさえいえる。しかし、太安万侶によって文章化されたのは、『書紀』完成以後であるから、『書紀』の編纂に『古事記』は参照されることはなかったとみるべきであろう。

そこで西條の表を見直すと、この表自体では完結しているものの、随伴神をふくむ降臨神話全体からみるといくつかの欠落というか問題があることに気づかされる。

(1)氏が、降臨するホノニニギに司令するのはあくまでもアマテラスだけだとすることによって、「アマテラス系」に分類した『書紀』第二の一書で、タカミムスヒは、いわば副司令神のかたちで随伴神のアマノコヤネ（天児屋）とフトタマ（太玉）に神勅を下していることを見落としている。このアマテラスとタカミムスヒの神勅については後にふれるが、とりあえずここで指摘したいのは、

『書紀』本文→『書紀』第二の一書→『古事記』→『書紀』第一の一書

というかたちで、三品彰英発展段階説を再考察する必要があるのではないか、ということである。

(2)西條説が『古事記』と『書紀』の所伝とを分離したことによって、明瞭に浮び上ってきたのは「峯」と「多気」との違いがあることである。降臨神話の説く降臨地が、すべて日向の高千穂の峯であることに違いはないが、

地名の表記の仕方には、それぞれ個性がある。『書紀』の伝承は、地名表記の最後をすべて「峯（タケ）」としているのに対して、『記』は「多気」である。これも後に検討するが、ここでは天武による『記』の原本がつくられた頃、伊勢神宮は多気郡多気にあったのに対して、『書紀』の記述されたのは、神宮が度会に遷った後であることを再確認しておきたい。

外宮之度会

伊勢神宮鎮座地に関連して、もう一つ気になるのは、『記』に「外宮之度会」と書かれていることである。なぜ度会の外宮ではなく、外宮の度会成立なのかと古くから疑問視されてきた個所である。天武朝はもちろん『記』の完成した天明朝にも、外宮の度会神宮はいまだ存在していなかったと推測されるばかりでなく、外宮の語は平安初期以後にしか現われないからである。太安万侶は天武の原本に加筆しなかったのは、ほとんど確かだと思われるし、安万侶なら「外宮之度会」などという書き方はしなかったであろう。したがって後世の加筆竄入とするのが有力だったが、はたしてそうなのだろうか。

万幡豊秋津師姫

『古事記』は、最初オシホミミを降そうとしたとき、オシホミミとタカギノカミ（高木神・タカミムスヒの別名）の娘、ヨロズハタトヨアキツシヒメ（万幡豊秋津師姫）とのあいだにニニギが生まれたので、ニニギを降したとし、『書紀』第一の一書は、この姫をオモイカネの妹としているが、タカミムスヒの娘であることは『古事記』も同じで同名であるが、第二の一書はヨロズハタヒメ（万幡姫）、第六の一書はタクハタチヂヒメヨロズハタヒメノミコト（栲幡千々姫万幡姫命）、第七の一書はアマヨロズタクハタチハタヒメ（天万栲幡千幡姫）と若干の異同があるけれども、万幡、栲幡など織姫を意味する神名であり、もと伊勢神宮、後に斎宮のあった多気郡多気は、神服部《かむはとりべ》、神麻続部《かむおみべ》の神衣を織る氏族の居住地であったことが思いだされる。

さらに『記』のヨロズハタトヨアキツシヒメは、伊勢神宮正殿に天照大神とともに祀られている相殿神である。トヨアキツシヒメのトヨは美称、アキツは葛城地方の古称であるアキツシマ（秋津島）のアキツである。であるとすれば、この姫は「雄略紀」に、雄略と葛城円大臣の女・カラヒメ（韓姫）との間に生まれた皇女「稚足姫皇女《わかたらしひめのひめみこ》（更の名は栲幡姫皇女《たくはたひめのひめみこ》）とを生めり。是の皇女、伊勢大神《いせのおほかみ》の祠《やしろ》に侍り」とある栲幡姫との関連も考えられてくるであろう。

また「垂仁紀」が、皇女ヤマト姫がアマテラスの御杖となって伊勢にたどりついたことをしるした記事を、「始めて天照大神の天降りした地なり」の言葉で結んでいるのは、アマテラスの神鏡を奉じてニニギが降臨した地が、日向ではなく伊勢国であったことを、疑問の余地ない明瞭さで物語っている。

サルタヒコとアメノウズメ

本来の天孫降臨神話はタカミムスヒを司令神とするものであったのに対して、まったく別の主神であるアマテラスが登場し、アメノウズメとサルタヒコを主人公とする別の神話が入りこむことによって生じた矛盾を、溝口睦子はとても上手にかいているので借用させていただく（＊3）。

アマテラス系である『書紀』の第一の一書で、天孫のお供をして降りてきたアメノウズメは、天孫を出迎えたサルタヒコに対して、「あなたはどこに行くのですか。そして皇孫はどこに行かれるのですか」という何とも奇妙な質問をしている。ところがこれに対してサルタヒコは、「天つ神の子は筑紫の日向の高千穂のクシフル峰に行かれるでしょう。私は伊勢の狭長田の五十鈴川の川上にまいります」と答えるのである。

道案内をかって出た者が、自分にとって全く不案内な遥か遠い九州の地に天孫を送り、しかもそのあと自分はさっさと伊勢の地に戻るというのである。これは明らかに、天孫の降臨地がすでに九州に定められてあって動かすことができないところから生じた矛盾である。

これと同じような奇妙さは『古事記』にもある。『古事記』では天孫に陪従していったん九州に天降ったアメノウズメは、サルタヒコを伊勢に送るとまた天孫のいる日向に帰るとされている。そしてそこで大小の魚を集めて天孫への奉仕を誓わせたアメノウズメは、ひとり返事をしないなまこの口を小刀で裂いた。そのことの縁で、現在でも志摩から献上される新鮮な海産物を、朝廷はウズメの子孫に代々下されるのだと『古事記』は書いている。しかしなぜ日向ではなく伊勢の海産物なのか。これもやはり天孫降臨とアメノウズメとを無理矢理結びつけたことからくるちぐはぐさである。

このようにアマテラス系には筋書きの上で不自然さが多く、日向と伊勢に話が引き裂かれている。日向と伊勢に話を引き裂いたのは、神武天皇東征の出発する日向（九州）に降臨することがすでに既定のことになっていた神話に、伊勢神宮の創祀を組み込んだことから生じた亀裂であり矛盾である。このことは『古事記』『日本書紀』の編纂事業と伊勢神宮の創立との時期的な相関関係を示しているのである。

天神と天祖

現在私の住んでいる東京都豊島区のほぼ東半分にもあたる元・東京府北豊島郡巣鴨村の総鎮守は、天照大神を祭る天祖神社であるが、「天祖」の語は『日本書紀』神武即位前紀に、神武が東征に出発する前年、

> 昔我が天神《あまつかみ》、高皇産霊尊《たかみむすひのみこと》・大日孁尊《おほひるめのみこと》、此の豊葦原瑞穂国を挙《のたまひあ》げて、我が天祖彦火瓊瓊杵尊《あまつみおやひこほのににぎのみこと》に授けたまへり。（中略）天祖の降跡《あまくだ》りましてより以逮《このかた》、今に一百七十九万二千四百七十余歳。

と述べた文中に二度でてくるものの、いずれもニニギを指し、これ以外には『日本書紀』にも『古事記』にも天祖の語をみることはできない。ただし『古語拾遺』には、タカミムスヒ、アマテラス、オシホミミ、ニニギのいずれをも天祖としている。したがって天祖神社がアマテラスのみを単独の祭神としているのは、激動期の明治六年に、インドの女神を祭っていた十羅刹女堂《じゅうらせつにょどう》を改め、以前にはなかった巣鴨村の総鎮守をつくった特殊事情による異例のものだったからだろう。

しかし、ここで注意したいのは、「神武記」が「我が天神、高皇産霊尊・大日孁尊」と、タカミムスヒを先にしるしているばかりでなく、オオヒルメノミコトとかいてアマテラスとしてはいないということである。すなわち『書紀』の神武東征神話が記述されたのは、天孫降臨の司令神にアマテラスが登場する以前だったばかりでなく、天照大神の神名が成立する以前だったのである。後に神武東征軍が大和への侵入に一度は敗退したが、熊野を迂回して吉野に入るとアマテラスによる天助があったことを記述している。ところが、出発前の神武はアマテラスと関係することはなかったので、加筆訂正以前の神名オオヒルメが残されたのだろう。

二　天孫降臨の地

随伴神と伊勢神宮

『古事記』は、天孫をサルタヒコが迎える前半と、アメノウズメがサルタヒコを伊勢に送り、ふたたび日向に帰る後半との間に、ニニギの降臨に従った神々を、つぎのように書いている。

ここに天児屋命《あめのこやねのみこと》（中臣連等の祖）、布刀玉命《ふとだまのみこと》（忌部首等の祖）、天宇受売命《あめのうずめのみこと》（猿女君等の祖）、伊斯許理度売命《いしこりどめのみこと》

（作鏡連等の祖）、玉祖命《たまのおやのみこと》（玉祖連等の祖）、幷《あは》せて五伴緒《いつとものを》を支《わか》ち加へて、天降したまひき。

こうしてアメノコヤネノ命・フトダマノ命・アメノウズメノ命・イシコリドメノ命・タマノオヤノ命、すなわち中臣連《なかとみのむらじ》・忌部首《いむべのおびと》・猿女君《さるめのきみ》・作鏡連《かがみつくりのむらじ》・玉祖連の祖である五部神をともなって天降りされたと述べ、さらに天岩屋戸神話にかかわった神々についてしるしている。

ここにそのをきし八尺《やさか》の勾玉《まがたま》、鏡、また草薙剣、また常世の思金神《おもひかねの》、手力男神《たぢからをの》、天石門別神《あめのいはとわけの》を副へ賜ひて、詔《の》りたまひしく、「この鏡は、専ら我が御魂として、吾が前を拝《いつ》くが如《ごと》拝き奉れ。次に思金神は、前の事を取り持ちて、政《まつりごと》せよ」とのりたまひき。この二柱の神は、さくくしろ五十鈴の宮に拝き祭る。

天照大神を岩屋戸から招きだした八尺の勾玉、鏡、草薙の剣、常世のオモイカネノ神・タヂカラオノ神・アメノイワトワケノ神を加えて、天照大神は「この鏡はもっぱらわが御魂として、わが前で拝むと同じように祭りなさい。そしてオモイカネノ神は、私の祭りに関する政事を行いなさい」と仰せになった。この二柱の神は、五十鈴宮に鄭重に祭ってある。この文の最後に見える「さくくしろ五十鈴宮」は伊勢神宮内宮。そこに祀られた二柱の神のうちの一柱は、鏡すなわちアマテラス大神。もう一柱のオモイカネノ神は、岩屋戸にこもったアマテラスへの対策や国譲りの使者に誰を派遣するかなど、八百万の神々の会議を主導する中臣鎌足や藤原不比等を彷彿させる政治家のような神であるが、「前の事を取り持ちてマツリゴトせよ」とは、伊勢神宮の祭主、すなわち神嘗祭、春秋の月次祭の三節祭に朝廷から派遣される勅使にあたり、代々中臣氏と同族の大中臣氏がその職を務めていた。

次に登由気神《とゆけの》、こは度相《わたらひ》に坐《いま》す神なり。次に天石戸別神、亦の名は櫛石窓神《くしいはまとの》と謂ひ、亦の名は豊石窓神《とよいはまとの》と謂ふ。この神は御門《みかど》の神なり。次に手力男神は佐那那県《さなながた》に坐す。

トヨウケノ神は、度会郡に鎮座する外宮の豊受神宮の祭神であるが、先にのべたように、後世の竄入である可能性が高い。アメノイワトワケノ神（またの名クシイワマト・トヨイワマトノ神）はここ以外には見えず、門を守る神であろう。タヂカラオを祀る佐那那県には、伊勢神宮の摂社・佐那神社がある。

くじふる多気

『古事記』天孫降臨神話の後段は、つぎのようにしるしている。

かれここに天津日子番能邇邇芸命《あまつひこほのににぎのみこと》に詔りたまひて、天の石位《いはくら》離ち、天の八重たな雲を押し分けて、稜威《いつ》の道《ち》別《わ》き道別《ちわ》きて、天の浮橋にうきじまり、そり立たして、竺紫《つくし》の日向《ひむか》の高千穂のくじふる多気《たけ》に天降りましき。（中略）ここに詔りたまはく、「此地《ここ》は韓国《からくに》に向ひ、笠沙《かささ》の御前《みさき》に真来《まき》通りて、朝日の直刺《ただき》す国、夕日の日照る国なり。かれ、此地はいと吉き地《ところ》」と詔りたまひて、底つ石根に宮柱ふとしり、高天原に氷椽《ひぎ》たかしりて坐《いま》しき。

さてそこで、天つ神はヒコホノニニギノ命に仰せによって、ニニギノ命は高天原の神座をはなち、天空にいく重にもたなびく雲を押し分け、神威をもって道をかき分けかき分けて、天の浮橋から浮島にお立ちになり、筑紫の日向の高千穂のくじふる多気に天降りになった。（中略）このときニニギノ命が仰せられるには、「この地は朝鮮に相対し、笠沙の御崎にまっすぐ道が通じていて、朝日のまともにさす国であり、夕日の明るく照る国である。だから、ここはまことによい土地だ」と仰せられ、地下の磐石に太い宮柱を立て、天に千木を高くそびえる宮殿をたて、お住まいになった。

天降りした場所は、「竺紫の日向の高千穂のくじふる多気」だった。「くじふる多気」の「多気」は奈良平安時代に斎宮のおかれていた伊勢国多気郡多気、すなわち多気大神宮の多気と同じ「多気」である。そして多気の斎宮は竹の宮ともよばれていたというから、多気はタケとよばれていた。事実、伊勢神宮は『古事記』の原作者、天武天皇によって、多気郡多気にまつられていたのである。

これに対して『日本書紀』の第一の一書には、「筑紫の日向の高千穂のくじふる峯（タケ）」とかいている。「くじふる峯（タケ）」の「峯」と、「くじふる多気（タケ）」の「多気」と、字こそ違え読みは「タケ」である。このようにみてくると、天孫ニニギが降臨したのは伊勢国多気郡多気であり、少なくとも、元・伊勢神宮が多気郡多気に鎮座していたことに、疑問の余地はないだろう。

そして『古事記』にニニギが御殿を建てていったという「朝日の直刺す国、夕日の日照る国」は、「三重の采女の歌」にうたわれた景行大王の日代宮の「朝日の日照る宮、夕日の日影る宮」（「雄略記」）、天照大神を伊勢神宮に鎮座したときの「朝日の来向う国、夕日の来向う国」（『儀式帳』）と、とてもよく似ている。

三　伊勢地方第一の霊峰

朝熊ヶ岳

もともと伊勢神宮を多気郡多気につくったのは、『古事記』原作者の天武天皇であったから、『記』の天孫降臨神話が、天孫は「くじふる多気」に降ったとしるしたのは、あまりにも当然のことだった。

しかし、多気郡多気には天孫降臨するのにふさわしい高い峯がなく、天孫降臨の地として、必ずしもふさわしい場所ではなかった。『記』の「くじふる多気」はともかく、『書紀』第一の一書の「くじふる峯」のタケではちょっと苦しい。事実、地元にも伊勢の多気を天孫降臨の地とする伝承のあることを聞かない。

天孫降臨の地として、古代伊勢の人々、そして持統天皇が選んだのは、伊勢・志摩の国境にあって、志摩山脈

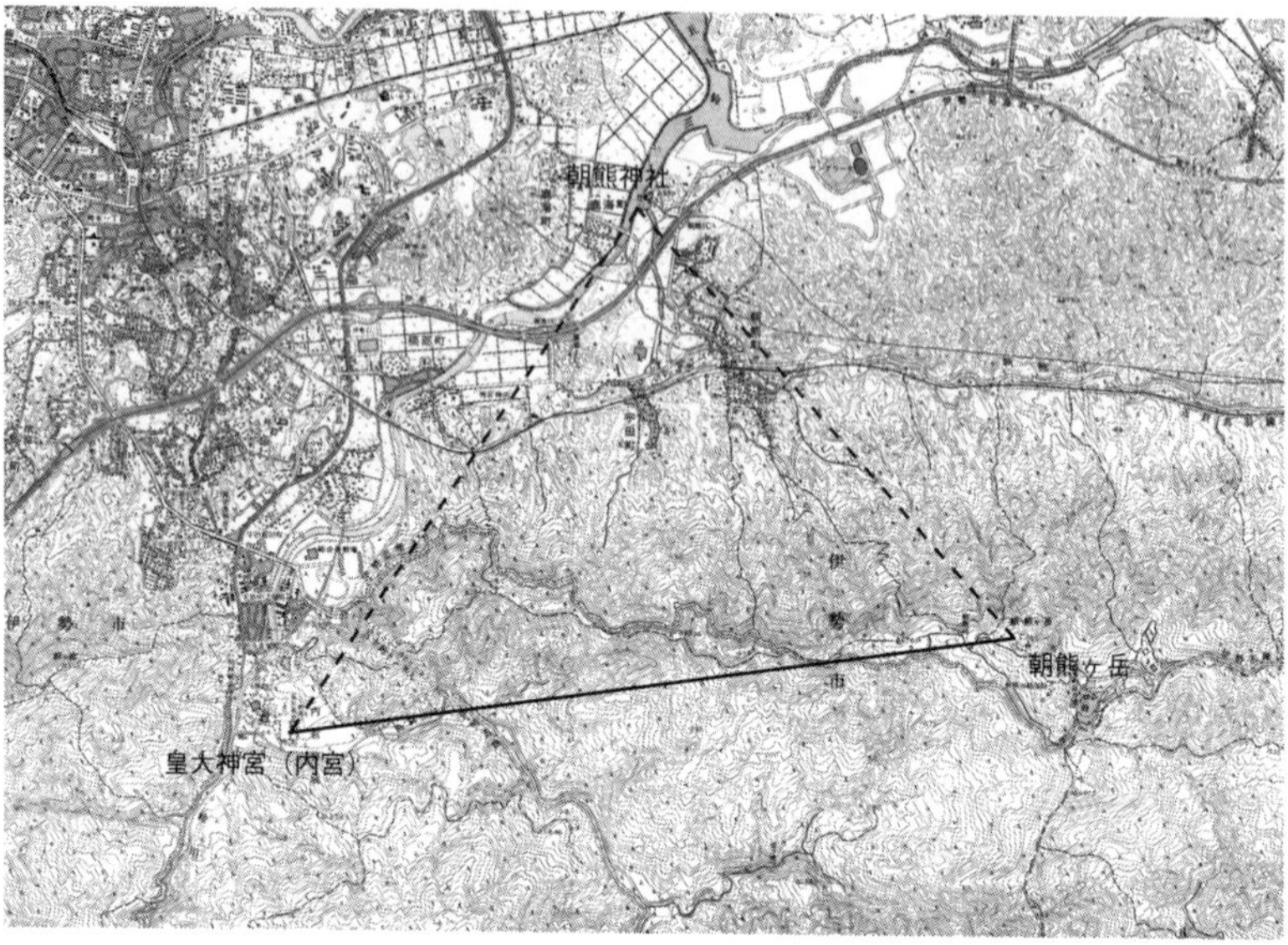

図16　皇大神宮（内宮）―朝熊神社―朝熊ヶ岳の位置関係図

に連なる山並みのなかで、ひときわ高くそびえたつ朝《あさ》熊《ま》ヶ《が》岳《たけ》（五五五メートル）である。

「お伊勢参らば朝熊をかけよ。朝熊かけねば片参宮」と俚謡《りよう》にうたわれたように、中世以後、伊勢神宮への民間信仰がひろまるとともに、神宮参拝した人々の多くは、朝熊ヶ岳にも登って山頂にある金剛証寺《こんごうしょうじ》を参拝した。

桜井徳太郎によれば、山麓の村落では、人の死後、その霊魂は「タケの朝熊ヶ岳」に登って山中に留まるという信仰があって、人々は埋葬の翌日や七七忌などに、タケに登って死霊を供養するタケ参り、その参拝道をタケミチとよんだという（＊4）。このタケは、いうまでもなく天孫が降臨した「くじふるタケ」のタケであろう。この民間信仰を基盤として中世に神仏習合の両部《りょうぶ》神道による金剛証寺が建立された。同寺は、天照大神の幼少のときの御像といいつたえる木彫の神像、雨宝童子《うほうどうじ》を本堂前の鎮守の社にまつり、これを雨宝さんとよび、アマテラスの本地仏とみなしている。すなわちアマテラスの本地仏である大日如来が、天からこの山に垂迹して雨宝童子になったというのである。山上に竜池とよばれる池があり、五十鈴川沿いの村では、ひでりのとき、岳御池替といって、この池をさらい雨ごいをするという。

　ここは、山頂からの眺望のよいことでも知られ、戦前にはケーブルカーが通っていたが、現在は、有料道路伊勢志摩スカイラインが開通して定期バスも走り、眺望台ができている。最近はガスがたちこめることが多いため、「一望十八州」を眺めることができるのは稀であろうが、伊勢湾を眺めると、いくつもの島が志摩半島から渥美半島の伊良湖岬へとむかってならび、南伊勢と三河とがひとつづきの土地であることがよくわかる。

　しかし、中世におこったとされている民間信仰を、伊勢神宮の創立した古代にまで遡らせることが、はたしてできるのだろうか。

朝熊神社

伊勢神宮は、朝熊ヶ岳のほぼ真西、約五キロの位置にあり、神宮の方面から仰ぐと、朝熊ヶ岳の山頂近くに朝日がのぼる。そのため山容の陰影を仰ぐので、朝には隈に見えることから、朝隈ヶ岳とよばれた。すなわち朝熊ヶ岳という山名自体が、伊勢神宮の鎮座地である宇治地方の人々に命名されたものだった（図16）。

　先に私は、昼なお暗い杉木立にかこまれた伊勢神宮の神域が、古くからの太陽信仰の聖地だったとは考えられないといったけれども、この地は、「茶臼石」（図17）とよばれる首飾りが出土するなど、古墳時代の祭場だったと推測され、当時は森にかこ

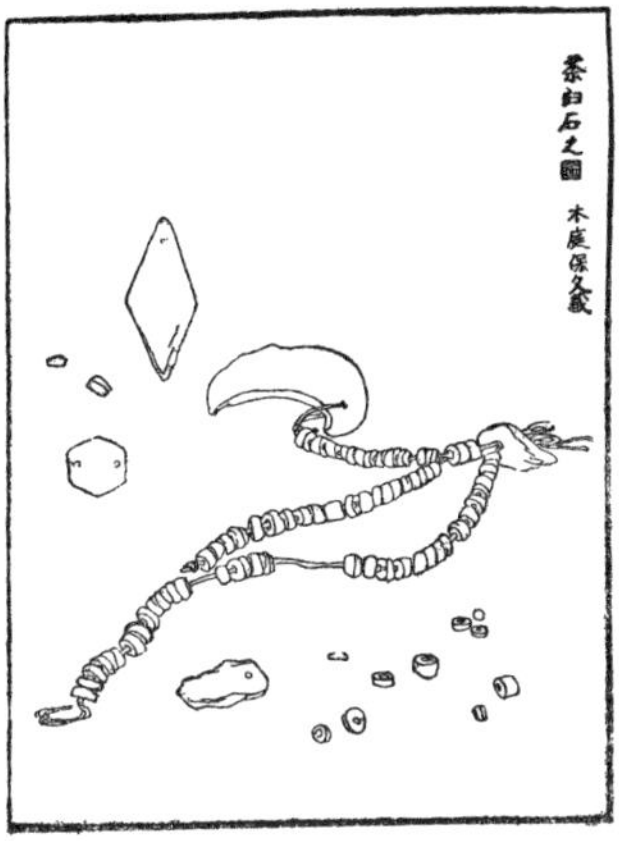

図17　茶臼石
（大場磐雄『神道考古学論攷』所収、「皇大神宮宮域発見臼玉図」）

まれていなかった可能性はある。そして伊勢神宮が祭られることによって、五十鈴川へむかう南斜面が神域とされたが、その以前は、御裳濯川へくだる荒祭宮、滝祭神の東斜面が祭場とされていたかもしれない（図16）。

しかも朝熊ヶ岳の東山裾には、神宮の摂社筆頭で、朝廷から別宮なみの待遇をうけていた朝熊《あさま》神社があり、朝熊ヶ岳は朝熊神社の神体山ともされている。『皇大神宮儀式帳』には

小《こ》朝熊《あさくま》神社一処、神櫛玉命《かみくしたまのみこと》の児、大歳神《おおとしかみ》、形石《かたちいし》に坐《ま》します。又、大歳の児《こ》、桜大刀自《さくらおおとじ》、形石に坐します。又、苔虫神《こけむすかみ》、形石に坐します。

とある。桜大刀自は桜の女神、苔虫神は、国歌「君が代」に、

君が代は千代に八千代にさざれ石の巌となりて苔のむすまで

とうたわれている「苔むす神」で、岩の神とされている。

『儀式帳』がしるすように、大歳、桜大刀自、苔虫神の三神ともに石を神坐にしているけれども、いつの頃からか、社殿の近くに桜を植え、さらに中世・近世には、内宮神域の忌火屋殿《いんびやでん》あたりに桜を植えて桜宮とよび桜大刀自を祀っていた。

コノハナサクヤ姫

『古事記』は、先の天孫降臨神話につづけて、つぎのように書いている。

皇孫のニニギは天から降って、土地神のオオヤマツミ（大山津見）の神の姫を皇妃に迎えたいといわれたので、オオヤマツミは二人の娘をニニギのもとにつかわせた。姉のイワナガ（石長）姫はその名のように岩のように醜く、妹のコノハナサクヤ（木花之佐久夜）姫は木の花が咲くように美しかった。ニニギは姉を父のもとに帰し、妹を妻とした。これを知ってオオヤマツミはなげいて、姉は醜いが岩のように永遠の命をもっている。妹は美し

いけれども、その命は花のように短い。ニニギの子の生命も短いであろうといった。天皇が神の子孫であるにもかかわらず命が短いのはこのためである。

このオオヤマツミは『儀式帳』のオオトシ（大歳）、イワナガ姫はコケムスノ神（苔虫神）、コノハナサクヤ姫はサクラオオトジ（桜大刀自）にあたるであろう。神名そのものが違うことから、これには異論もあるが、もともと日向にくだる神話なのだから名称に食い違いが生じるのは当然ともいえるものの、それにしては話のつじつまが、よくあっているのである。

この神話は、『日本書紀』が第二と第六の一書に、『古事記』とほぼ等しい説話を簡略にのべている以外では、第八の一書が、単にニニギがコノハナサクヤ姫を妃としたという系譜をしるしているだけである。そのため『古事記』の成立は『日本書紀』よりもおそい、とする有力な論拠のひとつになっている。少なくとも、この神話にかぎれば、『書紀』の記述者たちが、『記』を読んでいなかったことは、ほとんど確かだと思う。

『続日本紀』文武二年の「多気大神宮を度会に遷す」の記事にもかかわらず、おそくとも中世以後、現在にいたるまで、史学者ばかりか神宮の神職までもが、伊勢神宮は古くから度会の宇治にあったと信じて疑わなかった一つは、天孫降臨の地と神宮との位置関係の疑念をおこす余地のない整合性にあったのかもしれない。

四　サルタヒコ神話

もう一つの起源説話

サルタヒコをアマテラスの原像とする意見は、これまでさまざまあったが、それを伊勢という土地と明確に関係づけて論じたのは、おそらく倉塚曄子の「伊勢神宮の由来」(*5)が最初ではなかったろうか。氏は、サルタヒコ神話の舞台と伊勢神宮の鎮座地がかけ離れていることから、神宮を大和朝廷の東国経営の前進基地とする通説に反対して、『日本書紀』天孫降臨の段、第一の一書を、「もう一つの神宮起源譚」とよび、大要つぎのように述べる。

> サルタヒコが皇孫をむかえるという形式は、記紀神話にいくつかの例を見出すことのできる類型的な服属説話であり、それも単なる政治的な服属譚ではなく、宗教的・政治的な服属譚である。これはアマテラス大神を奉じたヤマト姫が、伊勢へいたるまでのそれぞれの地で、その土地の首長のでむかえをうけていることにも通じる。かくしてサルタヒコは、塞の神としてそこに立っていたのでも、道案内をするためだけの目的で登場したのでもなく、伊勢の五十鈴の川上を神宮の地に貢上し、皇孫に服属するためにまかりでたのであり、そのキーワードとなるのが「伊勢の狭長田《さなだ》の五十鈴川上」である。
>
> 本居宣長は、この狭長田を『古事記』に「手力男命は佐那県《さなあがた》に坐す」とある佐那県で、延喜の『神名帳』にみえる多気郡、佐那神社にあたるとし、鈴木重胤もそれにしたがっているが、「神宮からかなり遠いこの地はサルタヒコとは何のかかわりもない。」この「狭長田」は、「神代紀」に、アマテラス大神の田や新嘗の卜定田をよんで「天狭田《あまのさなだ》および長田」「天狭田長田」「狭名田」などとしている「狭長田」で、「聖なる稲田」のことであり、つまりは五十鈴川の水がながれこむ神宮の神田をさしている。しかもサルタヒコは『倭姫命世記』によれば、神宮の鎮座地宇治の土豪で宇治土公ともよばれ、内宮の荒木田神主につぐ神職、宇治大内人《おおうちんど》の祖先とされている。『儀式帳』によれば、ヤマト姫を宇治でむかえたのは、宇治大内人の祖、大田命だった。したがって、時代こそことなれ、皇孫ニニギをむかえたサルタヒコと、ヤマト姫をむかえたオオタノ命とはパラレルである。
>
> そして「サルタヒコ神話は、もう一つの神宮起源譚とよむべきであり、従って伊勢神宮の由来は、この神話の

構造と意味を通してかんがえるべきであろう」と規定し、伊勢に皇祖神の社がもうけられたのは、王権に内在する神話的契機によるもので、大和朝廷の東国経営の根拠地といった、なまの政治的契機にもとづくものではない、との論陣をはって、東国経営の根拠地説への批判、さらには国学の総本山・本居宣長批判を果敢に展開した。

サルタヒコ神話を「もう一つの神宮起源譚」とすることに、私は基本的には賛成である。さらに、これまで漫然と伊勢を東国への前進基地としてきたのに対して、サルタヒコ神話とむすびつけた鮮明なアイデアと、『記』『紀』の記事を具体的にあたって検討する実証的な態度に私は大へん好感をもった。しかし、「王権に内在する神話的契機」は、王権という権力機構に内在するものであるから、当然のこととして色濃く政治的な契機をふくんでいる、と考えているので、サルタヒコ神話の解釈もだいぶ違ってくる。

サルタヒコの勢力圏

サルタヒコ神話が服属説話であるからには、単なる神話として、あるいは宗教的な服属儀礼として政治からきりはなすべきではないし、それも大和朝廷の東方経営の一環としてとらえなければならない。そのためには、サルタヒコがどんな神であり、その神が貢献したと倉塚のいう土地、つまりこの神の宗教的・政治的な勢力圏はどのあたりにあったのかを明らかにする必要がある。『古事記』は、サルタヒコについてこうしるしている。

> かれその猨田毘古神、阿耶訶《あざか》に坐《いま》す時、漁《すなどり》して、比良夫《ひらぶ》貝にその手を咋《く》ひ合《あは》さえて、海塩《うしほ》に沈み溺れましき。かれその底に沈み居ます時の名は、底どく御魂《みたま》と謂ひ、その海水《うしほ》のつぶたつ時の名は、つぶたつ御魂と謂ひ、
> そのあわさく時の名は、あわさく御魂と謂ふ。

「底どく」は底につく、「つぶたつ」は泡がたつ、「あわさく」は泡がさけるの意で、サルタヒコがひらぶ貝に手をはさまれて溺れたときの三つの様態であり、そこから、底どく御魂、つぶたつ御魂、あわさく御魂という三つ

柱の神があらわれた、というのである。

この神は「阿耶訶に坐す時」とあるように、延喜の『神名帳』伊勢国一志郡、「阿射加《あざかの》神社三座・並名神大《みなみやうじんだい》」にあたる。櫛田川以北の北伊勢で「並名神大」はこの一社のみで、サルタヒコを祀る北伊勢最大の有名神社である。

この神話は、イザナギがミソギをしたとき、海の底、中、表の三カ所から、神々が化生したのと同様に、海洋漁撈民の信仰、儀礼をものがたるものではあるが、生まれるのと死ぬのとでは大違いで、『皇大神宮儀式帳』のヤマト姫巡行記には、

つぎに壱志の藤方《ふじかた》の片樋宮《かたひのみや》に坐しき。そこなる阿佐鹿《あざか》の悪神平けし駅使阿倍大稲彦命《あべのおおいねひこのみこと》やがて御供につかへまつりき。

とあり、この「アザカの悪神」がサルタヒコであることはいうまでもないが、『日本書紀』第一の一書がかたるサルタヒコも、「その鼻の長さ七咫《あた》、背の長さ七尺《さか》余り、口尻《くちわき》明く輝り、眼は八咫鏡の如くして、てりかがやけること赤酸医《あかかがち》に似たり」という異形であらわれて天孫の一行をおどろかせ、後に溺死する。だから、サルタヒコの大和朝廷への服従はけっして平和的なものではなかった。敵対的な神を殺しておいてあつく祀るのは、オオクニヌシノ命を根の国に追放して出雲大社に祀ったことに代表されるように、大和朝廷の常套手段である。そして、サルタヒコの勢力圏の中心が、阿佐加から藤形（藤方）へといたる雲出川流域の一志郡であったことは、ほぼ推測できるであろう。

大化前代の伊勢地方

倉塚曄子が、神宮を大和朝廷の東国への前進基地とする説に反対するもっとも有力な根拠としたのは、雄略朝

に集中してあらわれる『記』『紀』の伊勢関係記事が、皇女の伊勢派遣をのぞいてすべて北伊勢を舞台としており、南伊勢にある神宮とはなんの関係もない、ということである。それを明瞭にしめすため、倉塚は、雄略から皇極にいたる『記』『紀』から、伊勢関係記事を抜粋して一覧表をつくっている（表4）（＊6）。これをみると「雄略紀」にのる「三重采女の歌」の関係地が三重郡であるのを唯一の例外として、伊勢神宮記事はすべて度会郡、他のほとんどは一志郡と明確に区別されて、たしかに一目瞭然である。

　皇女伊勢派遣記事の関係地所属郡名を、倉塚は「度会郡」と表に記入しているが、そのようなことを『書紀』は一切しるしてはいない。記載当時、伊勢神宮の所在地は、読者と想定される人々の誰もが知っていることだったから省略したのだろうが、その場所が、現在も伊勢神宮の鎮座地と同じである保証はどこにもない。伊勢神宮関係記事を「度会郡」としたのは、この時期、神郡が度会一郡にまとまっていた大化前代だから間違いではないものの、大化以後は「多気郡」で、一志郡と多気郡は、櫛田川を郡境にして隣り合っているから、伊勢神宮が東国への前進基地となんの関係もないとはいえない。

　神宮成立史の舞台となった伊勢地方について、倉塚表の各条項にあたって検討することにしよう。

　雄略三年　阿閉臣国見《あへのおみくにみ》、斎王栲幡皇女《たくはたのひめみこ》と湯人廬城部連武彦《いおきべのむらじたけひこ》の奸通を讒言、武彦の父、後難を恐れ武彦を殺害する。　（一志郡廬城河）

　雄略一四年　伊勢衣縫《いせのきぬぬひら》の起源　（一志郡呉部郷）

　雄略一七年　贄土師部《にえのはじべ》の設置。　（一志郡藤形村）

　宣化元年　新家屯倉《にいのみのみやけ》の穀《もみ》を新家連《にいのみのむらじ》に運ばしむ由の詔下る。　（一志郡新家）

栲幡皇女またの名は稚足姫皇女《わかたらしひめみこ》は、廬城川《いおきのかわ》で武彦がその父に殺された後、五十鈴川の川上に鏡をうずめて自殺した。この廬城川は、一志郡白山町家城付近を流れる雲出川の古称で、雄略一七年に贄土師部《にえのはじべ》を設置し、またサルタヒコを平らげた阿部大稲彦がヤマト姫の供をしたと『儀式帳』のつたえる藤形は、この川の河口近くにある。

雲出川と五十鈴川とが、タクハタ姫にかかわる二つの事件の舞台になっているけれども、もし五十鈴川が現在のそれであるとすれば、その双方はあまりにもへだたっている。倉塚は、本居宣長が「伊勢の狭名田」にあてた佐那県は五十鈴川とかなり離れているとして、サルタヒコを宇治の五十鈴川のほとりにつれてきた。しかし、雲出川からみて宇治は佐那よりももっと遠くに離れている。佐那県が多気郡であることは、延喜の『神名帳』にみる佐那神社の所在地から明らかであるが、現在、この地を櫛田川の支流、佐那川が流れている。

後の記録で明らかな斎宮は、櫛田川の右岸、多気郡多気にあって多気宮とよばれた。現在、その付近に斎宮歴史博物館がたてられている。ところが、ここは皇大神宮から約一三キロはなれ、斎王が伊勢神宮にいかれるのには、あまりにも遠いというので、外宮のある山田原に斎王の休まれる離宮院をたてたほどだった。桜井勝之進は、「雄略紀」栲幡姫説話の「いささか解しかねる要素」の一つとして、「延暦の『儀式帳』に〈大山中〉とあるほどの五十鈴川の川上に、多気宮からどうして単独で辿りつけたか」と自問し(＊7)、

かつて神鏡は斎王の身近におかれ、五十鈴川も斎王が夜中に独りでいかれる、さほど遠くない場所を流れていた身近な川だったことを、当時の誰もが知っていたから、このような説話がつくられ、また信じられもしたのであろう。

と自答している。倉塚の主張とは逆に、五十鈴川の方が、現在のそれではなく、かなり北によった川であったことを示しているのである。

時	記事	関係地名	所属郡名
①雄略三・四	阿閉臣国見、斎宮栲幡皇女と湯人廬城部連武彦の奸通を讒言、武彦の父、後難を恐れ武彦を殺害する	廬城河	壱志郡
②同一二・一〇	木工闘鶏御田、伊勢采女を奸したと誤解され処刑されんとするが助かる		
③同一四・三	伊勢衣縫の起源	（呉部郷）	壱志郡
④同一七・三	贄土師部の設置	藤形村	壱志郡
⑤同一八・八	伊勢朝日郎の反乱 物部目連ら討伐	伊賀青墓	（伊賀国阿拝郡）
⑥雄略記	伊勢三重采女、新嘗豊明で粗忽の詫びに天語歌を捧ぐ		三重郡
⑦継体元・三	荳角皇女伊勢大神の祠に侍す（系譜記事）	伊勢神宮	度会郡
⑧安閑元・閏一二	物部大連尾輿、伊勢国の来狭狭、登伊の贄土師部を献上		（所在地不明）
⑨宣化元・五	新家屯倉の穀を新家連に運ばしむ由の詔下る	（新家）	壱志郡
⑩欽明前紀	秦大津父伊勢に商用におもむいた際の体験談		
⑪同二・三	磐隈皇女伊勢大神に侍す（系譜記事）	伊勢神宮	度会郡
⑫敏達四・正	采女、伊勢大鹿首小熊が女菟名子夫人皇子女を産む（系譜記事）		
⑬同七・三	菟道皇女伊勢の祠に侍すが、池辺皇子に奸されて解任	伊勢神宮	度会郡
⑭用明前紀	酢香手姫皇女伊勢神宮にて日神に侍す　推古の代まで奉仕す（系譜記事）	伊勢神宮	度会郡
⑮皇極四・正	猿の鳴声を時人「伊勢大神の使」という		

（倉塚曄子氏の作成による。（　）を付けた地名は推定されているもの）

表４　伊勢神宮関連記事と郡

五　東方への道

三つのルート

雄略一八年に、伊勢朝日郎《あさけのいらつこ》の反乱があった。この朝日郎の本拠は、朝明郡とも一志郡ともいわれて定かではないが、廬城川の上流は伊賀に近く、戦場となったのは伊賀の青墓《あおはか》であった。また、天皇の求愛をこばみ、伊勢神宮へ愛の逃避行をこころみたメドリノ（雌鳥）皇女と恋人ハヤブサワケノ（隼別）皇子は、宇陀郡会爾《そに》村をへて伊勢にはいり、蒋代野《こもしろの》（現在地不明）で討たれ、その屍はやはり廬城川のほとりにうめられた（「仁徳紀」四〇年二月条）。平安朝の斎宮帰任コースも、壱志頓宮から河口頓宮（白山町）、阿保頓宮（青山町）をへて大和にむかうものである。倉塚曄子は、これに『記』『紀』から雄略朝の記事を抜粋した先の藤形村、新家を関係づけて、つぎのように書いている。

関係地は、津市付近、すなわち河口（白山町）から東進して伊勢湾に至り、美濃、尾張へと向かうために北へ進路を転ずるあたりに位置している。これらのことは、雄略朝前後から、大和王権のこの地方への接近が伊賀を経て伊勢壱志郡へとにわかに密になり、漸次その範囲が主要路伝いに伸びていったことを物語っている。この地域が重視されたのは、もちろん東国への主要経路だったからであろう。

氏は、これをAコースと名づけて、大和朝廷の東国への最主要経路とし、南伊勢は、このコースからはずれているから、伊勢神宮が東国への根拠地とする説はなりたたない、とした。しかし、このコースが東国への重要経路だったとは、とても思えない。

古代における移動で、もっとも困難だったのは河口近くの渡河で、ちょっとした雨でもふれば近づくことさえもできなかった。そのため古道は、海岸からかなり離れた山の裾を、山をまくようなかたちでつくられていたのが通例である。もし、このコースをとって尾張、美濃へむかうとすれば、現在の道路よりも海岸線からかなり離れていたにしても安濃、鈴鹿、朝明などの河口近くを、いやでも渡らなければならない。そればかりか、尾張、美濃、つまり濃尾平野そのものが、木曾、長良《ながら》、揖斐《いび》の三大河川の氾濫平原で、幕末ですら東海道をゆくものは、熱田から桑名へ船でわたるのが一般だった。まして古代には、雲出川をくだって伊勢湾にでて北へ進路を転じて東国にむかうのであれば、当然のこととして船にのって北上したはずである。

東国とは濃尾地方だけをいうのではない。三河、遠江など東海地方や、遠く安房や筑波、上野、下野などの関東もまた東国である。これらの地方へいくには、櫛田川の河口から海路をとるのが最短で早くもあった。東海道には、先の木曾・長良川をはじめ、天竜、大井、富士、相模などの名だたる大河が存在している。

もし陸路で大和から尾張へむかうのなら、倉塚がBコースと名づけた上野—伊賀—亀山—鈴鹿コースが最短のルートであろう。壬申の革命で吉野を発った大海人皇子の革命軍が通った朝明川ルートである。

長谷街道

さらに倉塚は、宇陀から高見峠をこえて櫛田川をくだるルート、仮に高見山をこえないにしても、櫛田川沿いに多気までくだる道もあったことを指摘し、Cルートと名づけている。後の伊勢街道である。長谷（初瀬）はその宿場町としてさかえたので長谷街道ともよばれていたが、他ならぬ雄略大王の宮都は初瀬朝倉宮で初瀬にあった。つまり、このコースは南大和と伊勢大神の祀られていた多気とを直結するルートである。

『続日本紀』によると、大宝二年（七〇二）、すでに文武《もんむ》に譲位して太上《だじょう》天皇とよばれた持統は、三河地方へ行幸されたが、その順路は、一般に予想されるのとは逆に、三河、尾張、美濃、伊勢、伊賀となっており、もっとも遠い三河にいきなりでている。あきらかに南大和の藤原宮から高見峠をこえ櫛田川ルートでその河口に達し、海上を三河にわたったのであるが、それに従賀した舎人娘子《とねりおとめ》はつぎの歌をよんでいる。

大夫《ますらを》が得物矢《さつや》手挿《たばさ》み立ち向かひ射る円方《まとかた》は見るに清潔《さや》けし（『万葉集』一―六一）

この円方は、海浜が円くなっていることからつけられた地名で、現在の松阪市東黒部の海岸とされているが、延喜の『神名式』に多気郡服部麻刀方《ほとりのまとま》神社の名がみえる。服部とは神服部ともよばれ、麻績氏とともに神宮の神衣を織っていた氏族である。養老の『神祇令』の義解に、

神服部等は、斎戒清潔し、参河の赤引神調糸を以って、神衣を織り作る

とあるように、対岸の三河で作られた赤引糸を移入して神衣を織っていたのである。『神名式』には、

遠江国長《ながのかみ》上郡　服織《はとり》神社
同　蓁原《はいばら》郡　服織田《はとりた》神社

などがみえるから、信仰、経済などによる服部氏の勢力圏、交通圏は三河からさらに遠江に及び、それらの地域と伊勢との間でさかんに交易がおこなわれ、服部麻刀方神社のある円方が、その港になっていたと思われる。円形に大きく入りくんだ海岸が、またとない良港になっていたのであろう。ところが、この舎人娘子の歌の類歌が、「万葉集註釈」に引く『伊勢風土記』逸文では景行《けいこう》大王の歌としてのせられている。

風土記に云はく、的形《まとかた》の浦は、この浦の地形、的に似たり、因りて名となせり。今はすでに跡絶えて江湖《えのうみ》と成れり。天皇、浜辺に行幸して歌ひたまひしく、

ますらをの猟矢《さつや》たばさみ向い立ち射るや的形浜のさやけき

底本の傍記に、この天皇は景行天皇とあるという。おそらく景行天皇がこの地を通られたという伝承と舎人娘

子の歌とが結びついてできた説話であろう。

『日本書紀』によると景行は、洋上から安房へ入ったが、帰りは伊勢の綺宮《かにはたのみや》に着いたという。同じことは『高橋氏文』にも見えるが、綺宮のカニハタとは神服部のカムハタであり、服部麻刀方神社がそれにあたるだろう。すなわち櫛田川河口は、ただ単に三河の赤引糸を移入する港であったにとどまらず、遠く安房に至る要港として、大和朝廷による東方経営の基地だった。服部氏が三河から赤引糸を移入したように、麻績氏も麻の産地を必要としたであろう。『古語拾遺』には、

天富命、更に沃《よ》き壌《ところ》を求きて、阿波の斎部を分ちて、東 土《あづまのくに》に率往《い》きて、麻・穀を播殖《う》ゑき。好き麻の生ふる所を、故れ総国《ふさのくに》と謂ひ（古語に麻を総《ふさ》と謂へり、今上総《かみつふさ》・下総《しもつふさ》の二国と為れるは是れなり）穀木の生ふる所を、故れ結城郡《ゆふきのこほり》と謂ふ。阿波の忌部の居る所を、便ち安房郡《あはのこほり》と名づけき。（今の安房国是なり）

とあり、また天の岩戸で斎部系諸族の祖神たちが活躍したことを述べたなかに、

長白羽神《ながしらはのかみ》（伊勢国の麻績《おみ》の祖なり。今の俗《よ》に衣服を白羽《しらは》と謂ふは、此の 縁《ことのもと》なり）をして、麻を種《う》ゑしめて、青和幣《あをにきて》を為《な》らしめ

と麻績の祖神をとくにとり上げていることから、麻績と忌部とがつながりをもっていたことが推測される。これらのことから麻績は、安房さらには上総、下総などで忌部によって栽培された麻を、海路移入して神衣を織っていたのだろう。

伊勢が東国政策の基地であったということは、単に軍事的な基地であったことだけを意味するのではなく、広大な未開拓地のひろがった東国開発とその経営のための経済的な基地だったことが、より大きい意味をもっていたのであり、櫛田川流域を中心に、大和朝廷による南伊勢地方の経営もおこなわれていたのである。

したがって大和朝廷の東国へ進出するための主要路は、鈴鹿から尾張へ入るコースと、櫛田川をくだって三河

へわたるコースとであって、雲出川を下るコースではなかった。

伊賀は大和川水系ではなく淀川水系の上流にあって、北九州につながる瀬戸内の領域に属し、大化の改新で畿内に編入された地域である。そして北九州を発祥の地として大和に宮都をおいた大和朝廷の勢力が、瀬戸内と東海道との水系を区切る分水嶺の山々をこえて伊勢地方に入ってきたとき、その前に立ちふさがったのが、『記』『紀』に塞神としるされた、雲出川を中心とするサルタヒコを祀る土着勢力だった。

雄略朝を中心に伊勢関係記事が一志郡に数多く現れるのは、倉塚曄子が主張するように、大和から東国へ至る古道として雲出川ルートが重視されたというよりは、その流域に隠然とした勢力をもっていたサルタヒコ一族に対する大和朝廷の対応を示している。便りのないのがよい便りの反対に、記事が多く現れるのは、この地域が問題の箇処であったことを示している。

この意味で、大和朝廷の東方進出の拠点は雲出川流域にあったとする倉塚説は正しいともいえる。

古代の伊勢地方

和田年弥は、伊勢湾沿岸地域の古墳分布についてみると、鈴鹿川流域と櫛田川流域は、ともに畿内の主要古墳と同じ墳形である前方後円墳を採用し、それを堅く守りつつ、古墳時代前期から後期まで系統的な漸進をつづけており、それはともに大和から東国経営に進出するための主要路に当っていたからであろうとしている(＊8)。これに対して雲出川流域の地方は、筒野、向山、西山の三基の前方後方墳という特異な古墳を誇っており、とくに筒野古墳から出土した同笵鏡「天王日月・獣文帯三神三獣鏡」は滋賀県、大分県とそれぞれ分有し、「波文帯三神三獣鏡」は岐阜県と分有関係をもっている。墳形の特殊性と同笵鏡の分有関係は、大和勢力とは異質のかなり強力な集団が、早くからこの地方に覇を唱えていたことを推測させる。これを証拠づけるかのように和田は書いている。

雲出川流域では特異な前方後方墳三基を築造し得た地域集団が、その後も順当に拡大充実していったとは考えられない状態を示していたのである。如何なる要因によってその発達が阻止されたかは容易に分析できないが、同笵鏡によって畿内と逸早く結びつき古墳の発生をみたこの地方でも、それらの墳形が畿内において天皇陵に採用されない傍系的な墳形である点に一原因を求めることができよう。

大和朝廷が伊勢地方に進出する以前からこの地方に覇を唱えていた勢力は、大和朝廷によって明らかにその発達を阻止されたのである。

雄略大王の頃、大和朝廷は新家に屯倉をおいて直轄領とし、呉部《くれべ》に衣縫部《きぬぬいべ》、藤形に贄土師部《にえのはじべ》などの部民をもうけて直接的な支配をおこなって、この地方勢力を分断して削減をはかり、この地域の発達を阻止したのである。

では、現在伊勢神宮の内外宮が鎮座する伊勢地方がどうであったのか、和田の意見をきいておこう。

伊勢地方は面積に比して古墳の分布は決して少ないと言えないが、その大半は古墳時代後期に築造された小円墳で、初現的な古墳を求めても五世紀のものが一、二基にすぎない。この点他に比べるとその立遅れは明らかである。では何故に古墳文化は発展しなかったのだろうか。それは最も大きな要因として地形的な制約によることが考えられる。伊勢地方は、北は宮川に、南は五十鈴川に囲まれたデルタ地帯で、沖積平野の標高は極めて低く、両河川は幾度も氾濫をくりかえし蛇行していたのである。このような河川のもたらした不安定な平地と軟弱な地質は、土木技術の未熟な古代においてはひじょうに制御し難く、生活の基盤を支えるには決して恵まれた自然環境ではなかったであろう。

このような土地に、古く伊勢神宮が祀られたとは、とうてい考えられない。古代南伊勢の中心は、櫛田川流域にあったのであり、プレ伊勢神宮もその地に求めなければならない。すなわち、櫛田川河口近くの多気に、伊勢神宮も存在しただろう。

六　随伴神と服従神

伊勢の狭名田

『日本書紀』天孫降臨神話第一の一書によれば、サルタヒコは、アメノウズメにつきそわれて「伊勢の狭長田の五十鈴の川上」にくだった。私は、この「伊勢の狭長田の五十鈴の川上」のサナダは、サナガタ（狭長田）でもサナアガタ（佐那県）でもなく、そのままサナダで佐那田とするのが、いちばん素直な解釈だとおもう。伊勢神宮で最高位の神官である荒木田神主、宇治大内人は荒木田、宇治田とよばれる田の代表者である。だからこそ宇治の五十鈴の川上でヤマト姫をむかえた宇治土公の祖は、稲田そのものを人格化した大田命だった。つまり、荒木田、宇治田にあたる佐那の神田が佐那田であり、宇治の大田命にあたるのが、延喜の『神名帳』に「佐那神社二座」とある佐那神社にまつられているタチカラオ（田力男神）であろう。岡田精司はつぎのようにいっている（＊9）。

タチカラの語は、元来は稲田からの租税を意味する「田税」ではなかったかと思われる。神宮では、神嘗祭に神前の垣に懸ける初穂の稲束を「懸税」というが、その語は『延喜式』の祝詞にもみえ、由来の深い言葉であろう。タチカラが「手力」と誤解されるようになってから、岩戸開きの主役とされたのではあるまいか。すなわち佐那田は「聖なる稲田」で、その神がタチカラオである。そして、この聖なる稲田に水をそそぐ佐那川が、当時は五十鈴川とよばれていたのである。

もしそうだとすると、五十鈴川は宇治と佐那と二つあったこととなり、おかしいと多くの方々は考えたのだろう。五十鈴川の名称は、すでにのべたように、イ・ススグ川ないしはイソ・ススグ川であって、天照大神という神に深く結びついた名称で、もともとは地名ではない。いいかえれば固有名詞ではなく普通名詞である。だから天照大神をまつる神宮が移転すれば、五十鈴川もついていく。文武二年以前は、宇治に伊勢神宮はまだ祀られていなかったから、五十鈴川も宇治にはなかった。伊勢神宮が宇治に遷される前にも、同じ川が流れていたであろうが、その頃はまだ五十鈴川とよばれてはおらず、佐那川が五十鈴川とよばれていた。したがって「佐那県の五十鈴の川上」でも「佐那田の五十鈴の川上」でも同じことなのである。

そして伊勢の神が、伊勢神宮の現鎮座地に遷されると、五十鈴川という名前も一緒についていって、現在、伊勢神宮の前を流れている川が五十鈴川とよばれるようになった。それが『儀式帳』のいう「度会郡宇治五十鈴川上」である。一方、それまで五十鈴川とよばれていた川は、地名をつけた本来の名である佐那川にもどる、というわけである。それでは五十鈴川の旧名は、何とよばれていたのだろうか。宇治を流れる川、宇治川である。そして、先にのべたように、神宮の神域を流れる部分だけが五十鈴川や御裳濯川とよばれた。したがって、宇治川の名はただちに消滅したわけではなく、宇治川から五十鈴川への名の移行が河口にまでおよぶのは、早くとも近世に入ってのことだった。

相殿の神

伊勢の神と一緒に多気から宇治へ移動したのは、もちろん五十鈴川だけではなく、タチカラオも宇治へと引越し、伊勢神宮の正殿に、アマテラスの相殿神として祀られている。

『儀式帳』によると、内宮正殿内の左に弓をおいてタチカラオ神、右には剣をおいて皇孫ニニギの母ヨロズハタトヨアキツシ姫（万幡豊秋津師姫）を祀ったと書かれている。つまり中央に神鏡、左に弓、右に剣をおき、主神のアマテラスとともに、タチカラオとヨロズハタトヨアキツシ姫とを相殿神として祀っている。現在もそうだから、これは史実というよりは事実である。

タチカラオは、神田である佐那田の田の神であり、ヨロズハタトヨアキツシ姫はその神名からみて織姫である。このことからどなたもが思い出されるのは、応神以来の最初の斎王である雄略天皇の皇女タクハタ姫（栲幡姫）、あるいは天孫降臨神話にみえるニニギの母であろう。後者は『古事記』と『日本書紀』の諸一書で、ヨロズハタヒメ（万幡姫）、タクハタチヂヒメヨロズハタヒメノミコト（栲幡千々姫万幡姫命）、アマヨロズタクハタチハタヒメ（天万栲幡千幡姫）と名はさまざまだが、万幡姫であろうと栲幡千々姫であろうと織姫であるのは一緒である。しかし、なぜ千々姫がついているのかが気にかかり、千々姫はニニギのお母さんだから、乳で皇孫の母の意かなどと軽く考えていたが、『古事記』と『儀式帳』に共通する万幡豊秋津師姫のトヨアキツシは、ちょっと気になる名前である。

『日本書紀』に神武天皇が葛城地方を行幸したとき、この国は「蜻蛉《あきづ》のとなめの如し」といったことからつけられたという伝承をもつヤマトの古名・トヨアキツシの名は有名である。であるとすれば万幡トヨアキツシ姫は、日向でも多気でもなく大和へ降臨したというのであろうか。一方は『古事記』、他方は『日本書紀』である。両者は明確に分けて考えなければいけないとされてはいるが、文章の一条ならともかく、神名の一つくらいが、他にまぎれこんでいることを否定するのは、古代の情報能力を軽く見すぎているようにもおもう。

櫛田川の河口流域では、神服部、神麻績の人々が、後世には和妙、荒妙とよばれた絹、麻の織物の機織業をさかんに営んでいた。したがって、タチカラオは田の神、ヨロズハタトヨアキツシ姫は織物の女神で、どちらも多気郡の神であるが、その多気から約一五キロ離れた度会の宇治にたてられた伊勢神宮の正殿にアマテラス大神と一緒に祀られている。つまりアマテラス、タチカラオ、ヨロズハタトヨアキツシ姫の神々は三つ揃いになって、多気から宇治に引越したのである。

サルタヒコ

神話のかたるサルタヒコは、「天《あめ》の八衢《やちまた》に居て、上は高天が原をてらし、下は葦原の中つ国をてらす神」として天孫降臨を待ち構えて案内をかってでた神であるが、まるでサルと天狗をかけあわせたかのような奇妙な姿をし、最後は貝に手をはさまれてブクブク泡をはきながら溺死したという、おそろしくもあれば滑稽味もあわれさもあって、およそ実在感のとぼしい日本の神々のなかでは、他に類例をみない神であり、後世はチマタの神として民衆に親しまれた。

アマテラスのアマテル（天照）は、かならずしも伊勢神宮の祭神に固有の神名ではないことはすでにのべた。松前健は、対馬系の日神天日神命《あめのひみたまのみこと》以外の天照御魂神《あまてるみたまのかみ》の多くは、尾張氏およびその同族とつたえられる畿内の諸豪族の奉戴する神で、『日本書紀』『旧事本紀』で天照国照彦火明命《あまてるくにてるひこほのあかりのみこと》とよばれる神と同一神であり、皇祖神天照大神の原型の一つとしての太陽霊格と推定した（*10）。松前が天照御魂そのものとするホノアカリ（火明命）は、『書紀』第八の一書に「天照国照彦火明命と号り、これ尾張連等が遠祖なり」とあるのがそれで「天照る国照る彦」とは、サルタヒコの「上は高天が原をてらし、下は葦原の中つ国をてらす神」と内容は同じである。とすると、サルタヒコとホノアカリとが同格神であった可能性は高い。

服属儀礼

筑紫の日向に天くだったニニギは、吾田《あた》（後の薩摩）の国の美人カシツヒメ（鹿葦津姫）――別名コノハナサクヤ姫（木花開耶姫）――をめとったところ、一夜にして身ごもった。そのためニニギに疑われた姫は、戸口のない小屋をつくって中にこもり、「もし皇孫の子でなければ焼け死に、皇孫の子であれば火にもそこなわれないでしょう」といって小屋に火をつけた。はじめ燃えあがった煙から生まれた子をホノスセリ（火闌降命）、煙を避けているときに生まれた子をヒコホホデミ（彦火火出見尊）、つぎに生まれた子をホノアカリ（火明命）と名づけた。ホノスセリは隼人《はやと》らの始祖、ホノアカリは尾張連らの始祖である。つまり「隼人」と「天皇」と「尾張氏」の祖先は、三兄弟ということになる。

これは『日本書紀』の本文から引いたもので、生まれる順序は一書それぞれによって異っている。『古事記』と『書紀』の第二・三・五・七・八の一書は、ホノアカリをヒコホホデミの兄としている。ただしホノスセリは「火がすすむ」という意味なので最後になることはなく、ヒコホホデミは、つねにその弟である。そしてホノスセリとヒコホホデミの兄弟は、日本神話のなかで、もっともポピュラーな神話の一つとして知られた、山幸海幸神話の山幸と海幸である。兄・海幸の釣針をなくした山幸は、それをさがしもとめて海神《わたつみ》の宮にいたり豊玉《とよたま》姫にあい、歓待をうけた後、かえるにあたって海の神からさずかった潮の干満を自在にあやつれる塩盈珠《しおみつたま》、塩乾珠《しおふるたま》によって海幸をさんざんに悩ました。海幸は、塩盈珠によっておぼれそうになったとき、山幸にむかってつぎのようにいったという。

「僕《あ》は今より以後《のち》、汝命《いましみこと》の昼夜の守護人《まもりびと》となりて仕へ奉らむ」とまをしき。かれ、今に至るまで、その溺れし時の種々《くさぐさ》の態《わざ》、絶えず仕へ奉るなり。（『古事記』）

「今より以往《ゆくさき》は、吾が子孫の八十《やそ》連属《つづき》に、恒に汝《いましみこと》の俳人《わざひと》と為らむ。一《ある》に云はく、狗人《いぬひと》といふ。請ふ。哀《かなし》びたまへ」とまうす。（中略）是《ここ》を以て、火酢芹命《ほのすせりのみこと》の苗裔《のち》、諸の隼人等《はやひとたち》、今に至るまでに天皇《すめらみこと》の宮墻《みかき》の傍《もと》を離れずして、代《よよ》に吠ゆる狗《いぬ》にして奉事《つかへまつ》る者なり。（『日本書紀』第二の一書）

海幸の子孫である隼人が、夜昼の区別なく皇居の宮門を守護警備し、行幸にあたっては行列の先頭にたち、出発の際や街の四辻など重要地点にいたったとき、犬の遠吠えのような声をあげたことをいったものだが、「汝の俳人」、つまり天皇の俳優として演じた「その溺れし時の種々の態」については、『書紀』第四の一書に、手の平とひたいに赤土をぬって、つぎのような所作をしたとかかれている。

乃《すなは》ち足を挙げて踏行《ふ》みて、其の溺苦《くるし》びし状《かたち》を学《なら》ふ。初め潮《しほ》、足に漬く時には、足占《あしうら》をす。膝に至る時には足を挙ぐ。股《もも》に至る時には走り廻る。腰に至る時には腰を捫《もち》ふ。腋《わき》に至る時には手を胸に置く。頸《くび》に至る時には手を挙げて飄掌《たひろか》す。爾《それ》より今に及《いた》るまでに、曾て廃絶無《やむことな》し。

隼人の先祖の海幸が、天皇の祖先である山幸によってさんざんに苦しめられたことを、隼人自らが宮廷で演じつづけていたのであり、いわゆる服属儀礼である。

サルタヒコがアザカの海岸で、貝に手をはさまれ、ブクブクと泡をはきながら溺死した、というのも、服属儀礼だったろう。サルタヒコの場合は、「底つく」「泡たつ」「泡さける」の三態のみであるが、これは海洋漁撈民のならいとして、住吉や安曇の三神と同様に、底、中、表の三つとしたもので、同じ海洋漁撈民である隼人のように「その溺れし時の種々の態」を宮廷で演じていたのである。とすれば、サルタヒコの異形も、隼人が手の平やひたいを赤くぬったと同じように、演技のための扮装だったものが、語り伝えられていくなかでより強調されて、あのような神のイメージをつくりだしたのかもしれない。

しかし、『古事記』がサルタヒコ神話の最後を「ここをもちて、御世島《みよみよ》（志摩）の速贄《はやにへ》献る時、猨女君《さるめのきみら》等に給ふなり」と結んだ頃には、志摩からリレー式の駅伝で朝廷に送られてきた魚介類の初物を分与されるならわしが、慣例として残るのみになっていた。

ただし、猨女《さるめ》は、女神であるからサルタヒコではなく、アメノウズメであろうと考えられている。天孫降臨に随伴して、サルタヒコとの交渉にあたったが、アメノウズメは志摩の潜女と考えられるが、潜女による沿岸漁撈民としての共通性によって、壱志のサルタヒコ勢力に対する交渉役にあたったものであろう。

なお、内宮の神域外玉垣内の北西隅に、殿地と宮殿の守護神として興玉神《おきたまのかみ》、宮比神《みやびのかみ》とよばれる石神がサカキとともにまつられ、サルタヒコとアメノウズメとされているが、これは中世末にあらわれた俗説で、根拠のあるものではない。

これに対して、隼人の服属儀礼は「今にいたるまでに、かつてやむことなし」だった。すなわち『記』の記述された頃にも演じつづけられていたのである。その記述がきわめて具体的であるのは、実際の見聞にもとづいたものだったからであろう。このように、両者は時代も場所もはなれているのに、演者たちの一方は狗人、他方は猨女と名づけられ、共にイヌとサルのケモノあつかいされたことでは同類だった。

日向神話の舞台

伊勢と南九州とでは大和からの距離に大きな差があるから、当然のこととして、大和朝廷の支配下にはいった時期も大きくへだたっている。倉塚曄子は、サルタヒコの勢力圏だった雲出川流域が朝廷に服属したのは雄略朝と推測した。これに対して隼人は、履中《りちゆう》紀の仲皇子《なかつのみこ》が叛乱した記事に「近習隼人」の語がみえるが、そんなに早い時期から隼人が朝廷に奉仕していたとは、ちょっと考えられない。天武十一年七月三日に、

隼人《はやひと》、多《さは》に来て、方物《くにつもの》を貢れり。是の日に、大隅《おほすみ》の隼人と阿多《あた》の隼人と、朝庭《みかど》に相撲《すまひと》る。大隅の隼人勝ちぬ。

とあるのが、最初の確実な記録とされる。阿多は吾田で薩摩である。だから隼人が朝廷で服属儀礼をおこなったのは、その後である。尾張と薩摩は大きなへだたりがあるにもかかわらずサルタヒコ（猿田彦）とホノスセリ（隼人）との間に、つよい共通性がみられるのは、山幸海幸などの神話づくりに、ホノアカリを祖とする尾張氏

系の諸氏族が関与していたからではなかったろうか。そして尾張は、壬申の革命で大海人皇子の吉野軍に参軍した最大の軍団の一つであり、記紀神話が記述されたのは、どんなに早くみても天武朝以後であることを考えあわせれば、その可能性はきわめてたかい。

『記』『紀』が、その神話の舞台を「筑紫の日向」としたのは、もともと東を海に面した「日向う国」で生まれた説話群だったからとされている。もしこの推測に誤りがないとすれば、同じ東海でも尾張よりは伊勢がよりふさわしいことになる。

七　祭祀施設と神鏡

ヒモロギとイワサカ

そもそも天照大神を伊勢神宮に祀った由縁は、天孫降臨にあたって、アマテラスが孫のニニギに「この鏡をわれと思い、あがめまつれ」といって神鏡をわたしたことにはじまるとは、戦前の小中学校で私たちの教えられていたことだった。この神勅を記載しているのは、『古事記』でも『日本書紀』本文でも第一の一書でもなく、第二の一書である。にもかかわらず、この一書が、タカミムスヒも天孫降臨の司令神としてアマテラスとは別個の神勅をくだしていることを、西條勉の「降臨神話所伝系統表」に欠落していることは、本章始めに指摘しておいた。

この第二の一書で、宮中にまつるタカミムスヒと伊勢神宮にまつるアマテラスの二神は、同じ天孫降臨神話の同じ舞台に登場しながら、降臨する神がニニギの場合は、タカミムスヒを司令神とし、オシホミミになると、アマテラスに代わる。これでは、同舞台に登場したとはいえ、すれ違いであるが、オシホミミに降臨を司令するのは、あくまでもアマテラスであって、両者の司令は、それぞれに具体的なのである。いいかえれば、降臨にあたって、タカミムスヒとアマテラスの両神は、オシホミミに随伴したアマノコヤネ（天児屋命）とフトタマ（太玉命）に、それぞれ別個に神勅をくだしている。アマノコヤネは中臣氏、フトタマは斎部氏の祖先神で、ともに朝廷の祭祀にかかわる氏族であるが、この二神に対して先に神勅をくだしたのはタカミムスヒである。

吾は天津《あまつ》神籬《ひもろき》及び天津《あまつ》磐境《いはさか》を起し樹《た》てて、当《まさ》に吾孫《すめみま》の為に斎《いは》ひ奉《まつ》らむ。汝《いまし》、天児屋命《あまのこやねのみこと》・太玉命《ふとたまのみこと》は、天津神籬を持《たも》ちて、葦原中国に降りて、亦吾孫の為に斎ひ奉れ。

この言葉は、タカミムスヒを主語にして書いているのでこうなるが、「吾」すなわちタカミムスヒは皇孫のニニギ、ひいては天皇家の守護神になるから、アマツヒモロギ（天津神籬）とアマツイワサカ（天津磐境）を起したてて、われをまつれというのである。ところが、アマノコヤネとフトタマは、実際の降臨には「天津神籬を持ち」とヒモロギだけしか持たずに降っている。すなわちヒモロギは持ち運びできるもの、イワサカは持ち運びできないものであり、書き順は逆になっているけれども、イワサカは「起し」て設置するもの、ヒモロギは「樹てて」とあって樹をたてるものであることをしめしている。

またタカミムスヒは、オシホミミの随伴神には神勅をくだしたのに、降臨する主体である肝心のオシホミミには神勅をくだしていない。要するに、タカミムスヒとオシホミミとを結びつけるコトもモノもまったくなく、タカミムスヒとアマテラスとは、すれ違いだという由縁でもある。

神鏡と斎庭の穂

つぎにアマテラスがオシホミミに宝鏡を授けて神勅をくだした。

吾が児《こ》、此の宝鏡《たからのかがみ》を視まさむこと、当に吾を視るがごとくすべし。与《とも》に床《ゆか》を同くし殿《おほとの》を共《ひとつ》にして、斎鏡《いはひのかがみ》とすべし。

このアマテラスの神勅も、鏡を「われを視るがごとく」にして、皇居に天皇と「同床共殿」にまつれという祭祀のあり方を指示したものである。ついでアマノコヤネとフトタマに、つぎの二つの神勅をくだした。

惟爾二《これいましふたはしら》の神、亦同《とも》に殿《おほとの》の内に侍ひて、善く防護《ほそきまもること》を為せ。（中略）吾が高天原に所御《きこしめ》す斎庭《ゆには》の穂《いなのほ》を以て、亦吾が児《みこ》に御《まか》せまつるべし。――お前たち二神は、共に同じ建物の中に侍って、よくお守りの役をせよ。わが高天原にある斎庭の穂を、わが子に与えなさい。

「殿の内」の殿は、崇神紀に、それまで天照大神と倭大国魂を倭王の「大殿の内」に「同殿同床」にまつっていた、とある「大殿」と理解すべきであろう。「斎庭の穂」の神勅もまた、神に捧げる稲穂を育てる神田について述べたものである。

このような祭祀施設と祭器とを通して、祭祀のあり方を具体的に指示した『日本書紀』天孫降臨の段、第二の一書は、「崇神紀」のトヨスキイリ姫の倭笠縫邑《やまとのかさぬいのむら》の磯堅城《しかたき》の神籬《ひもろき》、「垂仁紀」のヤマト姫説話による神祠と斎宮とからなる伊勢神宮起源説話へとつながっていくのである。

八　滝原宮・滝原並宮

多気大神宮＝滝原宮説批判

伊勢の郷土史家である筑紫申真にとって、深い森の中、五十鈴川の川上にまつられた伊勢神宮の祭神が太陽神であるとは、とうてい受け入れることのできないものだったのだろう。氏は、大和朝廷がまつった太陽神は、すべて大和地方の神であるのに対して、伊勢の神は天から山頂にくだった水源の神であり、川の神であったとして、『続日本紀』文武二年、「多気大神宮を度会に遷す」とある多気大神宮を、現在では度会郡に属しているが、かつては多気郡に含まれていたと思われる宮川上流の滝原宮《たきはらのみや》、すなわち伊勢神宮別宮の滝原宮であると推定した。

この現存している滝原宮が、宇治へ引越していった多気大神宮の名残であるとみなしてよいと思います。なぜなら、多気大神宮はまた別の名を滝原神宮とよばれていた、といわなければならないからです。『伊勢国風土記』の逸文は、「倭姫命、船に乗りて度会の上河に上りまして、滝原神宮を定めたまひき」と書きしるしています。(中略)しかも、『倭姫命世記』のしるすところによれば、アマテラスは倭姫に奉戴されながら住みよいところをさがし求めて転々とすみかをかえ、北伊勢から南伊勢の海岸へやってきて宮川をさかのぼり、数年、滝原の宮に住んでいましたが、どうも住みごこちがわるいというので、いまの皇大神宮(宇治)へ引越していったというのです(＊11)。

『続日本紀』文武二年の「多気大神宮を度合郡に遷す」の「多気大神宮」を、建築史の福山敏男は外宮の度会神宮に、田中卓は神庤(大神宮司)にあてる説をだされていたのに対して、筑紫申真の『アマテラスの誕生』(一九七一年)は多気大神宮を神宮別宮の滝原宮にあてたのである。田村圓澄の『伊勢神宮の成立』(＊12)もこれを踏襲している。ただし、田村は、神武の東征が、大和入りに対して一度は撃退され、熊野を迂回した際に立ち寄った場所で、大和からもっとも近い位置にあるという理由をあげているが、神武の東征軍が通過した地とはちょっと考えにくい。

昭和戦前期に刊行された朝日新聞社本『続日本紀』に「多気大神宮寺」とあり、校訂者佐伯有義は「寺」を「神宮文庫本に拠て補ふ」と注記した。そこで福山敏男が神宮文庫本を確かめると「寺」はなく、異字で「庤」

が書き込まれていた。福山は金沢文庫本を調べてみたが「寺」字はなかった。にもかかわらず佐伯が、大神宮寺としたのは、ほかならぬ「神宮文庫本」だったからではなかったろうか。福山・田中卓両氏の説は「庤」字に攪乱された結果ともいえる。これに対して、大正期の喜田貞吉「伊勢神宮の御鎮座に就いて」(一九一四年)(*13)は、多気大神宮の名称をそのまま認めて、多気郡多気にあったとし度会に鎮座するまでの伊勢神宮は、宮都が大王の代ごとに遷都していたように、場所を変えて遷宮していたとしていた。

戦後、多気大神宮そのものをとりあげたことでは、私より筑紫がやや早いものの、文武二年の多気大神宮記事を、多気郡多気にあった神宮が、度会郡宇治の現在地に遷座した事実上の創祀としたのは、戦後では喜田説を継承した私が最初ではなかったかと思う。

筑紫が多気大神宮＝滝原宮説の文献上の根拠とした『風土記逸文』と『倭姫命世記』は、あまりにも資料的価値が低い。滝原神宮をしるした風土記逸文は、倭姫命世記ほかの伊勢神宮関係書以外にはみられないもので、「日本古典文学大系」本(岩波書店)の秋本吉郎が「存疑」としているものである。また鎌倉時代に書かれた『倭姫命世記』には造作が多く、とくに倭姫の巡行記は、当時の神領が古くから神宮と結びついていることを、ことさらに主張するために意図的に書かれた個所で、史実とは信じられないと早くから指摘され、江戸時代の国学者たちが同書を偽書とした根拠の一つとされたものである。これらを根拠とするのは論外といってよい。

滝原宮は、志摩国答志郡の伊雑宮とともに「天照大神遥宮《とおのみや》」とよばれ、天照大神の遥拝所として設置された神社で、『儀式帳』には「伊勢志摩両国堺大山中」とある。現・皇大神宮の鎮座地、度会郡宇治は、さほどの高地ではないにもかかわらず、『儀式帳』が「大山中」とよぶほど深い森の中としていることから、私は現・伊勢神宮を『記』『紀』にしるされた神宮ではないとしたが、滝原宮は、文字どおりの「大山中」であって、これを多気大神宮にあてるのは、どう考えても無理である。

にもかかわらず、筑紫説に従った田村圓澄をはじめ、『アマテラスの誕生』の読者が、なんとなく納得させられた理由の一つは、多気と滝原の地名が似ているからだろう。しかし多気（タキ）と滝原（タキハラ）では、すでに地名そのものが違っているばかりでなく、上代特殊仮名遣いで、多気（タキ）のキは甲類、滝（タキ）のキは乙類だから、多気大神宮＝滝原宮説は名称そのものからいってもなりたたない。

境界の神社

滝原宮と滝原並宮とは、ともに同じ神、天照大神をまつる、まったく同じ形、同じ大きさの御殿が並びたつ、神宮では他に例をみない特殊な形式をしていることでも知られている。このことに対して多気大神宮＝滝原宮説をとる筑紫・岡田両氏から、なんらかの説明があっていいとおもうのだが、両氏ともに、まったくふれていない。

それを、私はつぎのように考えている。

『続日本紀』天平宝字三年十月戊申の条に、

去る天平勝宝五年、左大弁従四位上紀朝臣飯麻呂を遣はし、伊勢大神宮の界を限り、標《しる》しを樹《た》つること已《すで》に畢《をは》りぬ。而るに伊勢、志摩両国相争ふ、是に於いて尾垂剗《おたりせき》を葦淵《あしぶち》に遷し、武部卿従三位巨勢朝臣《こせのあそみ》関麻呂《さかいまろ》、神祇大副従五位下中臣朝毛人、少副従五位下忌部宿禰《いんべのすくね》呰麻呂《あざまろ》を使はし幣帛《みてぐら》を神宮に奉る。

とあるのが注意される。ここにいう剗とは、令義解に「塹柵之所」とあるもので、塹をつくり柵をもうけて境界とする施設である。この尾垂がどこであるかは不明であるが、葦淵は南島の押淵村というのがそれだろうと薗田守良の『皇大神宮儀式帳解』は書いている。

滝原宮は、筑紫のいう多気・度会の郡境ではなく、現在の大内山川添いに古くから南島地方への交通がひらけていた「伊勢・志摩の国境の大山中」（『儀式帳』）に鎮座していたのである。そして、『続日本紀』が伝える伊勢・志摩の国境争いを調停した結果、双方それぞれによって、伊勢大神宮の遥拝所として滝原宮と滝原並宮との二宮がたてられたのではないだろうか。

現在でも、全国数カ所に、国や郡の境に並び立つ神社がみられることを、宗教民俗学の原田敏明は指摘している(＊14)。氏によれば、村境や国境の道は往々にして村の入口になり、村の中心である場合が少なくないため、往々にして二つの村の中心が互いに接し、相互に強く対抗するようにもなる。

> かように両方が、その境界において対立するために、そこに両方からそれぞれの神を奉祭することにもなり、しかもその神たるや多くは境界の神となっている。が、その性質からいえば境界の神であると同時に、地域の神でもあり、従っていわゆる氏神部落の神という性格のものである。

原田はこうのべて、それを適確にしめす国と国との境、郡と郡の境に、両側の地域から同じように神社をたてて祭祀している事例を、福島県西白川郡白坂村と栃木県那須村との県境の二所明神《にしょみょうじん》など県（国）境の場合を数例を、また石川県石川郡と能美郡との郡境に、それぞれ島社と出合社があり、氏子も二つに分れて日を異に祭りをおこなっていたが、双方協議し一社にして運上出合神社《うんじょうであいじんじゃ》としたなど、数々の実例を示している。すなわち境界の神社は、対立を協調へとかえたのである。

滝原宮、滝原並宮は、式年遷宮にあたって二宮をまとめて古殿地から新殿地へと遷される。また板垣はないので、深い杉木立のなかに白玉石を敷きつめた殿地が、古殿地から新殿地の外玉垣を通して、並びたつ御殿近くまでひろがって、ひろやかな印象をあたえている。さらに参道に並行して頓登川が流れ、奥深い自然の中に鎮まる滝原宮は、伊勢神宮に数多い別宮・摂社のなかでもとりわけ高い人気を参詣者たちからあつめている。

＊1　三品彰英「天孫降臨神話異伝考」『建国神話の諸問題』三品彰英論文集第二巻、平凡社、一九七一年
＊2　西條勉「〈皇祖神＝天照大神〉の誕生と伊勢神宮――古事記の石屋戸・降臨神話の編成」『国士舘大学国文学論輯』一五号、一九九四年三月
＊3　溝口睦子『王権神話の二元構造――タカミムスヒとアマテラス』吉川弘文館、二〇〇〇年
＊4　桜井徳太郎「朝熊山の缶まいり」『探訪神々のふる里（四）熊野から伊勢へ』小学館、一九八二年
＊5　倉塚曄子「伊勢神宮の由来」『文学』一九七三年三・四月号
＊6　倉塚曄子『古代の女――神話と権力の淵から』平凡社、一九八六年
＊7　桜井勝之進「宮後川不度考」『神道研究ノート』国書刊行会、一九九八年
＊8　和田年弥「伊勢地方と古墳――特に神宮周辺の古墳について」『神道史研究』第二〇巻五・六号
＊9　岡田精司「伊勢内宮相殿神の性格と成立――万幡秋津神と手力男」岡田精司編『祭祀と国家の歴史学』塙書房、二〇〇一年
＊10　松前健『日本の神々』中公新書、中央公論社、一九七四年
＊11　筑紫申真『アマテラスの誕生』秀英出版、一九七一年
＊12　田村圓澄『伊勢神宮の成立』吉川弘文館、一九九六年
＊13　喜田貞吉「伊勢神宮の御鎮座に就いて」『歴史地理』第四四巻第一号、一九一四年
＊14　原田敏明『宗教と社会』東海大学出版会、一九七二年

第五章　倭の大王と伊勢の大神

一　大和朝廷発祥の地

三輪山の神

初代天皇、神武とともにハツクニシラス・スメラミコト（初めて国を治めた天皇）と『記』『紀』がよぶ第一〇代の崇神《すじん》（ミマキイリヒコ）は、三輪山の麓、磯城《しき》の初瀬（奈良県桜井市）に宮都——磯城瑞籬宮《みつかきのみや》（『記』は師木《しき》水《みず》垣宮《がきのみや》）をおいたものの、悪病がはやって多くの死者をだし、民衆が離散して反逆するものもあって、国は治まらなかった。そこで天皇は、崇神七年、神浅茅《かむあさじ》原《はら》に出て八《や》十《そ》万《よろず》の神々を招いてうらなった。このとき、天皇のおばで「聡明叡知、よく未然を識る」ヤマトトトヒモモソ姫（倭迹迹日百襲姫）に三輪山の神、オオモノヌシ（大物主）が神がかって、われを祭れば国は治まるという託宣があった。その教えのままに大物主を祭ったにもかかわらず、事態は一向に好転しなかった。

天皇は沐浴斎戒《ゆかわゆみものいみ》し殿内を浄めて祈っていると、夜、夢のなかに神があらわれ、「わが子、大田《おおた》田《た》根《ね》子《こ》に大物主を祭らせ、市磯長尾《いちしのながお》市《ち》に倭大国魂神《やまとのおおくにたまのかみ》を祭る祭主にすれば、必ず天下は平らぐ」とのお告げがあった。同じ夢をヤマトトトヒモモソ姫、穂積臣《ほづみのおみ》の遠祖大水口宿禰《おおみくちのすくね》、伊勢麻績君《いせのおみのきみ》の三人もみた。伊勢麻績君は、伊勢神宮の神衣を織った後の神麻績氏であろうが、布地、衣服の生産によって、伊勢地方は意外にはやい時期から、大和朝廷とつながりをもっていたのかもしれない。

夢のお告げどおりに、大田田根子に大物主を祭らせると国は治まった。さらにイクヒ（活日）という人物に神酒を掌らせ、あらためて田根子を神主に、大祭を挙行し、まずイクヒが、御酒を王にささげて、

此の神酒《みき》は　我が神酒ならず　倭《やまと》成す　大物主の　醸《か》みし神酒　幾久《いくひさ》　幾久

とうたった。そしてその日、夜通しの酒宴をおこなった。崇神八年一二月二〇日のことである。この真冬に、夜通しの宴会が野外でおこなわれたはずはなく、「神宮（カミノミヤ）」で宴（トヨノアカリ）をしたのである。宴会がおわると、諸大夫と天皇とがつぎのように歌を唱和した。

味酒《うまさけ》　三輪の殿の　朝門《あさと》にも　出でて行かな　三輪の殿門《とのと》を

味酒　三輪の殿の　朝門にも　押し開かね　三輪の殿門を

大神《おおみわ》神社は、本殿がなかったにもかかわらず、三輪殿とよばれる御殿があったことで「神宮」とよばれたのであろう。それは後世の拝殿や神楽殿を兼ねるようなものだったかもしれない。また大神神社は酒造りの神としても知られている。

その後、モモソ姫は三輪山の神、大物主の妻となったが、神は夜かよってくるので、その姿をみることはできない。姫の願いでみせた神の姿は蛇だった。驚いた姫は倒れて女陰を箸でついてなくなり、大物主は大虚《おおぞら》をふんで三輪山にのぼったという。モモソ姫は箸墓《はしのみはか》にほうむられたが、塚を築くのに昼は人が夜は鬼が大坂山から石を運んだという。有名な三輪山伝説である。

祭る神と祭る人

これより先、天照大神・倭大国魂の二神を、天皇の御殿内に祭っていたが、神の勢いがあまりにも強いので、共に安らかに住むことはできなかった。そこで天照大神を豊鍬入姫《とよすきいりびめ》に託し、大和の笠縫邑《かさぬいむら》に祭るため磯堅城《しかたき》の神籬《ひもろき》を立てた。また倭大国魂はヌナキノイリ姫につけて祭ったが、ヌナキノイリ姫は髪が落ち体がやせて祭ることができなかった。この姫にかえて倭大国魂を祭らせたのは、先の神託にあった市磯長尾市である。

神祭りについていろいろと書かれているが、三輪山の神にしても朝廷が祭る神にしても、結局のところ、神を祭るには、それぞれの神にふさわしい人がおり、その神を祭るにふさわしい場所がある、ということであるらしい。

三輪山の神・大物主を「聡明《さと》く叡智《さか》しくして、よく未然《ゆくさきのこと》を識」るという偉大なシャーマン、ヤマトトトヒモモソ姫に祭らせたのに効果はなく、大物主が「わが子」とよんだ大田田根子に祭らせると国は定まった。後、モモソ姫は大物主の妻になったものの、結局は女陰を箸でついて死ぬことになる。

また、天照大神と倭大国魂は宮中に祭られていたが、神の勢いが強くて安まらなかった。宮中には、本来の皇祖神タカミムスヒが、アマノコヤネとフトタマを祖とする中臣氏、忌部氏によって奉祀されていた。

そこでアマテラスはトヨスキイリ姫、倭大国魂はヌナキノイリ姫につけて宮廷外に祭ったが、ヌナキノイリ姫は髪が抜け身体がやせて神を祭れなくなり、これも大物主の神託によって市磯長尾市に祭らせて、ことなきをえた。要するに、三輪山の神や倭大国魂の二柱の土地神は、この土地で古くからその神を祭っていたものでなければ、その神を祭ることはできない、ということであろう。

これに対して、アマテラスを祭ったトヨスキイリ姫には、ヌナキノイリ姫のようなことはおこらなかったのは、倭大国魂が男性神であるのに対して、アマテラスは女性神であったからだろう。しかし祭る場所はふさわしくなかった。そこで、次の垂仁《すいにん》朝に、

天照大神を豊耜入姫命《とよすきいりびめのみこと》より離ちまつりて倭姫命《やまとひめのみこと》に託《つ》けたまふ。爰《ここ》に倭姫命、大神《おおみかみ》を鎮め坐《ま》させむ処を求めて、菟田《うだ》の筱幡《さきはた》に詣《いた》る。更に還りて近江国に入りて、東《ひむがしのかた》美濃を廻りて、伊勢国に到る。……

とヤマト姫がアマテラスを奉じて、神を祭る場所を求めて遍歴し伊勢にいたる、という有名な伊勢神宮創立説

話が説かれることになる。

神籬と磐境

『日本書紀』の記述にしたがえば、これまでアマテラス大神を倭大国魂と並べて「天皇の大殿の内」に祭っていたのは、天孫降臨の際にアマテラスが「この鏡をわれと思ひて」という神勅によるものであるから、崇神の皇女トヨスキイリ姫につけたのも、具体的には、神鏡をさしているだろう。

「磯堅城《しかたき》の神籬《ひもろぎ》」の磯堅城は、地名の磯城との混同をさけるために「堅」字を入れたとも思えるが、石で囲んで神座ないし神境をつくるもので、磯をあてているのは、磯すなわち河原から運んできた石をもちいたものと考えられる。また、ヒモロギは、立てるもの、持ち運びできるもので、降臨神話では「樹《た》つ」と樹の字があてられていたが、ここには「神籬を立つ」とあり、「垂仁紀」には「磯《し》城《き》の厳《いつ》橿《かし》の本」――神聖なカシの木のもととあって、自然の樹木であるかのようにも見える。もともと日本の神々には、すがた・かたちがなく、祭りの日にだけ、いずくからともなくとんできて、木や石に依りつくと考えられていた。『書紀』天孫降臨の段、第二の一書にかかれていたタカミムスヒの神勅のいうヒモロギ・イワサカも、トヨスキイリ姫がアマテラスを祭ったシキ・ヒモロギも、同様に神の依り代で、そこに神鏡をかけ、神をまねく祭りがおこなわれていたのだろう。

このような野外のヒモロギに、トヨスキイリ姫に奉持させた神鏡を、常時、かけておいていたとは、ちょっと考えにくい。「雄略紀」にみる皇女タクハタ姫にまつわる説話から推察されたように、神鏡は斎王の身近におかれていたと見るべきで、おそらく鏡は、常時、斎王のもとにおき、祭りのたびに斎王が捧持してヒモロギにかけて祭ったものと思われる。それを『書紀』は「トヨスキイリ姫につけて」としるしているのである。

アマテラス大神を祭ったという大和の笠縫邑《かさぬいのむら》の比定地は八カ所あるとされ、この地域に祭祀遺跡がいかに多いかをしめしている。なかでももっとも有名なのは大三輪神社の摂社檜原神社境内にある。それというのも同神社は、大三輪神社の祭神、大物主の神体山・三輪山山頂への登り口にあたっているからである。そして、山裾の檜原神社周辺には辺津磐座（ヘツイワクラ）、山道の中腹に中津磐座（ナカツイワクラ）、山頂に奥津磐座（オクツイワクラ）とよばれる、自然の岩石に人の手を加え設置しなおし、しめ縄をはって神坐としたものが祭られている。

磐座とは、『日本書紀』天孫降臨の段、本文に、「皇孫、乃《すなは》ち天磐座《あまのいはくら》を離《おしはな》ち、且《また》天八重雲《あめのやへたなぐも》を排分《おしわ》けて、稜威《いつ》の道別《ちわき》に道別《ちわ》きて」とある「天の磐座」になぞらえて造られたものであろう。天から神が三輪山の山頂にくだり、奥津磐座、中津磐座、辺津磐座と下界にくだったと考えられている。私も三度登ったことがあるが、三輪山の神の神体は蛇とされているためか、それぞれの磐座には米粒とともに鶏卵がそなえられていて、なんとなく不気味だったが、奥津磐座はなかなかに立派なつくりで、大和朝廷発祥の地に、いかにもふさわしい古代への夢を誘う宗教施設ではある。

建築家で古代史や庭園にも明るい堀口捨巳は、伊勢神宮の石神とともに三輪の奥津磐座を、古代につくられた日本庭園の源流とし、それに従って私も文章をかいてきたが、現在では、ともに中世に設置された可能性が高いとおもっている。

二つの神宮

「崇神紀」は大神《おおみわ》神社を神宮、「垂仁紀」は石上《いそのかみ》神社を石上神宮と、神の宮殿を意味する「神宮」の名でしるしている。この二つの神社は、ともに古代大和を代表する二大神社で、これ以外に『書紀』が神宮とよんだのは、天つ神と国つ神とをそれぞれ代表する伊勢神宮と出雲大社しかなく、それも始めから神宮名でよばれていたわけではない。これに対して石上神社は、『書紀』が一貫して神宮とよんだ唯一の神社であることに注目されていた。

ところが、大神神社も石上神社もともに、古来本殿のない神社として知られているのである。

現在でも大神神社に参詣して拝殿から仰ぐのは、秀麗な山容をもつ三輪山そのものである。石上神社も明治になるまで本殿はなく、拝殿の奥は石垣でかこんだ禁足地になっていたが、そこから、明治に内務省から派遣された宮司が発掘すると一振の銅剣が出土し、布都御魂《ふつのみたま》とよばれる神体とされている。

なお、桜井勝之進によると、三輪山を神体山とよんだのは、山崎闇斎が最初で、神体山の語が使われるようになったのは明治以後という。山岳信仰は古くからあるが、聖山を客体化して神体山とよぶのは、かなり近世的な感覚であり思考であることは注意していい。

古く、神にはすがた・かたちはなく、木や石の依り代に祀って常設の神社建築はなかった。仮にそれが太陽や雷、あるいは蛇やオオカミ（狼）とされたにしても、人間の生活空間をかたちづくる建築の様式はふさわしくないのである。しかし、大和朝廷とは相対的に独立して、恒常的に神を祭る組織や制度ができ、そのための建物——三輪神社の場合には大和朝廷の宴会場をかねた拝殿がつくられたことによって「神宮」とよばれたのであろう。このことは神庫《ほくら》であった石上神宮も同様で、宴会場であろうと倉庫であろうと、神の建物である御屋《みや》であろうことにかわりはないから、神の宮すなわち「神宮」とよんだのである。

石上神宮

石上《いそのかみ》神宮には高床の神庫があった。これを大和朝廷の武器庫とするのが、これまでの通説だった。大和朝廷最大の軍団を率いる氏族である物部氏が、大王の代ごとに遷都して宮都の定まらなかった朝廷に代わって、大和朝廷の武器庫を管理していたとしてもおかしくはない。が、石上神宮そのものを、武器庫とするのはいかがなものか。古代の戦争は武力の戦いであるとともに宗教の戦いであり、政治的支配は宗教的支配であったから、大和朝廷は支配を拡大する過程で、各地の諸勢力から貢献させた各種の祭器を、石上神宮の神庫におさめていたのである。

垂仁二六年、朝廷は物部のトオチネノ（十千根）大連を出雲国に派遣してその神宝を検校させた翌年、「兵器《つはもの》をもて神祇《あまつかみくにつかみ》を祭ること」を定めている。すなわち、神祇にもちいる神宝について、独自の宗教的権威を誇っていた出雲の神宝をトオチネノに査察させる一方で、「兵器をもて神祇を祭ること」に決定したのである。近年、出雲からそれぞれひとまとめに埋められていた厖大な数の銅剣と銅鐸が、発掘出土して、驚かされたが、おそらく大和朝廷から埋めることを命じられたか、没収されることをおそれて埋めたのであろう。

垂仁三九年、朝廷は物部のイニシキノ命に剣一千口を作らせて石上神宮におさめ、以後、神宮の神宝《かむたから》をつかさどらせた。その後、『書紀』は丹波の八尺瓊《やさかに》の勾玉や、但馬から新羅の王子、天日槍《あめのひほこ》の将来した神宝などが、石上神宮の神庫におさめられたことをしるしている。それぞれの神宝を服属のしるしとして貢献させたのである。

垂仁八七年、イニシキは老いたので、以後は妹のオオナカツ（大中）姫に神宝の管理をするようにといった。姫は女性の身で、どうして天の神庫にのぼれましょうといったので、梯子をつくればいいと答えたというから、かなり床高の高床倉庫である。もし通説のように、石上神宮が武器庫だとしたら、高い高床では武器の出し入れに手間がかかり、緊急の際に大変である。また、もし叛乱がおこって武器庫が占領される場合も想定されるから、武器を一カ所に集中して保管するのは得策ではないうえに武器庫の保管責任者が女性というのも不思議な話である。

考古学者たちは、各地の古墳から出土する同じ鋳型による同笵鏡の分有状態から、その被葬者たちの相互関係を考察していた。すなわち同笵鏡は、古墳の被葬者である王たちの連合の盟主、いわば王のなかの王から諸王に下配されたものと考えられたからである。これに対して、石上神宮の神庫におさめた一千口の剣は、諸豪族が自らの祖神を祀る神祇の対象としていた神宝を貢献させ、それにかえて「兵器をもって神祇を祭らせる」ために下賜したものとみるべきであろう。

たとえば石上神社には、百済王から献納された七枝刀とよばれる宝刀が現在も保管されていることは有名であるが、「刀」と名づけられてはいても、実戦に使えるような武器でないことは誰の眼にも明らかなことではあるまいか。

二　宮殿讃歌

三重の采女の歌

「雄略紀《ゆうりやく》」によると、天皇が長谷の百枝槻《ももえつき》――多くの枝を出している槻の木の下で、豊楽《とよのあかり》をされた時、伊勢の国の三重の采女《うねめ》は大きな盃をささげたてまつった。その時、槻の葉が落ちて、盃に浮かんだ。采女はそれに気づかず御酒をたてまつったので、天皇は盃に葉の浮かんでいるのを見て腹を立て、采女をうち伏せ、顎《くび》に刀をあてて斬ろうとした。采女は「私を殺さないでください。申し上げることがございます」といって、次の歌をうたった。

纒向《まきむく》の日代《ひしろ》の宮は
朝日の日照る宮　夕日の日影《がけ》る宮
竹の根の根足《だ》る宮　木の根の根蔓《ば》ふ宮
八百土よし　い杵築《きづ》の宮　真木栄《まきさ》く檜の御門《みかど》
新嘗屋《にひなへや》に生ひ立てる　百足る槻《つ》が枝は

上《ほ》つ枝《え》は天を覆《お》へり　中つ枝は東を覆へり　下《し》つ枝は鄙を覆へり
上つ枝の枝の末葉《うらば》は　中つ枝に落ち触《ふら》ばへ
中つ枝の枝の末葉は　下つ枝に落ち触ばへ
下つ枝の枝の末葉は　蠶衣《ありきぬ》の三重の子が　捧がせる瑞玉盞《みづたまうき》に
浮きし脂《あぶら》落ちなづさひ　水《みな》こをろこをろに
是《こ》しもあやに畏《かしこ》し　高光《たかひか》る日の御子《みこ》　事の語り言《ごと》も是《こ》をば

天皇は、この歌をきいて采女を許された。そして『古事記』はこの歌を、これに続く太后から雄略へ、雄略から宮人へ詠んだ二首の歌とともに、「天語歌（アマガタリウタ）」であると注記している。

豊楽（豊明）は、宮中でおこなわれる宴会のことで、現在でも皇居の宴会所を豊明殿とよんでいるが、この歌にも「新嘗屋」の語が見えるように、古くは新嘗祭の翌日におこなわれた「とよのあかり」に際して、三重の采女が奉った宮廷寿歌である。前半は、宮殿の美称を総ざらえするかのように讃め詞をつらねた宮殿讃歌、建築讃歌である。

冒頭の「纏向の日代の宮」は景行《けいこう》の皇居で、雄略の皇居は、前文に「長谷」とあるように長谷（初瀬）朝倉宮であり、歌謡と所伝との間に矛盾がある。これまで宮都が遷されると旧宮は撤去されると考えられていたが、近年の発掘調査によって、旧宮都も王家の資産として利用されることが明らかになっているので、初瀬からさほど遠くない日代の宮に、新嘗屋を造って豊楽をしたというのは、必ずしも不自然ではない。

「日代の宮」は、「朝日の日照る宮　夕日の日影る宮」である、とつづくが、天降りしたニニギノミコトが宮作りをした際の「朝日の直さす国、夕日の日照る国」（『古事記』）、「朝日の直射す国、夕日の日照国」（『日本書紀』）、ヤマト姫が五十鈴の川上にたどりつき天照大神を伊勢神宮に鎮座したときの「朝日の来向ふ国　夕日の来向ふ国」（『皇大神宮儀式帳』）など、同種のものであることに注意したい。

天下を覆う大樹

この歌謡は、冒頭で、歌の対象である天子の宮殿を「纒向の日代の宮は」とのべ、太陽、すなわち天とのかかわりで「朝日の日照る宮　夕日の日影る宮」とつづけ、つぎに地に関連して「竹の根の根足る宮　木の根の根蔓ふ宮」と讃える。竹の根、木の根が十分に根をはって繁茂しているように、大地にしっかりと根づいた宮殿であると、樹木の繁茂にことよせて皇室の繁栄を寿ぐのである。ことさらに「根」が強調されているのは、新嘗屋、後の大嘗宮が、皮をつけたままの黒木造りの丸柱を用い、しかも柱根を地面に埋め込んだ掘立て柱だったからで、宮殿を樹木になぞらえているのである。

掘立て柱をしっかりと根づかせるためには、柱根のまわりを十分につき固めなければならない。それが「八百土よし　い杵築の宮」である。「八百土」は、たくさんの土のことで、『出雲国造神賀詞』に、「八百丹杵築の宮」とあり、杵築の枕詞とされ、また「い杵築の宮」の「い」は接頭語で、杵築の宮は出雲大社を指す固有名詞でもあって、『出雲風土記』には「神々が宮処に参集ひて、杵築きたまひき」、それゆえ杵築の宮とよばれたと書かれている。が、ここでは普通名詞。すなわち柱の根元に大量の土を運び杵で築き固めた宮殿で、これも掘立て柱の建物であればこそである。

このように朝日夕日に照り輝く宮殿であると讃めたたえたうえで、宮殿そのものを「真木栄く檜の御門」と歌いあげる。「真木栄く」は「檜」の枕詞。伊勢神宮の諸建築が総檜造りであるのはいうまでもなく、古代の宮殿も檜造りだった。「御門」は元来は門であるが、宮殿の全体をさす語として用いられ、朝廷、さらに天皇を意味するようになったが、ここでは宮殿を象徴する檜造りの御門である。

そして、新嘗を召しあがる御殿のそばにたっている「百枝槻」は、とようやく歌の主題に入る。

多くの枝の繁茂する槻の枝は、上の枝は天を覆い、中の枝は東を覆い、下の枝は鄙を覆っている。すなわち天下・宇宙を覆う大木である。上の枝は天、中の枝は東であるのに対して、下の枝は鄙、すなわち田舎である。これは西を意味するとされていたが、やはり都に対する鄙で、大和朝廷の支配圏である。鄙と東とが非対象であるのは、大和朝廷の東方に対する意識の強さをしめしている。

天を覆う上枝の末の葉は、東国を覆う中枝に落ちて触れ、中枝の先の葉は、鄙を覆う下枝に落ちて触れ、というように、天、東、鄙を覆う枝の葉につぎつぎと触れあって、全宇宙の霊気を含んだ一枚の葉が、三重の乙女が捧げるめでたい盃に落ちて、浮いた脂のように、その霊気を盃のなかのお酒に浸みこませています。水こをろこをろにかきまわしてお飲みください。これこそめでたいことでございます。輝く日の御子さま。事の次第は、このようでございます。

「浮いた脂」は『古事記』の天地創造の始めにかかれている「国稚く浮ける脂の如く」の「浮ける脂」、「水こをろこをろに」はイザナミ、イザナギ両神が、浮きし脂のように漂える国をつくり固めるため、天の沼矛をさしおろし「塩こをろこをろに」かきならしたという、ともにめでたい句を挿入したものであるが、盃に原始の大海をよみこんだともいえる。とすれば、上枝が天を覆う槻の大樹も、実は三重の采女が手にした槻の小枝であり、それをふって盃に霊気をふりかけ、大王に献上したのかもしれない。

天語歌

『記』には、三重の采女の歌につづいて太后から雄略へ、さらに雄略から宮人への二首の歌が詠まれているが、太后の歌は「……高光る　日の御子に　豊御酒《とよみき》　献《たてまつ》らせ　事の　語り言も　是をば」。雄略天皇の歌では「……

高光る　日の宮人《みやひと》　事の　語り言も　是をば」と、共通して「事の　語り言も　是をば」の句で結び、「この三首は天語歌なり」と注記し、折口信夫はこの天語歌を、伊勢の漁撈民が伝承した海人語歌《あまかたり》であろうとしている。「是しもあやに畏し　高光る日の御子」の日の御子が、太陽神の子（子孫）を意味することはいうまでもあるまい。戦後の研究では、天皇家と太陽神との結びつきを新しく考える傾向があり、多くは敏達《びだつ》六年（五七七）の「日祀部《ひのまつりべ》・私部《きさいちべ》をおく」の記事を根拠に、六世紀後半以後のこととしていたが、岡田精司は、大王家では古くから太陽を氏の守護霊としていたことは、『古事記』歌謡に、天語歌三首以外にも皇太子（ヤマトタケル）を「日の御子」とよぶ例が三首みられることから確かであり、高光る日の御子の称は、少なくとも五世紀からの大王の美称であり、大王が太陽神の子として自他ともに認められていた証拠といえる、としている。このように、大王家の守護神が古くから太陽神であったことは考えられるにしても、アマテラスでもオオヒルメでもなく、タカミムスヒ（高御魂）、カミムスヒ（神魂）のヒ（日）だったであろうと考えられている。

かつてムスヒは縁結びなどのムスビであるとするのが、本居宣長以来の通説であり、ビとよんでいたが、ヒに日の字があてられていることなどから、ムスは生すなど生命の自成力を意味する語で、ムスヒとよばれるようになっている。なお、「事の語り言も是をば」の文言は、「天語歌」ばかりでなく、大国主の別名ともされる八千矛《やちほこ》の神の妻問いをうたった「神語歌」にも共通して付けられている結びの言葉である。

天下の中心

百枝槻とはたくさんの枝をもったケヤキの大木であるが、天語歌にうたわれた百枝槻は、天と東と鄙とを覆う、つまりは天下の中心に立って天下を覆う大樹であり、いわば宇宙の中心に立つ巨木である。このような宇宙木の観念は、古代世界の諸民族に広くみられることを、神話学者ミルチャ・エリアーデは「世界軸としての木」と題してつぎのように述べている。

その観念によると、生命の木は宇宙の中心にあって、天、地、地下を結びつけているのである。このような神話的地勢学の細部は、北欧や中央アジアの民族の信仰においては、まったく特別の価値をもっているが、その起源は、おそらくオリエント（メソポタミア）であったと思われる。……インド人も同じく宇宙軸という観念をもっている。それは宇宙の中央にある生命の木または柱で表わされる。中国神話では、霊木は宇宙の中心で生育するので、そこに完全な首都が建てられねばならない、としている。……この宇宙木はアルタイ人や北欧人の宇宙論における世界の支えである『柱』『世界軸』に似ている。この神話によると、木は規範として、宇宙の支えである固定した点として、絶対的実在を表現している（*1）。

『書紀』本文が、イザナギ、イザナミの父母神から誕生したばかりのアマテラスを天におくったという「天の御柱」も宇宙木であろう。なお、『書紀』は宇宙をアマノシタとよませている。

雄略という時代

五世紀、朝鮮半島の天降り型神話を導入して倭の天下を統一したのは、雄略ことワカタケル大王だった。日本最初の正史『日本書紀』の編纂事業は、はじめ雄略朝から書きおこし、『万葉集』も巻第一の冒頭に雄略天皇の歌をかかげている。雄略という時代は、日本国の成立した七世紀後半、倭国の歴史を画期づけた時代として懐古されていたのである。

一九七八年九月、埼玉古墳群の稲荷山《いなりやま》古墳から発掘出土した鉄剣の銘文に、「獲加多支鹵《わかたける》大王」と読める文字が発見された。この発見から、熊本県玉名郡菊水町の江田船山《ふなやま》古墳出土の大刀銘も「獲□□□鹵《わかたける》大王」と読み改められるとともに、埼玉と熊本という日本の東西から、前者は「杖刀人（武官）」として、後者は「典曹人（文官）」として、ともにワカタケル大王の世にいたるまで、代々「奉事（仕え奉る）人」であったことを記録した二つの銘文が解読され、何らかの形による大王の支配が、列島のひろくに及んでいたことを明らかにした。

これまでも雄略が『宋書倭国伝』に見る倭の五王最後の「武《ぶ》」であることは確かとされてきたが、東西二つの銘文は、宋皇帝への上奏文（四七八年）に、

　昔より祖禰《そでい》躬《みずか》ら甲冑《かっちゅう》をきて、山川を跋渉《ばっしょう》し、寧処《ねいしょ》に遑《いとま》あらず。東のかた毛人五十五国を征し、西のかた衆夷六十六国を服し、渡りて海の北九十五国を平らぐ。

とある文章を想起させた。この上奏文は、これまで列島東西への拡がりのなかで解釈されていたけれども、本来は宋皇帝の臣下として倭王が、夷狄、未開の民を征し、皇帝の領土を拡大した功績を述べたもので、だからこそ、その功績に対して「使持節都督倭・新羅・任那・加羅・秦韓・慕韓六国諸軍事・安東大将軍・倭王」の称号が贈られたのであり、倭王としての武《ぶ》（ワカタケル）にとっての天下は、宋皇帝の天下だった。

ところが江田船山大刀銘には「治天下獲□□□鹵大王」天下を治めるワカタケル大王、稲荷山鉄剣銘には「左治天下」の文字が見え、ワカタケル大王が天下を治めるのを杖刀人、典曹人として補佐したことを述べている。こうして倭の五王最後の武王である雄略は、中国皇帝の「天下」から離脱して、朝鮮半島南部の支配をも含めて、列島に独立した「天下」をつくろうとした最初の大王だったことが実証されたのである。

タカミムスヒ神話が大王と直結していた伴造系の氏族の神話だったことは溝口睦子の指摘するところだが、溝口は武王の宋皇帝への上奏文「昔より祖禰みづから甲冑をきて……」の文章を単なる修辞にすぎないとする評があったのに対して、戦中の私たちがことあるごとに歌い、また聞かされもした大伴家持《おおとものやかもち》の歌、

　海行かば水漬く屍　山行かば草むす屍　大君の辺にこそ死なめ　かへりみはせじ　（万一八―四〇九四）

をひいて反論しておられるが、稲荷山古墳のワカタケル大王にしたがった杖刀人に、そのおもかげをしのぶこ

とができるだろう。
宋皇帝へ上奏文をおくった四七八年以後、雄略大王は、中国皇帝への朝貢を停止し、西国では吉備氏を、畿内では葛城氏をと、それぞれもっとも強力なライバルだった両氏を打倒したことによって、倭国の意識を、より大きく東国へとむけることになったのであろう。ここに伊勢神宮の前史は胚胎されたのである。

天降り建国神話

溝口睦子によれば、紀元一、二世紀頃から三、四世紀頃にかけて朝鮮半島の地域は、日本列島の諸地域に先がけ、小国分立の部族国家段階から脱して、高句麗、百済、新羅と順次古代王権を成立させていった。その際、共通の国家形成原理となったのは、北方遊牧騎馬民族から伝えられたと考えられる君主天降りの建国神話であった。ヤマト朝廷の成立期、倭は朝鮮半島の諸国と、他の時代に類例を見ないほど密度の高い関係をもち、とくに五世紀後半の雄略王朝は、半島系の渡来人をブレインにおくなど、きわめて国際的性格が強かった。そして天降り型支配者起源神話を導入して、タカミムスヒ神話のもとに倭国を統一したという。

この説から思いおこすのは、『書紀』欽明《きんめい》一六年（五五五）二月条に、百済の王子《せしむ》余昌《よしょう》が弟の王子《せしむ》恵《くえい》を遣わして、父聖明王《せいめいおう》が新羅に殺されたことを報告した時、蘇我臣がいったという、つぎの記事である。

雄略天皇の御世に、百済が高麗に攻められて累卵《かさなれるかひご》の危きにあった時、天皇は神を招いて百済を救われ、国は安らかとなった。その神とは、天地草創の頃、草木も物語りした時に、天から降られ国家を創られた神である。聞くところによると貴国では、祖神を祀らないということだが、今まさに前科を悔い改めて、神の宮を修理し、神霊を祭られたら、国は栄えるだろう。

この挿話は、雄略以後、天降り建国神話が、倭国と朝鮮諸国とに共通する国家理念になっていたことを語っている。しかし、その一方で、欽明の頃、百済では、もはや天降り建国神話が過去のものになりつつあったことをものがたってもいる。事実、『書紀』は、この三年前すでに、百済から倭国へ仏教が伝来したことを伝えている。

このことは、天孫降臨を指令した神が、タカミムスヒからアマテラスへと転換したこと、いいかえれば皇祖神のタカミムスヒにかわる至上神アマテラスの神格形成に、仏教の受容が深くかかわっていたことをも暗示しているのではないだろうか。

三　伊勢神宮の先史

垂仁紀の一書

「垂仁《すいにん》紀」は、ヤマト姫が天照大神の御杖となって各地をめぐったすえに、伊勢国度会の五十鈴川上にたどりついた、という有名な伊勢神宮成立説話に、つぎの一書を書きくわえている。

　一《ある》に云はく、天皇、倭姫命を以て御杖として、天照大神に貢奉《たてまつ》りたまふ。是《ここ》を以て、倭姫命、天照大神を以て、磯城《しき》の厳橿《いつかし》の本に鎮め坐《ま》せて祠る。然して後に、神の誨《をしへ》の随《まにま》に、丁巳《ひのとのみ》の年の冬十月の甲子《きのえねのひ》を取りて、伊勢国の渡遇宮《わたらひのみや》に遷しまつる。

一説に、天皇は、ヤマト姫をよりしろとして、アマテラス大神に差し上げた。そこでヤマト姫は、アマテラス大神を磯城の神聖なカシの木の本におまつりし、その後、神のお告げにしたがって、丁巳年一〇月、甲子の日、伊勢国渡遇宮にお遷ししたという。ヤマト姫説話には、はやくから異説があったのである。

この文章につづいて倭大国魂の記事がしるされているので、倭大国魂神社の資料と推察されているが、この時期に、暦法による干支で、年月日を記入した記録は他に例がないことから注目されていた。しかも、この一書は、垂仁二五年に記録されているにもかかわらず、「丁巳の年」は、この年ではなく翌垂仁二六年であるばかりか、二六年一〇月には甲子はない。

神宮の公式見解

『記』『紀』を聖典としている伊勢神宮（神宮司庁）は、これをどのように解釈し、神宮鎮座の年月日をきめているのだろうか。昭和戦前期の神宮学者、坂本広太郎は、つぎのようにのべている。これが現在も神宮の公式見解とおもわれるので引用させていただくことにする(*2)。

今日、神宮司庁では書紀の一書の伝をとり、丁巳の年即ち垂仁天皇の廿六年を以て鎮座の年として居ます。而して冬十月甲子とあるのを、渋川春海の日本長暦の説に従って、この歳の十月には甲子がなく、九月十七日が甲子に当る処から、十月を九月の誤として、垂仁の廿六年九月十七日を以て神宮鎮座の日と認めて居るのであります。

この一書の伝を採った理由としては、本書には廿五年の条に掲げて居るが、これは其の三月に倭姫命が始めて御杖代に立たれたことを記して居るので、諸国を経て伊勢に着かれた年月は示して居ないのであるが、一書の方では、大和御進発の年月を示さずに、御鎮座の期日を記して居るので、此は書紀の編纂者に於ても、互に相補ふべきものとして、この両説を掲げたとも見らるるから、前年の三月に大和を進発されて、翌廿六年の九月に伊勢に鎮座されたものと認めて差支えなかろうと考えたのである。次に鎮座の月日も同様にただ其の伝説としての妥当性を求むる外ないのであるが、これは古人（日本書紀通證）も已に云って居るように、九月十七日は神宮の例祭とも云うべき神嘗祭の祭日であり、且つ其の前日の九月十六日が上代から皇大神宮の式年遷宮の式日となって居る処から推して、一般神社の例祭日なるものは、多く其の神社の鎮座若しくは遷宮等に関係ある日を選び用いらる慣例であることなどから考えて、この書紀の一書の伝を採用して居るのであります。

式年遷宮は平年の、神嘗祭の日におこなわれるが、それは九月十六日の深夜からはじめられ十七日の早朝におよぶから、九月十六日を鎮座の日としたのは妥当であろう。が、問題は、三世紀中頃と推定される垂仁朝に、倭王の勢力が、伊勢地方にまでおよんでいたとは、とうてい考えられないことである。

雄略朝創立説

周知のように、十干十二支の組み合わせは、六〇年ごとに循環するから、丁巳年を繰り下げることが可能である。そこで田中卓は、『外宮儀式帳』が外宮の創立を雄略朝としていることから、外宮の起源を雄略二一年にもとめる説を唱えた。これに対して、岡田精司は、延暦の『皇大神宮儀式帳』によると、大化の改新で郡（評）制がしかれるまで、神宮は度会ひとつにまとまっていたとあるから、内外宮の分離はありえないとし、同年を神宮そのものの起源とした。

この田中・岡田説は、論外だと私は思っている。『儀式帳』という名称は後につけたもので、朝廷への報告書「解《げ》」であって、それ以外の名称はない。朝廷への報告書に、正史に反することは書けないし、神宮の場合、書かなければならない理由も考えられない。『外宮儀式帳』が、外宮の創立を雄略朝としているのは、『書紀』が雄略朝を、内宮の成立した垂仁朝につぐ神宮の画期としているからである。このことは、外宮の創立が内宮の創立よりも後であることを、外宮の神官たちが知っていたということを物語ってもいる。

岡田精司が、大化の郡制が布かれるまでは、神宮は度会ひとつにまとまっていたから、内外宮の分離はありえないとしたのは正しい。しかし、それは現在見ることのできる度会宇治の内宮や山田原の外宮ではなく、当時、度会ひとつにまとまっていた櫛田川以南の南伊勢に含まれていた多気の神宮である。

河野通行は、『書紀』の注のなかで「干支」「年号」を含む記述は四三例あるが、内容を国内記事にかぎれば、「垂仁紀」の一書以外は、すべて継体《けいたい》以後であることから、「垂仁紀」一書の「丁巳の年」も継体以後と見るべきであるとした。継体以後、天武までの丁巳年をあげれば、宣化《せんか》・欽明《きんめい》両朝並立期の宣化二年＝欽明六年（五三七）、推古《すいこ》五年（五九七）、斉明《さいめい》三年（六五七）となり、いずれも十月に甲子がある。これを『書紀』が伝える皇女の伊勢派遣記事と照合すると、欽明二年（五三三）即位前記に「磐隈皇女《いはくまのひめみこ》。初め伊勢大神に侍らしむ」とイワクマ皇女の伊勢赴任を宣化二年＝欽明六年（五三七）以外に符合するものはなく、これは、伊勢神宮成立史の先駆である直木孝次郎説と一致する。

ヤマトタケル伝説

『古事記』には、『書紀』のヤマト姫説話にあたる伊勢神宮創祀説話はない。『記』では、すでに天孫降臨の際、「くじふる多気」にニニギとともに神鏡は降ったとしているからであろう。そのかわり『記』が独自にしるしているのは、悲劇の英雄、ヤマトタケル伝説にかたられた有名な一場面である。

ヤマトタケルは東征にむかうかたわら、伊勢大御《おおみ》神宮《かみのみや》に参って「神の朝庭《みかど》」を拝し、おばのヤマト姫に、「天皇すでに吾れを死ねと思っておられるのでしょうか。西の方の悪しき人を撃ちかえって、いまだいくばくもたたないのに、兵もつけずに、さらに東方十二道《とおあまりふたみち》の悪しき人等を平らげるために遣わされるのは、吾れに死ねと天皇は思われているのです」と泣いてうったえた。そこでヤマト姫は、タケルに草薙剣と「危急の際にあけるように」といって火打石の入った袋をさずけた。

「天皇既に吾れを死ねと思ほすゆゑか」の言葉に代表されるこのあたりの文章には、『古事記』の原著者である天武天皇のヤマトタケルへの感情移入を強く感じる。

崇神・垂仁・景行の時代は三世紀末から四世紀初めにあたり、朝廷の勢力がすでに東国へおよんでいたとは考えられないけれども、ヤマトタケル伝説は、伊勢神宮が大和朝廷の東方進出と関係の深い神社だったことをしめすとともに、神宮を「神の朝庭」とよんで、『古事記』が記述された頃には、日本最高の神社にふさわしく、殿舎のならびたつ偉容をととのえていたことを物語っている。

『古事記』の景行天皇は、ヤマトタケルを西国へ東国へと席のあたたまる間もなく、戦場へと追い立てたようにかかれているのに、『書紀』の景行天皇は、群卿《まえつきみたち》に「自分の愛した子を思いしのぶことは、何時の日にもやむことはない。オウス王（ヤマトタケル）の平安した国々を巡幸したいと思う」といって、伊勢をへて東海道へ入り、上総《かみつふさ》の国へゆき、海路、安房《あわ》の水門《みなと》に着いた。このとき、内膳のことをつかさどる膳臣《かしわでのおみ》の祖、磐鹿六雁《いわかむつかり》が蒲《かま》の葉をとって襷《たすき》にかけ、白蛤《うむき》を膾《なます》につくってたてまつり、この功で六雁は膳大伴部《かしわでのおおともべ》の役を賜ったという。後の高橋氏である。そして一二月、東国からの帰りに、伊勢の綺（カニハタノ）宮に滞在したが、このカニハタは、神衣を織る神服部の神服であろうことは先にしるした。

ヤマトタケルは日本男子、ヤマト姫は大和の姫といった普通名詞である。いいかえれば、ヤマトタケル、ヤマトヒメの説話は、大和朝廷の命にしたがって東方に進出した複数のタケルやヒメの業績からつくられた伝説であるとともに、それらを代表している。しかし、伊勢大神に仕え祭るという後の斎王にあたる限定された任務についた皇女ともなれば、固有名詞で朝廷の歴史に記録されていたとしても不思議ではない。

雄略の稚足姫《わかたらし》またの名は栲幡姫《たくはた》以後、伊勢大神を祭るために派遣した大王の皇女たちを、『日本書紀』は以下のように記録している。

荳角皇女《ささげのひめみこ》を生めり。是伊勢大神の祠《まつり》に侍り。（継体紀）

磐隈皇女《いはくまひめみこ》と曰す。（更《また》の名《みな》は夢皇女《いめのひめみこ》。）初め伊勢大神に侍《つか》へ祀る。後に皇子茨城《うまらき》に奸《をか》されたるに坐《よ》りて解けぬ。（欽明紀）

菟道皇女《うぢのひめみこ》を以て、伊勢の祠に侍らしむ。即ち池辺皇子《いけへのみこ》に奸されぬ。事顕《ことあらは》れて解けぬ。（敏達紀）

雄略の皇女、タクハタ姫が祭ったのは「伊勢大神の祠」。この三人の皇女が祭ったのは「伊勢大神の祠」「伊勢大神に侍へ祀る」「伊勢の祠」と字句はまちまちではあるが、祀る神は「伊勢大神」、祭祀施設は「祠」で、伊勢の「神宮（神の宮）」ではなく「神祠（神の祠）」だった。また出雲地方には出雲大神、熊野地方には熊野大神が祀られたように、伊勢大神は伊勢の大神としての地方神であって、はじめからアマテラス大神や日神を祀る神社ではなかったのである。

先に雄略の皇女、タクハタ姫を斎王とよんだけれども、雄略紀にも、その後、伊勢に派遣された三人の皇女の記述にも斎王と書いてはいない。後世の斎王を過去にさかのぼらせて、通称として斎王とよんだのだが、そのような後世的な感覚からすると、タクハタ姫が湯人の廬城部連武彦と通じたと諫言をうけて自殺し、さらにイワクマ皇女は「後に皇子茨城に奸されたるに坐りて解けぬ」。ウヂノ皇女は「池辺皇子に奸されぬ。事顕れて解けぬ」と、つづけて見えることに、いささか異常な感をおぼえるのはまぬがれない。

大和民族ほど性のタブーの少ない民族は世界に稀とされ、とくに古代はおおらかだったのはよく知られている。伊勢大神の神祠に奉祀した頃、いまだ斎王の制度が整っていなかったばかりでなく、大和から見れば辺境の伊勢へ若いみそらで赴任させられた皇女にとってみれば、都に帰りたいがための、合意の行為だった可能性も否定できないだろう。『書紀』欽明二年の皇統譜で見ると、欽明の皇女、イワクマ皇女とウマラキ皇子とが異母兄妹だったことがわかる。さすがに同母兄妹の結婚は許されていなかったものの、異母兄妹は、もっとも結びつきが強かったことは、あまたの例で知られている。イワクマ皇女も合意の上のことではなかったとはいえないであろう。

直木孝次郎説

戦後の伊勢神宮成立史を基礎づけた直木孝次郎は、藤谷俊雄との共著『伊勢神宮』（一九六〇年）で、伊勢神宮起源問題のてがかりとして、第一は、神宮の所在地が、伊勢湾をへだてて尾張、三河に対する交通上の要地で、大和朝廷の東方発展と関係があると思われること。第二は、伊勢大神の奉祀のための、大王の皇女の伊勢派遣であり、それを当時の大王の系譜と照合すると、ほぼ一世代に一人の皇女を派遣したことになり、根拠のない作りごととは思われないとし、その系図（図18）を表示した。

これを初めて見たとき、古代史のまったく素人だった私は、古代の王位継承が、父子継承というよりも、兄弟

図18　斎王と天皇系譜関係図

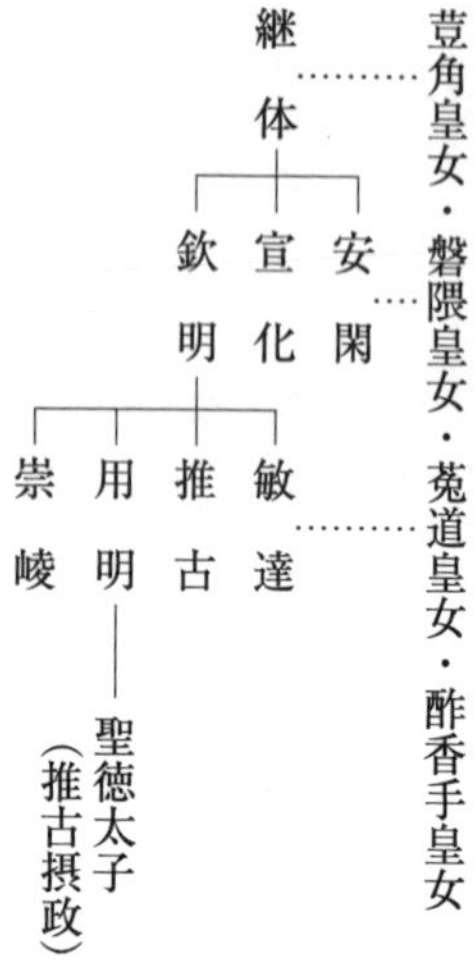

相承を主とするものであることを明確にしめしていることに、古代史の学び方の一つを教えられたような、目のさめる思いがしたのをおぼえている。

ヤマト姫による伊勢神宮の創祀を、「垂仁紀」の一書にいう「丁巳年」とすれば、先に見たように宣化二年＝欽明六年（五三七）がこれにあたる。この時期、継体系の安閑・宣化と欽明との両朝が並立していたけれども、直木孝次郎は、尾張の豪族の娘を母とする安閑・宣化に対して、南伊勢まわりのコースをとらざるをえなかった欽明によって、天皇家と伊勢神宮との強い結びつきが生じたとしたが、イワクマ皇女こそ、「垂仁紀」の一書が伝えるヤマト姫であり、実在したことを確認できる最初の伊勢斎王だった可能性は、きわめて高い。

しかもイワクマ皇女は、斎王解任で名声をおとすどころか、その後、「夢皇女」の名で知られたばかりでなく、延喜の『諸陵式』に、

龍田苑部墓。石前王女。大和国平群郡ニ在リ。兆域東西二町。南北二町。墓戸二烟。

とあり、死後もあつく葬られていた。イワクマ皇女（石前王女）は『諸陵式』記載の墓に葬られた唯一の伊勢斎王である。

四　仏教伝来と女帝の時代

仏教伝来

欽明一三年（五五二）一〇月、百済の聖明王から釈迦仏《しゃかほとけ》の金銅像《かねのみかた》一体、幡蓋《はたきぬがさ》若干、経論《きょうろん》若干巻が貢納された。大王は群臣をあつめ、

西蕃《にしのとなりのくに》の献《たてまつ》れる仏の相貌《かほ》端厳《きらぎら》し。全《もは》ら未だ曾て有《あら》ず。礼《ゐやま》ふべきや不《いな》や。

と下問した。蘇我大臣稲目《いなめ》は、隣国の諸国は、いずれも仏を祭っているから、わが国もそれにならうべきだとし、物部大連尾輿《もののべのおおむらじをこし》、中臣連鎌子《かまこ》は、わが国にはわが国の神があると反対した。そこで大王は、仏像ほかを稲目にさずけ、試みに礼拝するようにといわれた。大臣は喜んで小墾田《おはりだ》の家に安置し、さらに向原《むくはら》の家を清めはらって寺とした。後の豊浦寺の前身とされる。ところが、疫病がはやって多くの民が死んだ。これを物部尾輿、中臣鎌子は、仏像を難波の堀江に流しすて、また寺を焼いた。これと大変よく似た話が、敏達《びだつ》紀にでてくる。

〔敏達一三年（五八四）、この年〕馬子宿禰《うまこのすくね》、池辺氷田《いけへのひた》、司馬達等《しめだちと》、仏法《ほとけのみのり》を深信《たもちう》けて、修行《おこなひ》すること懈《おこた》らず。

馬子宿禰、亦、石川の宅《いへ》にして、仏殿《ほとけのおほとの》を修治《つく》る。仏法の初《はじめ》、玆《これ》より作《おこ》れり。

この石川宅も、やはり豊浦寺の前身とされている。が、敏達一四年三月一日、物部弓削守屋《ゆげのもりや》大連と中臣勝海大《かつみのまえ》夫《つきみ》とは大王の勅許をえて、大連自ら塔をきり倒して火をつけ、仏像、仏殿を焼き、余りの仏像を難波の堀江にすて、尼の法衣を奪ってとらえ、海石榴市《つばいち》で鞭打つなどしてはずかしめた。

女帝の時代

崇仏論争には、皇位継承問題が微妙にからんでいた。欽明大王以後、つぎの世代の敏達、用明《ようめい》、崇峻《すしゆん》と兄弟相承がつづき、王位継承には臣連ら群臣たちの承認を必要としていたから、豪族たちの権力闘争に崇仏論争がからんで、事態を一層複雑にしたのである。

用明元年（五八六）、先帝の敏達の殯宮《もがりのみや》に穴穂部（アナホベノ）皇子が侵入し、こともあろうに殯宮にはべっていた敏達の皇后、炊屋（カシキヤ）姫を姦そうとしたのを、敏達の寵臣だった三輪君逆《さかう》が防いでことなきをえた。なぜアナホベ皇子がそんなことをしたのかわからないが、アナホベは、夢皇女とよばれたイワクマ皇女をおかした茨城（ウマラキ）皇子の同母弟である。その後、ウマラキ皇子の消息は不明であるが、この兄弟の行動はなぜか似ている。

アナホベは欽明大王の皇子で、母は蘇我稲目の娘、小姉君（コアネノキミ）であるが、皇后はコアネノキミの姉、堅塩媛（キタシヒメ）で、その子、大兄皇子《おおえのみこ》が王位継承して崇峻大王になった。しかしアナホベはあきらめず、物部守屋《もりや》の支持をえて、三輪君逆が逃げ込んだ用明大王の磐余《いわれ》の池辺双槻宮《いけのえのなみつきのみや》をかこんで逆を殺害し、さらに崇峻大王を蘇我馬子《そがのうまこ》の配下だった東漢直駒《やまとのあやのあたいこま》が暗殺するという未曾有の事件がおこり、駒は馬子に征伐された。

ともかく蘇我馬子は、ここで一気にことを決しようと、まずアナホベ皇子を血まつりにあげ、ついでカシキヤ姫を奉して物部守屋を攻めた。いわゆる物部合戦である。これに当時一四歳だった聖徳太子こと厩戸皇子《うまやとのみこ》が参戦したことはよく知られている。結局、物部宗家は滅亡して、朝廷の勢力を大臣と二分していた大連はもはやなく、朝廷における蘇我大臣の優位は決定的になり、その支持のもとに、カシキヤ姫が大王についた。初の女帝——推古大王である。

そして摂政となった厩戸皇子のもとで、本格的な仏教の受容がおこなわれ、やがて飛鳥、白鳳、天平の仏教文化の花を咲かせる基礎をつくった。それはまた、推古、皇極、斉明（重祚）、持統、元明《げんめい》、元正《げんしょう》、孝謙《こうけん》、称徳《しょうとく》（重祚）と、八代六人の女帝の時代でもあった。

みかほ、きらぎらし

欽明大王は、「西蕃の献れる仏の相貌端厳し《みかほきらぎらし》」といったという。

倭国の人々が、仏教にはじめてふれたとき、なによりも強く印象づけられたのは、黄金色に輝く仏像のきらびやかさだったのである。やがて仏寺が建てられ、金堂の薄暗い空間のなかに燦然と輝く仏像を仰ぎ見たとき、古代の人々がどれほど強い衝撃をうけたのかは、私たちの想像をこえるものがあったろう。

田村圓澄は、天照大神の特性の一つである光り輝くという発想は、仏教の経典の『金光明経《こんこうみょうきょう》』からではないかとしている。『金光明経』は、全巻が光り輝く表現に満ちあふれ、仏も仏の世界も、ことごとくが輝いている。この経典が読まれた当時の寺院の内部は、現在の法隆寺金堂のように、薄暗かったに違いない。ところが、その壇上には、金色に燦然と輝く仏像が安置されていた。それは一見、人間のような姿をしているけれども、人間ではなく、天照大神のように言葉を発する神でもないけれども、『金光明経』は、その仏の言葉だった。

さらに注目されるのは、『金光明経』のなかに説かれている帝王神権説、つまり国王というものは、あらかじめ神の意志によって、生まれる前からその国を支配する使命をもった尊貴な身分であることが説かれている。これは天照大神を皇祖神とする天皇家による日本統治を説明するのに、まことに都合がよい。というよりも、むしろ天照大神の神格は『金光明経』から学んでつくられたものではないかとし、

それは『金光明経』のなかに説かれているのですから、この教説こそ、天照大神像の形成と天照大神に発する天皇の日本国統治権の本源を説明し、根拠づける有力なドグマになったと考えます(＊3)。

と田村は書いている。田村圓澄の意見は、基本的に正しいと思う。「光華明彩しくして、六合の内に照り徹る」と『書紀』がしるした照り輝くばかりの天照大神のイメージの形成に、燦然と輝いていた金銅の仏像が大きくかかわっていたであろうことはたしかだろう。それを欽明大王は「西蕃の献れる仏の相貌端厳し」といったのである。

しかし、それだけでは、なぜ天照大神が女神だったのかを説明するには必ずしも充分ではない。アマテラス像が輝くばかりの女神とされたのは、日神が、もともとオオヒルメとよばれる女神だったばかりでなく、推古・皇

極・斉明・持統とつづく四代三人の女帝時代に、仏教受容がおこなわれたことも、深くかかわっていたのではないだろうか。そして、最初の女帝である推古を、『書紀』は、

姿色《みかほ》端麗《きらぎら》しく、進止《みふるまひ》軌制《をさをさ》し。

としるしている。漢字では、仏像は「相貌端厳」、推古天皇は「姿色端麗」と異なっているが、ともに「みかほ、きらぎらし」としている。女神アマテラスのイメージには、推古女帝の「みかほ、きらぎらし」も重なっていたのではなかったろうか。しかもそれは、仏像のように静止したものではなく、「みふるまひ、をさをさし」という行動をともなったイメージだったのである。

五　聖徳太子と日神

天皇と日本

天皇の称号および日本の国名が、壬申の革命後の天武朝にはじまることは、現在ではほぼ定説になっているが、かつては推古朝と考えられていた。

天皇名については、法隆寺の中宮寺に納められていた「天寿国繡帳《てんじゆこくしゆうちよう》」に「天皇」の文字がしるされていたからである。現在、わずかな断片しか残されていないが、『上宮聖徳法王帝説《じようぐうしようとくほうおうていせつ》』に、全文が引用されている。

天智九年、法隆寺炎上の記事がみられるにもかかわらず、その建築様式を飛鳥時代のものとする美術史家の平《ひら》子《こ》鐸嶺《たくれい》と建築史家の関野貞《ただし》と、『書紀』の記事は史実を伝えているとする古代史家の久米《くめ》邦武《くにたけ》とによって、明治三十年代に始まる法隆寺再建、非再建論争はあまりにも有名であるが、「天寿国繡帳」は、「寧楽遺文」に収録さ

れている『法隆寺伽藍縁起《がらんえんぎ》并《ならびに》流記《るき》資材帳《しざいちょう》』に、

合通分繡帳弐張其帯廿二条　鈴百九十三

右　納賜浄御原宮御宇　天皇者

とあり、法隆寺が再建されるにあたって天武天皇が奉納したものである。したがってこれをもって、天皇号は推古朝につくられたとはいえない。また日本の国名も、この時期からとされたのも、推古一五年（六〇七）、隋への国書に、「日出る処の天子」としるしたことからの類推であって、なんら確証のあるものではない。

しかし、この時期に、これまでの「伊勢大神」や「神祠」にかわって、「日神」「伊勢神宮」の語があらわれるのは、単なる偶然であるとは思えない。

酢香手姫

『日本書紀』用明即位前紀（五八五）九月、

酢香手姫皇女《すかてひめのみこ》を以て、伊勢神宮《いせのおほみかみのみや》に拝《め》して、日神《ひのかみ》の祀《まつり》に奉《つかへまつ》らしむ。是の皇女、此の天皇の時より、炊屋姫《かしきやひめ》天皇の世に逮《およ》ぶまでに、日神の祀に奉る。自ら葛城《かづらき》に退きて薨《みう》せましぬ。炊屋姫天皇の紀《みまき》に見ゆ。或本に云はく、三十七年の間、日神の祀に奉る。自ら退きて薨せましぬといふ。

スカテ姫皇女を伊勢神宮に遣わして日神に仕えさせたという。これまで『書紀』がよんでいた「伊勢大神」を「日神」に、「神祠」を「伊勢神宮」の「神宮」としるした事実上の初出である。

この皇女は、この天皇（用明）の時から炊屋姫天皇すなわち推古大王の世まで日神に仕え、自ら葛城に退いて亡くなられた。このことは「炊屋姫天皇の紀に見ゆ」とあるが、「推古紀」には見えない。またある本に、この皇女は三七年間、大神に仕えた後、自ら退いて亡くなったともいう。

皇女二代つづけて「皇子誰々に奸されたるにより解けぬ」とあったつぎに、「三十七年の間、仕え奉り、後自ら退きて亡くなった」とあると、やっぱりそうでもしなければ、一旦伊勢大神につかえたら都に帰ることはできなかったのではないかと思われてもくるのだが、この皇女は、聖徳太子こと厩戸皇子の異母妹で、用明即位（五八五）から三七年後といえば推古三〇年（六二二）で、ちょうど厩戸皇子が亡くなった年にあたる。

日出る処

推古一五年（六〇七）、小野妹子《おののいもこ》が遣わされた隋への国書に

日出る処の天子が、書を日没する処の天子に致す。恙はないか、云々。

と書いて、隋の煬帝《ようだい》を立腹させたという『隋書・倭国伝』の記事は、戦前には「聖徳太子の対等外交」とよばれて有名だった。天に太陽は二つないように、中国・隋の天下に天子は二人といない。これに対して、倭国王は、日出る処と日没する処とに二分することによって、隋の天下を相対化したのである。

翌年、小野妹子はふたたび隋に渡った。その際、

東の天皇、敬しみて西の皇帝に敬す。

の国書を持参したことは『書紀』に書かれているが、『隋書』にはみえない。小野妹子は隋の皇帝をおこらせることを恐れて、渡さなかったのではないかともいわれている。

しかし、これには先の国書の天子ではなく、天皇としるしているし、また聖徳太子と蘇我馬子が強力して、『国記』と『天皇記』を編纂したともいわれ、推古朝に「天皇」号が使われていた可能性をまったく否定することはできない。

それにともなって、大和からみて陸の東端にある伊勢を、いいかえれば、日出る国の日出る処に祭られている

伊勢大神を、日神とし伊勢神宮とした。それが、この時期に「日神」と「伊勢神宮」の名称が現われた理由であろう。このような国の東西によって相対化する論理は、隋の天下を相対化したと同じように、伊勢神宮によって大和朝廷を相対化することにならないだろうか。私はなったと思う。

先に見たように、『古事記』歌謡が、雄略天皇やヤマトタケルを「日の御子」とうたっていたように、大王や皇太子を太陽とする思想は、すでにめばえていた。たとえ神であろうと、それに対抗するような存在があってはならない。だからこそ、スカテ姫が自ら退任して以後、伊勢の神を祭る皇女の派遣が中断されたのではなかったろうか。

「日神」の名称とともにアマテラスのイメージも誕生し、たとえ伊勢の神を祭る皇女の派遣がとだえたとしても、いや、とだえたことによって、かえってイメージのみが独り歩きし、伊勢ではなく、中央において発展していったのではなかったか、とも考えられてくる。

それは推古大王のイメージばかりではなく、斉明大王は、「古の道にかんがへてまつりごとをしたまふ」といわれて、王者の風格をそなえ、神功皇后伝説は、朝鮮出兵した斉明大王の時代につくられたとされるが、この神話にはアマテラスが深くかかわっていたし、また天孫降臨神話で、アマテラスが子のオシホミミではなく孫のニニギを降したのは、持統天皇の実子、草壁皇子が夭折したために孫の文武天皇に譲位したことの反映、すなわちアマテラスは持統天皇にあたると説く、上山春平、梅原猛らの論者もいる。

輝くばかりの女神というアマテラスの映像と神格の形成には、推古、皇極・斉明、持統、三人四代の女帝が少なからずかかわっていたであろうことは否定できない。とりわけ「みかほ、きらぎらし」といわれた推古女帝のイメージは、聖徳太子賛仰ともむすびついて、アマテラス像の形成にも貢献したのであろう。

須弥山図

中国王朝を中心とした天下を相対化して、大和独自の天下を構想することを可能にしたのは、須弥山《しゅみせん》に象徴される仏教の宇宙観・世界観であったとされるが、法隆寺玉虫厨子《たまむしのずし》の須弥座《しゅみざ》背面図、「須弥山・海龍王宮」図（図19）にえがかれた須弥山は、「雄略紀」の天語歌にうたわれた、天の下をおおった百枝槻とも通じる宇宙木として表現されていることに注目したい。上原和は、この図について、つぎのように書いている。

図19　法隆寺玉虫厨子の「須弥山・海龍王宮」図

須弥山は、仏教成立以前から古代印度にあった宇宙観を示しており、世界の中心金輪（地輪）の上に屹立している。その四周に香水海を湛え、七金山、七香海がこれを取巻き、さらにその外に鹹海があり、鉄囲山の外周を取巻いている。鹹海のなかに四州があり、その南の閻浮提に人間は住んでいる。須弥山は水を出ずること八万由旬であり、その頂上を忉利天といい、ここに帝釈天の喜見城があり、忉利天の下須弥山の半腹を四天王天といい、東南西北にそれぞれ、持国天、増長天、広目天、多聞天の四天王が住し、帝釈天に従って仏国土を守っている。また須弥山の水面下には諸龍が住んでいると一般に考えられている。

この図においても、海波の上に奇怪な枯木状の山岳が屹立し、山頂と山腹に張り出した四つの枝に、それぞれ屋蓋形の宮殿と楼閣四つが建っているので、これを前述の忉利天と考え、山頂の宮殿を帝釈天の喜見城、山腹の四つの楼閣を四天王の宮殿とすると、この山岳は、須弥山の世界観とよく符合する。またこの枯木状の山岳の根元に二龍が蟠居しているが、これは四天王の眷族である八大龍王中の二龍王を表わしているものと考えられる。すなわち、その須弥山下の海底には、壮麗な入母屋造の宮殿が描かれ、結跏趺坐の仏と二菩薩の三尊像が奉安されているのである(＊4)

この樹木状に表現された中国的・仏教的な世界観を、日本の世界観・国土観にふさわしく自然の樹木におきかえたのが、「雄略紀」の「三重采女の歌」にうたわれた天と東と鄙をおおう槻（ツキ）である。

槻（ツキ・ケヤキ）

戦前、東京の山の手や郊外の武蔵野には、そこかしこにケヤキがたっているのが眺められた。衆知のように関東平野部から西日本にかけての樹相の多くは、広葉常緑樹の照葉樹林である。紀伊や南伊勢などの臨海部になるとクスが優勢になってくるが、内陸部ではカシが主力で、樹高は二〇メートル程度。これに対して落葉樹のケヤキは約三〇メートルと高く、冬に葉を落すと、箒状の枝を空に大きくひろげ、低い建物しかなかった時代には、遠くからも眺められた。また、冬の夜に近くを歩いて見上げると、梢の間に星がきらめいているのがみえた。だから私の幼少時代の思い出にはケヤキがある。

ケヤキは日本の風景のなかで、きわだって印象の強い樹木の一つである。高層ビルの林立する現在、さすがのケヤキも一本では超高層ビルの陰にかくれてしまうが、東京・原宿の明治神宮表参道のケヤキ並木の迫力は相当なものである。まして古代人にとってのツキ（槻）は、天の下をさえ表象する聖樹だった。

『日本書紀』皇極三年（六四四）正月朔日条に、法興寺《ほうこうじ》（飛鳥寺）の西の槻樹（ケヤキ）のもとで打毬が行われた際、中臣鎌足《なかとみのかまたり》が中大兄皇子《なかのおおえのみこ》に近づいたという有名な場面がかかれている。そして、皇極四年（六四五）六月、中大兄、中臣鎌足らは、三韓《みつのからひと》、すなわち新羅・百済・高句麗三国が貢物を倭大王に献上する儀式中にクーデターを決行して大臣の蘇我入鹿《そがのいるか》を暗殺した。乙巳の変である。

皇極が退位し、孝徳が大王位に即位した直後の皇極四年六月一九日、大王（孝徳）、皇祖母尊（皇極）、皇太子（中大兄）は、大槻の木の下に群臣を集めて、「天は覆ひ地は載《の》す」ように「君は二政《ふたつのまつりごと》無く、臣《やつこらま》は朝《みかど》に弐《ふたごころ》あること無し」と誓わせ、皇極四年を改めて大化元年とした。「大化《たいか》の改新《かいしん》」はここに始まった。

戦前、大化の改新は、建武《けんむ》の中興《ちゅうこう》、明治維新にならぶ三大改革のひとつとされていたが、戦後はその反動もあって、いまひとつぱっとしない。乙巳の「変」と壬申の「乱」とでは、はじめから比較にならないのである。しかもクーデターに成功した中大兄は、中臣鎌足の進言にしたがって孝徳を皇位につけて自らは摂政となり、難波に遷都したものの、孝徳大王をおきざりにして、皇祖母（皇極）、皇太弟（大海人、後の天武）、さらに皇后の間人皇女さえもつれて飛鳥にもどり、孝徳は悲憤のうちに難波で崩御し、皇極が重祚して斉明大王となり、後、飛鳥岡本宮に都を定めた。したがって、大化の改新で、さほどの改革ができたとは思われず、むしろ、後に強大な権力を握った藤原氏が先祖、藤原鎌足の功績を高めるために『書紀』の記述はかなり造作を加えた疑いが濃いとされている。にもかかわらず、大化の改新、より具体的にいえば、評（郡）制の実施が、かなりの経済的な効果をもたらしたことは、孝徳朝をなかにおいて、同じ女帝が王位についた皇極朝と斉明朝とでは、飛鳥の都市景観に相当な変化を生じさせていることからも推測できる。

水と石の都

斉明大王、中大兄皇子らが紀《き》の温泉に行幸した留守に、蘇我赤兄《あかえ》が有間皇子《ありまのみこ》に、天皇の政治に三つの過失があるとして、

大きに倉庫《くら》を起てて、民財《おほみたからのたから》を積み聚《あつ》むること、一つ。
長《とほ》く渠水《みぞ》を穿《ほ》りて、公粮《ひとのくらひもの》を損《おと》し費すこと、二つ。
舟に石を載《つ》みて、運び積みて丘にすること、三つ。

とのべ、有間皇子を陰謀に誘いこみ刑死に追いこんだことは有名である。そうした都市改造を可能にしたのが、大化の改新による効果だとすると、斉明大王だけではなく、むしろ中大兄皇子、中臣鎌足によって推進されたのではないかと思われる。

先の槻で見れば、

〔斉明二年〕田身嶺《たむのみね》に、冠《かうぶ》らしむるに周《めぐ》れる垣を以てす。復《また》、嶺の上の両《ふた》つの槻《つき》の樹の辺《ほとり》に、観《たかどの》を起つ。号《なづ》けて両槻宮《ふたつきのみや》とす。亦は天宮《あまつみや》と曰ふ。

とあるが、これをつくるために、水利工事の技術者に、石上神社付近の石山から、香具山の西まで溝を掘らせ、石上の石を舟二〇〇隻に積んで流れに乗せて運んで多くの労役をもちい、「石の山は、作るところから、崩れて

いくだろう」と世人に批判されたという。

また田身嶺の頂上の両槻宮が、二本の槻のそばにたてた観（タカドノ）であるというのは、観の字からもわかるように物見台で天宮とよばれた。この二本の槻は、例の飛鳥寺の西の槻ではない。

そして最近の発掘調査が明らかにしているように、飛鳥は、「水と石の都」へと変貌していた。例えば、

〔斉明三年七月一五日〕須弥山《すみのやま》の像《かた》を飛鳥寺の西に作る。且《また》、盂蘭盆会《うらんぼんのをがみまう》設く。暮《ゆふべ》に覩貨邏人《とくわらのひと》に饗《あへ》たまふ。

〔同五年三月一七日〕甘檮丘《うまかし》の東の川上《かはら》に、須弥山を造りて、陸奥と越との蝦夷《えみし》に饗たまふ。

〔同六年五月〕石上《いそのかみ》池の辺《ほとり》に、須弥山を作る。高さ廟塔《めうたう》の如し。以て粛慎《みしはせ》四十七人に饗たまふ。

とあり、ツキの大樹にかえて人工の須弥山像を飛鳥寺の西、甘檮丘の東の川上、石上池の辺に作り、都貨羅（トカラ列島）、陸奥・越の蝦夷、粛慎（蝦夷の一部）ら治外の民を饗宴していたのであるが、この須弥山像も発掘出土している。

これに対して飛鳥寺西の槻は、壬申の革命後の天武・持統朝に、蝦夷、隼人らを饗宴する場として復活している。

六　批判勢力としての伊勢

上宮王家の滅亡

皇極二年（六四三）一一月、蘇我入鹿は山背大兄王《やましろのおおえのみこ》の斑鳩宮《いかるが》を急襲して寝殿を焼いた。山背大兄は妃や子弟を

つれて生駒山に隠れて難を逃れたものの、食料に窮して山背大兄は斑鳩宮にもどるといわれた。この時、三輪文《ふみ》屋君《やのきみ》は「深草《ふかくさ》の屯倉《みやけ》に行き、そこから馬に乗って東国におもむき、上宮《かみつみや》の乳部《みぶ》（領地）の民をもとに軍を起し戦えば、勝つことも難しくはありません」と言上した。しかし大兄は「お前のいうようにしたら勝てるだろう。しかし自分はここ十年の間、人民を労役に使わないと心に決めている。自分の一身上のことで、どうして万民に苦労をかけることができようか。また人民が私についたために、戦いで父母を亡くしたと後世の人々に言われたくはない。戦いに勝ったからといって丈夫といえず、身を捨てて国を固めることこそ丈夫といえるのではなかろうか」と言われ、斑鳩寺に入って、王妃、王子とともに自経した。

おりから大空に、さまざまな舞楽とともに五色の幡や絹笠が現われ、空に照り輝き、寺の上にたれかかった。仰ぎみた多くの人々は嘆き、入鹿に指し示した。すると、その幡や絹笠は黒い雲に変わり、入鹿には見ることができなかった、と『書紀』はしるしている。ここに上宮王家は滅亡した。

しかし三輪文屋君の進言によれば、東国にいって乳部の民とともに軍をおこせば、大和最大の勢力である蘇我氏にも勝てるというのである。これは後に大海人皇子（天武天皇）が、壬申の革命で勝利した戦略と同じであることは、誰もが気づくことで、当時すでに東国は、大和に対抗できる潜在勢力を秘めていると思われていたのである。

先に夢皇女ともよばれたイワクマ皇女（石前王女）は、延喜の『諸陵式』記載の墓に葬られた唯一の伊勢斎王とかいたが、『諸陵式』には、

平群郡北岡墓　山背大兄王。大和国平群郡ニ在リ。兆域東西三町。南北二町。墓戸二烟。
龍田清水墓　間人王女。大和国平群郡ニ在リ。兆域東西三町。南北三町。墓戸二烟。
龍田苑部墓　石前王女。大和国平群郡ニ在リ。兆域東西二町。南北二町。墓戸二烟。

右三墓、頒幣之例に入らず

とこの三墓のみに特記している。他の陵墓すべて墓守を「守戸」としているのに、この三墓のみは「墓戸」となっているのもそのためであろう。なお、イワクマ皇女は、豊御食炊屋姫《とよみけかしきやひめ》こと推古大王の同母姉である。山背大兄王は聖徳太子こと厩戸皇子の嫡子。間人王女《はしひとのひめみこ》は孝徳の皇后、間人皇女の名が知られているが、同皇女は、皇極（斉明）大王の小市岡上陵に合葬されたと『書紀』にあるから、聖徳太子の母、間人穴太部王とみるべきである。

この間人王女も、聖徳太子の磯長陵《しながのみささぎ》とその妃膳姫とともに三棺合葬されているというのが通説であるが、間人皇女は厩戸の父、用明の死後、用明の嬪であった石寸名の生んだ多米皇子と再婚し子をもうけている。したがって、間人は厩戸の実母ではあっても、もはや家族ではなかったから、厩戸とその妃とともに合葬されるということは、常識で考えてもありうる話ではない。

ともあれ、法隆寺と同じ大和国平群郡にある、ほぼ同じ規模の聖徳太子ゆかりの三つの墓だけが、同じ処遇をうけていたのである。イワクマ皇女の場合は、やはり奸されたことが、一つの傷になっていたかとも思われるが、聖徳太子の生母と嫡子の墓とをひとまとめにし、「頒幣之例に入らず」と冷遇されていたのは、聖徳太子賛仰、太子信仰の高まるなかで、世間というより朝廷は意外に冷たかったのである。いいかえれば、聖徳太子賛仰が高まるのは、やはり天武以後とみるべきであろう。

常世の神

上宮王家が滅亡した翌皇極三年（六四四）秋七月、流行とよばれる社会現象が、日本史上に、はじめて記録されている。常世《とこよ》の神の大流行である。

東国の富士川のほとりの人、大生部多《おおうべのおお》は、虫祭りを勧めていうのに、「これは常世の神であり、この神を祭る人は、富と長寿が得られる」といい、人々に家の財宝を投げ出させ、酒を並べ野菜や家畜を路ばたに並べさせて、「新しい富がはいってきたぞ」と連呼させた。そこで都でも田舎でも常世の虫をとって安置して歌い舞って福を求め、財宝を投げ出したが、何の益もなく損ばかりが多かった。葛野《かどの》の秦　造《はだのみやつこ》河勝《かわかつ》は、民を惑わす憎きものと大生部多を打ちのめした。「この虫は、橘や山椒の木につき、長さ四寸あまり、太さ親指ほど、色はみどりで黒いまだらがあり、形は蚕に似ている」と『記』はしるしている。昆虫の飼育をしたことのある方ならご存知のように、アゲハの幼虫（五齢）である。

アゲハは日本でもっともポピュラーな蝶で、現在の東京都心でさえ飛んでいるのを観察できる。まして古代にはいたるところで乱舞していただろう。香川県出土の銅鐸図は、とんぼ、かまきりをえがき、後世には「蝶よ花よと可愛がり」といった日本人であるが、古代には、まったくといってよいほど蝶に関心をしめしていなかった。『記』『紀』『万葉集』にまったくあらわれず、その後、もっぱらチョウ（蝶）とよばれてきたのは、蝶という概念が中国渡来のものであることをしめしており、古代日本人の眼中に、蝶はほとんど存在していないに等しかったのである。

東海地方

その古代人も、アゲハの幼虫が橘《たちばな》や山椒《さんしょう》の柑橘類につくことは知っていた。橘といえば、「垂仁紀」に垂仁九十年二月、田道間守《たじまもり》が大王の命をうけて、橘（非時《ときじく》の香菓《かくのこのみ》）を求めて常世の国に派遣され、翌年の三月に持ち帰った時、大王はすでに崩じていたので、その陵の前で慟哭して亡くなった話は有名である。その常世の国がどこであったかは知られていないけれども、ヤマト姫が伊勢にたどりついたとき、「この国は、常世の波うちよせる国」とアマテラス大神がいわれたと伝えるように、伊勢以東の東海地方は、常世に近い国と思われていたようである。

推古朝以後、伊勢大神に侍る皇女派遣がとだえた理由の一つは、関東まで平定されて、大和朝廷の東方政策の前進基地としての伊勢地方の相対的な価値が低下したからであろうが、皇極朝の頃、飛鳥に成立した都市社会の都ぶりが、地方の民衆レベルにまで波及したのは、駿河あたりまでを限度としていただろう。

温暖な気候と平和とに恵まれた駿河(静岡)の人々は、日本史を通してきわめて開放的、進取的であったが、都ぶりが民衆レベルにまで伝播した、ということをいいかえれば、異国的な風俗とともに、日本神話の神々や、道教、陰陽道、仏教などなどが、ごちゃごちゃになって流入したであろうと推測させる。その精神的な不安につけこんだのが、富士川のほとりに住む大生部多だった。

人間は、関心のあるものしか見てはいない。身のまわりにいくらでも飛んでいるアゲハ蝶に気づかないくらいだから、蝶の変態に気づくはずはない。彼は、なにかの偶然でそれを知ったのだと思う。そして彼自身がびっくりして、常世の神がのりうつった。巫女たちや他の人々だって、大生部多の言に不審をもち、こんな虫けらが神であるはずはないと思いつつも、いわれるままにアゲハの幼虫を飼ってみると、いつの間にか蝶になって飛んでいったのだから、腰を抜かすばかりに驚いて、常世の神の熱烈な信者になったとしても不思議ではない。

しかし、そのようなことがおこる基盤が東海地方にはあった。『書紀』も常世の神を蚕に似ていると書いているように、神服部の原料を供給した三河あたりの生糸生産地の人々にとって、蚕の変態はよく知るところだった。しかし中国における絹の生産は、すでに紀元前千数百年の殷《いん》の時代に始まっていて、まったく人工化された蚕は六センチほどもあるのに、カイコガはわずか二センチほどで、卵を生んだらすぐに死んでしまう。これに対して、これまで誰も気にもとめなかったアゲハが、気づいてみれば結構きれいで、大きな翅《はね》をはばたいて空をとんでいくのは、人々にとっては大発見だったから、この虫を常世の神とあがめる大流行となった。大生部多を京都葛野《かどの》の秦造《はたのみやつこ》河勝《かわかつ》がこらしめたというのであるが、どのようにこらしめたかを『書紀』はしるしていない。が、いわば、開発途上の「新世界」だった東海地方に発生した流行が、またたく間に都にまで及んだのは、古代における都市化社会、情報化社会が、すでに成立していたといえるのではないだろうか。

伊勢神郡の成立と分割

『書紀』は、山背大兄の上宮王家滅亡の前後から、頻々とおこった流言を記録している。

〈皇極四年（六四五）の正月に〉或いは河辺に、或いは宮寺の間にして、遥に見るに物有り。而して猨《さる》の吟《さまよふおと》を聴く。或いは一十許《とをあまりばかり》、或いは二十許《はたちばかり》。就《ゆ》きて視れば、物便《すなは》ち見えずして、尚鳴き嘯《うそむ》く響《おと》聞ゆ。其の身を観《み》ること獲るに能《あた》はず。（旧本《あるふみ》に云はく、是歳《ことし》、京《みやこ》を難波《なには》に移す。而して板蓋宮《いたふきのみや》の墟《あれどころ》と為らむ兆なりといふ。）時の人の曰はく、「此は是、伊勢大神の使《みつかい》なり」といふ。

この年の六月、中大兄、中臣鎌足らは、蘇我入鹿を暗殺した。乙巳の変である。そして元号を大化と定め、同年一二月、都を難波長柄豊崎《なにわのながらのとよさき》に遷した。この遷都を前に、猿の騒ぐ声があちこちに聞こえ、これは飛鳥板蓋宮が廃墟になる兆しであり、時の人は、猿の群れを「伊勢大神の使」であるとうわさしたという。

難波朝廷は、いわゆる「大化の改新」によって全国に評制（後の郡制）をしいた。『皇大神宮儀式帳』は、つぎのように記録している。

孝徳朝に評制（郡制）が布かれた時、十郷を分けて度会の山田原に屯倉《みやけ》を立て、新家連《にひのみのむらじ》阿久多《あくた》は督領、磯《いその》連《むらじ》弁良《むら》は助督となって奉仕し、十郷を分けて竹村に屯倉を立て、麻績連広背《をみのむらじひろせ》は督領、磯部真夜手《いそべのまよて》は助督となって奉仕した。また、大神宮司のことを神庤司《かんだちのつかさ》といって中臣香積連須気《なかとみのかつみのむらじのすけ》が仕えていたが、この人のときに、山田原に御厨《みくりや》を立て、神庤を御厨と改名し、後に大神宮司と号されるようになった。

この文章には、「竹村」の前に「多気の」が脱落しているが、そうにきまっていることだから問題はない。

大化の改新によって、それまで度会一つにまとまっていた神郡を、多気と度会の二郡にわけて、それぞれを十郷にわけ、度会の山田原と多気郡の竹村に屯倉をたてた。督領と助督をおくとともに、神郡全体をつかさどる、後の大神宮司にあたる役所をもうけ、その長官に中臣香積連須気がついた。中臣香積連が中臣系に属する氏族であることはいうまでもあるまい。そして度会の督領は、新家連、助督は磯連、多気の督領は麻績連と、いずれも朝廷に直結した「連姓」であり、新家は先にみた宣化元年（五三六）、一志郡新家の屯倉の穀を運んだ新家連で、おそらく屯倉の管理にあたっていた家系であり、麻績はすでに崇神紀にみられたように、古くから朝廷とのつながりをもっていた。そして磯連は、朝廷に海産物を貢献していた氏族で、多気郡の助督となった磯部は、その部民である。

孝徳期に神郡をおかれたのは伊勢だけではなく、筑前国宗形郡（宗像神社）、出雲国意宇郡（出雲大社）、紀伊国名草郡（日前国懸神社）、安房国安房郡（安房神社）、下総国香取郡（香取神宮）、常陸国鹿島郡（鹿島神宮）などの大神社は神郡とされて大和朝廷の直轄下におかれたが、その多くは要港の地にあった。

古く伊勢神宮は、大和朝廷の前進基地だったといわれているように、早くから朝廷の勢力下にあったとおもえるが、大化の改新による神郡（評）制の施行によって、より直接的な支配のもとにおかれたのである。

朝廷批判

〔『書紀』斉明六年（六六〇）一二月〕是歳《ことし》、百済の為に、将に新羅を伐たむと欲して、乃《すなは》ち駿河国に勅《みことのり》して船を造らしむ。已《すで》に訖《つくりをは》りて、続麻《をみ》（麻続）郊《の》に挽き至る時に、其の船、夜中に故も無くして、艫《へ》舳《とも》相反《かへ》れり。衆《ひとびと》終《つひ》に敗れむことを知《さと》りぬ。

百済救済のために新羅をうつため駿河国で造られた軍船が、伊勢の櫛田川河口近くの麻続《おみ》の郊外に寄港したとき、夜中に理由もないのに艫と舳との前後がくるりと入れ替わった。そこで人々は、この戦いが敗れることを知ったというのである。だいたいが後ろ向きになるというのは、拒否の動作であろう。多気郡の麻績は麻続ともかくが、「麻続」を「続麻」と前後逆に書いているのは、船の前後が入れ替わったことにあわせてのことであろうが、麻続郊とは多気にあった伊勢神宮の郊でもあるから、伊勢大神のお告げと人々はうけとっていたのである。それを明らさまにかくことをはばかって麻続を逆にかいたのだろう。

さらに『書紀』は、科野国《しなののくに》から「蝿の群れが西に向い、信濃・美濃の国境、巨坂《おおさか》を飛びこえていった。大きさは十囲えばかりで、天に達していた」という報告があり、百済救援軍の敗れるしるしと知ったという。また、つぎのような童謡がはやったともしるしている。

まひらくつのくれつれをのへたをらふくのりかりがみわたとのりかみをのへたをらふくのりかりが甲子とわよとみをのへたをらふくのりかりが

なんのことかまったくわからない。多くの国学者、国文学者がこの訳に挑戦したが、いまだに明解はない。おそらく朝鮮出兵に対する痛烈な批判だったのであろう。

伊勢神宮は、これら批判勢力の中心と目されていたのである。

天智二年（六六三）八月、百済救済のために出兵した倭の水軍は、唐・新羅の連合軍に白村江《はくすきのえ》で大敗した。

『儀式帳』は先の神郡記事につづけて、つぎの文章を追記している。

天智三年、久米勝麻呂に、多気郡の四郡を申し割きて飯野の高宮村に屯倉を立てさせて評の督領にし、これを公郡とした。

先に述べたように飯野郡は豊富な水銀の鉱脈がある地域だったから、朝廷にとっては、のどから手がでるほど欲しい地域だったに違いない。そこを伊勢神宮の神郡から切り離して公郡としたのである。伊勢大神の、重ね重ねの朝廷批判に対する懲罰的な措置であろう。

常世の神はもとより、数々の流言蜚語を、伊勢神宮が意図的に流したものであるかどうかはわからない。むしろ、朝鮮出兵をふくむ大和、近江の急速な都市化、国際化を、そのヒンターランドとして支えていた東海地方から、澎湃《ほうはい》としてあがってきた世論であったろう。が、その政府批判は、神郡から、水銀の多産地域である飯野郡を公郡として切り離す絶好の口実を朝廷に与えた。この露骨な処置に、伊勢の人々が朝廷批判の意識をさらに強めていったであろうことに違いない。

情報合戦

童謡（わざうた）とよばれる風刺の歌やうわさ話などの流言蜚語は、これまで世情不安に対する人々の政府批判とするのが一般だった。しかし、必ずしもそれだけではないと、村井康彦は指摘している。それは、遷都のたびに異変が起こっていることで、『書紀』によると、まず、難波遷都の孝徳天皇大化元年一二月に、

老人等、相謂りて曰はく、「春より夏に至るまでに、鼠の難波に向きしは、都を遷す兆なりけり」といふ。

つぎは、難波から飛鳥へ遷都した孝徳天皇白雉《はくち》五年一二月、

老者語りて曰はく、「鼠の倭の都に向ひしは、都を遷す兆なりけり」といふ。

さらに、近江遷都の前年、天智天皇五年、

是の冬に、京都の鼠、近江に向きて移る。

村井は、これだけ異変が重なると、もはや偶然とは思えず、誰かの仕組んだ結果、いうなら古代における人心操作、輿論誘導で、おそらくはこれら遷都の推進者だった中大兄が深く関わっていたことにまず間違いはない、

としている。

この指摘は正しいであろう。同じ動物による異変でも、猿であったり、蠅の群れであったり、いろいろであるのに、これらの場合はいずれも鼠で、しかも語ったのは「老人等、相謂りて」「老者語りて」と、どちらも老人というワンパターンであるのは、同じ人物の仕業とみなしていいだろう。

であるとすれば、中大兄こと天智天皇は、自らの行動からおしはかって、つぎつぎに東国、東海地方からおこってくる政府批判にも、情報操作している人物ないし組織があるとみて、それを伊勢神宮と見当つけていただろう。いや見当づけるまでもない。『書紀』が書いているように、「時の人」が、そのいくつかを伊勢の神のお告げだと語っていたのである。

壬申の革命を前に、倭の大王と伊勢の大神とによる情報合戦は、すでに始まっていた。

七　神明造の原型

籾倉

神明造を特徴づけている独立棟持柱の付いた高床建物は、香川県出土の銅鐸図（図20）にえがかれていたほど、弥生時代の農村集落の象徴的な存在だった。しかし、なぜ高床建物が集落の象徴的な存在になりえたのだろうか。

静岡県登呂遺跡は、戦後間もない頃、初めて発見された水田を含む集落遺跡として話題をよび、集落の中央広場に高床倉がたっていたことから、共同体の象徴としての共同倉庫とよばれた。しかし登呂が比較的小さな集落だったとしても、その全収穫を収める共同倉庫にしては小さすぎる。これは初穂を収める一種の籾倉《もみぐら》とみるべきであろう。

農民は狩猟採集民とは異なった資質が要求される。それはどんなに飢えても、翌年まく種にはけっして手をつけてはいけないということである。しかし飢餓が襲ったときなどには奪い合いがおこるかもしれない。それを防ぐために、籾を共同倉庫に収めて共同で管理した。すなわち最初の収穫である初穂を神にささげ、次の年、神から籾種をいただいて田に播くという方式によってである。しかも穂刈りした稲穂のまま倉入れしていた初穂は、もっとも短い日照時間で成熟した稲穂だから、その絶えざるくりかえしは、より短い日照時間で成熟する稲へと品種改良していったことだろう。つまるところ、神様からいただく稲穂（籾種）は、豊かな稔りを保証したのである。

図20　香川県出土の銅鐸図　高床建物

屯倉

四世紀から五・六世紀にかけて、全国各地に築かれた倭の大国の巨大な勢力を象徴したモニュマンは、いうまでもなく前方後円墳である。しかし、欽明以後、大王陵は八陵墓の形式にかわり、さらに大化の薄墓令によって、かつてのような巨大な前方後円墳はもはや築かれなくなった。これに代わって、大和朝廷による地方支配の象徴となった建造物は、屯倉（ミヤケ）である。

屯倉とは、朝廷直轄領の収穫物を収める倉のことであるが、転じて直轄領そのものを意味した。朝廷の直轄領のこととて、政府機関の建物や常駐する役人の住宅なども建ち並んで、一つの集落（町）を形成していたであろう。それら全体を屯倉とかいて、ミヤケとよんだのである。それを屯倉としたのは、朝廷直轄領の実質的な内容である実体が、屯倉にほかならなかったからである。ミヤケには御宅の字をあててもいるが、もともとは、ミヤ（宮）のケ（食）の意味であろう。

屯倉は、大王（天皇）の統治する「豊葦原の瑞穂の国」の瑞穂そのものを収める倉であることによって、実質をこえる精神的な意味をも付加して、かつての前方後円墳に代わる大王支配の象徴とされ、それにふさわしい造形的な表現がもとめられたことだろう。倭王の強大な勢力を誇示していた前方後円の巨大古墳が次第に衰微していくのにかわって、かつて農村共同体の象徴だった高倉は、屯倉へとかえられ、大和朝廷直轄領の象徴とされ、ひいては大和朝廷による地方支配のシンボルへとなっていったのである。

となれば当然のこととして、屯倉には、大和朝廷をシンボリックに表現する建築様式の統一がもとめられてくる。それが先に述べた「視覚言語としての構成要素」である。まして伊勢神郡の屯倉ともなれば、神そのものをも象徴する建築にされたとしても不思議ではない。切妻屋根に千木、堅魚木をのせ、高床、掘立柱、棟持柱、板校倉造、刻み御階、すなわち現在、外宮の御饌殿《みけでん》にみることができる建築様式だった。このうち、切妻屋根から掘立柱までが、大王の宮殿と神社建築に共通する大和朝廷のもとで統一された建築様式であったと思われる。

『皇大神宮儀式帳』によれば、孝徳朝に評（郡）制を制定したとき、度会の山田原と多気の竹村とに屯倉を立て、さらに天智朝に多気の四郷を分けて飯野の高宮に屯倉を立て、これを公郡とした。多気の竹村は、後に斎宮のおかれた場所であることは、斎宮が「竹の宮」とよばれていたことからもわかるが、そこにおかれていた多気の屯倉は多気大神宮。度会の山田原の屯倉は、現在も山田原に鎮座している外宮の豊受神宮。そして飯野郡の高宮の屯倉は、外宮境内に遷されて、別宮・高宮（多賀宮）になったであろう。

したがって神明造とよばれる、伊勢神宮の建築様式の原型が屯倉であったことは、ほとんど確かである。

御饌殿と棟持柱

中世以前、別宮、宝殿、外《げ》幣殿《へいでん》など、内外宮の正殿をのぞく高床式の建物はすべて、外宮の裏板垣御門から外玉垣ごしに見える御饌殿と同じ板校倉造だったことが、福山敏男の研究から明らかになっている。

御饌殿では、外宮の祭神で食事の神である豊受大神が、内宮の祭神・天照大神に朝夕の食事をさしあげる行事を、式年遷宮のとだえた中世にも、一日も欠かさずにおこなってきたため、古風をよく保存してきたのである。

正殿は現在の別宮や宝殿と同じ型式の本体に、高欄をつけた簀の子縁をめぐらし、神の宮殿であることを表現したものであるから、もとをただせば正殿の原型も板校倉造であったと容易に推察できる。このことは、構造的にも機能的にも、もはや必要のない独立棟持柱をつけていることからもいえる。

図21　外宮御饌殿（現在）

校倉造で有名な東大寺正倉院は、高床の上に断面が六角形の材を井桁《いげた》に組み上げたもので、井桁の部分だけをみれば、アメリカ映画の西部劇でおなじみの開拓者が建てた、丸太小屋の構造と原理的には同じである。この形式による高床倉は、北欧のスカンジナビア半島やシベリアのアムール川流域などに、広くみられる北方系の建物で、これらの地方は、垂直に立つ針葉樹林帯であるから、カラマツに代表される太さのそろったまっすぐの丸太を容易に獲得できた。正倉院の校倉造は仏教寺院とともに、朝鮮半島を経由して渡来した北方系の建築様式である。

これに対して御饌殿は、高床であることでは正倉院と同じでも、静岡県登呂遺跡の高床倉庫と同様に、井桁を板で組んだ、おそらくは揚子江流域あたりから稲作とともに渡来したと思われる、南方系の板校倉造である（図21）。

いずれにしても、校倉造は、横ゆれやねじりに対して弱く、登呂遺跡の高床倉は洪水にあってねじれながら倒れたことが、発掘調査からわかっている。とくに日本では板材に杉を多く用いたので、軽くできる反面、木組みの発達していなかった先史時代には、ややもすれば割れやすく解体しやすかった。

この欠陥を補ったのが、香川県出土の銅鐸図にもえがかれている独立棟持柱である。例えば、葉書を二つに折って山型に置き、上から押せば両方に開くように、二方向に葺きおろした切妻屋根の重みは、左右の壁を横に開く力として働き、板を組んだ井桁は左右にはじけて解体するおそれがある。ところが棟の両端を棟持柱で支えると、今度は二枚の切妻屋根は、逆につぼむかたちに力が働いて、井桁をしっかりと固める役割を果たすのである。

これに対して、現在の神明造は、柱と柱との間に梁を架け、梁の上に束を立てて棟を支える総柱造の柱梁構造になっている。この場合、屋根の重みは、束から梁にかかり、梁で結ばれた左右の柱を、内側に引張る力となって働くので、もはや棟持柱の必要はない。だいいち正殿の長い棟梁を、両端の棟持柱だけで支えることなど、とてもできる相談ではない。だから原理的にいえば、伊勢神宮に代表される神明造の棟持柱は、過去を物語る一種の装飾になっているのである。

正殿でも宝殿でも、新築されたばかりの妻側の写真をみると、棟持柱と棟の間に隙間があるのがみえる。屋根の重みは板壁が支え、板が収縮するにしたがって棟は次第に下って収縮がおちつくと棟持柱が支える。すでに述べたように、板壁は柱と柱の間にはめ板をおとしこんだものだから、このような芸当ができるのではあるが、壁板がおちついて、棟持柱が屋根を支えはじめると同時に、他の一〇本の柱も一斉に屋根の重みを支えるのである。これが総柱造とよばれる由縁であるが、同時に柱にはめこまれた板壁もささえる。

屋船とようけ姫

『延喜式』に収めた大殿祭《おおとのほがい》の祝詞は、外宮の祭神・豊受大神を「屋船《やぶね》とようけ姫」とよんでいる。屋船とは家屋と船とをあわせた語であるとも、いわゆる家船（屋形船）とも、あるいは高床倉をよんだとも、いろいろと考えられてくる。それというのも、日本では家屋の「屋」、つまり建物と船の工法は、相互に結びついていたからである。

日本で初めて個人名で史上に登場する大工は、ともに「雄略紀」にみえる猪名部真根《いなべのまね》と猪名部御田《いなべのみた》であるが、猪名部とは、百済王から倭王に献上された「よき匠」の子孫という伝承をもつ、もともとは王朝に直属した造船技術者集団であって、彼らは陸上りして雄略大王の宮殿をたてた。

現在の伊勢神宮の宇治橋を架けたのは船大工とのことであるが、神明造の板壁にみるような名人芸は、板で和船をつくってきた日本の大工のみがもっている技術で、他国にはみることはできない。古墳時代以来、日本の木造建築は、造船と結びついた木工技術体系として発達してきたものだったからである。神宮建築が総柱構造でありながら、寝殿造などとは異なって、板壁造の印象を強くもっているのは、日本建築の原型とよばれるにふさわしいといえるであろう。

ともあれ、豊受大神は食物神であるとともに建築神でもあった。つまり衣食住の食と住とに深くかかわりながら、衣を天照大神にささげる神衣祭には、外宮が関与することがまったくないのは、興味深い事実である。

神殿と神領民

伊勢神宮でもっとも重要な儀式である神嘗祭は、その年の収穫を神に捧げるものであることはいうまでもないが、延喜の『大神宮式』によると、神嘗祭における神官の行列は、

大神宮禰宜　立左　　次大宮司
宇治大内人　立右

とある。その前の記述には、禰宜が前に立つとありながら、実は、禰宜と宇治大内人とは並んでいるのであるが、こうした並列した表現の仕方は、同書に、やや特殊なものとして記事中に目立っている。ところがこれと同じ表記の仕方が、『儀式帳』の神田行事の段に、つぎのようにみえる。

荒木田一町
　　　　竝二町御膳料
宇治田一町

大神宮禰宜は、いうまでもなく荒木田氏である。すなわち、神嘗祭の行列の先頭にたつ荒木田禰宜、宇治大内人とは、荒木田、宇治田とよばれる神田の代表者、いいかえれば神領民の代表者に他ならなかった。すなわち、神嘗祭の起源は、神領民たちが初穂を神に捧げる倉入れの行事だったのである。

＊1　ミルチャ・エリアーデ「豊穣と再生　宗教学概論二」『エリアーデ著作集』第二巻、久米博訳、せりか書房、一九七九年
＊2　坂本広太郎『神宮祭祀概説』神宮教養叢書、第七集、神宮司庁、一九六五年
＊3　田村圓澄『東アジアのなかの日本古代史』吉川弘文館、二〇〇六年
＊4　上原和『玉虫厨子――飛鳥・白鳳美術様式史論』吉川弘文館、一九九一年

第六章

壬申の革命

一　落日の近江大津京

近江京遷都

斉明大王は、唐・新羅の同盟軍に滅ぼされた百済王家の復活・救済のため、斉明七年（六六一）五月、筑紫の朝倉宮へ宮都を遷したものの、七月、崩御した。中大兄皇子は直ちに称制をとり、筑前の長津京に遷り、ようやく水表《おちかた》（海外）の軍政をとり、百済救援のため陸続と大軍を送り出した。しかし、天智二年（六六三）八月白村江で大敗すると、翌月、派遣軍は百済の遺臣遺民をつれて帰国した。天智二年、百済は滅亡した。

天智三年二月、天智大王は大皇弟《ひつぎのみこと》、大海人皇子に命じて、これまでの一二冠位《かぶりくらい》を二六冠位にするなど階名《しなな》を増し改め、それぞれの氏上《このかみ》に大刀、小刀《かたな》、干楯《たて》・弓矢を賜った。敗戦後の諸氏に対する懐柔策と考えられている。

〔天智六年（六六七）三月一九日〕都を近江《あふみ》に遷す。是《こ》の時に、天下《あめのした》の百姓《おほみたから》、都遷すことを願はずして、諷《そ》へ諫《あざむ》く者多し。童謡《わざうた》亦衆《おほ》し。日日夜夜《ひるよる》、失火《みづながれ》の処多し。

と『書紀』は伝える。遷都に多くの反対の声があがり、世情不安をかきたてていた。それを押し切っての近江京遷都は、白村江大敗後、唐・新羅の侵攻にそなえる倭国防衛はこれしかないという、大和朝廷自らが身を挺した相当の覚悟でのぞんだとみるべきであろう。

『書紀』を見る限り、倭国の防衛網は筑紫に水城をつくり、北九州から瀬戸内海を通って大和に至る各地に山城を築くもので、山陰から若狭湾にかけての日本海側の備えは見られず、頭隠して尻隠さずである。倭が百済救援のために戦ったのは、唐だけでなく唐と新羅であり、新羅は朝鮮半島の南東に位置し対馬海峡ばかりか日本海にも面している。近江京遷都は、唐に対してだけであれば通説のように奥まった場所に退いたことになるが、対新羅からみれば進出して防衛基地を造ろうとしたとみることができるだろう。

軍事的にみて、二面作戦をとるのがはたして得策だったのか。唐・新羅の二面作戦は、かなり政治的な和戦両様の構えで、軍事的にみれば、新羅軍を琵琶湖東岸の近江平野に誘いこみ、東山・東海の軍を主力にして、陸上で事を決しようとしたものではなかったか、と考えられてくる。

したがって、新羅の来襲に備え、若狭湾に白村江大敗後の残存・新設の日本海水軍を結集して湾周辺に陣地を構築し、まず緒戦を海で戦い、ついで水際で敵上陸部隊と戦う。他方、大本営をおく大津京の近くに兵站《へいたん》部をつくり、新羅軍来襲の報が入ると、直ちに琵琶湖を通じて兵員、武器、食糧などを前線に大量に送り込むという作戦だったであろう。壬申の革命で戦場となった大津京北方の三尾城（高島郡高島町）が朝鮮式山城であるのは、舞鶴方面からの侵入に対する備えと思われる。

近江大津京の近江は近い海、大津は大きな港の意で、近江といえば琵琶湖である。壬申の革命で、大海人軍の主力、高市皇子の指揮する美濃・尾張の軍は東山道の不破から、伊賀・伊勢の軍は旧東海道の鈴鹿をこえて近江へと攻め込んだが、近江の琵琶湖東岸は北陸道、東山道、東海道に通じる陸上交通の要衝の地である。したがって新羅が来襲した場合、主戦場となるのは琵琶湖東岸の近江平野であろう。そこに水利が悪いため未開の広大な原野として残されていたのが蒲生野《かまふの》だった。現在の近江八幡市、八日市市、安土町など蒲生郡の野の意味である。

蒲生野の縦猟

天皇の蒲生野に遊猟《みかり》したまひし時に、額田王の作れる歌

あかねさす　紫野《むらさきの》行き　標野《しめの》行き　野守《のもり》は見ずや　君が袖振る（額田王）（万一―二〇）

皇太子の答へませる御歌
紫草《むらさき》の　にほへる妹《いも》を　憎くあらば　人妻ゆゑに　われ恋ひめやも（天武天皇）（万一―二一）

紀に曰く、「天皇七年の丁卯の夏の五月五日に、蒲生野に縦猟《かり》したまふ。時に大皇弟《ひつぎのみこ》・諸王《おほきみたち》・内臣《うちのまへつきみ》と群臣《まへつきみたち》、悉皆《ことごと》に従ふ」といへり。

「天武紀」に、「天皇、初め鏡王《かがみのおほきみ》の女額田姫王《ぬかたのおほきみ》を娶《め》して、十市皇女《とをちの》を生しませり」とあり、その後、額田王は天智の後宮に入ったとされる。したがって、この贈答歌は、額田王と大海人、天智との三角関係をかたるものとみるのがかつての通説だった。しかし、額田王が天智の妃となった確証はない。そして国文学者の指摘によって、もし恋歌なら、巻二の「相聞《そうもん》」に入れられなければならないのに、巻一の「雑歌《ぞうか》」に収録されているからそうではなく、また、この二つの歌は蒲生野ではなく、猟の後におこなわれた饗宴で歌われた、ごく気楽につくられた座興の歌であるとされた。

では「雑歌」とは、どのような種類の歌をいうのだろうか。国文学者は、そこまで親切に教えてくれてはいないので『万葉集を知る事典』（＊1）を引いてみると、つぎのように書かれている。

『万葉集』の雑歌は、常に他の部立に先行するものであり、内容的にも各種の宮廷儀礼、行事、饗宴などの歌を中心とする。相聞・挽歌が私的であるのに対して公的色彩が濃い。このことは、雑歌がもっとも重要な歌々を集めた部であることを示しており、のちの勅撰集の「くさぐさの歌」（雑多な歌）としての雑歌とは質を異にする。

これによれば、額田王と大海人皇子との贈答歌は、個人的な歌の交換ではなく、宮廷儀礼、行事、饗宴などにかかわる歌であったことにはじめからきまっていたのである。儀礼の一環としての饗宴で歌われたのが「くさぐさの歌」の範疇に入るような「座興の歌」であるはずはなく、国文学者の指摘には矛盾がある。このことは、つぎの二点からも納得できる。

一、猟場での個人的な相聞だったら、かりに誰かにきかれたとしても、記録されずに二人だけのこととしてすんでしまっただろう。遊猟をしめくくる饗宴の場でうたわれた公的なものだったからこそ、多くの人々に記憶され、記録されたのである。

二、この饗宴でまずうたったのは、当代随一の宮廷歌人・額田王であり、それに答えたのは、天智大王につぐナンバー・ツーの東宮・大海人皇子である。ぶっつけ本番のセレモニーなどあろうはずはなく、予めきめられたプログラムにそってのことではなかったろうか。いいかえれば、この二人は、天智大王を、つねにひき立てなければならない役割を背負わされていたのである。天智が額田王を妻にしたという確証はないものの、大海人と額田王との関係は、宮廷人の誰もが知るところであり、いずれこのような場面で共演しなければならないことも予想されていただろう。額田王と大海人は、それを見事に、そして難なく、かわしたのである。

あかね色に染める紫草の野を行き　しめ縄をめぐらした標野を行き　野守が見ていたじゃありませんかあなたが袖を振るのを（額田王）

紫草のようににおうあなたが　憎くなかったら　人妻と知りながら　どうして私があなたに恋したりしましょうか（大海人皇子）

あかねさす紫は染料である。また、「あかねさす紫野行き」の「あか」「むらさき」と色を重ねたのは、蒲生野の花の色をうたったとは限らない。時は五月五日、当時の暦は一カ月おくれの太陰暦であるから、現在の暦でいえば六月五日ごろにあたり、野の花のさかりはとっくにすぎて、原いっぱいの緑だったであろう。その広大な野に散った百官の冠色晴れやかに着飾った人々の天智の即位、大津京の完成を寿ぐ色々であったろう。

蒲生野の縦猟は、近江朝廷あげての一大ページェントであり、それをしめくくる饗宴もまた、宮廷儀礼の一環としての祝宴である。

薬猟

蒲生野の縦猟から遡ること約半世紀前、『日本書紀』推古一九年（六一一）、つぎのようにある。

十九年の夏五月の五日に、菟田野《うだのの》に薬猟《くすりがり》す。鶏鳴時《あかつき》を取りて、藤原池の上《ほとり》に集ふ。会明《あけぼの》を以て乃ち往く。（中略）是《こ》の日に、諸臣の服《きもの》の色、皆冠の色に随ふ。各髻花《うず》著《さ》せり。則ち大徳・小徳は並に金《こがね》を用ゐる。大仁・小仁は豹《なかつかみ》の尾を用ゐる。大礼《だいらい》より以下《しも》は鳥の尾を用ゐる。

ここに「豹の尾」とあるが、日本には豹は古代にもいなかったから、猫の尾でもつかったのであろうか。菟田野は宇陀の野で、現、奈良県宇陀郡榛原町。薬猟は、鹿の若角（袋角）をとる猟で、袋角を焼いて漢方薬を作ったので薬猟とよばれた。一種の鹿狩りである。これに従う諸臣は、推古一一年一二月に定められた一二冠位の冠色の服を着て、狩であるから、冠のかわりに髻飾りをつけ、晴れやかな衣裳で野を駆けて鹿の群を追った。

薬猟は、馬を駆って鹿の群を追い、群から遅れた仔鹿を射止める。元来は山にいる鹿が野に下りてきたら、平野で暮らす村人にとっては迷惑以外のなにものでもない。だから大和国の飛鳥に都市的な景観が現われはじめた推古の頃、水利の悪い山裾や丘などの草原に猟場をつくって鹿の増加を制限するのは、環境の住み分けによる生態系の組み換えと維持に役立っていたのである。

翌推古二〇年五月五日、ふたたび薬猟がおこなわれた。場所は延喜「神名帳」に波多神社のみえる羽田《はた》で、現、奈良県高市郡高取町とされる。この二つの薬猟は、飛鳥の宮都にほど近い朝廷直営猟場のオープンセレモニーである。その後、薬猟の記事はたえてなく、天智七年五月五日の蒲生野の縦猟は、半世紀ぶりの往時をこえる盛事だった。

蒲生野

近江京遷都の翌年、天智が大王に即位した年、すでに蒲生野には監理者のいる狩場があった。額田王の歌に歌われ、天智、大海人、中臣鎌足ほかの皇族、重臣たちによる盛大な縦猟が、推古朝の薬猟をはるかにこえる規模で挙行された。むろん推古の時と同じように晴れ着、晴れ姿である。そして華やかな宮廷行事であった推古朝の薬猟に、推古女帝その人の参加なしにおこなわれたとは考えられないし、今回は、額田王が加わっているのだから、皇后、皇妃などの女性も加わっていたのは、明らかである。多くの方々が、男は狩りをし、女は薬草を摘んだ、とかいているが、誰がそんなことをきめたのだろうか。以上三回の猟は、いずれも五月五日、端午の節句におこなわれているが、推古の薬猟は、天智の縦猟(『記』)、遊猟(『万葉集』)へとかわっている。

ヨーロッパ貴族のスポーツである狩りは、男も女もともに馬に乗って森の中を狐や鹿を追う。ヨーロッパの都市に大きな森があるのは元領主の狩場で、狩は日本でいえば武士階級にあたる貴族のたしなみだった。ついでながら、近代オリンピックで馬術(障害)は男女平等で競う唯一の競技である。そしておそくとも五世紀以後、倭が北方騎馬民族から強い影響を受けていたことは、いまでは古代史学の常識になっている。であるとすれば、男女ともに馬にのる風習もまた伝わっていたにちがいない。

蒲生野は大津京の琵琶湖対岸にあって船で渡ったとしても、必ずしも近いとはいえず、約四〇キロ離れている。当然のこととして男も女も乗馬していったはずである。額田王が宴で、「紫野行き　標野行き」と歌いあげたとき、同座した人々に「行き」「行き」の律動が体に伝わってきたと大岡信はかいているが(*2)、乗馬であってこその律動である。しかも推古朝の「薬猟」ではなく、「遊猟」「縦猟」とあるから、むしろ鎌倉武士の軍事演習でもあった富士の裾野の巻狩りに似ているだろう。武士にとって巻狩りが晴れの舞台であったように、古代貴族の

「遊猟」もまた晴れの舞台だった。

しかも白村江の大敗後、唐、新羅との講和はいまだなく、臨戦体制下にあった。琵琶湖東岸は、北陸道、東山道、東海道の集まる要衝の地に、水利が悪いため広大な原野が未開拓のままにおかれていた。もしも新羅が侵攻してきて敦賀湾付近に上陸したら、蒲生野の草原に追い込み、退路を北陸道の軍が絶ち、東山道、東海道から東国の、淀川をさかのぼって河内以西の西国の軍が迎え撃つ。そして琵琶湖の水軍が湖上から攻め、上陸した新羅軍を包囲、殲滅するという乾坤一擲の大勝負で一挙にことを決してしまおうという作戦だったであろう。すなわち蒲生野は、新羅が侵攻したときの予定戦場である。それが、百済人の多くをここに居住させた理由の一つでもあったろう。

そのため大津京の造営と時を同じくして、蒲生野の地形を熟知するため猟場や薬園をつくらせた。朝廷直属の猟場に所属する狩人たちは遊撃を得意とするプロの騎馬隊であり、猟場や薬園の監理者は監視・斥候要員でもあった。そして縦猟・遊猟の名で朝廷あげてのセレモニーを兼ねて大演習をおこなった。それは新羅に対する一大デモンストレーションでもあったと思われる。

湖畔の高殿

大津京と蒲生野との間の琵琶湖上に高殿が造られていた。額田王と大海人皇子の贈答歌が披露された宴は、この湖上の高殿でひらかれた可能性がかなり高い。

そこで想いおこすのは、天智が琵琶湖畔で群臣を招いて酒宴をひらいたとき、大海人が長槍をもって敷板を突き通したので、天智が怒って捕えようとしたのを中臣鎌足が諫めてやめさせた、という話も、もしかしたらこの宴だったかもしれない。そうでなくとも、蒲生野の游猟につづく時期で、一続きの事件として、人々に記憶されたことだろう。宴会というのに大海人が槍を持っていたのは、それを持って舞を舞ったからである。

天智は斉明大王亡き後も称制をとり、近江遷都した翌天智七年の正月三日に即位し、翌二月二三日に倭姫を皇后にたてた。それは大王即位と同時ではなかったので、大海人が、すでに摂政の役割をはたしていたとはいえ、正式に東宮の称号を授けたのも、同時か、その後と考えれば、おそくとも三月頃とみるのが妥当であろう。なお、大海人皇子は東宮ではなかったと説く論者がかなりいるのに驚かされるが、美濃国安八麻郡に東宮の湯沐《ゆ》つまり東宮の領地を与えられていたから、東宮に立てられていたことに疑問の余地はなく、琵琶湖畔の高殿で酒宴が催されたのは、それからさほどたっていない。天智にしてみれば、東宮に立てたばかりの弟に花をもたせるつもりで、大海人に宴会の主役を演じさせた。ところが当日のハイライトである舞の最中に、突如、大海人が長槍で床を貫いたのだから狂気の沙汰で、天智が腹を立て、こやつを取り押さえよと命じたとしても無理はない。

こうした流れからみれば、大海人の狂気のふるまいは、額田王との三角関係でもなければ、皇位継承をめぐる天智への敵対意識でもない。一体なにが大海人を狂わせたのか。そこでこの逸話の出所である「藤原家伝」を読み直してみると次のようである。

朝廷事なく、遊覧これを好み、人に菜色（青白い顔）なく、家に余蓄あり、民太平の代と称して、帝は群臣を召し、琵琶湖の浜に建てた高殿で酒宴を行った。時に太皇弟は長槍を以て敷板を貫いたので、帝大いに驚き、かつ怒り、まさに太皇弟を害しようとした。鎌足はかたくこれを諫め、帝も止んだという。はじめ、太皇弟は鎌足の遇せられること高きを忌んだが、これよりのち、ことに親しく重んじ、壬申の乱のおこった時も、吉野より東国に向うにあたって、もし大臣・鎌足が生きていたならば、吾れこの因に至らんやと述べたという。

天智は大海人を摂政にして政務から離れたので暇になり遊覧を好んだというが、政務についた大海人にしてみれば、内憂外患こもごもおこり「朝廷事なく、遊覧これを好み」などといっている時局ではない。「民太平の代と称して」酒宴をおこなうなど、大王も大王なら鎌足をはじめとする群臣も群臣だと腹を立てる以前に、道化となって歌をうたい舞をまっている自分自身に猛然と腹が立ち、これまでの鬱憤がいっぺんに吐きだされて、長槍で床を貫いたのも理解できる。それにしても大海人は分厚い板張りと思える高殿の床を、一気に長槍で貫いたのだから、その技も力も相当なもので、誰もが一瞬息を飲む迫力だったに違いない。

これは天智、大海人、額田王、中臣鎌足と役者が揃っている上に、滅多におこるような事件ではないから、噂話となってまたたく間に宮廷の内外に広まったに違いない。蒲生野の遊猟から二カ月後の秋七月、『書紀』は、つぎのような風聞を伝えている。

時に、近江国、武《つはもの》を講《なら》ふ。又多《さは》に牧《うまき》を置きて馬を放つ。又越国《こしのくに》、燃土《もゆるつち》と燃水とを献《たてまつ》る。また浜台《はまのうてな》の下に、諸《もろもろ》の魚《いを》、水を覆ひて至る。又蝦夷に饗たまふ。又舎人等《とねりども》に命《みことのり》して、宴を所所にせしむ。時の人の曰はく、「天皇《すめらみこと》、天命将及る《みいのちをはりなむとす》か」といふ。

この文章は、大王批判の数々は流言蜚語のたぐいであるから、省略した断片的な文章をつないで述べているのでわかりにくい。そこで省略された部分を適当におぎなって、読み直してみるとつぎのようになるだろう。

時に、近江国では、(東宮大海人のもとで)武術をならい、多くの牧をつくり馬を放って(戦いに備え)、越の国から「燃える土」(石炭)「燃える水」(石油)が献上され、(大海人皇子が長槍で床板を貫いた)湖畔の高殿の床下には、もろもろの魚が水面を覆って寄り集まってくる(というのに、政務から離れた天皇は)、エミシを饗応したり、舎人たちに命じて、あちらこちらで宴会を催している。そこで時の人は、「天皇の世は、まさに終わろうとしているのだろうか」といった。

鸕野讃良皇女

大海人皇子の皇妃・鸕野讃良皇女《うののさららのひめみこ》の名、鸕野も讃良も地名である。欽明二三年（五六二）七月に「河内国の更《さらら》荒郡《のこほり》の鸕《う》鷀野邑《ののさと》の新羅人」とあり、当時の更荒郡は現在の大阪市の東、寝屋川市西半、四條畷市《しじょうなわて》、大東市西半にわたる地域で、その中に鸕鷀野邑があった。天武一二年（六八三）一〇月五日、連の姓を賜った一四氏の中に娑羅羅《さらら》馬飼造《うまかいのみやつこ》・菟野馬飼造の名が見え、「姓氏録」の河内諸蕃には、佐良々連は百済人を祖とし、更荒郡馬甘里に居住する氏族とされている。

鸕野讃良皇女は、幼少期を生駒山地の西麓にひろがる馬の牧場主「馬飼造」の家で育ったのである。それにしても鸕野と讃良は、新羅系と百済系ばかりでなく、里名と郡名との違いで、讃良馬飼は郡名をつけているほどだから、鸕野馬飼より大きな豪族だったのは明らかである。にもかかわらず鸕野讃良と鸕野を先に名付けているのは、そこが彼女の育った場所だったからとされる。鸕野や讃良の馬飼たちは新羅人、百済人と系統を異にしながらも、北方騎馬民族の文化を倭国にもちこんだ人々だった。彼らは、当然のこととして男も女も馬に乗り、騎馬は日常生活に及んでいただろう。この環境で育った鸕野皇女は幼い頃から乗馬になじみ、鸕野の牧場だけでなく、婚姻関係などによって結びついていた鸕野と讃良の両家をたえず行き来して、両家結合のシンボルになり、ひろく讃良郡の人々のアイドルになっていたかもしれない。

この少女時代の体験は彼女の性格を条件づけ、その後も、馬飼家からつけられたお付きの侍女たちとともに、大和や近江の山野を馬で駆けることを好んだろう。この乗馬への自信が、大海人皇子とともにどこまでもついていこうとする強い意志を生むもとになったと思われる。東宮・大海人のもとで近江の国では武を習い、多くの牧場をつくって馬を放牧していたと時の人が語ったが、鸕野讃良皇女と侍女たちも同様だったろう。騎馬は、大海人東宮家の家風の一つになっていたのである。

正倉院御物にはシルクロードを通じて伝わったイランあたりの品々のあることはよく知られている。伊勢神宮の式年遷宮にあたって奉納される神馬の模型にも明らかにイラン系と思われる馬飾りがあり、伊勢神宮遷宮祭は生きた正倉院といわれる由縁になっている。

新羅の調進

天智七年(六六八)九月一二日、新羅は東厳《とうごん》らを遣わして調進してきた。高句麗の滅亡もあって、倭国では新羅討つべしの戦意高揚のさ中である。五月五日、蒲生野での対新羅一大デモンストレーションの効果は、三カ月後になってあらわれたのである。

これに対して、二六日、中臣鎌足は新羅の軍事指導者の庾信《ゆしん》あて船一隻を賜って東厳に託し、ついで二九日、天智大王は日本海水軍の雄である阿部臣の宗家に当る布勢臣耳麻呂《ふせのおみみみまろ》を使わして新羅王へ調貢用の船一隻を賜って東厳らに授けた。この朝廷の示した態度に、百済の遺臣、遺民を多数受け入れていた倭国の朝野から抗議の声があがり、とりわけ天智に先んじて融和政策を実行した中臣鎌足に非難が集中した。ある人がこの行為を諫めたのに対して鎌足は、

普天のもとに王土あらざるはなく、率土《そっと》の浜《ひん》に王臣あらざるはなし。(「藤原家伝」)

と答えたという。

その後、新羅は、天武、持統朝を通じて、ほぼ毎年のように調進に訪れ、倭・日本もまた使節団を頻繁に派遣した。結果から見れば、近江京遷都は、新羅との親睦政策になったわけだが、天智や鎌足、大海人は、その可能性は高いとふんでいたと思う。というよりは、そのための近江京遷都であり、蒲生野の縦猟だったかもしれない。だからこそ新羅の調進に対して直ちに応じたのである。

中臣鎌足と評制

天智にとって大海人は、もっとも頼りがいのある実弟であり、中臣鎌足という兄のように信頼して相談でき、忠告もしてくれる側近がいた。しかし大海人からは違って見えても不思議ではない。これまで兄の陰になって、ただただ天智を支えてきたのに、親密な相談は中臣鎌足とおこなって自分とではないし、兄に妙な知恵をつけているのは鎌足に違いないと思いこんでいたとしても無理はない。ところが、長槍の事件以来、二人は急速に親しくなった。

死の床にあった鎌足は、見舞った天智に「軍事では国の役にたてなかった」とわびたという。これは唐・新羅との戦いに大敗した責任を痛感しての言葉とされているが、事実上、中臣鎌足は軍事にはさほど明るくなかったのではないかと推測できる。彼ができたのは、せいぜい乙巳の変程度の謀略・戦術の範囲で、数万の軍隊を動かす戦略を構想する能力まではなかったであろう。これに対して大海人は壬申の乱でみせた見事な指揮ぶりからみても、戦略戦術にたけていたばかりでなく、舎人たちに軍事訓練を絶えずおこなっていた。天智はそれを心得て、政治は鎌足、軍事は大海人と振り分け、両者の接触する機会を意図的に避けていたかもしれない。

ところが唐・新羅との戦いで、鎌足も大海人も天智自身も、軍事（戦争）は政治の延長であることを身をもって知らされた。このことでは、やはり倭国は島国で、民族と国家の興亡の歴史を繰り返してきた大陸や半島から、かなり遅れていたといわざるをえない。だからといって、緊迫する東アジアの状勢下に倭国が何もやっていなかったわけではなく、大化の改新以後、中央集権的な国家体制づくりへの手を着実に打っていた。そのブレーンだった中臣鎌足は、名声の大きいわりにはおよそ影の薄い人物だが、目に見えないところで自家の勢力を着々と拡大していたことに疑いはない。

大化の改新によって評制（郡制）が施行されたことを実証するまとまった資料は、『常陸風土記』と『皇大神宮儀式帳』との二つで、他は木簡など断片的な資料に過ぎない。常陸国には中臣（藤原）家の氏神である鹿島、香取の両神社があり、それぞれに神郡があった。そして伊勢、三神郡を統率する地位についていたのは、中臣系の香積中臣連だった。鎌足は、神郡を通じて、地方における自家の勢力基盤を着実に拡大していたのである。

鎌足と大海人が親交を温めたのは、わずか一年ほどの期間に過ぎなかったけれども、言わず語らずのうちに、両者の間に倭国の将来構想が生まれていたと想像する。少なくとも大海人の胸の中には、やがて彼自身が起こすことになる壬申の乱での基本戦略は、鎌足との交流のなかで生まれていたのではないかとさえ思える。もしそうだとすると、大海人が琵琶湖畔の高殿の床を長槍で貫いた、まったく個人的な行為は、歴史的な必然へと転化させた偶然的な契機だったともいえるであろう。

大友皇子を太政大臣に

大海人と鎌足が急速に接近したのに反比例して、今度は天智の方が疎外感にさいなまれる側になった。天智は二人を合わせたら、そうなることは予測できただけに一層孤独になり、舎人たちとあっちで宴会こっちで宴会となって、世人から天智の治世はもはや終わりか、と噂されたのである。

大海人皇子が壬申の乱で吉野を出発しようとした時、中臣鎌足さえ生きていてくれたら、こんな苦労はしなくても済んだのに、と述懐したという言葉をいいかえれば、大王位に即けたであろうに、ということであろう。

鎌足は天智八年（六六九）に亡くなったが、もはや天智と大海人の間にできた溝は修復不可能になっていた。その思いは天智とてもさほど変わるものではなかったはずである。天智が孝徳・斉明と二代摂政を続けながら、さらに斉明崩御後も称制をとったのは、白村江の大敗の残した傷が、大王位に即くにはあまりにも大きかったたからで、乙巳の変後と同様に、中臣鎌足の献策によるところが大きかったろう。したがって近江に遷都して即位し、大海人を東宮にしたとき、天智が鎌足と合意の上で政治の実権をまかせ、皇位継承者として大海人を選んでいたのは、明白な事実である。

天智は、鎌足の亡くなる前日、東宮・大海人を遣わして、大織冠《だいしきのかうぶり》と大臣《おほおみ》の位、および藤原氏の姓を賜った。これが天智・天武兄弟が心を一つにして行った最後の仕事となった。天智の心の中にぽっかりと空いた空虚な穴に、甘い悪魔の言葉で囁きかけてきたのは、かつて天智の手先となって、有間皇子を陰謀にひきこんで罪死においこんだ蘇我赤兄《あかえ》だった。鎌足亡き後、頼りになる天智の相談役は、もはや赤兄しかいなかったのかもしれない。

天智一〇年（六七一）正月二日、天智は、大友皇子を太政大臣に、蘇我赤兄を左大臣、中臣金《なかとみのかね》を右大臣に、蘇我果安《はたやす》・巨《こ》勢人《せのひと》・紀大《きのう》人《し》をそれぞれ御史《ぎょし》大夫《たいふ》（大納言）に任じて、大友皇子を皇位継承者とする意志のあることを公然と示した。太政大臣は、政治の実権のすべてを握る前代未聞の官職であるが、臣なのだからいいだろうという天智一流の論理である。いい手があります、と、名うての陰謀家である蘇我赤兄が言ったかどうかはわからない。しかし、大海人を操るのはむつかしいが、若くて有力な後ろ楯をもたない大友ならどうにでも御せる。と陰謀の渦巻く宮廷闘争できたえられた赤兄ほかの重臣たちが、天智の心の中にくすぶっていた火を燃え上がらせたことは確かであろう。

二　革命の前夜

大海人の出家

「天武紀」上によると、天智一〇年一〇月一七日、自ら病いの重いことを知った天智大王は、蘇我臣安麻呂を遣わして東宮、大海人皇子を大殿によんだ。かねてから好《よし》みを通じていた安麻呂は大海人に「有意《こころしら》ひて言《のたま》へ」と告げた。大海人は謀《はかりごと》のあることを察して、皇位を譲りたいという天智の申し出を「臣《やつかれ》が不幸《さいはひな》き、元より多《さは》の病有り」といって固辞し、「願はくは、陛下《きみ》、天下《あめのした》を挙げて皇后《きさき》に附《よ》せたまへ。仍《なほ》、大友皇子を立てて、儲君《まうけのきみ》（摂政）としたまへ。臣は、今日出家《いへで》して、陛下の為に、功徳《のりのこと》を脩《おこな》はむ」とこたえ、天智もこれを諒承した。

先帝の皇后を大王、皇太子を摂政としたのは、推古大王と聖徳太子の先例があるばかりではなく、皇極・斉明と重祚し、その間の孝徳を含めて天智自らが皇太子として摂政に就いていたのだから、大海人の言葉に天智の反対できるなにものもない。しかも天智が大友皇子に位を譲るもくろみのもとに大海人をよびだしたのは明らかで、これに対して大海人自身は大王になる意思はなく、仏門に入るというのだから、天智が期待した以上の言葉だったであろう。そればかりか、退出後ただちに剃髪し、法服をまとい武器をすべて公庫に収め、一日おいた一九日には、はやくも吉野にむかっている。

これとほぼ同じ内容の記事が「天智紀」にもみえる。ただし「天智紀」には、蘇我安麻呂の忠告はなく、大海人は天智の枕元をはなれると、直ちに内裏の仏殿の前に坐って髭髪を剃って沙門《ほうし》（僧）になり、それを知った天智は使者を遣わして袈裟を送り、一九日、大海人は天智に拝謁して許しをえ、宇治まで大臣らに送られたとある。

天智の執政は、乙巳の変以来、約三〇年続いて人心はようやくあき、あまつさえ白村江の大敗、近江大津京遷都で相当にガタがきていた。天智が再起不能の病であることは、もはや自他ともに認める衆知の事実となり、これで大王崩御となれば、王位継承をめぐって、おきまりの暗殺事件がおこるのは必定とみなされていたであろう。そのような朝廷にしてしまったのは、誰でもない天智大王その人である。決着をつけるなら早い方がよいというのが、天智のみならず重臣たちの一致した意見になっていたに違いない。

吉野入り

大海人皇子の吉野入りを、「天智紀」「天武紀上」は、それぞれ次のように記している。

> 壬午《みづのえうまのひ》（一九日）に、東宮《まうけのきみ》、天皇に見《まみ》えて、吉野に之《まか》りて、脩行仏道《おこなひ》せむと請《まう》したまふ。天皇許す。東宮即ち吉野に入りたまふ。大臣《おほまへつきみ》等《たち》侍《つか》へ送る。菟道《うぢ》に至りて還る。（天智紀）

> 壬午（一九日）に吉野宮に入りたまふ。時に左大臣・蘇我赤兄臣、右大臣・中臣金連および大納言・蘇賀果安臣等送りたてまつる菟道《うぢ》（宇治）より返る。或《あるひと》の曰く、「虎に翼を着けて放てり」といふ。是の夕に、嶋宮に御《おは》します。（天武紀）

左大臣、右大臣、大納言は、皇族を除く最高位の重臣である。また菟道は現在の宇治市付近で、宇治橋に守衛を置いて近江大津京南郊の境界とし、天智四年（六六五）には閲兵（観兵式）をおこなった政治的・軍事的な要地だった。その一方で、大海人が近江京に残した高市皇子、大津皇子両皇子との別離について正史『日本書紀』は一切しるしていない。左大臣・右大臣らは私的な送別ではなく、天智大王の勅許を得て吉野宮で仏道功徳に入る大海人を、前東宮の地位にふさわしい公式の礼で送ったのである。したがって、近江京でも、それなりの送別の儀があってのことと思える。大海人に従ったのは、菟野皇女（後の持統天皇）、草壁《くさかべ》・忍壁《おさかべ》の両皇子と舎人《とねり》、女官あわせて総勢六、七〇人と下文から推測できる。彼らもまた威儀を整えて近江京を発ったであろう。

近江京から宇治までほぼ二〇キロ、往復約四〇キロの距離を礼服を着けた高官たちが徒歩で歩いたとは考えられず、乗馬によったであろう。そして近江大津京から宇治まで、大海人らと送る高官たちと、それを先導する儀仗兵などによるパレードが長く続いたことだろう。大津京や沿道の人々は、僧衣を着け馬上ゆたかに通りすぎていく大海人と従う人々の行列を見送り、一つの時代の終焉を感じ取っていたにちがいない。

当時は一カ月遅れの太陰太陽暦（元嘉暦）だったので、この日は現在の一一月一九日に当たり、天智大王の勅許をえて近江京を出発した時刻を、かりに八時ごろ、行列の速度を一時間約六キロと推測すると、大海人が宇治を発ったのは一一時ごろと考えられる。その日の目的地である嶋宮は、嶋大臣とよばれた蘇我馬子の邸宅のあとに造られた宮殿で、宇治から七〇キロ余。近代以前の日本人の食事は朝夕の二食で昼食はなく、「この夕」着いたと「天武紀」にある。冬の日暮れは早く、遅くとも六時頃には到着したであろうから、所要時間は約七時間。一時間一〇キロの速度であるが、騎馬ならさほどのことではあるまい。

大海人らは、宇治の広場で隊形を整えて近江の重臣ら一行に別れを告げ、宇治橋を渡ると大海人や妃、幼い二人の皇子と同乗した舎人、女官ら数十騎は、一斉に速足に移ったであろう。これをみてある人は「虎に翼を着けて放つ」といったのである。

三　革命の条件

吉野にて

二〇日、吉野に到着した大海人は舎人全員を集めて、「我《われ》、今入道修行《おこなひ》せむとす。故《かれ》、随ひて修道《おこなひ》せむと欲《おも》ふ者は留《とどま》れ。若《も》し仕へて名を成さむと欲ふ者は、還りて司《おほやけ》に仕へよ」といわれた。しかし還る者は誰もいなかった。そこで再度、舎人を集めて同じことをいいわたすと、舎人らの半ばは留り半ばは去った。

天智大王が大海人を召した時、天智自身、本心では大海人に位を譲るつもりだったかもしれない。しかし、左大臣・蘇我赤兄は名うての陰謀家、右大臣・中臣金は野心満々であり、若い大友皇子ならどうにでも操れるが、大海人皇子はそうはいかない。彼らは天智の死が近いと知って、権力拡大の好機とばかり、天智に大海人を召し出すよう進言した可能性が高く、病床にある天智は、本心の如何にかかわらず、もはやどうすることもできない。大海人もそれを察知していたからこそ、前述のような返事をしたのであろう。社会変動のなかで、それぞれがどう対処するかは、その個人の期待や欲望だけでは、どうなるものではない。

そのうえ未来は不確定で一寸先は闇である。もしかしたら大友皇子が急死し、近江朝廷あげて大海人皇子を迎えにくるということだって、まったくありえない話ではない。これは極端な例で、そんな僥倖は望むべくもないけれども、唐・新羅など、東アジアの動向から国内事情、さらには宮廷内にいたるまで天下の状勢は混沌としていた。私が驚嘆するのは、天智の申し出に対して見せたような、大海人がその場の情況を適確に判断し、即座に行動に移した決断力である。それは自らの期待や欲望を内面におさえこむことによってのみ可能である。その結果、無意識の深層は次第に肥大していくことになるだろう。

吉野宮に入った大海人皇子の心をとらえていたのは、自らの身にも襲いかかってくるかもしれず、彼自らも身近に見聞してきた数々の事件だったのではないだろうか。しかも吉野はいわくつきの場所だった。皇極女帝の太極殿で、中大兄皇子（天智大王）と中臣鎌足（藤原鎌足）がクーデターをおこして蘇我入鹿を殺害し、その父・馬子を自殺においこんで蘇我宗家を滅亡させた乙巳の変の後、皇極は中大兄に譲位しようとしたのに対して、中大兄は中臣鎌足の忠告に従って皇極の弟・軽皇子《かるのみこ》を推した。軽皇子は、これを受けずに中大兄の異母兄・古人大兄《ふるひとのおおえ》皇子を推挙した。けれども古人大兄の母が蘇我馬子の娘であるから、この推挙は、はじめから無理を承知でだした注文だった。要するに邪魔者は去れの警告である。古人大兄は「出家《いへで》して吉野に入りなむ。仏道《ほとけのみち》を勤め修《おこな》ひて天皇を祐《たす》け奉らむ」といって刀を投げすて、舎人すべてに武装解除を命じ、自ら法興寺（飛鳥寺）の仏殿と塔との間で髯《ひげ》髪をそり袈裟《けさ》を着け、吉野へ入った。その後、軽皇子は皇位についた。孝徳大王である。にもかかわらず、古人大兄は吉野で殺された。

古人大兄の事件は、大海人のおかれた状況とかなり似ている。同じ運命が待っているかもしれない。大海人は、来るならこいと腹をくくりながらも、天智在位のあいだはまずない、とたかをくくっていた面もあったと思う。

吉野宮

吉野宮は建築好きの斉明大王によって造営された離宮で、滝宮遺跡がそれに当たり、大王行幸の際には行宮《かりみや》となって朝廷の機能をはたす、れっきとした政府機関である。大海人も「出家して天皇の為に功徳を修めむ」の名目のもとに勅許を得て入ることのできた宮殿であり、単なる世捨て人の隠れ家などではない。大王行幸の際には、役人をはじめ身の回りの世話をする多くの随員を従えていたであろうが、普段も役人が常駐して施設の維持・管理にあたり、大海人らの入居にあたっては、当然のこととして、その動向を監視し不穏の動きがあるときは直ちに報告することを命じ、皇子受け入れの名目で、監視・通報のための増員派遣もあったであろう。「翼をつけた虎」は野に放たれたのではなく、檻の中に入れられた、いわば籠の鳥だった。だからこそ天智は、大海人の申し入れを直ちに受け入れ、追い立てるかのように法衣を送ったのである。

といって、この檻は牢獄でもなければ高級リゾートホテルでもなく、大海人らは、住こそ提供されたものの、衣食の日常生活は、自らの手でまかなわなければならなかった。大海人は湯沐《ゆ》とよばれる東宮の封地、すなわち領地から、舎人の食糧もそれぞれの領地から送られていたことは、「壬申紀」の記事から解るが、山菜や川魚など現地での調達も少なからずあったろう。それら調達や料理その他、家事万端には、大海人、皇妃、舎人、女官の身の回りの世話をする従者から奴婢にいたる多くの使用人を必要とする。大海人の吉野入りにしたがった舎人、女官数十名の一行は、公式の送別の礼をうける資格をもった身分ある人たちで、それ以外に衣服・調度などの生活財とともに、近江から吉野へと移動した他の一群のあったことは確かであり、正史は、このような下々の人の動きをしるすことはない。

彼らもまた舎人と同様に人員を半減されたであろうが、その後、現地の事情に通じた者など新しく雇い入れることがあっても不思議ではない。家事ばかりでなく農業などの領土経営技術を含んでいるのが、前近代の西欧でいう家父長の学としての家政学である。この意味でも、革命に幼い皇子を同行し、高市・大津の両皇子を近江京から呼びよせたことでも、大海人は家父長制大家族にふさわしい家父長だった。

大海人も舎人らも、それぞれの領地から食糧を運び入れていたのだから、舎人らが、大海人の指示や私用のため領地へおもむくことは通常業務として許されていた。吉野宮におかれた近江朝廷の監視の目は、これら大海人を囲む人々の出入りを、舎人と奴婢とを問わず、厳しくチェックしていたであろうが、ここにひとつの抜け道があった。しかも吉野宮は、土木工事や建築好きの斉明大王が造営させただけあって、監視の目も大海人ら高貴な身分の人々のプライバシーを侵すことはできなかったろう。大海人は、そこで熟慮し、舎人たちに次々と指令を出すとともに、舎人たちのもたらす情報をもとに、数人の舎人を相手に謀議をこらしたことと考えられる。

戦争であれ革命であれ、実力行使の前には情報と謀略との目に見えない戦いがある。その目に見えない戦いを読み取るには、吉野宮がどのような地政学的・戦略的な位置に置かれていたかをみておく必要がある。

中央構造線

後に南北朝の乱で、南朝は宮都を吉野においたので吉野朝とよばれた。日本史上で、朝廷が真っ二つに割れ、国を二分して争った内乱は、壬申の乱と南北朝の乱の二つしかなく、ともに一方が吉野を根拠地にしたのは、吉野が、古くから朝廷と深く結びついていた聖地で、中央で志をえなかった皇族が逃避、隠遁するにふさわしい場所というだけでなく、むしろ紀ノ川と櫛田川とをつらねる、地理学でいう中央構造線上にあるという地政学的な要地にあることをしめしている。

日本の古代国家は、大和川――瀬戸内海――北九州を結ぶルートを中枢にして形成されたにもかかわらず、紀ノ川――四国沿いの航路が大きな意味を担うことになったのは、宮都が大和南部に偏在した時期だった。ところが、この地から難波津に出るには、生駒・葛城山脈を横断しなければならず、人だけでなく大量の物資の運輸を伴う外征の場合にはかなりの困難で、大和川が河内に流入する広瀬、竜田付近では河流が屈曲して十分な舟運はのぞめない。これに対して、ほぼ一直線に流れる紀ノ川は豊富な水量によってかなり上流まで舟を浮かべることが可能である。外征軍は紀ノ川を河舟でくだり、紀伊水門にでて海洋就航用の大型構造船にのりかえて陣容を立てなおし、紀ノ川河口に祭られた日前宮に武運長久を祈って出航したであろう。斎部広成《いんべのひろなり》の『古語拾遺』によると、思兼神《おもいかねのかみ》のはかりごとで、石凝姥《いしこりどめ》が日の像の鏡を鋳造したとき、始めに鋳たのは、いささか意に合わなかった。これが紀伊国の日前神であり、つぎに鋳ったのは、そのかたちがうるわしかった。これが伊勢大神である。としるしているように、やがて日前宮が伊勢神宮につぐ准皇祖神とされた。

史上、吉野から高見峠をこえ櫛田川を下って伊勢に出た天皇として知られるのは、大海人の皇妃・鵜野皇女、後の持統天皇である。大宝二年（七〇二）、太上天皇となった持統は三河・尾張・美濃・伊勢・伊賀の諸国を行幸したが、普通考えられるコースとは逆に、陸路ではもっとも遠い三河に、いきなり出ている。明らかに吉野から高見峠をこえて櫛田川をくだり、伊勢から三河に渡ったのである。持統が崩御の前年、老いの身に鞭打って櫛田川を下ったのは、かつて大海人と吉野宮に隠遁していた若かりし頃、いつ襲われるかもしれぬ近江朝廷の影におびえていた皇妃に、大海人からいざという時には、高見峠をこえて櫛田川を下れば、すぐに伊勢神宮へ逃げ込める、といって力づけられた言葉が忘れられず、一度はたどってみたいと思い続けてきたルートだったからではないだろうか。

であるとすれば、大海人の舎人の何人かが、秘かにこのルートをつかって伊勢に赴いたはずである。紀ノ川の河口、日前宮付近は、紀伊水軍の作戦基地であったが、伊勢神宮が大海人の吉野宮以外のもう一つの革命戦略基地になっていた可能性はきわめて高い。

伊勢神宮は大和朝廷が東方へ進出する前進基地とされているが、東海地方に広い信仰圏、経済圏をつくりだしてもいたのである。壬申の革命で吉野を発った大海人の軍が、まるで針で計るかのような見事さで、東国入りを果たすことができたのは、伊勢神宮が、吉野の大海人から送られてくる指令を受けて策を練り、その情報網を通じて広範な地域各地へ敏速に伝達していたからであったろう。

革命への二つの条件

壬申の乱が、単なる不平分子の反乱ではなく、革命であるためには、必要にして十分な二つの条件がいる。その一つは、天智大王の崩御。もう一つは唐との講和条約の締結である。

古代大和王朝時代は、皇族相互の殺し合う血塗られた歴史だった。大王崩御のたびに、まるで代替わりのセレモニーかのように、王位継承をめぐって血なまぐさい事件がおこった。当時は、父子継承よりも兄弟相承が多く、父子兄弟二代にわたる複数の候補者から大王にふさわしい皇子を、重臣が推戴するのが古くからの慣わしだった。そのため、豪族たちの勢力争いもからんで、兄弟相互の殺し合いがおこった。しかし、たとえ謀略や暗殺によろうとも、自らの力で競争者に打ち勝って王位を手にするものこそ大王にふさわしい実力者だった。殺人を辞さない権謀術策こそ、古代大和朝廷が王権だった由縁ともいえる。

大王が崩御すると、喪のあけるまでの空白期が生じる。その間、皇位継承の候補者は、誰もが大王位につく権利を保有していた。だから大王生前に乱をおこせば明らかな反逆であるが、崩御後であれば、いかなる手段をもちいようとも、王位を獲得したものが大王である。したがって、大海人皇子による反乱の名分はある。

天智崩御後という乱の必要条件は、このことを意味している。

つぎに、壬申の革命は、白村江の大敗後の東アジアの緊迫した情勢下におこなわれた。このことから壬申の革命は、戦勝国の唐ないし新羅の謀略によって起こされたとの説が一時期さかんだった。百済はもちろん唐・新羅からも多くの渡来人が在留していた当時、直接、間接に朝廷の勢力争いに関与した集団ないし個人がいても不思議ではないが、唐・新羅の謀略があったとは考えられない。唐と新羅は相互の戦いに精一杯で、とてもそのような余裕はなかったからで、むしろ両者は、できるだけ早い講和を望んでいたとみるべきであろう。

新羅との講和は、すでに天智七年（六六六）、新羅の調進によって成立している。のこる唐との講和条約成立以前に、内乱をおこすのは、唐への利敵行為であり、ひろく倭国の人々の支持をうけることはむずかしい。むしろ唐や新羅の植民地、半植民地にしてはならないという危機感が、大海人を駆り立て、東国の豪族や民衆を含む多くの人々の支持をえたからこそ、壬申の革命を勝利に導くことができたとみるべきであろう。

したがって、壬申の革命をおこすための十分条件は、唐との講和条約の締結である。

天智大王崩御

天智一〇年（六七一）一一月二三日、大友皇子は、内裏の西殿にかけられた織物の仏像の前に在し、左大臣蘇我赤兄、右大臣中臣金、大納言蘇我果安、巨勢人、紀大人を侍らせ、手に香鑪《こうろ》をもってたち、

六人心を同じくして、天皇の詔を奉じ、もし違うことがあれば、必ず天罰をうけるであろう。

といった。蘇我赤兄らは、手に香鑪をとってつぎつぎにたち、

臣ら五人、殿下に随って、天皇の詔を奉る。もし違反することがあれば、四天王に打たれるであろう。天神地祇もまた罰するであろう。三十三天《さんじゆうさんてん》、このことをあきらかに知らしめせ。子孫当《まさ》に絶え、家門必ず亡びるだろう。と誓いあった。

一二月三日、天智大王は崩御した。

翌天武元年（六七二）三月一八日、近江朝廷は阿曇連稲敷《あずみのむらじいなしき》を筑紫に遣わして、天智の喪を唐の使者、郭務悰《かくむそう》らに告げた。郭務悰らは喪服を着て喪礼をおこなった後、二一日、書函と進物をたてまつった。これに対して朝廷は五月一二日、甲冑弓矢を郭らに賜った。この日、郭らに賜ったのは、ふとぎぬ一六七三匹、布二八五二反、綿六六六六斤だった。これらの賜品が端数であるのは、要求された賠償額を物品に換算した結果であろうとされている。

五月三〇日、唐船は去った。

四　吉野から不破へ

戦機熟す

天智大王崩御は、近江朝廷による大海人謀殺の危惧をにわかに現実化した。しかし、天智崩御後の約半年、『書紀』は、近江・吉野双方の動向について、何事もしるしていない。動きが起こるのは、天智崩御の翌年五月、唐船が筑紫から去った月である。

天武元年（六七二）五月、大海人の舎人・朴井連雄君《えのいのむらじおきみ》がいうには、私用で美濃にいったところ、近江朝廷は美濃・尾張の両国司に命じて、天智大王の山陵をつくると称して兵を集めていた。これは山陵のためではなく、必ず事があるでしょう。すみやかに避ける行動をおこさないと危ないことになるでしょうといった。朴井雄君は、物部雄君・榎井小君にも作り、物部系名門の出で、大海人の舎人の筆頭を務めていたとされる人物である。美濃の安八麻郡には東宮の食封である湯沐、つまりは大海人の領地があったから、朴井が私用だけで美濃にいったとは考えられず、なんらかの工作にいったことは確かであろう。そのかたわら、右のような情報を持ち帰ったのである。

またある人は、「近江京より倭京に至るまでに、処処に候《うかみ》を置けり。また菟道の守橋者《はしもり》に命せて、皇大弟の宮の舎人の、私粮《わたくしのくらひも》運ぶ事を遮《た》へしむ」（近江京より倭京に至るあちらこちらに監視人を置いてある。また宇治橋の橋守に命じて、大海人皇子の宮の舎人が、自分たちの食糧を運ぶことさえ禁じている）と告げた。大海人が調べさせたところ、これらの情報は事実だった。そこで大海人は「朕、位を譲り世を遁るる所以は、独り病を治め身を全くして、永に百年を終へむとなり。然るに今、已むこと獲ずして、禍を承けむ。何ぞ黙して身を亡さむや」（私が皇位を辞退して身を引いたのは、ひとりで療養につとめ、天命を全うしようと思ったからである。それなのにいま避けられない禍を受けようとしている。どうしてこのままだまっておられようか）といった。

一の臣

六月二二日、大海人は村国連男依《おより》・和珥《わに》部臣君手《べのおみきみて》・身《み》毛君広《げつきみひろ》の三人に、ただちに美濃国へゆき、安八麻郡の湯沐令多臣品治《おおのおみほむじ》に重要機密をうちあけて、まず当郡の兵を蜂起させ、さらに国司たちにふれて、もろもろの軍をおこしてすみやかに不破の道を塞げ。自分もただちに出発すると告げた。

二日後の二四日、大海人は東国へ出発しようとした時、一の臣が、「近江の群臣たちは謀りごとをもち、必ず天下に害をおこすでしょう。ですから道路を通過するのも困難だと思います。どうして一人の兵もなく徒手で東国に入ろうとするのですか。臣は事の成就しないのを恐れます」と忠告した。大海人は、これに従い、男依らを呼び返そうかと思った。

これだけ読むと、出発直前になって、言上した臣も臣なら、それに従おうといった大海人も大海人だ、と思わせる記事である。村国男依らは二日前に出発し、首尾よくいけば、すでに美濃に着いている頃で、これまで壬申の乱を論じた先学のどなたもが書いておられるように、すでに賽は投げられている。もはや後もどりはできない時期になって何事であろうか。このことから、田中卓の壬申の乱偶発説と、直木孝次郎の謀略説との論争がおこって、いまだに結着がついていないが、これを私は、以下のように理解している。

吉野の大海人には、近江朝廷から付けられた監視の眼があって当然で、なければかえっておかしい。出発間際になって、事の成就しないことを恐れると奏上した「一の臣」が、大海人の指示で秘かに活動し謀議にも加わっていた舎人であろうはずはなく、かといって大海人に直接このようなことをいえる人物は、れっきとした政府機関である吉野宮を管理し留守を守る長官、すなわち吉野宮の司以外にはいないだろう。「臣」とは、政府官僚をいう語であって、仏道修行に入った大海人に従った舎人たちを「臣」とはよばないのである。

吉野宮の司は二日前、三人の舎人がいずくともなく旅立ち、その後、大海人周辺の動きがにわかにあわただしくなり、ついには大海人が吉野を出ると知って、あわてて参上し、大海人に「道路は通過するのも難しく、どうして一人の兵もなく徒歩で東国に入ろうとするのですか」と取り入るようにいって必死で止めたのである。そればかりか、大海人が三人の舎人を送り出したことにもふれたであろう。痛いところをつかれ、大海人は「お前の言う通りだ。彼らを呼び戻そう」といって、その言葉を逆用したのである。そこで、つぎにつづく「即ち」の語が利いてくる。

即ち、大分君恵尺《おおきだのきみえさか》・黄書造大伴《きふみのみやつこおおとも》・逢臣志摩の三人に、倭古京留守司・高坂王《こうさかのおおきみ》に駅馬の使用許可兼通行証である駅鈴《うまやのすず》を乞わせ、もし鈴が得られなかったら志摩はもどって報告し、恵尺は近江まで馳せて、高市皇子・大津皇子に伊勢で合流するように伝えよと命じた。恵尺らは、東宮の命であると、留守司の高坂王に駅鈴を求めたにもかかわらず、許されなかった。恵尺は近江へ走り志摩は帰って「鈴を得ず」と復命し、残る一人、黄書造大伴は大伴馬来田《まぐた》・吹負《ふけい》兄弟のもとに走った。

「一の臣」と大海人との問答で、大海人は二日前に出発した村国連男依らを呼び戻そうといっているのだから、彼らは駅鈴《うまやのすず》なしで美濃へ向ったのであろう。にもかかわらず男依らは、その任務を十分に果たしている。一頭の馬で走り続ければ馬をつぶしてしまうから、街道には一定区間ごとに駅家《うまや》が設けられていた。その駅馬使用許可証である駅鈴をもたずに出発したのに、村国連男依らが任務を果たすことができたのは、名張の駅家、さらに伊賀、伊勢の東海道筋は、すでに大海人の支配下に入っていたと考えるのが、その後におきたことを理解するにも筋がとおる。

他方、大分君恵尺らの三人は、倭古京の留守司に駅鈴を乞うて拒否された。留守司は直ちに近江朝廷へ通報したであろうと、先学のどなたもが考えられているし、事実、大海人は駅鈴の得られないことを知って、あわただしく出発している。倭古京留守司への使者本来の目的は、高市・大津両皇子や大伴馬来田・吹負兄弟への連絡であったにしても、大海人らの出発を近江朝廷へ報せるために、わざわざ倭古京留守司のもとへ駅鈴を求めにいかせたようなものである。このようにみてくると、近江朝廷に対する事実上の宣戦布告である大海人の吉野出発が、大海人にしては、なんと間の抜けた話ではないか、と思われていたのである。

実は、そうではなく、駅鈴は大海人の口実であって、「一の臣」が奏上した「則ち道路通ひ難からむ。何ぞ一人の兵無くして、徒手にして東に入りたまはむ」の言葉を逆用し、倭古京留守司、さらに大伴兄弟、近江大津京への使者を先発させたのである。後に倭古京留守司の高坂王は、大海人の出陣に呼応して蜂起した大伴吹負の攻撃に、一度は抵抗のふりをしながら、あっさり寝返っている。それは役目柄そのようにみせかけただけのことで、初めから大海人側についていたのは明らかである。

また駅鈴を受けにわざわざ三人の舎人を送る必要はなく、志摩一人だけで十分であって、他の二人の舎人はそれぞれ直接に、大伴兄弟や近江京へと走らせた方がよかったようにもみえる。が、すでに見たように、宇治橋をはじめ倭古京から近江京までの所々に監視所がおかれていた。にもかかわらず、大分君恵尺らが、それらを難なく通過して、近江京の高市・大津両皇子のもとにたどりつくことができたのは、倭古京留守司から駅鈴をうけとって駅馬を利用したから目的を達することができた、とみる以外には考えられない。

大和をへて近江にいたる道と、村国男依らを先発させ大海人らがその後を追った鈴鹿越えの道とでは、すでに性格の異なる道になっていたのである。いいかえれば、伊賀をふくむ伊勢および倭古京の近江朝廷に対する反乱の手はずはすでに整い、あとは美濃の動静いかんにかかっていたのである。

吉野発

この日、大海人は東国へと向った。古代最大の内乱、壬申の乱の勃発である。従う者は妃の菟野皇女（後の持統天皇）と幼い草壁・忍壁の両皇子、舎人二〇人余、女官一〇人余にすぎなかったばかりか、大海人は馬に皇妃は輿《こし》に乗らず、全員徒歩の出で立ちだった。二日前に先発させた三人の舎人も倭古京留守司のもとにいかせた三人の舎人も乗馬だったことは、ほぼ確実である。にもかかわらず、大海人の馬は準備していなかったとは不思議である。ともあれ『書紀』には、事は急だったので馬を待たず全員出発したとある。彼らを見送った吉野宮の誰もが、出陣とは思わずに、逃避行と見たであろう。

駅鈴が得られるかどうか、返事を待っていたので出発は遅れた。その間の時間を、大海人は舎人や女官たちをゆっくり休ませるようにした。この日は、現在の七月二四日に当り、連日晴天が続く熱暑の夏ではあるが、涼しい夜を通しての行軍になることは、すでに予定されていたからである。

大海人ら吉野をたつの第一報は、同じ留守司でも倭古京留守司からではなく、吉野宮留守司から近江朝廷へ入ったであろう。大海人らはどこに向おうとしているのか。駅鈴なしで、いいかえれば駅家を通らず、兵一人もつれずに、女子供を含む約四〇名の全員が徒歩で、吉野から東国へと抜けることのできる道などあるのだろうか。あったことを読者はすでにご存知のはずである。高見峠をこえ櫛田川をくだり伊勢に出るルートであり、櫛田川河口付近に古く伊勢神宮が祀られていた。

吉野宮の留守司は、大海人らが櫛田川ルートで伊勢と連絡している情報をすでにつかみ、近江朝廷に報告していただろう。この程度のことは、政府機関である吉野宮はつかんでいたとみるのが自然である。かりにそうでなくとも、近江の群臣たちの多くは、比較的最近まで吉野が目の先にある飛鳥で暮らし、吉野がもつ地政学的な位置を熟知していたから、大海人らは櫛田川ルートをとると予想していたはずである。彼らは、やはり伊勢に出るか、やっかいなことになったとしながらも、それならそれで攻撃の体勢を整える余裕は十分にあると思っていたに違いない。

ところが大海人らは出発して間もなく県犬養大伴《あがたいぬかいのおおとも》に出会い、大海人は鞍馬に皇后は輿にのった。『書紀』は県犬養大伴の鞍馬だけのような書き方をしているが、皇妃は輿にのったというのだから、少なくとも輿は予め準備しておいたのである。輿はどこにでもあるような物ではなく、まして山中にたまたまあったなどとは考えられない。だのに天皇の馬は準備していなかったというのはおかしい。さらに津風呂にいたって車駕が着いた。車駕とは天皇の乗物のことをいい、馬車であるとは限らない。「車駕《おほみま》始めて至れり。便《すなは》ち乗《みのり》す」につづけて「是の時に、元《まじめ》より従へる者《ひと》」と皇子・舎人の名をずらずらとあげて、舎人「二十有余人、女孺《めのわらは》十有余人なり」としるしているのは、ここで吉野京から従ってきた全員が馬にのったのだろう。

すでに指摘されているように、舎人二十余人としながら、名の挙げられているのは半分の一一名にすぎない。また乱後、乱に功績があったとして冠位を賜った舎人のうちにも、ここに名の記載されていない者が何人もいる。この時、彼らは何をしていたのだろうか。

また直木孝次郎は、後に米を運ぶ駄馬五〇頭と出会った時、皇妃は輿を馬に乗り換えたとしている。氏は大海人らのたどったルートをくわしく踏査された結果、距離と時間との関係から、輿では無理と判断したのであろう。皇妃の輿はその後にも出てくるが、『書紀』の他の記述を信じる限り、先述の宇治から吉野ばかりでなく、吉野からも、最初のごく一部を除いて馬としなければ辻褄が合わない。しかしこれは、皇后、皇妃は輿にきまっているという『書紀』の著述者ないし筆録者の固定観念が、「輿」と書かせたのではなかろうか。後に持統天皇となった菟野讃良皇女は、伊勢地方に二度行幸し、どちらも「車駕」とかかれているが、それは天皇の乗物を一般に「車駕」とかくからで、実際は「輿」だったのかもしれない。裏返せば、壬申の頃は、女性も馬に乗って従軍した古風が、いまだ残っていた最後の時代だったといえるかもしれない。

その日、宇陀の吾城《あき》（万葉では安騎）にくると、倭京へ駅鈴の交渉にいった三人の一人、黄書造大伴が大伴連馬来田とともに追いついた。大伴連馬来田は、後に大和方面軍の将軍になって奮戦した大伴吹負の兄で、この兄弟については『書紀』の下文に、かねてから時勢をみて病気と称して大和の家にこもり、大海人の挙兵を聞いて馬来田は吹負を家にとどめ、大海人を追って合流したとある。この大伴兄弟の大伴氏は神武東征以来の名門中の名門である。

この時、屯田令の舎人、土師連馬手《はじのむらじうまて》は、大海人の従者たちに食事を差し上げた。屯田は朝廷の直轄領で令はその長官、舎人はその従者である。約五〇人はいたと思われる全員に食事を提供するためには、予め準備していたのである。長官の従者が大海人の従者に食事を差し上げたのであれば、長官は大海人に食事を差し上げた、ということにならないだろうか。その二日後、土師連馬手は稚桜部臣五百瀬《わかさくらべのおみいおせ》とともに東山道の兵を集める任務を与えられたのは、馬手が東山道にかなり有力な手づるをもっていたからだろう。

甘羅村《かんら》(宇陀郡神楽岡か)を過ぎた頃、大伴朴本大国《おおともののえのもとのおおくに》を首領とする猟者二十余人に遭遇して、ことごとく従者に加えた。この猟者は山民としての猟師ではなく、プロの射手であり、すぐれた騎士である猟者である。西郷信綱は、甘羅村は『万葉集』に「安騎の大野」(一・四五)、「宇陀の大野」(二・一九一)と歌われている野にほど近い地であるから、この「猟者二十余人」は、宮廷の猟場と縁ある者たちであったろうとされている。彼らは大海人らを待ち構えていたのである。さらに美濃王《みののおおきみ》を召し出して供に加えた。王を名乗る貴族が召し出しに応じて、行軍を続ける吉野軍に、ただちに参加できたのは、どういうことであるかは、もはやいうまでもあるまい。

駅家を焼く

湯沐の米を運ぶ伊勢国の駄馬五〇匹と、宇陀の郡家近くで出会い、米をみな捨て徒歩の者に乗らせた。なによりも軍を速く進めることが第一だったにしても、駄馬五〇頭分の米をおしげもなく捨てて乗馬させたのは、徒歩の兵たちに感動を与えたことだろう。しかも吉野軍は、今後の軍糧について、まったく心配していなかったのである。

大野(現・室生寺付近)で日が暮れた。この月の朔(新月)は二四日だったから、東の空に三日月がかかるのはまだ先である。しかも山中に入ったので暗闇で進むことができない。沿道の家の垣を焼いて燭《ひ》とし、夜半に名張《なばり》の郡家につき駅家《うまや》を焼いた。闇夜に乗じた隠密行動と思っていたら、早くも戦闘状態に入ったのであろうか。次の伊賀でも駅家を焼いているから、明らかに駅家のねらい打ちである。火柱が高くあがり、付近を赤々と照らし出したばかりでなく、暗い夜空のなかに遥か遠くからも望見されたであろう。

駅家には大海人軍がのどから手が出るほど欲しがっていた予備の分までふくめて、少なくとも一〇頭くらいはいたはずの駅馬や、革命軍に対する抵抗の有無を『書紀』は、いっさいしるしていない。駅馬は、いやしくも国家の施設におかれた馬だから、数は少なくとも米を運ぶ駄馬と違って駿馬であろう。それなのに駄馬はしるしていて駿馬をしるさないとは、いかなることなのか。そのかわり村人たちへ元東宮、東国入りの軍役参加をよびかけたが、誰一人出てこなかったという、いささか不名誉な話をわざわざ書いている。駅馬のことなどよりも、このことの方が、ここで書くべき重要事項だったのだ。

夜の夜中に、いきなり軍役参加を求められても、誰一人出てこなかったのは当たり前である。仮に参加する気があったとしても身支度や家族の今後の相談・指示などがあって、すぐに出られるわけはない。しかし、天下の一大事には違いないから、駅家の役人か村人の誰かが郡司のもとに走ったことだろう。軍略は密である必要があるから、いかに緻密な情報網であっても下級官吏や農民にまで伝達されていなくて当然である。しかし時勢おだやかではないから、何事かが起ったら直ちに郡家に通報するようにとの伝達はあったかもしれない。むしろ近江朝廷の方から、この通達のあった可能性が高い。そして『書紀』は、吉野軍には村人を含む、いかに広汎な層からの参加があったかを、このような形で伝えようとしたのではなかったろうか。

さらに、駅家のねらい打ちならぬねらい焼きは、大海人軍進攻を地域一帯に伝える信号、すなわち壮大な狼火《のろし》だった。真夏の太陽のもとでは狼火の効果もさほどではない。そのため、月のない闇夜を選んでの暗夜行路だったのである。駅家は、街道筋に面してほぼ等距離に設置された唯一の政府施設であり、この地の者なら誰もがその場所を知っていた。

大化の改新で、畿外への境と定められた横河（名張川）へむかって視界がひろがると、川の上にあたかも前方を遮るかのように、幅十余丈の長い黒雲が横たわっているのが、満天の星空に見えた。古代には南北方向が横、東西方向が縦である。名張川はこの地では、北から南へと流れる横川であり、黒雲が横たわっていたのは名張川の真上にあったからで、真夏の太陽で川の水が蒸発し、夜間急速に気温が冷却してつくられた気象学でいう層雲である。やがて雲はさらに大きく成長し、内陸から海へむかって吹く夜風にのり、雷雨となって東へと進む大海人軍を襲うことになる。この黒雲に従軍する誰もが不吉な予感にとらわれた。

天文・遁甲《とんこう》の術をよくする大海人は、すかさず燭《ひ》をかかげさせ自ら占いの道具、式《ちく》をとって占い、「これは天下が二つに分れるきざしであり、われらが天下をとるだろう」といわれた。こういうことは近侍者だけでなく、将兵全員に告げなければ何の意味もない。この言葉は、山中夜間の行軍で長く延びた軍列諸隊に伝令で次々と伝えられ、隊の指揮官が隊員たちにつげるたびに、将兵から上る喚声が谷間にこだましたのではないだろうか。

伊賀と伊勢

これに勢いをえて、たちまち伊賀郡に入り伊賀の駅家を焼いた。高く上る火柱によって大海人軍の進軍を知らせたのである。その効果はすぐに現われ、伊賀の中山（上野市南部）にくると、当国（伊勢国）伊賀の郡司らが数百の衆を率いて待ち構え、参軍した。

明け方、莿萩野《たらの》（三重県上野市荒木付近）に着き、しばらく小休止して朝食をとった。ここでも食事の準備がされていたのである。積殖《つむえ》の山口（伊賀町柘植）で、近江大津京から鹿深《かふか》（甲賀）を越えて夜通し駆けついできた高市皇子の一隊と首尾よく合流した。従うのは民直大火《たみのあたいおおひ》・赤染造徳足《あかそめのみやつことこたり》・大蔵直広隅《おおくらのあたいひろすみ》・坂上直国麻呂《さかのうえのあたいくにまろ》・古《ふる》市黒麻呂《いちのくろまろ》・竹田大徳《たけだのだいとく》・胆香瓦臣安倍《いかごのおみあえ》らである。

壬申の乱を論ずる方々の多くは、大海人らが夜陰に乗じて伊賀の山中を越えた理由を、さらには名張の駅家で軍への参加をよびかけたのにだれ一人応じなかった理由を、大友皇子の幼名が伊賀皇子だったこと、すなわち大友の母は伊賀の国司から天智に献上された采女で、大友は幼い頃、母方の里である伊賀で育てられたことに求められている。伊賀は、いわば敵国であり、敵中突破の隠密行動だったというのである。さらに、その伊賀皇子の名が大友皇子に変わったのは、伊賀の采女だった母の生家が没落したからとされている。にもかかわらず、どうして伊賀の国司が没落したのか、その理由について書かれた文章を私はよんだおぼえがない。

その理由は、『先代旧事本紀』巻十「国造本紀」に「伊賀国、難波朝御世、伊勢国に隷《つ》く」とあり、難波朝すなわち大化の改新によって、伊賀国が伊勢国に合併されたからである。難波朝の大王は孝徳であるが、大化の改新に天智がかかわっているのは衆知の事実である。天智は唯一の皇子の母の生家を没落させた張本人であるばかりか、大友氏は近江に集住している氏族だから、伊賀の人々が、近江朝廷に対して好感をもっていたはずはない。しかも、伊賀は伊勢国司の指揮下におかれていた。だからこそ村国男依らは、駅鈴なしで伊賀を通過し、さらに大海人の吉野軍のもとへ従軍するものがつぎからつぎへと現われたのである。

鈴鹿に入る

大山を越えて（加太越え）、伊勢の鈴鹿に入ると、国司守三宅連石床《みやけのむらじいわとこ》・介《すけ》三輪君子首《みわのきみこびと》、および湯沐令《ゆのうながし》田中臣足《たなかのおみたり》麻呂《まろ》・高田首新家《たかたのおびとにいのみ》らが、鈴鹿の郡家前に参集して大海人らを迎えた。

国司は国の長官、介は次官、湯沐令の令も長官である。しかし、どこの国の司、介であるかを『書紀』はしるしていない。書かれていなければ、その場所の国司に決まっていると思いがちだが、そうではないと直木孝次郎は言い、田中卓との間で論争が起った。

問題は湯沐令で、伊勢に湯沐があった記録がないから、これは大海人の食封である美濃国安八磨郡とする。先に伊勢の湯沐の米を運ぶ五十頭の駄馬に往きあったが、これも直木は、美濃の湯沐から船で伊勢国の港に運んだ米を馬に積み替えたとしている。その後、田中卓は、『日本三代実録』仁和三年（八八七）三月一日条の大神朝臣良臣の奏上文に、

浄御原天皇、壬申の乱、伊勢に入るの時、良臣の高祖父、三輪君子首、伊勢の介たり。軍に従ひて功あり。

とあることによって、伊勢の介が間違いなく三輪君子首であったことを立証した。にもかかわらず直木は、この奏上文は、壬申紀の記述から造作した偽書であると強弁して認めなかった。

私は、始めから伊勢に決まっていることで論じるまでもないと思っている。したがって、その理由は、いたって簡単である。大海人が吉野を発つ二日前、村国男依ら三名に与えた指令は、すみやかに美濃国に行って、安八麻郡の湯沐令多臣品治が兵を起こし、ついで国司らにふれて諸軍を蜂起させ、至急に不破の道を塞げ、ということだった。この緊急かつ重大な任務を果たさなければならない責任者たちが、美濃を留守にして鈴鹿で出迎えなどしたら、大海人から、お前達はなんで、こんなところまで出かけてきたのかと叱られるにきまっているからである。

「壬申紀」は、ここで国司や介の国名を書いてないばかりではない。先の伊賀の郡司らは「数百の衆」、後にみる尾張の国司・少子部連《ちいさこべのむらじ》鉏鉤《さひち》は「二万の衆」を率いてと国名や軍の人数をしるしているのに、伊勢の場合だけは、国司や介などの個人名をあげるだけで、国名ばかりでなく率いる軍勢についても一切しるしていない。これは省略したのではなく、意図的な削除である。

個人名は、その人物の功績を明らかにして労にむくい、乱後の論功行賞にもかかわることだから銘記したけれども、国名や軍事勢力については『書紀』から削除した。いいかえれば、伊勢国に関してはできるだけ伏せて、

国家機密扱いとしたのであろう。

これに対して、鈴鹿の場合には「五百の軍を発して、鈴鹿の山道を塞がせた」と、「五百の軍」と明瞭に書いていて、「美濃の師《いくさ》三千人を発してすみやかに不破の道を塞げ」の指令と類似している。後に革命軍は、不破と鈴鹿の二手に分れて攻撃を開始したことに示されているように、鈴鹿は不破につぐ重要軍事拠点である。当時、近江朝廷も鈴鹿の重要さを熟知し、大海人の叛乱に備えて関防衛軍を増強していたはずで、後にみるように不破の関ではそのことが認められた。だから大海人は「不破道を塞げ」と指令したのであって「不破の関を落とせ」と命令してはいない。そう簡単に不破の関が落とせないことを大海人は知っていたのである。

ところが、鈴鹿の関に対して出発前に何の指令も出さず、また鈴鹿の関は革命軍に対して何の抵抗も示していない。鈴鹿は伊勢国に属し国司の支配下にある。また鈴鹿の山道を塞がせたのは「五百の軍」であって、伊賀の郡司らが率いてきた「数百の衆」ではなく、組織的に編制された軍隊である。つまるところ、鈴鹿の関は始めから大海人革命軍に属していたのである。そして、鈴鹿の関の守備隊が「五百の軍」であることは、すでに公的にきめられた周知の事実だったから、『書紀』の記述に伏せる必要もなかったのだろう。

関は峠の近くにあったであろう。なんといっても山道の頂上近くに陣取って、下から登ってくる敵軍を迎え撃つのが有利だからである。大海人皇子は鈴鹿を通過したとき、軍五百で鈴鹿の山道を防衛させたとある。それは当時、鈴鹿の関には、いまだ常備の守備隊がおかれていなかったためと解釈されているが、もしそうであれば、少なくとも五百の軍が駐屯できる場所が、山中にあったということで、いざという時、砦となる陣地がすでに構築されていたとみるのが自然である。つまるところ鈴鹿の関は、すでに存在していたのである。とすれば少数の守備隊くらいはおかれているはずなのに、それがまったく「壬申紀」に見えないのは、五百の軍とは守備隊そのもので、つまるところ、彼らは始めから吉野側についていたのだろう。次の文に「鈴鹿関司」の語がみえるのは、それをしめしているだろう。

川曲《かわわ》の坂下《さかもと》で日が暮れた。皇女の疲れがひどかったので、しばらく小休止することにしたが、雨が降り始めた。横河でみた黒雲が夜風にのって、行軍する大海人らを追い、雷雨になって頭上から襲いかかってきたのである。休む間もなく再び行進をはじめたものの衣服もびしょぬれになって寒くてたまらない。ようやく三重の郡家につき、小屋一軒を焼いて暖をとった。

この夜、当然のこととして、郡家で伊勢国司たちと軍議がひらかれ、美濃が軍をおこしたことは大海人の耳に入っていたであろう。そして夜半に、鈴鹿の関から山部王、石川王の情報が入った。これも前々からの打ち合わせで、それが大津皇子の一行であることを、大海人にはわかったはずである。すでに大和では大伴吹負が蜂起して、倭古京留守司が吉野側につき、さらに伊賀、伊勢、美濃の国々が大海人皇子の傘下に入るとともに、高市皇子についで大津皇子との合流にも成功したのである。日本史上に天照大神の神名が、初めて登場するのは、その翌朝であった。

天照大神を望拝す

『日本書紀』天武元年六月二六日条は
朝明郡《あさけのこほり》の迹太川《とほかは》（現・朝明川）の辺《へ》にして、天照太神《あまてらすおほみかみ》を望拝《たよせにをが》みたまふ。
としるしている。天照大神の神名が正史に現われた事実上の初見であり、劇的な瞬間といっていい。『釈日本紀』には、「壬申紀」を記述するため、参戦した舎人たちにかかせた従軍日記が引用されているが、その一つ「安斗智徳日記」に、
辰の時、朝明郡迹太川上にて、天照大神を拝礼す。

とある。当時の時刻制は、現在と同じ定時法で、辰の時は、午前八時から一〇時にあたる。夏の日の出ははやく、五時頃には太陽は昇っているから、朝日を拝んだわけではなく、伊勢神宮を望拝したのである。望を「たよせ」とよむのは「手寄せ」で、手で招きよせる動作をして拝礼することだという。はるか離れて見えない所から拝するのは遥拝であるが、見える所から拝するのでなければ望拝にはならない。それが、こんもりした森であったか殿舎の集合体であったかはわからないが、伊勢神宮は朝明川のほとりから望み見ることができる場所に、すなわち現鎮座地、度会郡宇治五十鈴川上の大山中ではなく、多気郡多気に、それと見ることのできるかたちで存在していたのである。

また、壬申の乱を論ずるほとんどの方が、大海人皇子一人で望拝したかのような書き方をされているが、私は、そうではあるまいと思っている。柳田国男は、『明治大正史　世相篇』に、近年は概して水が近くなったと書いている。かつては河川も湖沼も、水辺は遠かった。現在みるような河川は、明治以後、さらには近世以後の河川工事によってつくられた結果であり、かつての河川は、谷いっぱいを石の河原が埋め、川が平野へでれば、さらに河原をひろげ、その中をいくつもの小さな流れに分かれて水が流れていた。たとえば出雲の阿国が、京都鴨川の四条河原で歌舞伎を上演したのは有名だが、当時、賀茂川の河原は、現在の河原町通りをさらにこえてひろがっていたのである。

そのような朝明川の河原に伊勢国の守と介、湯沐令、鈴鹿郡司および、その率いてきた軍勢に、大海人の舎人らも加わって整列し、元東宮・大海人皇子が閲兵し、全軍で伊勢神宮を望拝したであろうと私は思っている。それは、革命のユートピアの実現を、全軍とともに神へ誓った誓約であり、ここに天照大神が出現したのである。

このとき路《みちの》直《あたい》益人《ますひと》が到着して、「関においでになったのは、山部王、石川王ではなく、大津皇子でありました」と奏上した。やがて益人の後から大津皇子が参られた。大分君恵尺・難波吉士三綱《なにわのきしみつな》・駒田勝忍人《こまだのすぐりおしひと》・山辺君安麻呂《やまのえのきみやすまろ》・小墾田猪手《おわりだのいて》・泥部眂枳《はずかしべのしき》・大分君稚臣《おおきだのきみわかみ》・根連金身《ねのむらじかねみ》・漆部友背《ぬりべのともせ》らが供をし、大海人は大いに喜んだ。

天武はさらに進んで朝明郡家に着こうとするとき、吉野を先発させた村国連男依が駅馬でかけつけ、美濃の軍三千が蜂起して不破の道を塞いだとの報告があった。とりあえず高市皇子を軍監として不破に遣わすとともに、東海地方と東山地方の軍を起こすために、それぞれ使者を派遣した。

この一日を『書紀』は、「天皇、桑名郡家に宿りたまふ。即《すなは》ち停《とどま》りて進《いでま》さず」と結んでいる。「即ち停りて進さず」の一句は、大海皇子、後の天武天皇——以後、「壬申紀」にしたがって天武とするす——が、関ヶ原の野上《のがみ》ではなく、桑名に大本営をおこうと考えていたことを、疑問をはさむ余地のない端的さで語っている。

桑名は東山、東海、伊勢の東国三地方ばかりでなく、伊勢湾をおさえ、海路によって三河、遠江へといたる、陸海両面の交通上の要地であり、古代大和朝廷が東国へ進出する重要な軍事基地だった。桑名は陸上から伊勢湾への出口であり、対岸は熱田神宮のある熱田である。その間には木曾川、長良川、揖斐《いび》川の三大河川から流出する土砂の堆積した遠浅の湾が大きくひろがり、干潮のときは徒歩でも渡ることができた。したがって尾張、三河など東海から参戦する軍勢の多くは桑名の前方を通過することになる。大海人が近江への総攻撃の命令を下したのが、現在の八月二日にあたる七月二日であることをみると、天文気象に通じていた大海人は、土用波のおこる前に、東海からの軍が渡河を完了するように計画していたのであろう。

また桑名は町家川の河口にあり、町家川の旧名は員弁《いなべ》川で、その流域には今も員弁郡がある。員弁とは大和朝廷直属の造船技術者集団、猪名部《いなべ》の集住地だった。「応神紀」によると兵庫県武庫《むこ》川の河口にあった武庫の港に、全国各地から船が集まっていたとき、たまたま停泊していた新羅の船から出火して、多くの船に延焼、焼失させた。恐惶した新羅王が謝罪としておくった「能《よ》き匠者《たくみ》」の子孫が猪名部とされる。この武庫川の東に並行して流れているのが猪名川で、両河川の河口は共に現在の尼崎である。したがって尼崎は大和朝廷が難波から瀬戸内海を通じて西国へ、桑名は伊勢湾を通じて東国へむかう出口に設けられた古代における二大造船所を備えた軍港だった。

軍監

天武が、一日とはいえ桑名にとどまったのは、休息をとるためであるのは無論のことであるが、不破の道を塞いでも、不破の関はそう簡単には抜けず、藤古川線で膠着状態になり、近江へ討って出るには、軍の勢力が十分に整うまで待つ必要があると予測していたからであろう。そこでとりあえず高市皇子を派遣して「軍事《いくさのこと》を監《み》」せしめた。当時一九歳とされる若い皇子に、実地で勉強をさせるつもりで出したと思う。

「軍事を監しむ」とは軍監のことで、軍監とは、源平の戦いに義経の軍についた梶原景時、朝鮮蔚山の戦いに加藤清正、小西行長の軍についた石田三成の役割がそれで、つまり目付けである。一般的には義経びいき清正びいきが多く、景時、三成の人気は今一つである。歴史家の多くが「軍事を監」せしめたとそのまま記して「軍監」と書かれていないのは、「軍監」の語のもつイメージの悪さからではないかという気がする。しかし戦争は政治の延長であるから、戦前の関東軍のように、政府の方針を無視して兵力にまかせて勝手なことをやられては困る。そこで源頼朝、豊臣秀吉は腹心の景時、三成を派遣した。いわば名代でもある。

天武は高市皇子に軍の状況をよく監察して考えるところを報告しなさいといったと思う。ところが早くも翌二七日、高市皇子は使いを桑名につかわして、おられる所が遠いので軍政をおこなうには不便です。近くに来てくださ い、といってきた。不破方面軍は各地から挙兵した寄り合い部隊だから、一度口を出したら最後、相手は皇子だからなんでもかんでも指示をもとめてくるのは必定である。そこが高市皇子の若さであり、そこに若者としての良さがあることを知りつつも、天武は「やれやれ、やはり駄目か」とつぶやいたことだろう。

即日、菟野皇女らを桑名に残して不破に入った。こういうところが天武の人柄であるばかりでなく、目の前に現われた現実から、これまでの考えに固執せず、咄嗟に判断して対応する天才的なところで、高市皇子をほうっておけないばかりでなく、もはや問題は兵を集めることではなく、集まった軍を解体し、より戦闘力をもった軍隊へと組織することにあるとみたのである。しかしこれは、そのために絶好の条件があたえられたからでもあった。

『続日本紀』霊亀《れいき》二年(七一六)四月八日、壬申の乱の功臣の子孫一〇人に田を賜った時、尾張大隅なるものの子も、これにあずかり、さらに天平宝字元年(七五七)一二月九日、その功田四十町を三世に伝えさせたとあるが、その理由は、天武がひそかに関東に出たとき、これを参り迎えて導き、私邸を掃き清めて行宮《かりみや》とし、軍資を供したことにあるという。すなわち、尾張の豪族・尾張大隅は、桑名で大海人を出迎え、野上の私邸を行宮として提供したのである。

なお、それまで行動をともにしていた菟野皇女を草壁、忍壁、大津の幼い皇子とともに桑名に止められたのは、昼夜の強行軍で皇女の疲弊が激しかったからでもあろうが、もし敗戦にでもなったとしたら、皇女、皇子らは、いちはやく船によって南伊勢、東三河など、より安全な場所へ逃避することができたからであろう。

不破の郡家に至る頃に、尾張国司守少子部《ちいさこべ》連《むらじ》鉏鉤《のさひち》が、二万の兵を率いて帰属した。天武はほめ、その軍を分けて方々の道の守りにつかせた。

天武が野上にいたると、出迎えた高市皇子は、昨夜、近江朝廷が東国へ派遣した駅使を伏兵がとらえたことを得々と報告した。私は、そのようなことは、すでに伝令を通じて天武の耳に入っていたとおもう。そこで天武は「近江の朝廷には左右の大臣や知略にすぐれた群臣がいて、共に計ることができるが、自分には事を計る人物がいない。ただ年若い子供があるだけである。どうしたらよいだろう」といわれた。頼りになるのはお前だけなんだぞ。もっとしっかりしろ、と言外ににおわせていったのである。

皇子は腕まくりをして剣を握り「近江に群臣あろうとも、どうしてわが天皇の霊威に逆らうことができましょうか。天皇はひとりでいらっしゃっても、私、高市が神々の霊に頼り、勅命を受けて諸将を率いて戦えば、敵は防ぐことができぬでしょう」といわれた。天武は応えるべき答えを引き出したのだ。これをほめ、手をとり背を撫でて「しっかりやれ、油断するなよ」といわれ、鞍をおいた乗馬を賜って「悉《ことごとく》に軍事《いくさのこと》を授けたまふ」た。

この文章を史学者たちは、軍事の指揮をことごとく授けたと解釈している。そして指揮権ならまだしも、軍事権さらには軍事大権を与えたとしているのがあるのには、正直なところ驚いた。天武自身、後の天武一四年に「政の要は軍事なり」としているように、軍事権を握るものが国家元首である。現在、どこの国でも軍事権を握っているのは、大統領や首相である。先の例でいえば、源平の戦いは、単に源氏と平家の戦いであったばかりでなく、関東に独立した軍事権をもつ幕府を樹立するための戦いだった。義経がそれを理解していなかったことが頼朝から排除された基本的な理由であったのは、史学の常識に属するだろう。

『書紀』のいう「悉に軍事を授けたまふ」は、不破の戦略的位置や現況、今後の戦争の予想などについて、ことごとくを懇切に伝授し教授したと解すべきである。和蹔《わざみ》での高市皇子は、天武の名代として前線にいること自体に意味があるのであって、『書紀』で見る限り、この時期、高市皇子には軍事権はおろか指揮権さえも与えられていない。

斉明大王は百済救援のための朝鮮出兵にあたって、筑紫まで行幸して朝倉宮で亡くなったのは、大王が軍事大権を握る戦争の最高責任者だったからで、朝倉宮は大本営でもあった。戦前の天皇は大元帥で、日露戦争のとき明治天皇は広島の大本営におられた。

天皇、茲《ここ》に、行宮《かりみや》を野上《のがみ》に興して居《ま》します。

壬申の革命、吉野軍の大元帥は天武であり、天武は野上に大本営を設営したのである。北山茂夫のいう叛乱軍事政権、私のいう軍事革命政権の樹立である。

この夜、雷鳴があり豪雨が降った。天武は祈り占って「天地の神々よ、私を助けてくださるのであれば、雷雨をやめ給え」といわれた。三日前の二四日、横河で天武が占ったのは、あたかも行く手をはばむかのように横にたなびく黒雲に、誰もが不吉の感にとらわれたからであるが、不破の陣地で雷雨に襲われたときには、和蹔《わざみ》ヶ原の各所に散在していた宿営から「雨だ」と叫ぶ将兵の声が、あちこちからあがったのではなかったかと想像される。この雷雨が、もし集中豪雨にでもなれば、藤古川が増水して渡河が困難となり、戦況に大きく影響するのは必定である。かようなことは農兵にいたるまでが実体験を通じて熟知しているところだった。

したがって「夕立だ、すぐにやむ」などといっても、それを百も承知の上での不安には何の足しにもならない。だから天武は横河の場合のように「占う」のではなく、「天地の神々よ、私を助けてくださるのであれば、雷雨をやめ給え」と「祈った」のである。言い終わられるとすぐに雷雨は止んだ。このことは直ちに全軍に伝えられ、天佑神助われにありと、将兵は確信しただろう。

二八日、天武は和蹔に来て、軍の様子を検閲され帰った。二九日もまた、天武は和蹔に来て、高市皇子に命じ、軍衆に号令をさせた。そしてまた野上行宮に帰った。ご覧のように、高市皇子は軍事権はもちろん、指揮権さえも与えられていない。将軍は兵に直接号令をくだすことはなく、それぞれの隊の指揮官に命じて号令させる。つまりこの時期、高市皇子は、単に号令をかけるだけの命令伝達者にすぎなかったといえるであろう。とはいえ「軍衆」に命令をかけたのだから、これをもって高市皇子が和蹔ヶ原に集結した革命軍の司令官であることを軍衆にしらせたのである。

近江朝と大和の動向

近江朝廷が大海人皇子の吉野発を知ったのは、同じ二四日の夕方か夜だったであろう。しかし、大海人らの東国入りを知ったのは、名張の駅家を焼いた二四日の深夜以後、おそらくは二五日朝だったろう。『書紀』は、その時の様子をつぎのようにしるしている。

近江朝《あふみのみかど》、大皇弟《まうけのきみ》東国に入りたまふことを聞きて、其の群臣《まへつきみたち》悉に愕《お》ぢて、京の内震動《さわ》く。或いは遁れて東国に入らむとす。或いは退きて山沢に匿《かく》れむとす。

かなり誇張しているであろうが、大海人軍が直ちに近江京に攻め込んでくるかのような周章狼狽ぶりは、大海人皇子その人が、近江の人々にいかに恐れられていたかをしめしている。

大友皇子は群臣を集めて対策をたずねたところ、一人の臣が「ぐずぐずしている場合ではありません。すみやかに騎兵を集めて追撃すべきです」と進言したが、皇子は聞きいれなかった。これは大友皇子の勝利できた唯一の好機だったと論じる先学が少なくない。しかし、そうではないと思う。革命軍はすでに鈴鹿を通過した後だから、近江の騎兵隊は追撃して伊勢国の奥深く誘いこまれ、退路をたたれれば、それで一巻の終りである。この策に乗らなかった大友皇子は、それなりに将の器だったといえる。

ともあれ近江朝廷が、諸国に軍の動員を命ずる使者を派遣したのは、翌二六日だったと推測できる。このうち、東国への使者が不破の関でつかまったり逃げ帰ったりしたことは先にみた。西国方面への使者として、筑紫には佐伯男《さえきのおとこ》、吉備には樟磐手《くすのいわて》を派遣するにあたって、筑紫の大宰、栗隈王《くるくまのおおきみ》と吉備国守、当摩公広嶋《たぎまのきみひろしま》は、以前、大皇弟（大海人）に隷属していたことがあるから、そむくことがあるかもしれない。その場合はただちに殺せと命じた。

磐手は吉備国に至り、符《おしてのふみ》（募兵の官符）を授ける日、広嶋をあざむいて刀を解かせ、磐手は刀を抜いて殺した。その後、吉備で募兵がおこなわれたのか、おこなわれなかったのか、『書紀』は一切しるしていない。

筑紫に到着した佐伯男は、栗隈王に募兵の官符をしめしたが、王はそれをうけつけずに、つぎのようにいった。

筑紫の国はもともと外敵への備えであり、城を高くし堀を深くし、海に向って守備しているのは、内域のためではありません。今、命に従い軍を起せば、国の備えが空になります。思いがけない変事でもあれば、一挙に国が傾きます。その後で臣を百度殺しても何の益もありません。天皇のご稜威にそむく気はありませんが、以上のことから、兵を動かすことはできません。

このとき、栗隈王の二子、三野王《みののおおきみ》と武家王《たけいえのおおきみ》は大刀を佩《は》いてそばに立って離れなかったので、佐伯男はここで剣をとることは危険と感じ、任務を果たさずに空しく帰った。

五　不破の関

天下分け目の二大合戦

不破の関の一帯は、古代には東山道、江戸時代には中山道が通り、現在ではＪＲ東海道新幹線、同在来線、名神高速道路、国道二一号線が東西に走る交通上の要衝の地である。

壬申の革命を契機に、和蹔《わざみ》ヶ原は、不破の関、関ヶ原と名が変ったようである。つまり和蹔とよばれた場所の付近の原を和蹔ヶ原とよんでいたものが、和蹔に不破の関が設けられることによって、関ヶ原とよばれるようになったのであろう。現在、この地域の地名を地図でみると、不破と関ヶ原とがごちゃごちゃに入り交じって区別つけがたくなっているが、ここを舞台に天下を分ける合戦が日本史上に二度おこなわれたことは有名である。

そのひとつは、古代最大の内乱、壬申の乱においてである。和蹔ヶ原は大海人の革命軍の主力と大友皇子の政府軍とが最初に交戦した戦場になった。革命軍は美濃、尾張、三河など東国の兵、数万をこの原に集結し、政府軍は本隊が間に合わず守備隊と地域防衛軍だけだったので、攻撃をもちこたえられずに突破され、革命軍は近江へ雪崩れをうって攻め込んだ。革命軍はすでに鈴鹿の関もおさえていたから、不破の関を突破したとき、大勢はほぼ決していたといってもよい。にもかかわらず、この戦いについては、ほとんどが知られていない。というのは、『日本書紀』「壬申紀」は、ここでの戦闘について、まったくしるしていないからである。

もうひとつは、よく知られている徳川家康と石田三成による「天下分け目の関ヶ原」である。東西両軍合わせて十数万の軍勢が雌雄を決した。さすが広大な関ヶ原も人馬で埋まり、武将たちの思惑もあって、いささか乱戦状態ではあったものの、石田方の主力部隊は決死の奮戦をして、その多くは滅んだ。そしてこの合戦は、大坂冬の陣、夏の陣の前哨戦とみられなくもないけれども、徳川家康による天下支配は関ヶ原合戦で決定づけられたといって過言でなく、だからこそ「天下分け目の関ヶ原」といわれたのである。

そして前者は、斉明・天智大王による朝鮮出兵と白村江の敗戦、後者は豊臣秀吉による朝鮮侵略と、どちらも朝鮮出兵の失敗後におこった天下分け目の決戦であり、ともに関ヶ原の東に布陣した東軍の勝利に終っている。その後、古代には律令制のもとに、奈良・平安の文字通り平安な世が約三五〇年つづき、近世には幕藩体制下に約二五〇年におよぶ泰平が維持された。

すなわち、関ヶ原の戦いで勝利し、東から王城の地に入ったものが天下を握ったのである。いいかえれば、不破の関は、東から王城の地に侵入するのを防ぐ関所であるのは国民的常識であるが、古代史学では必ずしもそのように考えていないようである。

現象と存在

壬申の革命から半世紀の養老五年（七二一）一二月、元正太上天皇が崩御すると、同日使いを派遣して、固く鈴鹿・不破・愛発《あらち》三関を守らせた。その後も、京師でなにか事変がおこったとき、ただちに三関の防備を固めさせ、それを固関《こげん》とよんだ。岸俊男は、「では、固関の本来の目的はどこにあったか」と自問し、つぎのように自ら答えている（＊3）。

　すなわち、長屋王の変、和気王の謀反、氷上川継の叛、藤原薬子の乱などのような事変が京師に起こった場合、いち早く三関を閉じ、謀反を企てた者が東海・東山・北陸の三道のいずれかをとって東国に逃亡するのを防ぐのが目的であって、いわば戒厳令下における軍事措置の一つだった。

そして岸は、東方への備えである鈴鹿・不破・愛発《あらち》の三関のみが重視されて、西方の防備が考慮されていないことの理由を、戒厳令下における軍事措置の一つである固関に見出すとともに、

　私はさらに三関の警備を担当したいわゆる三関国が伊勢・美濃・越前の三国であったことに注意したい。

として、つぎのように結論づけている。

　私は三関のそれぞれの関の設置はともかくとして、いわゆる三関国（傍点原文ママ）をとくに設置したのは、壬申の乱以後、右の史実に鑑みて、中央での反乱に対する配慮が大きく働いたのではないかと思う。

とかかれている。このこと自体に間違いはない。ただし、鈴鹿・不破・愛発の三関は、もともと伊勢・美濃・

越前の三国に所属していたのであって、この時期、特に重視、拡充されたにしても、新たに三関国なるものを設置したのではない。つまり氏は「現象」だけを見て、「存在」が見えていないのである。これもまた、「見ていて見えない」ことの一つである。

「青垣山」とよばれ歌にもうたわれたように、畳々と重なる山並みが青垣となって囲まれたなかで、大和の人々はいいしれぬ安らぎをおぼえていた。山が天然の城壁となって王城の地を守ってくれていたからである。近江もまた王城の地であり、周囲の山が天然の城壁となっていることにかわりはない。山にかこまれた畿内と他国とを区切る国境の多くは、山の尾根づたいにひかれ、街道が尾根を切るところにあるのが峠である、もし鈴鹿・不破・愛発の三関が、畿内から東国への脱出者をとらえるための施設であるとすれば、峠の西側に設けられるべきであろう。その逃亡者を、はるかかなたから発見することができるし、峠に上ってくるのを上から攻めるのが有利にきまっているからである。しかし、鈴鹿・不破・愛発の三関いずれもが、峠の東斜面に位置しているのは、どういうわけであるかは、いわずして明らかなことではないだろうか。いいかえれば、畿内のことは、畿内で片付けるべきであって、それに隣国をあてにするようでは、王城の面目はどこにあるのかと、いいたくなる。

関は外敵をせきとめる施設であるから「せき」とよばれるのであって、畿内からの脱出者を捕縛しようとするなら、三関とても一国を動員するほどの兵力を必要とはしないであろう。さらにいえば、城にたてこもって戦うのは、戦争の最終段階であって、城兵はまず城を出て、城を背にして戦うのである。城門を破られ城内に敵兵がなだれこんできたら、まずは一巻の終わりである。関と城門、畿内と城内とは基本的には変りはない。したがって三関の前方、伊勢・美濃・越前の三国に関の防衛を命じたのは不思議ではなく、むしろ軍略の常道というべきである。不破関はその名のように、破れず破られず、つまり破られてはならないし、破るのも難しい関だった。

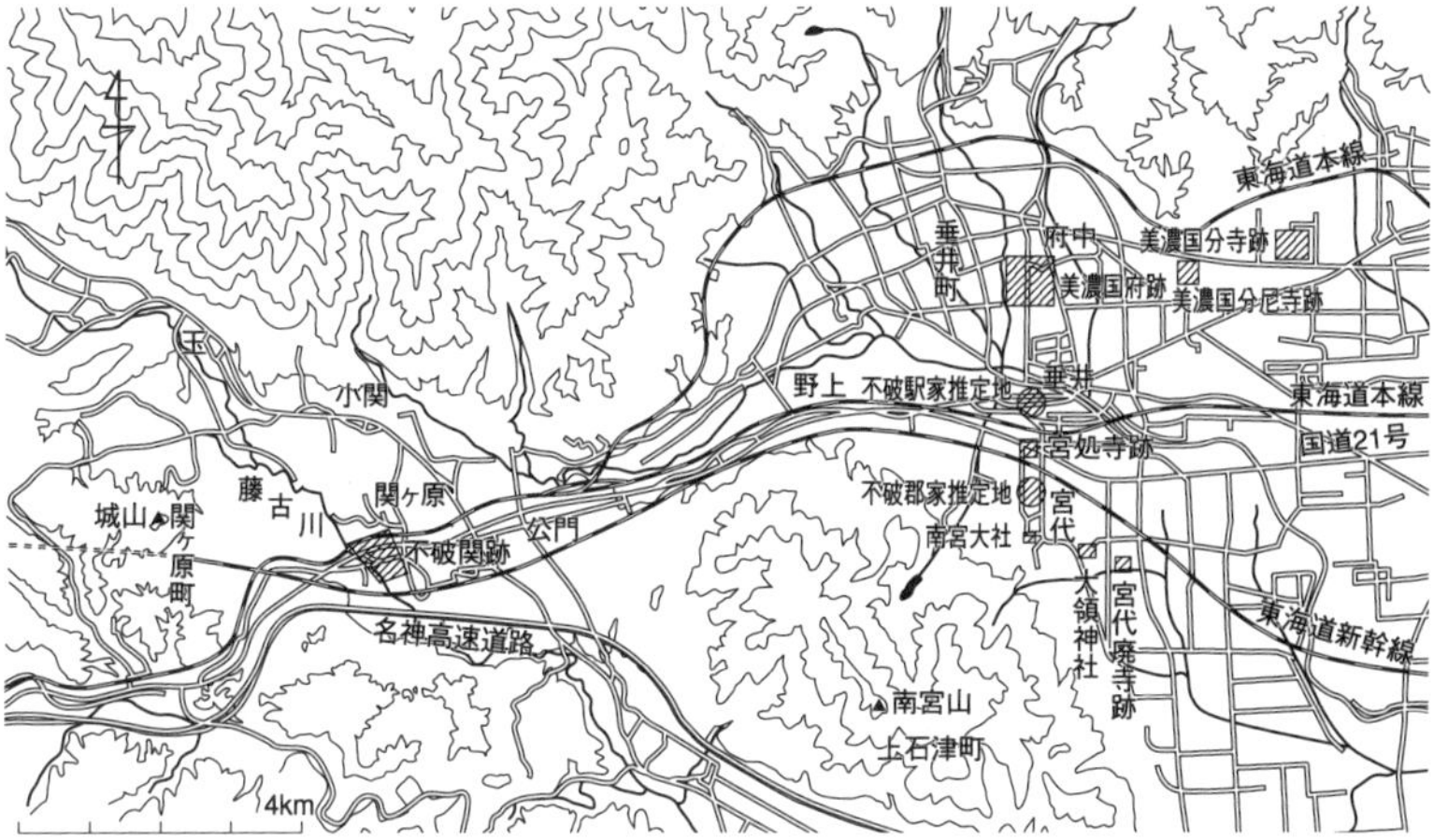

図22　不破関跡（森浩一・門脇禎二編『壬申の乱』所収、新井喜久夫「古代の関」より参照作図）

不破関跡

ところが、不破関跡が発見されて、一九七四年から五カ年計画で発掘調査がおこなわれた。その結果、岸説の正しさが実証された、とされている（図22）。新井喜久夫はつぎのように説明している。

発掘調査の結果、不破関の西側には藤古川という谷川があり、関はその天然の断崖を利用しています。その他の三方面には土塁を築いて巡らせています。北限土塁が四六〇メートルあまり、東限土塁四三一メートルあまり、南限土塁が一二〇メートルぐらいということで地形の制約の関係でその平面は台形状になっています。この関のほぼ中央を東西に東山道が貫いており、その両端に城門、すなわち関の入口が設けられていたと推定されています。そして関の中を走る東山道に接してその北側に、築地塀で囲まれた一丁四方の区画があり、これが関の中心官衙で、関司、つまり国司が出かけてきてそこで執務をした場所と見られています。その他、この土塁の内側からは望楼の跡と見られる柱穴とか、鍛冶工房なども発見されています。そしてこの関が三方に土塁を築き、西のほうは天然の断崖を利用しているということから見て、西側を正面とする構造であったと理解され、畿内方面に対する備えを第一とする施設であるということがわかります。(＊4)

この意見によると、東海道の鈴鹿、東山道の不破、北陸道の愛発の三関は、世にも珍しい特殊な関所であるようであるが、はたしてそうなのだろうか。

関の前線

本来の不破の関は、東山道の峠近くの眺望がよい高地に設けられていたと思う。しかし、どんな堅固な砦でも、その収容人員には、おのずから限りがあるから、雲霞の如き大軍に攻められてはかなわない。城であれ関であれ、いずれも要衝の地に位置して、敵を城や関で迎え撃つ前に、その有利な地を生かして出撃し、まず野戦で敵を追い払い、最後の決戦を城の前にひろがる広野でいどむのが、戦いの常道である。不破の関の東前方には、和蹔ヶ原がひろがっていた。後の関ヶ原である。原の中央部は伊吹山と養老山地によって瓢簞のようにくびれた挟扼《きようやく》部があり、その西北から東南へと藤古川が深い谷をえぐって流れ、さらに挟扼部の東方はスロープの長く続く野が拡がっている。和蹔ヶ原は、大軍を展開することのできる前線の幅の広さとともに、斜面が長くつづき前線が深いのである。

戦時中の旧制中学生時代、私も富士の裾野で野外教練をさせられた。野外教練の最後は、小高い丘の上に構えている敵陣地へむかって突撃するのであるが、銃剣を握って傾斜地を駆け上るだけでも息が切れ、砲兵の援護なしに敵陣地への突撃は、多大の犠牲なしにできないであろうことを思い知らされた。関ヶ原では、それが延々と続くのである。第一線を突破したかと思うと、次の前線が上から駆けおりてくる。騎馬の武将や槍ぶすまを構えた歩兵（戦国時代の足軽）が、次から次へと駆けおりてくる。左右の高地を味方がいち早く占領し、弓矢鉄砲で一斉射撃してくれれば、なんとかもちこたえて前進しても、藤古川で前進をはばまれる。

和蹔の関

美濃の軍が不破の道を塞ぎ、直ちに軍監として派遣した高市皇子からの要請で不破へむかった天武は野上に本営をおいた。その後、毎日、和蹔をおとずれて高市皇子に指示を与えているところをみると、和蹔が前線基地だったことに疑問の余地はない。

美濃三〇〇〇の兵は、なんなく和蹔まで進出して前線基地を設営し、高市皇子が入ったのは旧暦の六月二六日、天武が和蹔を視察して野上に本営をおいたのは翌二七日であり、この日、尾張二万の軍が到着している。にもかかわらず、天武が全軍に出撃の命令を下したのは七月二日だった。吉野から夜を日についで快進撃をつづけて、まる二日余で桑名に到ったのに、少なくとも六日間釘づけにされたともいえるのである。

もともと不破の関を守衛する役割を担った美濃の軍が反乱をおこしたのだから、あっという間に不破の関を塞いで当然である。不破の関におかれた常備の守備隊は、鈴鹿の関の倍とみて一〇〇〇ほどであったろうか。彼らは美濃に反乱がおこったと知るや、直ちに関ヶ原に出て陣を構え、『書紀』の記述に従えば、四〜五万はあろうかと思われる革命軍の前進をはばんだ。革命軍が前線を構えた場所は、いうまでもなく「壬申紀」のいう和蹔であり、具体的には藤古川の東岸である。当然のこととして、その対岸（西岸）には不破の関守備隊の前線があった。乱後、その戦訓に学んで、和蹔に不破の関をもうけたことによって、和蹔ヶ原は関ヶ原とよばれるようになった。このことからみても、元来の不破の関は、藤古川より西の不破の道（東山道）沿いの高地におかれ、関ヶ原におかれてはいなかったことが推測されるであろう。

和蹔とは、関ヶ原の古名とされてはいるが、その場所こそ、発掘調査された不破の関跡である。しかし、この地は関ヶ原のど真ん中であって、峠近くにあったはずの本来の不破の関ではなく、その前線基地も、壬申の革命の時には藤古川の西岸にあった。この地は、新井喜久夫もいうように、伊吹山と鈴鹿山脈によって狭めばれているばかりでなく、西北から東南へと関ヶ原を斜めに区切るかのように藤古川が流れている。不破の関守備隊は、藤古川の西岸に陣地を構え、吉野側の大軍を数日間よくもちこたえたのである。

だから発掘調査された不破の関跡は、壬申の革命の時期における不破の関ではなくて、その戦訓から学んで後に建設された不破の関である。それがどのようなものであるかは、新井の報告にみられるとおりである。つまり関は藤古川の西岸ではなく、その対岸（東岸）に構築され、西側は高い絶壁になっており、これをもって岸俊男説の正しいことが立証されたとしたのである。はたしてそうなのだろうか。

これは橋頭堡であろう。すなわち橋ないし渡河点を守るための砦である。軍隊は、河や海を渡って敵地に上陸したら、まず橋頭堡を築いて後続の部隊を導くのが、戦いの常道である。これは攻撃の場合だけでなく、守備の場合も同様である。攻められたら攻めかえさなければならないからで、川の対岸にあってこそ役立つ砦なのである。乱後、壬申の乱の戦訓から、不破の関は峠で守るよりも、関ヶ原の藤古川で守る方が有利であることを、和蹔、いいかえれば藤古川の戦いから学んだのである。そして川の東岸に橋頭堡としての不破の関を設けた。その結果、和蹔ヶ原は関ヶ原と名をかえ、和蹔の地名は消え去り、不破と関ヶ原の区別さえつかなくなっている。

いずれにせよ、守るべき畿内方面から攻められることを想定した砦などがあろうはずはない。いくら平和ぼけしたからといって、戦史をあつかう学者たちが、三関は東からではなく西からの備えだなどという非常識な意見にこぞって賛同し、さらに防衛陣地構築の常道すら知らないというのはいかがなことかと思われる。

六　革命の経緯

大伴連吹負の蜂起

これより先、吉野をたった大海人のもとに馳せ参じた大伴の弟で、大和に残留した大伴連吹負《おおとものむらじふけい》は、同族のものたちによびかけて、ようやく数十人をえ、さらに留守司の倭漢氏《やまとのあやうじ》・坂上直熊毛《さかのうえのあたいくまけ》とはかって、倭漢氏の一統数十名を味方につけていた。

六月二九日、留守司の高坂王と、近江から募兵のため派遣された穂積臣百足《ももたり》らは、飛鳥寺の西の槻の広場に軍営を構え、百足は小墾田《おわりだ》の武器庫にいて、武器を近江へ運び出そうとしていた。大伴連吹負は、一人の男にふんどし一つで、いかにもあわてふためいた様子をさせて馬に乗らせ、軍営の中へ「高市皇子、不破より至ります。軍衆多に従へり」と大声で叫びながら乱入させ、混乱した軍営に、吹負は数十騎を率いて攻め込み、熊毛ほか倭漢氏らをこぞって味方につけ、さらに高市皇子の命と称して、穂積臣百足をよびだして殺し、高坂王、稚狭《わかさ》王らを軍に従わせた。

こうして大伴連吹負は、難なく飛鳥古京を制圧し、使を不破につかわして報告させた。大海人は多いに喜んで吹負を大和将軍に任命した。そして三輪君高市麻呂《みわのきみたけちまろ》、鴨君蝦夷《かものきみえみし》ら大和の諸豪族ことごとくが将軍の旗のもとに集まったので、政府軍と戦うため副将軍、軍監をえらび、大伴連吹負指揮下の大和方面軍を編成した。

革命軍の総攻撃

秋七月二日、天武は紀臣阿閉麻呂《きのおみあへまろ》・多臣品治《おおのおみほむじ》・三輪君子首《みわのきみこびと》・置始連菟《おきそめのむらじうさぎ》を遣わし、数万の兵を率いて伊勢の大山を越えて大和に向わせた。また村国連男依《むらくにのむらじおより》・書首根麻呂《ふみのおびとねまろ》・和珥部臣君手《わにべのおみきみて》・胆香瓦臣安倍《いかごのおみあえ》を遣わし、数万の兵を率い不破から直接近江に入らせた。その軍が政府軍と判別し難いことを案じて赤い布を衣服の上につけさせた。後、多臣品治に命じて三千の兵を率いて莿萩野《たらの》に駐屯させ、田中臣足麻呂《たなかのおみたりまろ》を遣わして倉歴道《くらふのみち》を守らせた。

大伴連吹負は、近江の大軍に攻められて、紀臣の率いる鈴鹿方面軍が到着するまで苦戦を強いられ、田中臣足麻呂の倉歴の駐屯部隊は夜襲をうけて、いったんは倉歴を占領されるなど、緒戦でのつまずきはあったものの、革命軍が不破と鈴鹿の二関をおさえて東国の大軍を畿内に送り込むのに成功したのに対して、政府軍は、筑紫、吉備の西国の募兵に失敗したことで、天下の大勢はすでに決まっていたといってよい。

伊勢の大山越えで大和に入った紀臣、多臣は、それぞれ将軍に任じられたのに、不破から近江に入った軍に将軍はいない。おそらく高市皇子に率いられたと思われるが、村国連、書首らの舎人たちそれぞれが、思うまま戦ったという印象を強くうける。和蹔から出撃した彼らは、近江の琵琶湖東岸に入った。そこは、あの蒲生野をはじめとして、高市皇子や舎人たちが、絶えず訓練に訓練をかさねて、その地形をわが家の庭のように熟知していた戦場だった。

七月二二日、不破・鈴鹿連合軍と政府軍との最後の決戦が瀬田でおこなわれ、革命軍は瀬田橋の渡橋に成功し、政府軍は敗走して、二三日、粟津で壊滅した。逃げ場を失った大友皇子は山前《やまさき》（大津市長等山の前ほか諸説ある）で、首をくくって死んだ。従うものは物部連麻呂ほか二、三人の舎人だけだったという。

二二日、大伴連吹負は、大和を完全に平定し、大坂をこえて難波にむかい、他の別将たちと山前に集結し、吹負は難波の小郡《おごおり》とよばれた政府所属の殿舎にとどまって、西国の国司らに命じて、官鑰《かぎ》（租税や武器を収める庫の鍵）、駅鈴《すず》、伝印《つたいのしるし》を差し出させた。野上の大海人からの指令によるものであることはいうまでもないだろう。近江、大和、さらに難波へと広がった前線の諸軍と野上をつなぐ、伝令による報告と命令との情報伝達が、いかに緊密につくられ、それが諸軍相互の見事なチームワークとなって作動したかを彷彿させるが、参戦した将兵たちは、自らが神の軍隊にいるかのような思いを実感させられたのではなかったろうか。

終戦処理

七月二四日、将軍たちは、ことごとく大津京の地、筱浪《ささなみ》に集い、左右大臣ほか罪人たちを逮捕した。二六日、将軍たちは不破にむかい、大友皇子の頭を天皇の軍営の前にささげた。

八月二五日、高市皇子に命じて、近江方の群臣の罪状と処分を発表した。右大臣中臣連金《なかとみのむらじかね》は死罪、左大臣蘇《そ》我臣赤兄《がのおみあかえ》、大納言巨勢臣比等《こせのおみひと》およびその子孫、中臣連金の子、蘇我臣果安《はたやす》の子は、ことごとく流罪にし、それ以外はすべて赦した。

これより先、尾張国司の少子部連鉏鉤《ちいさこべのむらじさひち》は、山に隠れて自殺した。大海人は、「鉏鉤は功《いさおし》ある者であるのに、罪なくして死ぬのは何か隠した謀《はかりこと》でもあったのか」といわれた。二七日、武勲を立てた人々に対して、功をほめ恩賞を賜った。

戦乱の規模が大きかったのに比べて、処刑されたのは、左右の大臣とその子孫と大納言とその子に限られるわずかなものだったが、その中に大納言の紀臣大人《きのおみうし》の名がまったく見えないことは、伴信友が『長等の山風・附録一』で指摘していることだが、考えてみると、そもそも紀大人が、なぜ大納言になったのか、あるいはされたのかを問うべきことなのかもしれない。

近江遷都は、新羅に対する和戦両様の構えであるとし、もし新羅が侵入してきたら、琵琶湖東岸にひきこみ、琵琶湖の水軍が側面から攻撃するとともに、兵員その他を送り込むと書いたが、紀臣といえば紀の水軍で知られており、他方、近江といえば何といっても琵琶湖である。近江朝廷としては、どうしても重臣のなかに加えておかなければならなかったのであろう。ところが、壬申の革命で、琵琶湖の水軍が動いた気配は、まったく見られない。天武は大海人の名からも知られるように、諸水軍と気脈を通じるいくつものパイプをもっていたことは充分に推測できるところであろう。

＊1　桜井満監修、尾崎富義・菊地義裕・伊藤高雄著『万葉集を知る事典』東京堂出版、二〇〇〇年
＊2　大岡信『万葉集』岩波書店、一九八五年
＊3　直木孝次郎『壬申の乱』塙書房、一九六一年
＊4　岸俊男『日本古代政治史研究』塙書房、一九六六年
＊5　新井喜久夫「古代の関・壬申の乱と三関の成立」『壬申の乱・大海人皇子から天武天皇へ』（森浩一、門脇禎二編）大巧社、一九九六年

第七章　伊勢神宮の創立

一　伊勢神宮の成立

ヤマト姫説話

『日本書紀』垂仁二五年三月一〇日条にいう。

天照大神を豊耜入姫命《とよすきいりびめのみこと》より離ちまつりて倭姫命《やまとひめのみこと》に託《つ》けたまふ。爰《ここ》に倭姫命、大神を鎮め坐《ま》させむ処を求めて菟田《うだ》の筱幡《ささはた》に詣《いた》る。更に還りて近江国に入りて、東《ひむがしのかた》美濃を廻りて、伊勢国に到る。時に天照大神、倭姫命に誨《をし》へて曰はく、「是の神風の伊勢国は、常世の浪の重浪帰《しきなみよ》する国なり。傍国《かたくに》の可怜《うま》し国なり。是の国に居らむと欲《おも》ふ」とのたまふ。故《かれ》、大神の教の随《まにま》に、其の祠《やしろ》を伊勢国に立てたまふ。因りて斎宮《いはひのみや》を五十《い》鈴《すず》の川上《かはのほとり》に興《た》つ。是を磯宮《いそのみや》と謂ふ。

垂仁二五年、それまで大和の笠縫邑でトヨスキイリ姫がまつっていたアマテラス大神を、トヨスキイリ姫からはなしてヤマト姫に託された。ヤマト姫は大神を鎮坐するところを求めて、まず菟田（宇陀）の筱幡にゆき、ひきかえして近江国へ入り、東美濃をまわって伊勢国へといたったという、いささか不自然な道順は、やみくもに遍歴したのではなく、明らかに壬申の革命で大海人軍のたどった行路に関連している。いいかえれば、壬申の革命後、天武三年（六七四）に大来皇女《おおくのひめみこ》が斎王となって、天照大神を伊勢神宮に祭った史実を、大和朝廷発祥の時代へ遡らせて、伊勢神宮起源説話に仕立てたのである。

神風がたえず吹いている伊勢の国は、常世の国、すなわち海のはるか彼方の理想郷から、いく重にもなって波のうちよせてくる国である。また「傍国《かたくに》の可怜《うま》し国」の傍は潟であって、櫛田川・宮川のデルタ地帯に自生したいくつもの干潟を、農地に開拓した豊かな国である。この国にいたい、と大神はおっしゃった、というのである。

立つと興つ

ヤマト姫は大神の教えのままに、その祠を伊勢の国に立て、斎宮を五十鈴川の川上に興てて、これを磯宮といった。斎部広成の『古語拾遺』は、この部分を、

仍れ《かれ》、神　教《かみのみをしへ》の随《まにま》に、其の祠《みや》を伊勢国五十鈴川上《いすずのかはら》に立て、因《よ》りて、斎　宮《いつきのみや》を興《た》てて、倭　姫　命《やまとひめのみこと》をして居《はべ》らしめたまひき。

と書いている。これに対して西宮一民は、「本書（『古語拾遺』）独自の伝で、斎王宮と伊勢大神宮とを区別したもので、恐らく広成の書紀解釈学を示すものではないかと考える」といっている(*1)が、そうではなく、『書紀』自身が「祠を立て」「斎宮を興つ」と明瞭に区別して、二つの異なった施設を設立したことを記述しているのであり、古く伊勢神宮が「神祠」と「斎宮」という二つの施設から成り立っていたことに注意すべきであろう。そのそれぞれの創立を「立」と「興」の字をあて、ともに「たつ」とよんでいるが、先に書かれていることからみて、本体が「祠」であるのは明らかである。「祠」は文字通り立てるもので、「崇神紀」の「磯堅城の神籬を立て」の「立て」と同じである。おそらくは現在も神宮正殿床下にたてられている「心の御柱」が、それにあたるであろう。これに対して斎宮には「斎宮を興つ」と「興」の字をあてている。

上原和は、「推古紀」九年（六〇一）に「皇太子《ひつぎのみこ》（厩戸皇子）、初めて宮室《みや》を斑鳩《いかるが》に興てたまふ」の一条に「興」の字を用いているのは、『書紀』の用字法では異例だと指摘している。宮殿や寺院をつくる場合、起つ、作る、造ると書くのが一般であるのに、斑鳩宮の造営に、ことさら「興」の字をあてているのは、まったく違った規模のものという記述者の認識があったと思うとし、斑鳩に居を移す以前から、『書紀』に現われる厩戸皇子に関す

る記事には、文字通りさかんにおこるの感が深いのである、とのべている（＊2）。

白鳳文化

「興」の字は、これ以外にも、天武九年（六八〇）一一月一二日条に、

皇后《きさき》、休不予《みやまひ》したまふ。則ち皇后の為に誓願《ちか》ひて、初めて薬師寺を興つ。

とあり、天武は病気となった皇后（後の持統天皇）のために薬師寺の建立を発願し、一〇〇人の僧を得度させたが、皇后は回復したので、薬師寺建立は、ひとまずは見送られ、やがて藤原京の造営にあわせ持統によって建立され、後に平城京に移した。つまり薬師寺は天武九年に建立されたのではないにもかかわらず、天武による誓願をもって「初めて薬師寺を興つ」としるしていた。上原和の指摘した斑鳩宮（法隆寺）の場合と同様に、これを発端として薬師寺がさかんにおこるの感が、やはり深いといえるであろう。

「斎宮を興つ」もまた、ヤマト姫、実際には天武三年の大来皇女の伊勢斎宮派遣によって、後世へと続く斎宮および伊勢神宮のおこりとしたのである。

斑鳩宮、いわゆる若草伽藍炎上の跡に再建された法隆寺と、藤原京から平城京へ移した薬師寺。そして伊勢国多気郡多気から度会郡宇治へと遷座した伊勢神宮は、いずれも天武・持統の白鳳時代に建立された、『書紀』の記述者たちにとって、由緒深い三つのモニュメンタルな建築だった。現在の私たちにとっても、伊勢神宮、法隆寺、薬師寺の一宮二寺は、古代の建築様式を現在に伝える日本最古の三大建築である。日本という国の歴史が、この時代にはじまったように、日本建築の歴史も、文化史上にいう白鳳時代にはじまった。

そして「垂仁紀」は、斎宮がたてられたのは「五十鈴の川上」であり、これを「磯宮」とよぶとしたうえで、

則ち天照大神の始めて天より降《くだ》ります処なり。

とむすんでいる。すなわち、はるばる大和の初瀬から、天照大神を奉じて各地をめぐってたどりついた地が、実は天照大神が始めて天降ったところだというのである。これは矛盾だと古くから議論をよんだ個所ではあるが、先にみたように、『書紀』天孫降臨の段、第一の一書は、皇孫のニニギが神鏡とともに降ったのは、日向の高千穂の「峯（ミネ）」ではなく「峯（タケ）」としるし、『古事記』は、より明解に「多気」と書いていた。したがって、『記』と『紀』第一の一書、両者の場合、すでに神鏡はニニギとともに多気に降っていたのだから、ヤマト姫の巡行説話はありえない。いいかえれば、天武朝にヤマト姫説話は、いまだ成立していなかった。

泊瀬の斎宮

壬申の革命に勝利した大海人皇子は、斉明大王の飛鳥岡本宮に入り、その南に飛鳥浄御原宮《あすかのきよみはらのみや》を造営した。天武二年（六七三）二月二七日、大海人は飛鳥浄御原宮に即位した。天武天皇である。

『万葉集』巻一九「壬申の乱の平定しぬる以後《のち》の歌二首」

　大君は　神にし坐《ま》せば　赤駒の　匍匐《はらば》ふ田井を　都となしつ（万一九―四二六〇）

　大君は　神にし坐せば　水鳥の　多集《すだ》く水沼《みぬま》を　都となしつ（万一九―四二六一）

天武天皇は、いまや神として君臨したのである。『日本書紀』は、即位して間もない天武二年四月一四日に、

　大来皇女《おおくのひめみこ》を天照太神宮に遣侍《たてまだ》さむとして、泊瀬斎宮《はつせのいつきのみや》に居《はべ》らしむ。是は先づ身を潔めて、稍《やや》に神に近づく所なり。

としるしている。大来皇女は大伯とも書き、持統皇后の同母姉大田皇女の間に生まれ、当時一四歳。ここに伊勢神宮ではなく、「天照太神宮」とあることに注意したい。これまでの伊勢大神とは明確に区別される、天照大神を祭神とする太神宮が、史上初めてここに登場したのである。

泊瀬斎宮の泊瀬は、倭国最初の大王雄略の泊瀬朝倉宮をおき、「隠もりくの泊瀬」とうたわれた古代大和の聖地であったばかりでなく、後世、畿内から神宮に参詣する伊勢路として知られた初瀬（長谷）街道が示しているように、大和朝廷が最初の宮都をおいて、南伊勢に進出する起点になった由緒ある土地だった。

延喜斎宮式の規定では、斎王に卜定されると初斎院および平安京外の野宮で、それぞれ一年潔斎した後に伊勢に向った。泊瀬の斎宮は、その起源である。

伊勢神宮と石上神宮

翌、天武三年（六七四）、『書紀』はつぎの二条をつづけて記録している。

〔八月三日〕 忍壁皇子《おさかべのみこ》を石上神宮に遣《まだ》して、膏油《かうゆ》を以て神宝《かむだから》を瑩《みが》かしむ。即日《そのひ》に、勅《みことのり》して曰はく、「元来《はじめより》諸家《もろもろのいへ》の、神府《ほくら》に貯《つ》める宝物、今皆其の子孫《うみのこ》に還せ」とのたまふ。

〔一〇月九日〕 大来皇女、泊瀬の斎宮より、伊勢神宮に向《まう》でたまふ。

大来皇女が泊瀬から伊勢神宮へむかった記事の前条に、石上神宮についてしるしているのを見逃すことはできない。この二つの記事は相互に関連しているとみるべきである。

石上神社は『記』『紀』が一貫して「神宮」名で記述した唯一の大神社であるが、『日本書紀』の優れた注釈書として評価の高い「日本古典文学大系」（岩波書店）本は、石上神宮に、つぎの注をつけている。

日本後紀延暦二十四年二月条によると、なお厖大な兵器が石上神宮に所蔵されていたらしいから、ここの措置は、諸氏の兵器を排して皇室の武器庫としての性格に徹せしめ、他方これによって上級貴族の武備を整えさせようとしたのであろう。神府は神社の宝庫。

石上神宮を大和朝廷の武器庫とするのは、古代史学界の通説であるが、武器とは、いつでも使えるように常に磨いておくもので、膏油でみがかなければならないようでは、いざというときに役にたたない。石上神宮に収納されていたのは、同じ兵器でも神祇のための兵器と、諸氏から貢献させた神宝であり、ここでいう神宝とは、神を祭るための祭具、ないしは神を象徴する神器である。

石上神宮に収納していたのは、先に述べたように、

一、大和朝廷から諸家に配布して神祇の対象にさせた神器としての兵器

二、諸家が朝廷の支配下に入る以前に神祇の対象として祭っていた神宝

という新旧二つの神器だった。だからこそ、『書紀』は石上神社を一貫して「神宮」とよんでいたのである。天武天皇が、石上神宮に収めていた神宝を膏油でみがいて諸家に返還させたのは、諸家それぞれが独自の神を祭ることを朝廷が認めたばかりでなく、より積極的に祀らせるようにしたということであろう。それが、つぎの大来皇女による伊勢神宮の成立につながる。すなわち、この両者は、伊勢神宮を頂点とした神祇体系を全国につくりだしていくための起点であったことにほかならない。

天武は、いわば神祇における中央集権と地方分権とを同時にとりくんだのであり、律令の制定と神代をふくむ『記』『紀』の編纂は、そのためにも必要だったのである。ともあれ、天照大神を祭神とする伊勢神宮は、大来皇女の伊勢派遣によって、天武三年一〇月に、ひとたびは成立した。

〔天武四年(六七五)二月一三日〕　十市皇女《とをち》・阿閉皇女《あへ》、伊勢神宮に参赴《まうで》ます。

十市皇女は天武天皇と額田王の間の皇女で大友皇子の妃となった。そして吉野にかくれた大海人皇子のもとに近江朝廷の動きをひそかに伝えていたという所伝が『懐風藻』『扶桑略記』『宇治拾遺物語』などに伝えられている。阿閉皇女は天智の子、草壁皇子の妃、後の元明天皇である。新装なった伊勢神宮へ、壬申の革命協力への感謝の意をこめての派遣だったろう。『万葉集』には、この折、十市皇女につきそい、波多の横山の巌を見て吹黄《ふきの》

刀自《とじ》の作った歌が掲載されている。

河の上《へ》の　ゆつ岩群《いはむら》に　草生《む》さず　常にもがもな　常処女《とこをとめ》にて（万一―二二）

――河辺の岩々に草が生えないように、変わらぬ若さでありますように。永遠の少女として。

天武七年（六七八）の春、天神地祇を祠るために、天の下ことごとくに祓禊《おほみはらえ》をし、斎宮を倉梯《くらはし》の河上にたてた。四月一日、斎宮に行幸する日時を占った結果、七日の暁寅の刻（午前四～六時）、まさに出発しようとしたとき、十市皇女が急病となって宮中で亡くなった。ために行幸はとりやめとなり、神祇を祭ることはできなかった。十市皇女は自殺したとする説もあるが謎である。天武は、天神地祇をまつる、神祭りの方法を模索し実行にうつそうとして頓挫したということであろうか。

〔天武一〇年（六八二）正月二日〕　幣帛《いはひのみてぐら》を諸の神祇《あまつかみくにつかみ》に頒《あかちまだ》す。

〔同一九日〕　畿内《うちつくに》及び諸国《くにぐに》に詔して、天社地社《あまつやしろくにつやしろ》の神の宮を修理《をさめつく》らしむ。

とあり、全国各地に官幣社を造営したのである。そしてこの年の二月には律令の制定を、三月には国史編纂を命じている。

天武一五年（六八六）、朱鳥《あかみとり》と改元された。赤色を重んじた天皇の病気平癒を祈願してのこととされる。

〔朱鳥元年（六八六）四月二七日〕　多紀《たき》皇女・山背姫王《やましろのおほきみ》・石川夫人《おほとじ》を伊勢神宮に遣す。

〔五月九日〕　多紀皇女等《たち》、伊勢より至《まうけ》り。

新羅からの貢調物を献ずるためとされているが、天皇の平癒祈願の参拝とも考えられる。多紀皇女は託基にもつくり、天武天皇皇女。山背姫王は他にみえず不明。石川夫人は蘇我赤兄の女、天武の妃で、穂積皇子・紀皇女・田形皇女の生母である。先の十市皇女・阿閉皇女といい、今回といい、伊勢神宮を参詣した皇族のすべてが、女性であったことに注目される。それは祭神アマテラスが女神であったことだけではなかっただろう。壬申の革命で革命戦略本部の役割を担った伊勢神宮は、革命が成就した現在、平和の神殿へと生まれかわることを強く求められるようになっていたのではなかったろうか。

二　生きた神の空間

神と仏の空間

寺院の伽藍配置でみる限り、蘇我氏が建立した倭国最初の仏教寺院の飛鳥寺は、塔を中心に東西南北に金堂をおくプランで、仏像を中心とするものではなかった。それが法隆寺では塔と金堂が並びたち、やがて薬師如来や大日如来を本尊とする薬師寺や東大寺が金堂中心となっているのをみると、仏教思想は、まず釈迦への信仰に始まり、やがて薬師如来や大日如来など、それぞれの仏への信仰へと展開していったと考えられる。とはいえ、塔は塔心の下に仏舎利を納めた、いわば巨大な墓碑にあたるもの、金堂は本尊を安置した巨大な厨子のようなもので、ともに仏の空間であって、塔も金堂も人間の入る空間ではなかった。

法隆寺は、白砂をしきつめ回廊をめぐらした内庭に、中門からみて右（西）に金堂、左（東）に五重の塔がたっているが、本来は、金堂や塔を中門から礼拝するものだった。内庭は法要儀礼のおこなわれる、いわばハレの空間であって、通常は一般人は入ることのできない聖域だった。別のいい方をすれば、僧以外の一般人が入ると恐ろしいタタリのある凶域だったといえるかもしれない。

このことは伊勢神宮に代表される古代の神社にもいえることで、それは建物にとどまるものではなく、内宮外宮の正殿の鎮座する瑞垣内は、一般人の入ることのできない空間である。けれども、法隆寺は、現在の伊勢神宮正殿のように、始めから見えない入れないのではなく、中門は内庭へ開かれて金堂や塔を仰ぎ見ることができるから、人々が仏により近づきたいと思うようになるのは自然である。この想いによってつけられたのが裳層《もこし》で、人の入ることのできる建築空間である。

法隆寺の金堂と五重塔をみると、いずれも第一層の軒が二重になっているのがわかる。下の軒部分である裳層が後につけられたものであろうことは誰が見ても一目瞭然で、それは白砂を敷きつめた内庭にも一般人が入れるようになったことをしめしている。

建築のヒューマナイゼーション

薬師寺は、金堂の前方左右に東塔、西塔二つの塔を配置し、参詣者は双塔の間を金堂へ向ってまっすぐに進む伽藍配置である。現在、橿原市木殿に礎石を残している本薬師寺の本尊脇侍の三尊の仏像は、平城京遷都にあたって移動したという説と新鋳との二説があるが、建造物はそのまま残し、建築様式をまったくかえずに新築されたことに異論はない。薬師寺東塔は、以来そのままの姿で現存し、それぞれの階層に裳層をつけ、三重の塔でありながら、六重の塔のようにみえる特殊な様式をもち、そのリズミカルなすがた・かたちから「凍れる音楽」とよばれている（写真1）。近年、復元された金堂にも二層それぞれに裳層をつけているが、この金堂について『今昔物語』は、

その寺の内には、やむごとなき僧なれども入ることとなし。ただ堂童子とて俗なむ入て仏供灯明を奉る。

とかいている。金堂の中には高僧とても入ることができず、俗世間のけがれにそまっていない童子だけが、供物をささげ灯明をつけるために入るというのである。僧侶たちは、裳層から寺内の仏像にむかって礼拝し読経などの法要をおこなっていた。すなわち、祭られる仏の空間と祭る人の空間とに明確に分けられているのである。

写真１　薬師寺東塔

法隆寺の裳層は、一層のみを後につけたものであるのに対して、薬師寺は最初から裳層をつけ、僧侶ほかの人々が仏を身近に拝むために、人間の空間を建築のなかにくみこんだのである。裳層はいわば庇のようなもので、法隆寺も薬師寺も金堂は二重の屋根をもち、外観は二階建てのようにみえるが、内部は一つの空間になっていて、そこに仏像を安置している。つまり金堂とは、巨大な厨子のようなもので、聖なる空間として人の入ることのできない、いかめしいものだった。それに、人間の入れる裳層をつけることによって、より人間に親しいものにした。といっても、薬師寺の塔の第二・第三層の裳層や復元された金堂の第二層の裳層は、人が入るという機能をもってはおらず、もっぱら建築をヒューマナイゼーションするための造形的な要素としてである。

金堂を中央におき、東西の双塔を左右に並び建つ薬師寺の伽藍配置は、正殿を中央に、東西の宝殿を左右におく神殿の社殿配置にたいへんよく似ているばかりではない。より興味をひかれるのは、伊勢神宮正殿につけられた回り縁と薬師寺の裳層とがもっている、ある種の共通性である。

伊勢神宮正殿の正面の大床とよばれる部分をのぞけば、この回り縁をつかって正殿を巡るというような行事のあることは知られていないばかりか、側面にたつ棟持柱が人を背面へとまわることをさえぎっている。しかし、回り縁がつけられることによって、正殿は、まことに人間的な印象をもつものとなった。それは機能的なものではなくて、造形的なものであり、ギリシャのパルテノン神殿が、機能的にも構造的にも必要のない列柱による回廊をめぐらすことによって、ヒューマンな印象をつくりだしているのと同じである。とはいえ、パルテノンは、高さ五メートルにもおよぶアテネの神像を祀るにふさわしい、巨大な列柱のたちならぶ壮大なスケールの神殿であるが、伊勢神宮正殿の回り縁の高欄は、軒高などとともに、まったくのヒューマン・スケールであり、人間の姿をした神が、あたかもそこにいるかのように感じさせる。

この回り縁の高欄におかれた五色の宝珠は、白木造の簡素なつくりに気品のあるあでやかさをもたらしているが、五色が陰陽五行説によるものであることは明らかで、おそらくは飛鳥浄御原宮や藤原京の大極殿にもつけられていたのではなかったろうか。

天の香具山

高松塚古墳の四方——東西南北それぞれの壁画に、青竜、朱雀、白虎、玄武の四神が描かれていたことから、白鳳時代の文化を濃厚に彩っていた陰陽五行説を、いまさらのように気付かされた。

持統天皇が飛鳥浄御原宮でよんだ、

春過ぎて　夏来るらし　白栲《しろたへ》の　衣乾したり　天の香具山（万一—二八）

『小倉百人一首』にも入れられた、あまりにも有名な歌であるが、先の四方四神は、青春、朱夏、白秋、玄冬の四季でもあるから、この歌にうたいこめられている春は東、夏は南、白栲の白は西、そして天の香具山は飛鳥浄御原宮の北に位置している。すなわち、この歌は、三一文字のなかに東・南・西・北の四方（あるいは春・夏・秋・冬の四季）を詠みこんで、天の香具山、すなわち天と地（山）とで結んでいる、と大浜厳比古は指摘した。

天子は南面するといわれるが、飛鳥浄御原宮を南正面から拝すると、その背後に天の香具山が聳え、その真上に五行説で太極とよばれ、天子の象徴とする北極星がきらめき、それを中心に星空（宇宙）は回転し、四季が移りかわっていく。その中心に位するのが、飛鳥浄御原宮にほかならない。

中国文明の生んだ陰陽五行説の整然とした宇宙観を、飛鳥浄御原宮という現実の場に歌いこんだこの歌は、女帝ながら日本の天皇のなかでは、もっとも皇帝らしい天皇といわれる持統天皇にまことにふさわしい。日本最初の本格的な計画都市・藤原京は、この女帝のもとで建設された。

藤原宮の造営

藤原宮の造営には多くの人民が動員されて働いた。つぎは『万葉集』巻一の「藤原宮の役民《えのたみ》の作れる歌」（万一—五〇）である。

やすみしし　わご大王《おほきみ》　高照らす　日の皇子
荒栲《たへ》の　藤原がうへに　食《を》す国を　見《め》し給はむと　都宮《みあらか》は　高知らさむと
神ながら　思ほすなへに　天地《あめつち》も　寄りてあれこそ
石走《いはばし》る　淡海《あふみ》の国の　衣手の　田上山《たなかみやま》の
真木さく　檜《ひ》の嬬手《つまで》を　もののふの　八十《やそ》氏河《うぢがは》に
玉藻なす　浮かべ流せれ　其《そ》を取ると　さわく御民《みたみ》も
家忘れ　身もたな知らず　鴨じもの　水に浮きゐて
わが作る　日の御門に　知らぬ国　寄し巨勢道《こせぢ》より
わが国は　常世《とこよ》にならむ　図負《ふみ》へる　神《くす》しき亀も
新代《あらたよ》と　泉の河に　持ち越せる　真木の嬬手を
百足らず　筏に作り　泝《のぼ》すらむ　勤《いそ》はく見れば　神ながらならし

藤原宮造営のため、近江の田上山で伐った檜を瀬田川へ落とし、下流の宇治川へ流して筏に組み、木津川（泉川）を遡り、さらに奈良坂を越えて佐保川、飛鳥川を遡って藤原の地へ運んだのである。かつて宇治川と木津川との合流するところに巨椋《おぐら》池があったから、宇治川から流しこんだ材木をここで集めて筏に組んで、木津川を遡らせるため、忙しくたち働くさまを、近江から藤原京にいたる道筋を俯瞰して歌ったもので、「役民の作れる歌」とあるが、役民が作ったものではなく、この木材運搬を指導した役人の作であろう。

藤原宮造営のため、木材は遠く近江にもとめられ、それにともなって南大和とつなぐ内陸の水路が開発された。そしてこのような北部の開発が、やがて平城京遷都へと都を北上させる前提になったであろう。

藤原京の御井の歌

神宮建築のヒューマンな建築様式やシンメトリカルな社殿配置は、薬師寺の建築デザインや伽藍配置や藤原京の都市計画に共通している。『万葉集』巻一の「藤原京の御井《みゐ》の歌」（万一―五二）は、当時の時代思想でもあったシンメトリカルな世界観を見事にうたいあげていた。

　やすみしし　わご大王
高照らす　日の御子
荒栲《あらたへ》の　藤井が原に　大御門　始め給ひて
埴安《はにやす》の　堤の上に　あり立たし　見《め》し給へば
大和の　青香具山は　日の経《たて》の　大御門に　春山と　繁《しみ》さび立てり
畝火《うねび》の　この瑞山《みづやま》は　日の緯《よこ》の　大御門に　瑞山と　山さびいます
耳成《みみなし》の　青菅山《あをすがやま》は背面《そとも》の大御門に　宜《よろ》しなへ　神さび立てり
名くはし　吉野の山は　影面《かげとも》の　大御門ゆ　雲居《くもゐ》いそ　遠くありける
高知るや　天の御蔭
天知るや　日の御蔭の
水こそば　常《とこしへ》にあらめ
御井の清水

藤原京は、そのシンメトリカルな世界観を、単に条坊制によってだけではなく、大和三山や吉野山など自然の山々にまであてはめて構想していたのである。なお、「日の経」「日の緯」の経と緯は、現在とは逆に、南北が経、東西が緯である。この長歌は、天香具山、畝火山、耳成山の大和三山をも都市のなかにくみこみ、はるか吉野山を望んで南面してたつ大極殿をはじめとする建築群が、整然と並ぶ姿を雄大にうたいあげている。

だが間違ってはいけない。これは「藤原京の歌」ではなく「藤原京の御井の歌」であり、作者はこの長歌を「御井の清水」の句でむすんでいるのである。この御井はミソギのための泉で、おそらく天皇は御井の清水でミソギして、スメラミコトとしての神性を身につけたのであろう。

このことは伊勢神宮の五十鈴川、御裳濯川のイソスグ、ミミススグ清流にもつながってくるのである。

これより以後、伊勢神宮が創立するまでの歴史的な過程は、『日本書紀』『続日本紀』の記述を忠実にたどり、伊勢神宮に関連するとおもわれる条項を採集して列記し、同時代史料である『万葉集』で補強していけば、疑問の余地のない明瞭さで、おのずから明らかになってくるだろう。

三　伊勢神宮の挫折

大津皇子事件

朱鳥元年（六八六）九月九日、天武天皇は崩御した。その直後、『書紀』は、大津皇子事件について一連の記事を載録している。

〔九月二四日〕　大津皇子、皇太子を謀反《かたぶ》けむとす。

〔一〇月二日〕 皇子大津、謀反《みかどかたぶ》けむとして発覚《あらは》れぬ。皇子大津を逮捕《から》めて、并《あはせ》て皇子大津が為に詿誤《あざむ》かれたる直広肆八口朝臣音橿《ぢきくわうしやくちのあそみおとかし》・小山下壱伎連博徳《せうせんげゆきのむらじはかとこ》と、大舎人《おほとねり》中臣朝臣臣麻呂《おみまろ》・巨勢朝臣多益須《たやす》・新羅沙門行心《しらきのほふしかうじむ》、及び帳内《とねりと》礪杵道作《きのみちつくりたち》等、三十余人を捕《から》む。

持統皇后が称制した直後の朱鳥元年一〇月、大来皇女の実弟大津皇子が謀反したとの理由によって死を賜った。時に二四歳、妃の山辺皇女は、髪をくだしみだして素足で走りゆき殉死し、見るものはみな泣き悲しんだという。皇子は堂々とした体軀をもち、雄弁で文筆にすぐれ、『書紀』が「詩賦《しふ》の興《おこり》、大津より始れり」と特記しているほどであったが、新羅僧行心《こうじん》が、その骨相をみて、久しく臣下でいたら身があぶないといったので反逆を企てたといい、仲のよかった異母兄弟の川嶋皇子が告発した、ともいわれている。

〔一〇月三日〕 皇子大津を訳語田《をさた》の舎《いへ》に賜死《みまからし》む。時に年二十四なり。妃皇女山辺《みめひめみこやまのへ》、髪を被《くだしみだ》して徒跣《そあし》にして、奔《はし》り赴《ゆ》きて殉《ともにし》ね。見る者皆歔欷《なげ》く。

〔一〇月二九日〕 詔して曰はく、「皇子大津、謀反《みかどかたぶ》けむとす。詿誤《あざむ》かれたる吏民《つかさひと》・帳内《とねり》は已《や》むこと得ず。今皇子大津、已《すで》に滅びぬ。従者《ともびと》、当《まさ》に皇子大津に坐《かか》れらば、皆赦《ゆる》せ。但し礪杵道作は伊豆に流せ」とのたまふ。又詔して曰はく、「新羅沙門行心、皇子大津謀反けむとするに与《くみ》せれども、朕《われ》加法《つみ》するに忍びず。飛驒国の伽藍《てら》に徙《うつ》せ」とのたまふ。

この事件は、持統が実子草壁皇子を皇位継承者とするため、最有力の競争者である大津皇子を排除するための謀略にはまったとする説がもっぱらであるし、それを否定することはできない。が、事件の直前、大津皇子が伊勢神宮に姉の大来皇女を訪ねたことは、『万葉集』巻二「大津皇子のひそかに伊勢神宮に下りて上り来まし時に、大伯（来）皇女の作りませる御歌二首」からも知られている。

わが背子を　大和へ遣《や》ると　さ夜深けて　暁露《あかときつゆ》に　わが立ち濡れし（万二―一〇五）

——わが弟を大和へ帰らせ見送っていると、暁の露に私は濡れてしまった。

二人行けど　行き過ぎ難き　秋山を　いかにか君が　独り越ゆらむ（万二―一〇六）

——二人で行っても行き過ぎにくい秋の山を、どのようにしてあの人は一人で越えていったのだろうか。

かつて反政府勢力の中心であり、革命戦略本部でもあった伊勢神宮へ、天皇崩御の直後に駆け込むというのは、ただごとではないのである。この事件に加担したとされる人々が、どのような役割をはたしたかは不明で、伊豆に流された一人を除いて、すべて釈放されているが、その一味に、後に神祇官にあたる地位をあたえられ、伊勢神宮とも関係をもっていたと推測される中臣意美麻呂が「臣麻呂」の名でみられることは注目していい。

大来斎王の解任

大津皇子事件によって、大来皇女も斎王を解任されて都に還された。

朱雀元年一一月一六日、伊勢神祠《いせのかみのまつり》に奉《つかへまつ》れる皇女大来、還りて京師《みやこ》に至る。

大来斎王の解任とともに、もはや「伊勢神宮」ではなく「伊勢神祠」となった。すでにみたように、伊勢神宮は「神祠」と「斎宮」とからなっていたから、斎王の退位によって「斎宮」がなくなれば、「伊勢神祠」とよばれるのは当然である。

『万葉集』巻二「大津皇子の薨《かむあか》りましし後に、大来皇女の伊勢の斎宮より京に上りし時に作りませる御歌二首」

神風の　伊勢の国にも　あらましを　なにしか来けむ　君もあらなくに（万二―一六三）

——（神風の）伊勢の国にいればよかったのに、どうして帰ってきたのだろう。もはやあの人はいないというのに。

見まく欲《ほ》り　わがする君も　あらなくに　なにしか来けむ　馬疲るるに（万二―一六四）

——見たいと思っている君はなくなってしまったのに、どうして来たのだろう馬が疲れるというのに。

以後、持統朝を通じて斎王の派遣はなかった。

平安中期に成立したとされる『神宮雑事記』は、式年遷宮の制は天武によって定められ、持統四年（六九〇）に第一回式年遷宮がおこなわれたとし、これが通説になっている。一九九三年に挙行された遷宮を第六一回とするのは、ここから起算したものである。しかし斎王不在で神宮も「神祠」だった時期に、最初の遷宮祭がおこなわれたとは、とうてい考えられない。なお、この私の指摘に関連してか、持統朝に斎王が不在だったのは、女性天皇のときには斎宮の派遣はなかったとする説がだされているが、『続日本紀』によると、女帝の元明朝には、元明朝、養老元年四月条に、久勢女王を「伊勢大神宮に侍らしむ」とあり、女性天皇の場合にも斎王が派遣されていることを記録している。

ともあれ、天武天皇によって一度は成立した伊勢神宮は、ふたたび過去の「神祠」へともどされた。いいかえれば、持統朝を通じて、伊勢神宮は存在していなかったのである。

四　歴史の転換

持統天皇即位

持統二年（六八八）一一月、天武天皇を大内陵に葬る。

同三年四月、皇太子草壁皇子が没した。享年二八歳。天武生前、万葉歌人に「日並みの皇子」と詠われて、皇位継承者と目されながら、天皇崩御にもかかわらず皇位につかなかったのは、病身だったためだろう。草壁皇子亡き後、持統自らが天皇位についた。

〔持統四年（六九〇）正月一日〕　物部麻呂朝臣、大盾を樹《た》つ。神祇伯《かむつかさのかみ》中臣《なかとみ》大嶋《おほしま》朝臣、天神寿詞《あまつかみのよごと》読む。畢《をは》りて忌部宿禰《いみべのすくね》色夫知《しこぶち》、神璽《かみのしるし》の剣・鏡を皇后《きさき》に奉上《たてまつ》る。皇后、即天皇位《あまつひつぎしろしめ》す。公卿《まへつきみ》百寮《つかさつかさ》羅列《つらな》りて匝《あまね》く拝みたてまつりて、手拍《う》つ。

持統天皇称制前紀には、

皇后、始より今に迄《いた》るまでに、天皇を佐《たす》けまつりて天下《あめのした》を定めたまふ。毎《つね》に侍執《つかへまつ》る際《あひだ》に、輙《すなは》ち言《こと》、政事《まつりごと》に及びて、毗《たす》け補《おぎぬ》ふ所多し。

とあり、持統天皇には、夫天武に協力して、革命のユートピアとしての伊勢神宮の成立を一応は達成させながら大津皇子の事件によるとはいえ、彼女自身が、神宮を再び神祠へまいもどしてしまったことに対する自責の念とともに、天武がやり残した仕事を、なんとしてもやりとげなければ、という強い想いがあったのではないだろうか。そして、この目的実現のためにも、実子の草壁皇子や孫の軽皇子の皇位継承にこだわらなければならなかったのかもしれない。それには、なにより、皇后自らが即位するのがいちばんである。いわゆる後家のがんばりであるが、そこには後の尼将軍・北条政子などにも通じる、日本の女性像の、ひとつの典型を見出すことができるのではないかと思う。

〔持統五年（六九一）一一月二一日〕　大嘗《おほにへ》す。神祇伯中臣朝臣大嶋、天神寿詞を読む。

いうまでもなく、天皇即位に際していとなまれた践祚《せんそ》大嘗祭である。

持統天皇の伊勢行幸

持統六年（六九二）二月一一日に、持統は諸官に「三月三日、伊勢に行幸しようとおもう。このことを心得て、諸の衣服を揃えておくように」と指示した。これを聞いて中納言大三輪朝臣高市麻呂は、ただちに上申書を奏上し、農時の妨げになると伊勢行幸をいましめた。にもかかわらず、天皇は留守役を任命するなど、行幸の準備を着々とすすめた。

〔三月三日〕中納言大三輪朝臣高市麻呂《たけちまろ》、其の冠位《かうぶり》を脱《ぬ》きて、朝《みかど》に擎上《ささ》げて、重ねて諫《あは》めて曰《まう》さく、「農作《なりはひ》の節《とき》、車駕《きみ》、未だ以て動《ゆ》きたまふべからず」とまうす。辛未（六日）に天皇、諫《あはめ》に従ひたまはず、遂に伊勢に幸《いでま》す。

天皇は、高市麻呂が農時の妨げになるという中納言の冠を賭しての再度の諫言にもかかわらず、六日、伊勢に行幸した。高市麻呂は、大和王朝発祥の地、初瀬にそびえる三輪山の神、大物主を祀る由緒ある家系で、壬申の革命にあたっては、大海人皇子こと天武天皇の吉野軍に呼応して、大和で蜂起した大伴連来田の軍に加わって大和古京で戦った功臣であり、伊勢神宮の復活を警戒したのであろう。それをおしての伊勢行幸には、持統の強い意志を感じさせる。夫天武の遺志をついで、持統がしなければならない、そして彼女でなければできない、重要な任務が残されていたのである。

〔一七日〕過ぎます神郡、及び伊賀・伊勢・志摩の国造《くにのみやつこども》等に冠位《かうぶり》を賜ひ、幷《あはせ》て今年の調役《えつき》を免《ゆる》し、復《また》、供奉《そのことにつかへまつ》れる騎士《うまのりひと》・諸司《つかさつかさ》の荷丁《もちよほろ》・行宮《かりみや》造れる丁《よほろ》の今年の調役を免《ゆる》して、天下に大赦《おほきにつみゆる》す。

〔一九日〕過ぎます志摩の百姓《おほみたから》、男女の年八十より以上《かみ》に、稲、人ごとに五十束賜ふ。

〔二十日〕車駕《すめらみこと》、宮に還りたまふ。到行《おは》します毎に、輙《すなは》ち郡県《くにこほり》の吏《つかさ》民《おほみたから》を会《まうつど》へて、務《ことねむごろ》に労《ねぎら》へ、賜《ものたま》ひて楽作《うたまひおこ》したまふ。

〔二九日〕詔して、近江・美濃・尾張・参河《みかは》・遠江《とほつあふみ》等の国の供奉《そのことにつかへまつ》れる騎士《うまのりびと》の戸《へ》、及び諸国《くにぐに》の荷丁・行宮造れる丁の今年の調役を免す。

この行幸が、多気、度会の二神郡を通過しながら、伊勢神宮への参拝がみられないことは、すでに指摘されている。しかし、この時期の伊勢神宮は、神祠のみの伊勢神祠であり、その神祠に神鏡をかける斎王もいない。したがって、持統が参拝すべき伊勢神宮はなかった。しかも、そのような神宮にしたのは、ほかならぬ持統本人である。夫・天武が祭らせた神宮をこのまま放置するわけにはいかない。持統の二神郡から志摩にまでおよんだ行幸の目的は、神宮の本来あるべき姿にふさわしい鎮座地の視察、選定だったとみるべきであろう。

持統は、壬申の革命を戦った近江・美濃・尾張・三河・遠江の国々の騎士を率いて、伊賀、伊勢の多気、度会の二神郡、そして志摩へと車駕をすすめた。それは、宮川、五十鈴川のデルタ地帯を船で渡り五十鈴川を遡航して、『儀式帳』が「宇治五十鈴川上大山中」としるした伊勢神宮の現鎮座地にもおよんだであろう。伊勢神宮の内宮の後方に、谷をへだてて別宮の筆頭、荒祭宮が祭られているが、先にのべたように、その神境から「茶臼石」とよばれる首飾りなどの遺物が発見されて、古墳時代の祭祀施設だったと推測されている。おそらく七世紀頃にも神祭りの聖地とされていたのではなかったろうか。持統は、ここを神宮の鎮座地に選定したのである。

『万葉集』巻一「伊勢国に幸しし時に、京に留まれる柿本朝臣人麻呂の作れる歌」

嗚呼見《あみ》の浦に　船乗りすらむ　嫐嬬《をとめ》らが　珠裳《たまも》の裾に　潮満つらむか（万一―四〇）

――あみの浦で船乗りしているだろう乙女たちの美しい裳の裾に、潮が満ちているだろうか。

くしろ着く　手節《たふし》の崎に　今日もかも　大宮人の　玉藻刈るらむ（万一―四一）

――（くしろつく）答志の崎で、今日もまた大宮人は美しい藻を刈っているのだろうか。

潮騒《しほざゐ》に　伊良虞《いらご》の島辺《しまへ》　漕ぐ船に　妹乗るらむか　荒き島廻《しまみ》を（万一―四三）

――潮騒のする伊良湖の島のあたりを漕ぐ船に、彼女も乗っているだろうか。荒波の島の廻りを。

第一首のあみの浦は英虞《あご》湾といわれ、第二首の手節は答志、第三首の伊良虞の島は、対岸の三河の伊良湖岬にあたる。この行幸は、三河の伊良湖はもちろん、答志にもおよんではいなかったと思われるので、京に留まった人麻呂が、伊勢からの連想で詠んだものとされている。持統の行幸によって、志摩と三河の伊良湖岬はひとつづきになっているという知識をえたほど、当時の南伊勢は辺境の地だったに違いない。

〔持統六年閏五月一三日〕伊勢大神、天皇に奏《まう》して曰《まう》したまはく、「伊勢国の今年の調役免《えつきゆる》したまへり。然れども其の二つの神郡より輸《いた》すべき、赤引糸参拾伍斤《あからひきのいとみそあまりいつはかり》は、来年《こむとし》に、当に其の代《しろ》を折《へ》ぐべし」とまうしたまふ。

伊勢国の今年の調役は免じられたけれども、伊勢神宮としては、二神郡からの赤引糸三十五斤は神衣祭に必要なので徴することにし、その分は来年免じることにさせていただきたい、ということであろうか。

『書紀』と『続日本紀』

同じ持統六年、『書紀』はつぎの二つの記事をのせている。

〔持統六年五月二六日〕使者《つかひ》を遣《まだ》して、幣《みてぐら》を四所の、伊勢・大倭《やまと》・住吉《すみのえ》・紀伊《き》の大神に奉らしむ。告《まう》すに新宮《にいしきみや》のことを以てす。

同月二三日に、藤原京造営の地鎮祭をおこなったことへの報告、祈願である。

〔持統六年一二月二四日〕大夫《まへつきみたち》等を遣《まだ》して、新羅の調《みつき》を、五社、伊勢・住吉・紀伊・大倭・菟名足《うなたり》に奉る。

五月二六日条の「四所」と、この条の「五社」は、伊勢神宮は筆頭にしるしてはいても、大倭・住吉などの神々と同格にならべられているのは、伊勢神宮が天皇家にとって、特別な神社であるという意識が、さほど強くなかったことを物語っている。これに対して、八世紀以降、より具体的にいえば、『続日本紀』になると「伊勢神宮および七道の諸社」（慶雲三年閏正月）、「伊勢神宮・大神神社・筑紫の住吉・八幡の二社および香椎宮《かしいのみや》」（天平九年四月）の文では、伊勢神宮を他とはっきり区別した書き方をするようになる。このことは、直木孝次郎が『伊勢神宮』（一九六〇）で、いちはやく指摘していた。しかし問題は、『日本書紀』と『続日本紀』の記述の違いにみられる、伊勢神宮と他の神社との明瞭な区別は、いつ、どのようにして生じたのかであろう。

夢のうちに歌を習ふ

伊勢行幸の翌年、天武天皇のためにおこなわれた無遮大会の夜、持統はつぎの歌をよんだ。

『万葉集』巻二「天皇崩りましし後八年の九月九日、奉為《おほんため》の御斎会《ごさいえ》の夜に夢のうちに習ひ給へる御歌一首」

明日香の　清御原《きよみはら》の宮に　天の下　知らしめしし　やすみしし　わご大君　高照らす　日の御子　いかさまに　思ほ　しめせか　神風の　伊勢の国は　沖つ藻も　靡《なび》ける波に　潮気のみ　香れる国に　味《うま》ごり　あやにともしき　高照　らす　日の皇子《みこ》（万二―一六二）

――高照らす日の御子（天皇）は、どのような思し召しであったのか、伊勢の国は、沖の藻が波にただよい、潮の気のかおりのたちこめた国に、（あやに）無性にお慕わしい、高照らす日の御子。

「明日香の　清御原の宮に　天の下　知らしめしし　やすみしし　わが大君」は、いうまでもなく天武天皇であるが、ここまでは歌としての語調が整っていない。持統は、ある意味では父天智譲りの冷酷ともいってよい理知的な女性だったようである。しかし彼女とても一人の女性であり、夜、独り寝するとき、いまは亡き夫天武に恋慕の情をつのらせたことであろう。ここに歌われている伊勢の海は、壬申の革命に夫に従い、夫と別れて滞在していた桑名とする説が有力であるが、同時に、前年の行幸で訪れた志摩の磯のイメージを重ね合わせているのではないだろうか。

伊勢行幸は、夫天武の遺志をついで、伊勢神宮の将来構想を実現するための旅であっただけに、天武を強く思いおこさせたに違いない。この歌は、夢の中で習ったというだけあって、言葉がととのわず混沌としているが、それだけにかえって理屈では制しえない天武への想いが、沖つ藻の靡き、潮の香のする伊勢の海とともに渦巻いているのを感じさせる。

五　神祇制度と伊勢地方

文武天皇即位

〔『日本書紀』巻第三〇、持統一一年（六九七）、八月乙丑の朔に〕天皇、策《みはかりこと》を禁中《おほうち》に定めて皇太子《ひつぎのみこ》に禅天皇位《くにさ》りたまふ。

〔『続日本紀』巻第一、文武元年（六九七）、八月甲子の朔に〕禅を受けて位に即きたまふ。

同年八月朔日の干支が異なっているのは、『書紀』は元嘉暦を、『続日本紀』は儀鳳暦をもちいたからで、これに先立つ持統四年（六九〇）に、「〔一一月一一日〕勅を奉《うけたまは》りて始めて元嘉暦《げんかのこよみ》と儀鳳暦《ぎほうのこよみ》とを行ふ」とあるのは、二つの暦を同時に用いたのではなく、これまでの元嘉暦を儀鳳暦へ移行する準備期間としたのである。

草壁皇子亡き後、ひたすら成長をまちわびていた孫の軽皇子が、一五歳の成長に達したので、ただちに譲位した。壬申の革命（六七二）から、すでに二五年、天武・持統の世代から孫の文武の世代へと代替わりしたことにあわせて、暦を変えたのは、現実の生活世界も一新されることを人々に強く印象づけたであろう。

同月一八日、即位を告げる宣命がくだされた。

高天原にはじまり、遠い先祖の代々から、中頃及び現在に至るまで、天皇の皇子が次ぎ次ぎにお生まれになり、大八嶋国をお治めになる順序として、天つ神の御子のまま、天においでになる神がお授けになったとおりに、取りおこなってきた天つ日嗣《ひつぎ》の高御座《たかみくら》の業《わざ》（天皇の位にある者の任務）であると、現御神として大八嶋国をお治めなされる倭根子天皇《やまとねこのすめらみこと》（持統天皇）が、お授けになり仰せになる、尊く高く広く厚い大命を、受けたまわり恐れかしこんで、このお治めになる天下を調え平げ、天下の公民を恵み撫でいつくしもうと仰せられる、天皇の大命を、皆よく承れと仰せられる。

『書紀』神代巻をのぞき、正史に「高天原」の名がしるされたのは、これが初見である。

伊勢神宮の創立にむけて

元嘉暦から儀鳳暦に改暦して一年後、『続日本紀』は、伊勢神宮に関連する一連の人事異動がおこなわれたことを記録している。

〔文武二年（六九八）七月二五日〕直広肆《ぢきくわうし》高橋朝臣嶋麻呂《しままろ》を以て伊勢守となす。

伊勢神宮の地位確立のための政策は、まず伊勢国の国守を新任することに始まった。高橋朝臣はもと膳臣《かしわでのおみ》。『姓氏録』に天武一三年、膳臣を改めて高橋朝臣を賜るとあるが、「天武紀」「持統紀」には、なお膳部とあって高橋姓はこれが初見である。「景行紀」に、その祖イワカムツカリ（磐鹿六鴈）は、景行天皇に従って、伊勢を経由して東国に入り、上総国安房で蛤を獲て料理し献上した功により膳大伴部を賜ったという。彼らは伴造として宮中の食膳のことをつかさどり、安房、武蔵、上総など東国に密接なつながりをもった氏族である。

〔八月一九日〕詔して曰く、藤原朝臣の賜う所の姓を、よろしくその子不比等をしてこれを承しむべし。ただし意美麻呂《おみまろ》等は神事に供するによつて旧姓に復すべし。

日本は唐制にならって律令国家として制度化したけれども、中国のように皇帝が直接統治するのではなく、行政には太政官、神祇には神祇官をおき、天皇を棚上げして、太政官は中臣鎌足の賜った藤原姓をつがせて藤原氏、神祇官は意美麻呂らを中臣の旧姓にもどして中臣氏の世襲とし、やがて摂関時代とよばれる藤原一族の栄華をつくりあげたが、その発端は、ここにきめられた。

多気郡多気

〔九月一日〕無冠麻績連豊足《おみのむらじとよたり》を以て氏の上となし、無冠大贄《おほにへ》を助となし、進広肆《しんくわうし》（従五位下相当）服部連《はとりのむらじ》を以て氏の上となし、無冠功子《くうし》を助となす。

『皇大神宮儀式帳』に多気郡の督領麻績連広背の名がみえ、『三代実録』元慶七年（八八三）一〇月二五日条にも、多気郡擬大領麻績連公豊とあり、麻績氏は、この地の有力な氏であったことが知られ、『和名抄』には多気につづいて麻績の郷名をしるしているのは、麻績一族の居住地であろう。また『延喜神名式』に、多気郡に麻績神社、服部伊刀麻神社、服部麻刀方神社がある。現在、櫛田川と祓川にはさまれた地域に神麻績機殿神社、神服部機殿神社があり、斎宮とひとつながりになった地域である。

麻績、服部はともに神衣を織る氏であるが、記紀の神話ではアマテラスも機殿で神衣を織っているから、大神の現身あるいは分身としての斎王も、ひとつの神事として古くから麻績、服部の人々と共に神衣を織っていたのかもしれない。この両氏に対して、氏の上だけでなく助までを定めるという異例の処置は、斎王を受け入れ、斎宮の制度を整えるためのものだった。

〔九月一〇日〕当耆皇女《たきのひめみこ》を遣はして伊勢斎宮に侍らしむ。

当耆皇女は託基、多紀ともかかれ、大来皇女以来空白になっていた伊勢斎王に同皇女が遣わされたのである。

その結果、大来皇女の退任によって「神祠」と書かれていた伊勢神宮が、ここでは「伊勢斎宮」になっている。「垂仁紀」のヤマト姫説話に、「其の祠を伊勢国に立てたまふ。因りて斎宮を五十鈴の川上に興つ」と、「祠」と「斎宮」とを明確に区別していたように、もともと伊勢神宮は、「神祠」と「斎宮」の二つの施設から成り立っていたのであるが、「伊勢斎宮」の語はこれが初見である。天武の大来皇女の伊勢派遣を記録した『書紀』に、泊瀬斎宮はみえても伊勢斎宮の文字はない。「当耆皇女を遣はして伊勢斎宮に侍らしむ」の記事は、奈良・平安時代をへて南北朝戦乱の世に廃絶するまでの斎宮の制度は、ここに始まったとみるべきであろう。

歴史に明らかな斎宮は、多気郡の多気におかれ、多気の斎宮、竹の都などとよばれていた。櫛田川の分流、祓川のほとりに「斎宮の森」とよばれる森が、南北朝以後、斎宮の制の絶えた後も残っていた。一九七〇年、その六〇〇メートルほど西、祓川東の河岸台地、竹川の小字、古里から各時代の遺構や遺物が数多く出土し、この古里遺跡が斎宮跡と考えられ、その後の発掘調査で、斎宮跡の東西約二キロ、南北約六〇〇メートル、約一三七ヘクタールを国指定遺跡として保存し、古里には「斎宮博物館」も建てられている。

六　伊勢神宮の創立

多気大神宮を度会に遷す

〔文武二年（六九八）一一月二三日〕　大嘗す。直広肆榎井《えのい》倭麻呂《やまとまろ》が大楯《たて》を竪つ。直広肆大伴宿禰手拍《たうち》が楯桙《ほこ》を竪つ。

文武天皇即位に際しておこなわれた践祚大嘗祭である。大嘗祭は、平年の新嘗祭の日に挙行され、即位が七月一日以降の場合は、翌年の新嘗祭におこなわれる。したがって大嘗祭は天皇一代一度の大新嘗祭である。これに対して、伊勢神宮の式年遷宮は、神嘗祭の日におこなわれる二〇年に一度の大神嘗祭である。

榎井は物部の一族で、伝統にしたがって物部と大伴とが大楯と楯桙を立てた。ここに寿詞のことはみえないが、持統の大嘗祭で中臣大嶋が寿詞をよんだように、旧姓にもどった中臣意美麻呂によって寿詞がとなえられたことであろう。現在に残されている中臣の寿詞は、近衛天皇の大嘗祭に読まれたもので、平安風にかえられて『記』『紀』の神話とはかなりへだたっているけれども、冒頭で天孫降臨説話を述べている。持統の即位大嘗祭と伊勢神宮の創立は、ともに天孫降臨神話にからんでいたから、おそらく文武の大嘗祭にも、中臣意美麻呂によって天孫降臨神話が寿詞として朗々とよみ上げられたことだろう。今こそ、伊勢神宮を祭る時がきたのである。

〔一二月二九日〕　多気大神宮を度会郡に遷す。

神鏡は多紀皇女によって度会郡五十鈴川のほとりに新しく造営した神宮正殿に遷された。文字通りの遷宮である。後の式年遷宮と同様に、この遷宮も夜半から明朝にかけておこなわれたことだろう。明くれば一二月三〇日、儀鳳暦での大晦日である。こうして画期の年、文武二年は暮れた。

神明造の誕生

多気にあった神宮は、斎宮と神祠との二つに分かれていて、祭礼のたびに、斎王は神鏡を捧持して神祠におもむき、柱にとりつけた榊に鏡をかけて祭りがおこなわれていたであろう。ところが、この遷宮によって、度会郡宇治の伊勢神宮では、神祠を心の御柱として正殿の床下にたて、神鏡はその真上の正殿内にまつられるようになった。つまるところ、かつての多気には、常時、神を祭る神宮建築は存在せず、伊勢神宮が神の宮殿として、文字通りの神宮となったのは、度会宇治五十鈴川上に、新築された神宮正殿に遷座したときである。したがって、神明造とよばれる伊勢神宮の建築様式を構想し設計して初めて建てられたのは、持統上皇が伊勢へ行幸した持統六年（六九二）一二月から、多気大神宮を度会に遷した文武二年（六九八）一月までの六年間ということになる。

神宮の建築様式である神明造の原型が、屯倉であろうとは、すでにのべた。しかし、すがた・かたちをもたない穀霊（コーン・スピリット）ならともかく、かがやくばかりの女神アマテラスの宮殿に、屯倉の板校倉造そのままではふさわしくない。人間の姿をした人格神にふさわしく、総柱立てとし、周囲に高欄のある回り縁をめぐらしたのは、斎宮の建築様式をとりいれたとみるのが自然である。

すなわち天皇の皇女である斎王の宮殿としての斎宮と、大和朝廷の地方支配の象徴であった屯倉という多気に存在した二つのメモリアルな建築をかけ合わせたのが、神明造だったとみることができるだろう。

宮殿と屯倉という、用途をまったく異にする建築様式を一つに統合したのは、機能主義の美とは、まったく異質の美学であり、それを見事になしとげたところに、神宮建築は、他に比類のない美を創造したのである。それを建築家の丹下健三は、伊勢神宮に神像のないこと、いいかえれば、神像を必要としない神殿であることに見出した。すなわち伊勢神宮とその神域には、アマテラス大神ほかの神々が、あたかもそこで生きて暮しているかのように、造形化されているのである。

伊勢の神宮と多気の斎宮

伊勢神宮正殿の扉を開けて神祭りをいとなむのは、神嘗祭と春秋の月次祭の三節祭のみで、勅使の奉幣がおこなわれる祭りである。これに対して、心の御柱を対象とするのは、三節祭の前夜など、神宮独自の行事である。これは、正殿は国家神としての天照大神を祭り、心の御柱は、伊勢大神以来の伊勢の地方神であるアマテラスを祭る祭祀施設とみることができる。すなわち、国家神と地方神との二重構造である。

これによって斎王は、鏡を捧持して神祠にかけるという役割を喪失した。事実、その後、斎王が伊勢神宮の祭祀に直接かかわることはなくなった。斎王が伊勢神宮に伺候したのは、六月、九月、一二月の三節祭の、外宮は一六日、内宮は一七日の内外宮あわせて六回のみで、その日、斎王は外玉垣御門で宮司から太玉串《ふとたまぐし》を受け取り、中重に入り、内玉垣御門にむかって拝礼した後、太玉串を大物忌《おおものいみ》にわたし、大物忌はそれを瑞垣御門の西に立てる。斎王のおこなう行事はこれだけで、その後は斎王侍殿、現在の八丈殿で、お付きの女官たちとともに列席するだけである。伊勢神宮が多気から度会に遷座したことによって、多気の斎宮と伊勢の神宮と、いいかえれば、斎宮のおかれた多気郡と、伊勢神宮の神郡である度会郡とは、明確に分離されたのである。

もと多気郡に含まれていた水銀の豊かな埋蔵量を誇る飯高郡は、すでに公郡にされていたが、絹と麻の織物、それに鍛冶、土器などを生産し、東方への海上交通の要港でもあった商工業地域の多気もまた、伊勢神宮から分離して、斎宮をおいて朝廷と直結した公郡に組み込んだのである。

これに対して度会郡は、櫛田川、宮川の氾濫平原に展開した農村地帯であるが、伊勢神宮は、さらにその奥へと追いやられ、大きな森の中に囲みこまれたともいえる。伊勢神宮を革命のユートピアだといったが、それは必ずしも甘いものではなかったのである。

文物の儀、是に備れり

文武三年（六九九）八月八日、南嶋の貢物を伊勢大神宮および諸社に奉納した。伊勢神宮と他の神社との画然とした区別は、直木孝次郎の指摘した、慶雲、天平期をまつまでもなく、ここに明瞭に現われており、また「伊勢大神宮」の称号は、文武二年の多気大神宮についでこれが初見である。その二年後、年号を大宝と定めた。

〔大宝元年（七〇一）正月〕　天皇、大極殿に御しまして朝を受けたまふ。その儀、正門に烏形の幢《はた》を樹つ。左には日像・青竜・朱雀の幢、右には月像・玄武・白虎の幢なり。蕃夷《ばんい》の使者左右に陳列す。文物の儀、是に備れり。

大宝元年元日、天皇は藤原宮の大極殿に御して、百官から元日の朝賀をうけられた。その様子は、藤原宮の南正門に、竿の先に金銅製の三本足の鳥、いわゆる八咫烏の像をとりつけた幢、左には太陽、青竜、朱雀、それぞれの像をとりつけた幢、右には月、玄武、白虎の像をとりつけた幢をたて、蕃夷の使者が左右に整列した。文物の儀、すなわち学問・芸術・法律・儀礼など、古代文明国家にふさわしい精神的、物質的な制度と装置は、ここに備わったと謳歌されたのである。

〔六月二九日〕　太上天皇《だじようてんのう》が吉野宮に行幸された。

〔七月一〇日〕　太上天皇が吉野から帰還された。

『続日本紀』が持統を太上天皇とよんだのは、これが初見である。二〇日間におよぶ吉野滞在には、熟慮し決断しなければならない何事かがあったのであろう。

〔七月二一日〕　親王以下に勅して、官職の位階に応じて食封《じきふ》を与え、また壬申の乱の功臣に、それぞれの功績の程度に応じて食封を与えられた。

壬申の革命の功臣に対して、個別的な賞与は、これまでもあったけれども、功臣すべてにおよぶ論功行賞は、これに始まっている。

持統上皇、東海地方へ行幸

伊勢神宮が多気から度会に遷って三年有半、神宮もまた、内実ともにようやく整ったであろう。大宝二年（七

○二）、持統上皇は東海地方を行幸した。

〔九月一九日〕　使いを伊勢・伊賀・美濃・尾張・三河の五国に遣わして行宮《かりみや》を造営させた。

〔一〇月一〇日〕　太上天皇（持統）が参河《みかわ》国に行幸された。そこで関係の諸国は、今年の田租を免ぜられた。

太上天皇（持統上皇）の行幸は、大和からもっとも遠い三河へいきなり出ている。すでにのべたように、藤原京から高見峠をこえ櫛田川を下り、その河口から対岸の三河へ渡ったのである。

〔一一月一三日〕　行幸、尾張国に到着。尾張連若子麻呂《わくごまろ》と牛麻呂に宿禰の姓を授け、国司多治比真人《たじひのまひと》水守《みもり》に封一〇戸を与えた。

〔一一月一七日〕　行幸、美濃国に到着。不破郡の大領宮勝木実《みやのすぐりこのみ》に外従五位下を授け国守の石河朝臣子老《こおゆ》に封一〇戸を与えた。

〔一一月二二日〕　行幸、伊勢国に到着。国守の佐伯宿禰石湯《いわゆ》に封一〇戸を賜る。

〔一一月二四日〕　伊賀国に到着。行幸の通過した尾張・美濃・伊勢・伊賀の国の郡司と人民とに、位階や禄を身分に応じて賜る。

〔一一月二五日〕　天皇は参河から帰還し、行幸に随った騎士の調を免除した。

持統上皇が老いの身に自らを鞭打って行幸した三河、尾張、伊勢、伊賀の諸国は、いうまでもなく壬申の革命にあたって大海人の軍に駆け参じた国々である。

彼らは吉野に幽閉されていた大海人皇子にかわって第二の革命戦略本部となった伊勢神宮の呼びかけに応えて大海人のもとに駆け参じた。そして大海人皇子こと天武天皇は、伊勢国迹太川のほとりから天照大神を望拝して、革命のユートピアを伊勢神宮に実現することを神の前に誓約した。革命成就後、天武天皇は大来皇女を伊勢に派遺したものの、伊勢神宮の創祀は挫折した。持統から文武へと時代があらたまったことにあわせて、多気から度会に遷して過去の歴史から断ち切って、本来の革命のユートピアにふさわしい伊勢神宮を創祀したのである。

持統上皇の東海・伊賀地方への行幸は、三〇年前、壬申の革命をともに戦った人々へのねぎらいをかねて、伊勢神宮に革命のユートピアを実現することの報告と理解、そして協力をもとめての旅だったであろう。これが、天武の亡き後、彼女がどうしてもやりとげなければならないと決意していた最後の仕事になった。

これで安んじて亡き夫・天武のもとにいくことができる。と、この気丈な女帝は思ったのであろうか。帰京してわずか二十日たらず、『続日本紀』は、つぎのようにしるしている。

〔一二月一三日〕　持統太上天皇が病重くなられたので、平癒を祈願して全国に大赦をした。また百人を出家・得度させ僧とし、畿内四カ国に命じて、金光明経を講説させた。

〔一二月二二日〕　太上天皇崩御。

一年の殯《もかり》の後、大宝三年（七〇三）、一二月一七日、飛鳥の岡で火葬した。

持統天皇は、自らの遺志で荼毘に付された最初の天皇である。

〔一二月二六日〕　大内山陵《おおちのみささぎ》（天武天皇陵）に、太上天皇を合葬し申し上げた。

森と平和の神殿

「垂仁紀」は、ヤマト姫が天照大神を奉載して伊勢国にたどりついたとき、大神は「是の神風の伊勢の国は、常世の浪の重浪帰する国……」といって、この地にとどまりたいといわれたので、そこに天照大神をまつったと伝える。よく知られた伊勢神宮の創立説話であるが、これは多気の神宮であって、現在私たちが参拝する宇治の五十鈴川上に鎮座する伊勢神宮ではない。したがって『皇大神宮儀式帳』のヤマト姫巡行、実際には持統太上天皇の行幸はさらにつづき、度会郡宇治の五十鈴川上にいたったとき、大神はつぎのようにいわれたとしるしている。

　この国は　朝日の来向う国　夕日の来向う国　浪の音聞えずの国　風の音聞えずの国　弓矢鞆の音聞えずの国である。

「朝日の来向う国　夕日の来向う国」は、日向に降臨したニニギがたてた宮殿をことほいだ「朝日の直刺す国、夕日の日照る国」、「雄略紀」にみる「三重の采女の歌」にうたわれた景行天皇の日代宮の「朝日の日照る宮、夕日の日影る宮」とに類似していることは、そのつど述べてきた。

しかし伊勢神宮は、朝日、夕日が「直刺す国」でも「日照る日影る国」でもなく、ただ単に「朝日、夕日の来向う国」であって、天照大神は太陽神ではないのである。

さらに「浪の音聞えず」であるから、海の神でもなく、「風の音聞えず」であって、風の神でもない。そして「弓矢鞆の音聞えず」、弓矢や鞆の戦いの音も聞えない。したがって天照大神は戦争の神でもなかった。

　大御意の鎮まります国と悦び給ひて　大宮を定め奉まつりき

大神は御心の鎮まる国であると、およろこびになって、大宮地に定められた。伊勢神宮は、「森と平和の神殿」だったのである。

＊1　斎部広成撰、西宮一民校注『古語拾遺』岩波文庫、一九八五年
＊2　上原和『斑鳩の白い道のうえに』講談社学術文庫、講談社、一九九二年

終章

革命のユートピア

一　双の体系

神宮の細胞分裂

文武二年（六九八）、伊勢神宮が多気郡多気（現・三重県明和町）から度会郡宇治へと遷ることによって、伊勢の神宮と多気の斎宮との二つに分離・独立した。そして伊勢神宮は、宇治に遷宮した当初から別宮筆頭の荒祭宮と深く関連づけられた神社として創立され、したがって、神宮を祭るのは、始めから荒木田神主と宇治大内人の両氏並立だった。そして、荒祭宮は滝祭神と古くから二つ対になって存在していたのである。

それればかりか、祭神のアマテラスでさえ、もともとはオオヒルメだったものを、古くからの宮廷神だったタカミムスヒの皇祖神という神格を分割し、オオヒルメの身につけることによってアマテラス大神へと変身し、新しい皇祖神として再生したのである。皇祖神とは、天皇の祖先神であるとともに、この国の統治を天皇に委託した神をいう。この皇祖神を取り替えたこと自体、革命なのであるが、タカミムスヒは抹殺されたのではなく、皇祖神・宮廷神として依然として天皇の身近に祭られていた。

これに対してアマテラスは、もともとは天皇と同殿同床にまつられていたものを、まずトヨスキイリ姫につけて大和笠縫宮のシキ・ヒモロギにまつり、ついでヤマト姫がアマテラスを奉じて各地をめぐった末、伊勢にたどりついたとは、『書紀』崇神・垂仁紀のしるすところだった。あえていえば、アマテラスは、大和の宮廷から伊勢へ追放されたとさえいえるであろう。しかも、伊勢神宮の成立後、神宮を詣でてアマテラスを参拝した天皇は、明治になるまで一人もいない。つまり皇祖神という神格は、宮廷のタカミムスヒと神宮のアマテラスとの二つに明確に分離し、共存してきたのである。

伊勢神宮は、さらに内宮と外宮とに分裂して二宮が両立する。すなわち度会神宮、またの名、豊受大神宮の成立である。こうして、まるで生命体の細胞分裂かのように、次から次へと分裂して、伊勢神宮独自の「双の体系」をつくりだしていくのである。

伊勢と志摩

まず伊勢・志摩国境に、遥宮《とうのみや》(アマテラス大神の遥拝所)として滝原宮《たきはら》・滝原並宮が並んで建てられた。同じ遥宮の伊雑宮《いざわ》が志摩につくられたのも、それからさほど経っていない時期だったろう。志摩国は七世紀には伊勢国に属して志摩郡とよばれ、その後も志摩半島の先端の南半分を占める程度の小国にすぎなかったのは、沿岸漁撈民の国だったからで、漁民と農民とでは指揮系統がまったく違うからであろう。

筑紫申真の『アマテラスの誕生』(一九七二)で有名になった神島のゲーター祭をはじめ、氏の紹介した風俗は志摩の風俗である。その筑紫は、鎌倉時代に成立した『倭姫命世記《やまとひめ》』が、倭姫は伊雑宮から宮川をさかのぼって滝原宮にいたったとしている記述にもとづいて、伊勢・志摩国境の大山中の滝原宮を、多気大神宮と推定した。すなわち、志摩国の神領民は、内陸部の大山中にまで進出して、八世紀中頃には、度会の神領民との間に、伊勢・志摩国境の紛争事件をおこすまでになっていたのである。同じ海の民といっても、沿岸漁撈民は河川をさかのぼって、同じ狩猟採集民である山の民へと、容易に転化できたからであろう。いいかえれば、志摩国は、海の民と山の民とによってつくられた国だったと推定できる。

度会の神領民にしても、田の民一色だったわけではない。このことは柳田国男が『儀式帳』をもとに論じた「山宮考」「里宮考」に対する最近の見直しによっても明らかになっている。神宮、別宮、摂社が次々に細胞分裂することによって「双の体系」をつくりだしていったのは、こうした地域それぞれの多様性に対応するためであったことは、いうまでもあるまい。

ひと頃、社会学や人文社会学の領域で、多様性とか多様化という言葉が大流行した。しかし、その結果は、多様性、多様化という言葉からあぶり出された個別性、あるいは差異化の研究に終始して、多様性の上になりたった全体像は、かえって見えにくくなった。行政上の制度とは別に、個別性ではなくて普遍性の原理にたつ、それぞれの地域の自然と民族の多様性を統合する原理は何だったのか。私のいう「双の体系」は、そのアイデアの一つを提示してみた試論である。

絶対化への回避

平安初期、伊勢神宮は、日本最大最高の神社の全容を、ほぼ整えていた。『皇大神宮儀式帳』『止由気宮儀式帳』によると、伊勢神宮に所属する本宮、別宮だけでも、内宮の皇大神宮、荒祭宮、滝原宮、滝原並宮、月読宮、月読荒御魂宮、伊佐奈岐宮、伊邪那美宮。および外宮の度会神宮、高（多賀）宮。あわせて二神宮、八別宮があり、さらに、数十におよぶ摂社、末社が神郡にひろく展開していた。ただし、『延喜式』をみると、度会神宮は度会宮、また月読宮二座、伊佐奈岐宮二座とあって、月読宮、伊佐奈岐宮は、いまだ二宮に分離しておらず、二神宮並立、二宮並立以前の状態を示している。

明治前、神宮といえば、伊勢神宮をさしていた。それというのも、『延喜式』に記載された全国の神社総数二八六一処のうち、伊勢神宮以外で、「神宮」「宮」の名称をもつ神社は、下総国の香取神宮、常陸国の鹿島神宮の二神宮。筑前国の八幡大菩薩筥崎《はこざき》宮、豊前国の八幡大菩薩宇佐宮の二宮とが、例外としてみえるにすぎないのに対して、伊勢神宮は二神宮八宮を、ほとんど独占してかかえこんでいたからである。これをみても伊勢神宮が、他の追随をゆるさない、いかに卓越した神社として全国に君臨していたかがわかるだろう。

伊勢神宮の二神宮と八宮は、どのような組みあわせで、全体としての伊勢神宮を構成しているのかをみると、神宮と斎宮、内宮と外宮の並立に代表されるように、たえず並立して相互に相対化することによって、伊勢神宮を絶対化することへの拒否、ないしは回避しようとする意志がたえず働いていることを強く感じさせられる。

すなわち、度会の伊勢神宮と多気の伊勢斎宮、内宮の皇大神宮と外宮の豊受大神宮、そして皇大神宮と荒祭宮、荒祭宮と滝祭神、遥宮の滝原宮・滝原並宮と伊雑宮、家族神として両親神の伊佐奈岐宮・伊佐奈弥宮、弟神の月読宮と月読荒御魂宮、そして豊受大神宮と多賀宮というように、いわば「双の体系」ともよべる組みあわせが、二神宮八宮のすべてにつらぬいているのである（図23）。

これら本宮、別宮と摂社（少なくとも二十社中の九社）は、いずれも東西二つの宮地、殿地をもち、式年遷宮のたびごとに、神殿は新しく生まれかわるとともに、東へ西へ、西へ東へとたえず移動する。それら本宮、別宮の

図23　双の体系

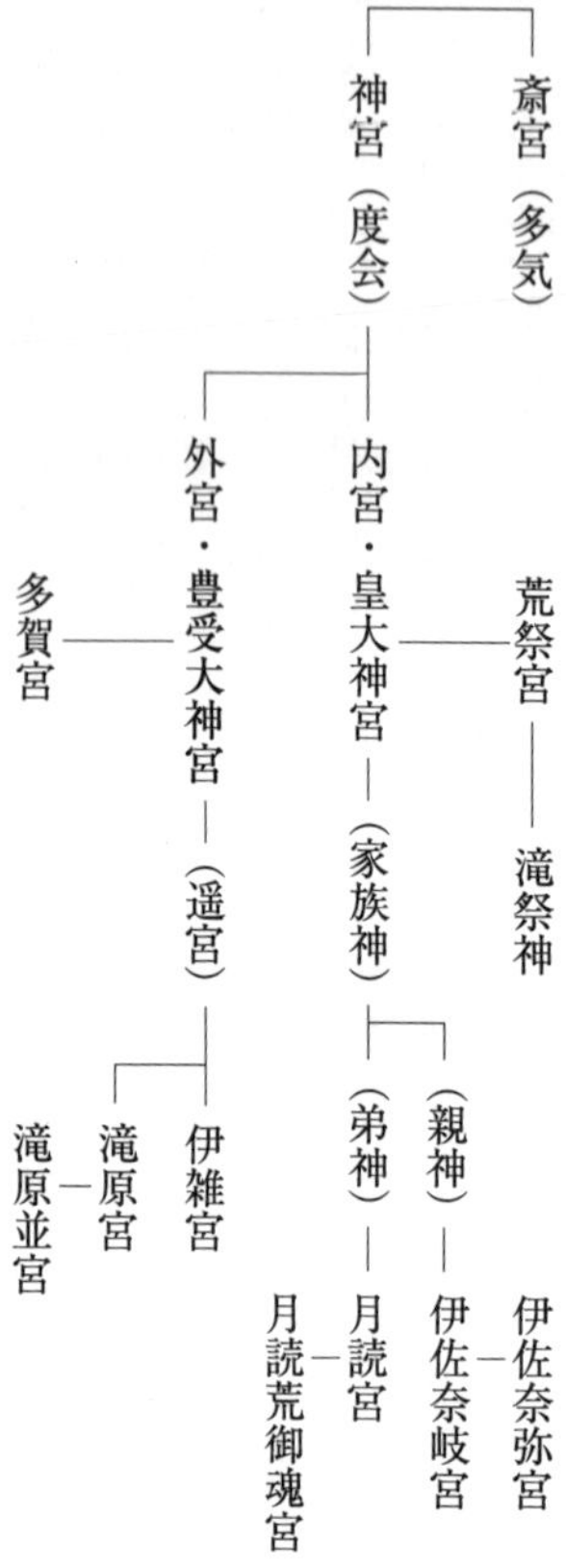

数々を想いえがいたとき、私のイメージに浮んできたのは、カルダーの動く彫刻、モビールだった。伊勢神宮が全体として示しているのは、自然の生態系や人間社会の根底に流れている生命の論理であり、それをつらぬいている原理は、動的なバランスにほかならないが、カルダーのモビールは、それを表現しているように思われる。

そして「双」は、それぞれ相互に自己を対象化することによって、絶対化を回避する。そして複数の最小単位二であるのは、それぞれの独自性を尊重する「多」への始まりでもある。

この「双」から「多」への展開は、宮廷八神が一つのモデルを示しているだろう。『延喜式』の「神名帳」によると、宮中に祭られているのは次の神々である。

神産日神（カミムスヒノカミ）、　高御産日神（タカミムスヒノカミ）

玉棱産日神（タマツミムスヒノカミ）、生産日神（イクムスヒノカミ）

足産日神（タルムスヒノカミ）、　大宮売神（オオミヤメノカミ）

御食津神（ミケツノカミ）、　事代主神（コトシロヌシノカミ）

カミムスヒ、タカミムスヒの二神に、タマツミムスヒ、イクムスヒ、タルムスヒのムスヒ系三神が加わって五神となり、さらに宮殿、食事、言葉の神、すなわち宮廷の生活そのもの守護神であるオオミヤメ、ミケツ、コトシロヌシを加えて、宮廷八神の組みあわせをつくっている。

地方神と国家神

すでにお気づきのこととおもうが、「双の体系」は、香取神宮と鹿島神宮の二・神宮、筥崎《はこざき》八幡宮と宇佐八幡宮の二・八幡宮にもみられるところだった。すなわち、香取神宮と鹿島神宮は東日本。筥崎八幡宮と宇佐八幡宮は西日本の、九州から関東にいたる国土の東と西に位置して、それぞれの鎮守とし、二・神宮、二・八幡宮を、ともに対に祭っていた。「双の体系」は、日本の神社を体系づける基本構造だったのである。

天孫降臨神話で、降臨を指令する神が、タカミムスヒからアマテラスへとかわったことを、これまでは皇祖神のタカミムスヒからアマテラスへの転換といわれてきた。しかし皇祖神を転換する、より具体的にいえばタカミムスヒをアマテラスに入れ替えるなどということがありえようはずはなく、少なくとも古代にあっては、タカミムスヒとアマテラスとは同時並行する両神並立であった。事実、天皇家本来の皇祖神は、宮廷神タカミムスヒとして宮中に祭り、伊勢神宮のアマテラスに相対している。

また多気の斎宮に対しては、やはり天皇の皇女（内親王）が斎王をつとめた賀茂の斎院があって、斎宮と斎院とが対になっている。そして斎院のある賀茂《かも》別雷《わけいかづち》神社は賀茂御祖《みおや》神社、すなわち上賀茂神社、下賀茂神社の上下二社が並立し、首都平安京の守護神として平安京の北東に接した洛外に祭られ、国家の守護神としての伊勢神宮は、畿内の南東に隣接する畿外に鎮座していた。

さらに神話の世界では、天――高天原と地――葦原の中国とに二分する天照大神と大国主命とを祭る神社、伊勢神宮と出雲大社とが並びたち、神社建築でみれば、出雲大社の本殿は、高さ四五メートルにもおよぶ、神宮正殿をはるかにこえる壮大な規模でそびえたっていたばかりでなく、旧暦の一一月を神無月とよぶのは、日本中の国つ神が出雲に集まるからといわれていた。すなわち、日本の国の人民は、日本人なら一生に一度は伊勢参りをと伊勢に集まり、日本の国土の神々は、年に一度、出雲に集まっていたのである。

官幣社としての伊勢神宮

天武三年（六七四）、初瀬の斎宮で身を浄めていた大来皇女が伊勢に入り、当時、多気郡多気にあった伊勢神宮が成立した七年後の天武一〇年に、官幣社の制度も成立したであろうことを、すでに指摘した。官幣社とは、祈年祭に朝廷から幣帛の頒布をうける神社のことで、地方神であるとともに国家の管轄下にある国家神でもあり、天武は中央統制と地方自治とを同時に取り組んだといわれる由縁である。そしてそのそれぞれの地域へ対応したネットワークづくりが、私のいう「双の体系」というかたちになってあらわれていたのである。

そして全国に点在する官幣社への祈年祭その他へ、勅使が幣帛を頒布する順序をみると、まず宮廷神、ついで畿内、そして東海道、北陸道、山陰道など、朝廷を中心に首都から放射状にのびた諸道を、いずれも都から出発して時計とは反対の左まわりの順におこなわれていた。この限りにおいて、国家の守護神にふさわしく、日本最大の規模を誇った伊勢神宮も、他の官幣社と同じ地方神の一つであったことにかわりはない。

二　幣帛禁断の制

天皇ただ一人の神

戦後に始まる伊勢神宮成立史研究の基礎を築いたのは、直木孝次郎だった。その業績は高く評価するものの、直木は、伊勢神宮の祭神アマテラスを天皇の祖先神（皇祖神）へ、さらには「国民とは無縁な国家神」へと上昇させたと説いたものの、直木の研究協力者で、直木にかわって古代の伊勢神宮研究のリーダーとなった岡田精司が指摘したように、それを証明したとはいいがたく、伊勢神宮そのものにあてはめて試みた岡田説も単なる思いつきにすぎず、学説そのものが成立できるはずのないものだった。そこで両氏が「証明」のかわりに「証拠」としたのは、『延喜式』の定めた「幣帛禁断の制」である。

直木孝次郎は、『伊勢神宮』に、

『延喜式』に「王臣以下は輙《たや》すく太神に幣帛《へいはく》を供するを得ず」とあるように、神宮に幣帛を捧げて祭ることができるのは、天皇家の族長であり、かつ律令政府を代表する天皇とその近親者だけであった。伊勢大神が天皇の氏の神であるというたてまえからすれば、それは当然である。

と書いた。しかし氏は、『延喜式』の「幣帛禁断」の条項を、自説にとって都合のよい前半部しか引用していないのだが、この文のどこにも「神宮に参拝し、あるいは祈願する」ことの禁止をしるしていない。

岡田精司は逆に、古代の伊勢神宮には「私幣禁断の制」とよぶ規定があって、それはどういうものであるかをのべた後、『皇大神宮儀式帳』と『延喜式』とにしるされた二つの条項を、まず意味のとりにくい『儀式帳』の条文を、漢文の原文とその読み下し文とを並記し、さらに『延喜式』の条文をつづけるという念の入れ方で引用することによって、かえって煩雑で読みづらい印象をあたえて、読者はただ字面を追わせるだけにさせておいて、最後に、もう一度、自己の主張をくりかえして述べるという、まことに手のこんだ手段で、読者を自動的に氏の解釈へといざない、直木説を補強した。すなわち、つぎのようにである(*1)。

古代の伊勢神宮には〝私幣禁断の制〟といわれる規定があって、臣下は勿論のこと皇族であっても私的な参拝や祈願は厳禁されていたのである。その規定は、『皇大神宮儀式帳』には

禁断幣帛。王臣家幷諸民之不令進幣帛。重禁断。若以欺事幣帛進人。准流罪勘給之。(幣帛ヲ禁断ス。王臣家ナラビニ諸民ニハ幣帛ヲ進メシメズ。重ク禁断ス。若シ欺事ヲ以テ幣帛ヲ進ル人ヲバ。流罪ニ准ヘ勘ヘ給ヘ。)

『延喜式』巻四(伊勢太神宮)にもほぼ同じ規定がある。

凡王臣以下。不得輙供太神幣帛。其三后皇太子若有応供者。臨時奏聞。(凡ソ王臣以下、輙ク太神ニ幣帛ヲ供フルコトヲ得ザレ。其レ三后・皇太子ノ若シ応ニ供フベキコト有ラバ、臨時ニ奏聞セヨ。)

このように三后・皇太子であっても勅許なくしては神宮に幣帛を供えて祈願することは許されなかったのである。『儀式帳』にも「諸民」とあるように、一般民衆・土豪も神宮への祈願は厳禁されていたのである。古代の伊勢神宮は王権の宗教的支柱であるから、大王・天皇の独占的信仰対象であることは当然なことであった。

たしかにこの制は「私幣の禁断」を定めている。しかし、直木の場合と同じように、岡田は『儀式帳』にも「諸民」とあるように、一般民衆・土豪も神宮への祈願は厳禁されていたのである」としているけれども、「供物なしの一般民衆の参拝」を禁止する条文は、どこにも書かれていない。禁止されているのは、天皇の許可なくお供物をそなえてはいけない、ということだけである。いいかえれば、「幣帛禁断の制」は、伊勢神宮の神官たちが、いかなる勢力にも買収されないための規定なのである。

現在でも、どんな大神社にも小社にも、社殿の前に必ず置いてある賽銭箱が、伊勢神宮にかぎって神域のどこにも置かれていないことに気づくであろう。

伊勢神宮の祭神アマテラスを天皇だけの神とする議論は、それならどうして伊勢神宮が、おそくとも平安中期以後、民衆から幅広い信仰を集めて多くの人々が伊勢参宮したのか。その一方で、明治になるまで、伊勢神宮を参拝した天皇が一人もいなかったのはなぜか、という疑問をいだかせる根本的な矛盾をはらんでいる。

事実、藤谷・直木著『伊勢神宮』は、「幣帛禁断の制」に対する直木の主張から予想されるような、民衆と無縁な伊勢神宮どころか、平安中期以後、明治になるまで伊勢神宮をめぐって史上にくりひろげられたのは、神宮が多くの参詣者をあつめたばかりでなく、神領民の階級闘争であり、さらには広く民衆の解放運動でさえあったことを、いきいきと記述している。氏ら歴史家としての記述は、その主張をこえていたのであり、私が両氏の『伊勢神宮』を名著とよぶ由縁である。

幣帛禁断の条項

私は直木・岡田両氏とは逆に、伊勢神宮が民衆を含む多くの日本人から「一生に一度は」の幅広い信仰をあつめた理由は、むしろ「幣帛禁断の制」に求められるのではないか。より正しくいえば、幅広い信仰をあつめる神社だったからこそ、「幣帛禁断の制」が定められたのではないか、と思っている。というのは、すでにのべたように、「幣帛禁断の制」は、神前に幣帛を供えることを禁じてはいても、一般民衆の参拝を禁じてはいないからである。

そこで、岡田精司の引用された『儀式帳』と『延喜式』の「幣帛禁断」に関する二つの条項のそれぞれを、あらためて読み直してみることにしよう。『儀式帳』はつぎにようにしるしている。

王臣家並びに諸民之幣帛を進めしめず。重く禁断す。若しいつわり事をもって、幣帛を進める人をは、流罪に准じて勘え給ふ。

神宮の立場から書いた文章なので、ちょっと理解しにくいが、「王臣家ならびに諸民すべて幣帛を供進することを重く禁ずる。もしいつわって幣帛を供進した者は、流罪に准じて勘えられることになっている」というのであって、岡田精司がいったような「勅許なくして」、いいかえれば「勅許を得ればいい」ことを言外に意味する条文は、どこにも書かれていない。流罪は死刑につぐ重罰であるが、死刑のほとんどおこなわれなかったといわれる平安時代に、「幣帛禁断の制」に対する違反は、国家に対する反逆とみなされていたのである。

そこで思い出されるのは、天武崩御後に、大津皇子が伊勢神宮に姉の大伯皇女を訪ねて刑死させられたことであろう。『儀式帳』の「幣帛禁断の制」は、これを先例に定められた可能性は高い。

『養老令』の施行細則とされる『延喜式』は、つぎのように定めている。

凡そ王臣以下は、輙《たやす》く大神に幣帛を供ずるを得ざれ。其の三后・皇太子、若し応に供ずべき有らば、臨時に奏聞《そうもん》せよ。

三后は大皇太后、皇太后、皇后の総称。「王臣以下、たやすく大神に幣帛を供じてはいけない。たとえ三后、皇太子であろうと、もし供ずるものがいれば、時に臨んで、いいかえれば直ちに天皇に奏聞しなさい」というのである。そのような場合、天皇から叱責されたであろうことはいうまでもあるまい。

アマテラスは天皇をも超越した神であり、天皇の神というよりは、国家の神であって、神宮に幣帛を供することができたのは国家（朝廷）のみであり、朝廷の代表者が天皇なのである。にもかかわらず明治になるまで、伊勢神宮を参拝した天皇が一人もいないことは、直木もご存知のところだった。

「幣帛禁断の制」は、伊勢神宮を政治的に利用してはいけないことを禁じたもので、それは天皇をも規制した。天皇が率先してやらなければ、有力な氏族が、ひそかに神宮に献上品を捧げて味方につけ、天皇に謀反をくわだてかねないからである。実際に、その後の日本の歴史のなかで、伊勢神宮に参詣して味方につけて、「天皇」に謀反をくわだてた「天皇」がいなかったわけではない。それは南北朝時代の後醍醐天皇である。ついでに付け加えれば、皇国史観は、天武による革命を認めたくなかった。そのため、戦前の私たちの習った国史のいう日本史上の三大改革は、大化の改新、建武の中興、明治維新で、天智天皇、後醍醐天皇、明治天皇は、三大英傑とよばれていた。

なにしろ伊勢神宮は、壬申の革命の戦略本部となって革命を勝利に導いた神社であるから、国家にとって危険このうえもない存在だったともいえるのである。

神領民の出身禁止

しかも『延喜式』の「幣帛禁断」の条項は、つぎの条項と対にして規定している。

凡そ三神郡及び神戸の百姓は、出身の例に預るを得ざれ。但し蔭《おん》を以て出身せる者は、便《すみやか》に神宮に直り、其の上日の行事を神祇官に送り、輙く内外の官に任ず可からず。

三神郡および神戸の百姓（人民）は、官職につくことはできない。ただし、ひそかに官職についた者は、すみやかに神宮にもどし、その出勤日、仕事の内容を神祇官に報告して、たやすく内外の官に任じないようにせよ、というのである。伊勢神宮の神領民は、神宮をかさにきて官職につくことを禁止されていたのである。

すなわち「王臣以下」に対する「幣帛禁断」と、「神領民」に対する「出身禁止」との二条項は、両々相まって、伊勢神宮を日本国唯一最高の神社として性格づけるとともに、その体制を保持するため、どちらも欠くことのできない相補的な条項だった。つまり一種の政教分離である。

明治政府が、内務省の官僚を神職に天下りさせたのは、天皇親拝とともに王政復古どころか、王政に対する重大な違反だったのであるが、明治前、天皇家のタカミムスヒと伊勢神宮のアマテラスは、政教を分離する交わることのない平行線であったばかりでなく、皇室と伊勢神宮との関係も同様に、政治と神宮との結びつきを、原則的に制限していたのである。だからこそ、神宮は「幣帛禁断の制」を重くうけとめ、それがやがて「日本人なら一生に一度は」の大衆信仰を生みだした要因の一つになった。

直木孝次郎、岡田精司両氏の「幣帛禁断の制」の解釈は、あきらかに間違っている。しかも『延喜式』や『儀式帳』の短い条文を、文献史学の専門家が二人揃って誤読することなどありうる話ではない。明らかに意図的に読みかえていたデマゴーグである。そして「幣帛禁断の制」は一般民衆の参拝を制限するものではないという反論は、伊勢神宮関係者から再三だされていたにもかかわらず、両氏をふくめ古代史学の世界では、どこ吹く風で表立った批判のないままに、「古代の伊勢神宮は、天皇ただ一人のための神社」という両大家の主張は、隠然とした強い影響力を、その後、すでに半世紀近くたった現在にいたるまでも持ち続けている。

私は、このような欺瞞は、いずれは批判されて消滅するであろうから、古代史学界の自浄作用に期待して、私のような門外漢が口だすべきではないと思っていた。ところが最近では、消滅するどころか他分野まで拡大し、逆に、伊勢神宮が古代史の中から消えかかっている。これをみて、もはや黙っていられなくなった。こういうことは、むしろ外部の者がいった方がいいのかもしれないし、分野こそ異なるけれども、むしろフリーの評論家で、職名でいえば文筆家、いわゆるエッセイストである私の役目だったのかもしれない。

平成以後の言説

ここでは平成以後に、私の目にふれた三つの言説を紹介しておこう。

黛弘道は、同氏編『古代王権と祭儀』の編者「はしがき」に、古代には「祭られる神とそれを祭る者との関係には二類型があった」とし、『古事記』によれば、黄泉の国から帰ったイザナギが禊をした時に生まれた三柱の綿津見の神は、阿曇連と祖孫の関係にあるが、同時に生まれた三柱の筒之男の神、すなわち住吉大神には神裔氏族は見えないことを、いくつかの実例をあげてつぎのように結論づけている(*2)。

このように同じく海神でありながら、綿津見三神の奉斎はその神裔氏族に限られ、住吉三神の奉斎は各所においてその処の在地豪族が執り行なった。したがって、両者を比較すれば、住吉三神の祭祀の方に普遍性・一般性があり、その信仰も広まり易いと言えよう。

大嘗祭において祭られる天照大神とこれを祭る天皇との関係は、前者すなわち綿津見神との関係と同じである。ただ違う点は天皇が天照大神の祭祀権を排他的・独占的に掌握し、他者の天照大神祭祀を認めない点である。天皇が天上にあって唯一無二・至高の神太陽神の祭祀を独占することは、天皇がこの国土において唯一無二の君主であることを実証するものであり、それ故に太陽神の祭祀を認めることは絶対にあり得ないとされたのである。

大嘗祭に祭られる天皇の氏神はタカミムスヒであり、溝口睦子によればアマテラスが大嘗祭に祭られるようになるのは中世以後であり、古来、宮中に祀る神もタカミムスヒであってアマテラスではない。つまり安曇連のワタツミ神にあたるのはタカミムスヒ、住吉三神にあたるのはアマテラス大神をまつる伊勢神宮である。そして伊勢神宮の奉斎は、荒木田・度会・宇治などの地名をつけた荒木田禰宜・度会神主・宇治大内人など、史学者たちのいう「在地の豪族」、『延喜式』のいう「百姓（人民）」が執り行っていたのである。

黛は自説の適用を間違っているのであるが、タカミムスヒでは「天皇がこの国土において唯一無二の君主であることを実証するもの」とはいいにくいから、アマテラスでなければならなかったのであろう。人間だれしも間違いや勘違いがあるが、黛は論文集の巻頭論文に代えた編者「はしがき」だっただけに、この際、どうしてもいっておきたい信念を吐露したのではなかったろうか。要するに「史実」と「理念」との乖離であるが、「史実」の部分は重要な指摘なので、後にもう一度みることにしたい。

田村圓澄著『伊勢神宮の成立』(＊3)は、これまで伊勢神宮の成立、ひいては天照大神の誕生に関連してふれることがほとんどなかった仏教思想史の立場から論じた伊勢神宮成立史で、いくつかの創見を含み、私も学ばせていただいた力作ではあるものの、田村もまた、

天照大神は日本の神々のなかで、王・臣・民すなわちすべての日本人の参拝を拒むところの「天皇」ただひとりの神であり、また天皇の統治を通して、「日本」はいうまでもなく、「新羅」をも視野に入れたところの、そして国家権力によって厳重に守護された唯一の神であった。

と断じている。黛はもちろん、田村も、裏返した皇国史観の固定観念にしばられて、自説への適用を間違ったのである。それというのも、直木説以来、伊勢神宮の成立に関する古代史学の主流は、意識的か無意識的かを問わず、神宮と民衆とのつながりを論外として、初めから考慮の外においていたからではないだろうか。

佐藤弘夫は『神国日本』で、こう書いている(＊4)。

古代における天照大神は神々の頂点に位置づけられてはいたものの、天皇家以外の人々が参詣することも幣帛を捧げることも認められてはいなかった。現在のように一般人が気軽に神宮に参拝するなど、想像もできないことだった。そのため、その地位の高さにもかかわらず、天照大神は当時の民衆の間では意外なほどに知名度が低かった。天照大神を念ずるように、という夢告を受けた『更級日記』の作者菅原孝標女は、天照大神がどこにいるどのような神なのかをまったく知らなかった。

この著者は、古代の伊勢神宮を論じた直木・岡田両大家の言説をそのまま鵜呑みにして、このように書いたのだろうが、天皇以外の人々が伊勢参詣できなかったなど真っ赤な嘘であることは、すでに論証した。

天照御神と天照大神

『更級日記』についても、岡田精司がつぎのように書いたことに始まる曲解といっていい。

一一世紀の前半の『更級日記』では、高い教養を身に付けた中流貴族の娘でさえ、天照大神を「いづこにおはします神仏にかは」と、他人に尋ねている有様である。しかもその神名すら「天照御神（アマテラスオホンカミ）」であり、正しい名称さえも忘れられている。これは彼女の無知に帰すべきではなく、天照大神の信仰は天皇のみの独占であり、貴族も含めた一般の信仰との間に大きな断絶があったからにほかならない。

菅原孝標の女がこの日記で、曲がりなりにも天照大神の信仰を記録することが許されているのは、律令制の崩壊が進行している時代に入っており皇祖に関する禁制もゆるみつつあったことと、私的な女性の日記だったことによるものであろう（＊5）。

まるで戦前の特高警察によるかのような厳しい言論統制が、平安時代にあったような書き方だが、「幣帛禁断の制」と同様に文章を故意にゆがめ、解釈したものである。『更級日記』の筆者は並の作者でなく、天照大神についてしるしているのは、ごくわずかにすぎないけれども、天照信仰が貴族から民衆へとひろがっていったこの時代の動きを、ものの見事にとらえている。しかし、ここでは、そのような内容にふみこんで検討する必要はない。岡田の文章そのものが自己撞着しているからである。

天照大神を「天照大御神」と記すようになったのは九世紀以後と推測されているが、一一世紀頃、これを「アマテルオホンカミ」とよんでいたのである。戦後までの旧かな（歴史的かな遣い）では、「大」を「オホ」と書き、古くは、「大御神」の「大御」を「オホミ（ohomi）」とよんだ。それが「オホン（ohom）」と変化したのは、ごく自然のことで、これにあわせて天照大御神の「大」の字を削った「天照御神」と表記するのが、ひろく一般に普及していた。

これに対して現在は、天照大御神の「御」の字ぬきの「天照大神」と書くのが一般である。したがって、岡田精司が「天照御神」の文字を取り上げて「正しい名称さえも忘れられている」といった言葉は、そのまま氏自身にはねかえってくる。というのは、天照大神を「アマテラスオオミカミ」とよむのは無理で、せいぜいが「アマテラスオオカミ」としかよめず、それを「アマテラスオオミカミ」とよむのは、社会的な約束事であって、「アマテルオホンカミ」とよむのが、平安の約束事であったことと、なんら変わるところはないのである。

岡田が、『更級日記』の作者を、天照大神の正式名称さえ知らない、と批判したのは、アマテラスオホンカミとか、天照御神といった社会的な約束事としての通称が流布していたこと自体が、貴族から一般の民衆におよぶ幅広い天照大神への信仰が形成されていたのを認めることになるからであろう。それは岡田のどうしても認められないことで、天照大神は、あくまでも天皇ただ一人の神でなければならず、そのために平安時代には、まるで戦前を思わせるような言論統制がおこなわれていたかのようにえがきだした。いかに直木・岡田両氏といえども、中世以後は、伊勢神宮が広汎な民衆信仰をまきおこしたことを認めないわけにはいかない。しかし古代史は、彼らの守るべき砦だった。そのためにおこなったトリックは、ごく簡単な仕掛けにすぎない。にもかかわらず、史家たちによる意識的なデマゴーグを否定することなく、事実上、それを追認した古代史学界そのものの責任は大きいと思う。

民衆の視点

伊勢神宮は民衆からの幅広い信仰をあつめた神社であるからこそ、「幣帛禁断の制」が定められたのではないか、と先にいったが、荻原龍夫は、つぎのように書いている(＊6)。

かつて柳田国男は平安期に入って、それまで見られなかった氏人なき神社の出現という事実に注目したが、その出現の背景については分析を行わなかった。一般に氏人により閉鎖的に祭祀がなされていた古代の神社に、関係のない者が幣帛を奉るという行為はありうるものではなかった。そうした一般的な状況にありながら、とくに「私幣の禁」がいわれるのは、私幣を奉る行為が神宮の場合にはありうることとして考えられていたということであり、またそうした行為を許すような一般の神社とは異なる条件が神宮にはあったのだということであり、それは柳田がいう氏人なき神社の問題ともかかわるものであり、その問題の解明により古代の神宮と民衆、民衆の神宮への信仰の在り方にも新しい理解の途が開けてくるであろう。

この提言からただちに思いおこすのは、柳田国男が、この二つの神社の祭祀を、祭と祭礼とにわけ、その違いを端的に表現するものとして、見物人の有無をあげたことである。伊勢神宮でいとなまれていたのは、神領民によって夜間ひそかにおこなわれた祭もあったが、三節祭などは、あきらかに見物人を想定した祭礼であって、それが伊勢神宮へ多くの参詣者をひきつける大きな要因の一つになっていただろう。中世になって多くの民衆参拝がいきなり現われたものではなく、おそくとも平安中期から始まっていたであろうことは、先の『更級日記』からも、容易に推測できる。

戦後の歴史家は、たえず民衆を連呼し、逆に古代の伊勢神宮に関しては、天皇ただ一人の神であり、つまりは国民を忌避した神社であるとした。現在の民主主義国家、まして民衆の連呼される中で、このような神には、障らぬ神にたたりなし、である。こうして日本史ブーム、古代史ブームの長く続くなかで、時代の寵児となった史学者たちによって、一般向きに書かれた日本史、とくに古代史から伊勢神宮は、ほとんど消え去ろうとしている。直木、岡田両氏にはじまる言論操作のお手並みは、まことにお見事という以外にはない。

百姓の治める国

伊勢、住吉、宗像、出雲、敦賀、熱田、安房など、古代の大神社の多くが要港の地におかれていたことは、よく知られている。とりわけ伊勢神宮は、大和朝廷の東方進出の前進基地とされたが、神服部、神麻績の織物生産の工業基地であるとともに、原料生糸や麻の移入港でもあった。であるとすれば、摂津の住吉神社と同様に、伊勢神宮もその港を管理する在地豪族（人民）によって奉斎されていて当然であるし、その港を利用する他の豪族や民衆たち、総称して「人民」もまた、その神に航海の安全や武運の長久を祈ったであろう。私は、多気にあった頃の伊勢神宮は、商工業を基盤とした都市的な環境をつくりだした、かなり開放的な神社ではなかったかと想像している。

古代の伊勢神宮は民衆とは無縁の天皇唯一の神であるとする固定観念を、古代史学者の主張が、それなりの説得力をもっていたことの一つは、度会へ遷座後の神宮が、多気とはうってかわって、大きな森にかこまれ、古代にはいかばかりかとおもわれる陰鬱な暗さにもあるのではないかという気もする。本来、伊勢大神が祀られ、多くの船が度会《わたらい》い、絹麻の織物を生産する商工業地帯の多気郡には、天皇の皇女が斎王として常駐する、いわば天皇直轄の斎宮がおかれたのに対して、伊勢神宮は宮川・五十鈴川の氾濫平原の水源地でもある大山中へと追放され、おしこめられたのは、まぎれもない事実である。それは天武崩御後におこった大津皇子の事件に対する懲罰的な意味をこめた処置でさえあった。

しかし、伊勢国度会郡宇治川上の鬱蒼とした照葉樹林を神宮の鎮座地としたとき、持統上皇は、たとえ中央の朝廷が戦乱にまきこまれて滅んだとしても、この深い平和な森のなかで、百姓（人民）が、神宮の祭祀をつづけているかぎり、夫天武と壬申の革命をともに戦ってつくりだした日本という国が、必ず甦るであろうと信じていたのではないだろうか。そして斎宮といえども、大きくは伊勢神宮に含まれる施設であり、度会＝伊勢神宮、多気＝斎宮と明解に二分することによって、日本唯一最大の神社である伊勢神宮が名実ともに成立したのである。その後、外宮の度会神宮をはじめ、滝原宮・滝原並宮、伊雑宮などの別宮、さらには摂社・末社がつぎつぎに建てられ、規模の大きさにおいても、日本第一の神社へと成長していった。

古代律令国家の基本法「養老令」の施行細則であるとともに、天武、持統の白鳳時代にはじまる日本国建設の事業が、ほぼ完成した平安初期、その国家がどのような制度（ソフト）と装置（ハード）によって建設されているかを記録した報告書ともいえる『延喜式』は、伊勢神宮の神領民である百姓は、官職につくことはできない、と規定した。これに対して、伊勢国、志摩国の国司や伊勢神宮の祭主には、中央から官僚が送りこまれてはいた。しかし、伊勢神宮の祭礼に、勅使や祭主が出席したとしても、せいぜい祝詞を奏上する程度で、実質的には三節祭から日常の祭祀にいたるすべてにわたって、神領民たちによっておこなわれていたのと同様に、伊勢神宮の神領もまた、実質的には神領民である百姓によって治められると規定したに等しいといえるだろう。

下克上を先導した神領民

これを証拠づけるかのように、『更級日記』が書かれた一一世紀の一世紀を通じて、始めは三、四百人、後には七、八千人もの神領民が、伊勢の神官に率いられて上洛し強訴する事件が頻々とおこり、前後約十回にもおよんでいたことは、直木孝次郎も『伊勢神宮』に書いている。それらはいずれも、中央から派遣された国司や祭主の排斥運動で、ほとんどが神領民の勝訴に終っているのは、中世の下克上を先導したものであったとさえいえるだろう。

伊勢神宮は神領民である百姓が祭り、その神領は百姓（人民）の治める国であった。それは壬申の革命にあたって、大海人皇子、後の天武天皇が、伊勢神宮を通じて東国の豪族をふくめた人民（百姓）によびかけた「革命のユートピア」だった。そして、アマテラス大神は、天皇をさえも超える神であり、その神の名のもとに建国されて以来、日本人の多くが神国意識をもったけれども、日本の国が神の国になったことなど一度もない。日本史上に日本人がつくった神の国は、日本という国が、本当に人々のための国であることを神に誓って、伊勢神宮とその神域に「革命のユートピア」としてえがきだした民と神の国である。

神宮に参詣した多くの人々は、神々があたかもそこで暮しているかのように、神々に一方的に奉仕する人々を見出していただろう。神領とても人の世にかわりはなく、俗世間と同様に、戦争まがいのこぜりあいや喧嘩、犯罪など数知れず、商売熱心が高じたあくどい商行為もあっただろう。しかしそこに貫いていたのは、神田を耕す農民も、魚貝や海草をとる漁民も、塩をつくる人、神衣を織る人、鍛冶屋や陶工、そして森をきりひらいて材木をとり運搬し、神殿を建て茅屋根を葺き、等々と、自分たちと同じさまざまな職業の人々が、ただ神のために働き、全体として神に奉仕して、それぞれの人々の能力や技術や努力によって神の国をつくりだしていることだった。多くの人々は、それをみて、搾取や強制のない働く人々にとっての神の国であることを、無意識、無自覚のうちに感じとっていたのではないだろうか。

その様態は、それぞれの時代でさまざまである。伊勢神宮が人々にとって真に「革命のユートピア」であったのかは、そのそれぞれを検討することによってのみいえることで、現在のところでは、いまだ仮説にとどまっているばかりか、もしかしたら私の妄想であるかもしれない。事実、この言葉を思いついたとき、私自身、狂気の沙汰かと思ったほどである。しかし本書を書き終えた現在、確信にかわっていることだけは、お伝えしておきたい。いずれにせよ、それを説き明かしていくには、その後、伊勢神宮が日本の国民とともに歩んだ日本の歴史のなかで検証していかなければならないであろう。

＊1　岡田精司『古代王権の祭祀と神話』塙書房、一九七〇年
＊2　黛弘道編『古代王権と祭儀』吉川弘文館、一九九〇年
＊3　田村圓澄『伊勢神宮の成立』吉川弘文館、一九九六年
＊4　佐藤弘夫『神国日本』ちくま新書、筑摩書房、二〇〇六年
＊5　岡田精司『古代王権の祭祀と神話』塙書房、一九七〇年
＊6　荻原龍夫「古代・中世における伊勢信仰の研究成果と課題」荻原龍夫編『伊勢信仰一』（民衆宗教史叢書　第一巻）、雄山閣、一九八五年

おわりに

伊勢神宮は、壬申の革命後の天武三年一〇月、大来皇女によって、伊勢国多気郡多気に、ひとたびは成立していた。しかし、この伊勢神宮には、斎宮はあったが、天照大神を祭る正殿は存在していなかった。したがって、現在の伊勢神宮は、文武二年、多紀皇女によって多気におかれていた神鏡を度会郡宇治五十鈴川上に遷し祭ることによって創立したとみるべきであろう。

読者は、「第七章　伊勢神宮の創立」で、壬申の革命後の『日本書紀』の記述を、神宮と関係のある条項を抽出し、『続日本紀』へと読み進んでいくことによって、伊勢神宮が創立するまでの歴史が、自ずから明らかになっていく過程を追体験していただけたのではないかと思う。にもかかわらず、これまで伊勢神宮の成立がいつか、諸説紛々として定説がなかった。それには、二つの理由があったと思っている。

その一つは、柿本人麻呂の「高市皇子の挽歌」に、

渡会の　斎の宮ゆ　神風に　い吹き惑はし　天雲を　日の目も見せず　常闇に覆ひたまひて

と、壬申の乱たけなわのとき、伊勢神宮から神風が吹いて勝利に導いたとうたいあげて、壬申の年に、「渡会の斎の宮」が存在していたことを、同時代人として証言しているに等しい。したがって、これは動かしがたいと思われている方が、かなり多いのではないだろうか。

しかし、人麻呂がこの挽歌をうたったのは、壬申の乱から二四年後の持統一〇年（六九六）である。すなわち持統天皇が伊勢行幸した四年後、多気大神宮を度会に遷した二年前であるから、神宮の造営のおこなわれていた

さ中である。持統天皇の宮廷歌人とされる柿本人麻呂は、それを耳にしながら、なぜか多気の斎宮でも度会の神宮でもなく、「渡会の斎の宮」とよんだのである。

かつて、この長歌は「叙事詩的リアリズム」とよばれて論争がおこなわれていた。現在、国文学者の間で、どのような論議がおこなわれているのか、不明にして知らないけれども、私はむしろ、共同幻想ともいうべき、壮大なファンタジーではなかったかと思っており、いずれ詳しく論考したいと思っている。

もう一つの理由は、伊勢神宮の創立記事が、『書紀』をこえて『続日本紀』にまでおよんでいたのに対して、戦前世代の国民の常識となっていた神話とつながる古代は、『日本書紀』によって完結していたからであろう。そして、この常識は、戦後以後にまでつづいている。

文武二年一二月「多気大神宮を度会郡に遷す」の条項こそ、現在へとつづく伊勢神宮の創立を記録したものと、私が三つの論文で指摘したのは、一九七三年のことだった。この年は、第六〇回遷宮祭のおこなわれた年だったからだろうと、私自身なんとなく思い込んでいた。しかし、そうではなく、前年の一九七二年八月に、『改訂増補 国史大系(普及版)』(吉川弘文館)の『続日本紀・前編』が刊行されたからだということを思い出した。私は、さっそくこの書を買い求め、翌年、たてつづけに三つの論文を発表したのである。

戦後、岩波書店から最初に刊行された『古典文学大系』第一期には、『日本書紀』ほかの漢文で書かれた書物は一冊も入っていなかった。本居宣長のいう「漢ごころ」反対が、戦後期まで濃厚に残留していたのである。これに有識者の間から批判がおこり、『日本古典文学大系』(第二期)が再編されて、『日本書紀』上(一九六七)、下(一九六五)が発売された。戦後初めて出版された原文に漢字カナ混じり文に読みくだした訳注つきの『日本書紀』である。そして、『新日本古典文学大系』の『続日本紀』一~五が刊行されたのは、実に一九八九~九九年になってである。したがって、一九六〇年代なかばまでは、日本古代史学界が意識するとしないとにかかわらず、古代に対する現代日本人の考え方を、かなりな程度に誘導することができたばかりでなく、それが必ずしも正しいことばかりではなかったことを、否定することはできない。

本書では、『古事記』『日本書紀』『続日本紀』からの引用をできるだけ多くして、原文を漢字カナ混じり文に読み下したものに、さらに口語訳で説明を加えるという、いささかまどろっこしい方法をとったのは、先に述べたように、読者も一緒に考えていただきたかったからである。資料そのものによって語らせるというのは、博物館の展示などにも共通する、知識の公共的な場における表現手段の基本原則である。

それができたのも、右記の『日本書紀』『続日本紀』は、いまでは文庫版で出されているばかりでなく、宇治谷孟の全現代語訳『日本書紀』上下（講談社学術文庫、一九八八）、宇治谷孟の全現代語訳『続日本紀』上中下（講談社学術文庫、一九九二〜九五）も刊行されているからで、かつてのことを思えば、まるで夢のようである。私たち古代史のアマチュアでも、史家たちと対等とはいえないものの、史家の文章に疑問を感じたとき、それを原文にあたってチェックすることが、ようやくできるようになったのである。これまで常識では考えられないことが、史学界の通説になっていたようなことは、もはや許されなくなるだろう。

また、私のような門外漢が、古代史学の領域で文章を書くときは、その領域の慣習にしたがうのが礼儀と心得ていた。そして日本史の領域では、学説などを引用し、あるいは批判する場合、同学者に氏をつけるのが慣習になっているので、私もそうするつもりだった。しかし、氏は敬称なので私の身についた習慣から、氏をつけるとどうしても敬語体の文章になって書きづらく論文としての調子がでてこない。建築学生の時代から、当時は健在だった碩学も恩師も大先輩も、伊東忠太、福山敏男、丹下健三等々、レポートでも卒業論文でも文章上ではつねに呼び捨てだったし、学問や芸術の世界ではすべて平等であると教えられてもいた。それが世間の常識というものでもあろう。少なくとも私の知るかぎり、他のすべての学問分野がそうであり、同じ古代を対象としていても、国文学の領域では、論文のなかで学者仲間で相互に氏をつけあう慣習はない。氏をつけるのは、どうやら史学界の特異現象であることに気づかされてきた。しかも最近では「さん」付けのものさえ現われている。

私が困ったのは、物故者には氏をつけないのが習いであるのに対して、私のようなよそ者には、この長寿社会で、どなたが生存者でどなたが物故者なのかほとんどわからないことだった。そこで、はたと気がついた。史学界で氏をつけてお互いによぶのは、内輪の世界だからなのだろう。であるとすれば、私のようなよそ者が史学者たちを、なれなれしく氏などとよんで入りこむような世界ではなかったのかもしれない。

ともあれ、歴史にはアマチュアの私は、これまでただひたすらに古代史や国文学の諸先学から学んできた。そのなかには、ほれぼれするような感性と理性を見事に統一した素晴らしい先生や、文献と考古学的知見とが織りなすそれぞれの地域を踏査し、中央の歴史とをまるで目にみえるかのように立体的に関連づけられていらっしゃる学者、ある目的に従って古文献のなかから必要な項目すべてを採集し分類し比較するという学問の常道を着実に積み上げて自説を論じる模範的な研究者の鑑ともいえる優れた学者など、さまざまにおられることを、それなりに承知している。本書では充分に活用することができなかったけれども、あえて一名ずつ順番にお名前をあげさせていただければ、青木和夫、門脇禎二、溝口睦子の諸先生であり、多くを学ばせていただいたことを、深く感謝している。

いうまでもないと思うが、歴史は歴史家たちだけのものではないし、そのような時代でもなくなっている。しかし、その中核となり、リーダーとなるのは専門の歴史家たちであって、プロにはアマチュアにはできない多くの技能と役割をもっていることはいうまでもあるまい。本書で私は、あえて個人名をあげて古代史家、さらには古代史学界をかなりきびしく批判した。それというのも、若い頃から古代史学のファンだった私が、日本の古代史学を愛してのゆえであるし、むしろ私のようなよそ者こそが批判すべきであると思ったからでもある。

伊勢神宮の創立をもって本文を終えている本書は、創立期の伊勢神宮そのものについて、神宮前の五十鈴川に中洲があり、そこで神嘗祭の神事がおこなわれていたことを指摘した程度にとどまり、豊受大神宮（外宮）やその祭神トヨウケの神についてなど、語らなければならないことの多くが残されている。

例えば、福山敏男による神宮建築の復元は、ほぼ正しいと大方に認められているけれども、異論がないわけではない。それは福山の復元というよりは、根本資料とした『皇大神宮儀式帳』に対する疑問である。

例えば、『儀式帳』に記載された正殿、宝殿、その他諸建築の寸法書は、堅魚木や千木の太さ長さについては記載しているけれども、棟持柱を始めとする柱の太さ長さは一切記載せず、高床建物は、すべて床上の寸法しか書かれていない。したがってその解釈いかんで復元は大きく変わってくるからである。私は、このような寸法書こそに、後の寝殿造にいたるまでの掘立柱、高床造の建物に共通する、日本古来の建築を基本的に性格づけているることの一つが現われていると思っている。この一つだけをみても、伊勢神宮には、いまだ解き明かされていない多くの謎があるのを知ることができるだろう。

さらに皇祖神の地位を朝廷と神宮とで分け合ったタカミムスヒとアマテラスとの関係や、伊勢神宮成立以前すでに、社殿をもっていたと推測できる出雲大社や住吉神社などをふくめた、より普遍的な神社建築成立の契機など、古代にかぎってみても、未解決の問題は少なくない。

そして本書のテーマである、日本人が日本人であることの意味を、伊勢神宮は、古代から中世、近世、近代を通じて、多くの日本人にどのように語り続けてきたのかを、読み解いていかなければならない。本書は、その発端のところで終っているので、書かなければならない多くのことがらを残している。幸い筑摩書房も続編を出すことに賛同してくださっているので、題して「革命のユートピア」とするつもりであるが、この言葉のもつ重みについては、再度考えてみたいとも思っている。

とはいえ、若いときから若い若いといわれつづけた私であるが、この二月には傘寿を卒業して八一歳になる。しかも私は古代史以外はさほど詳しくはない。余命いくばくもないなかで、伊勢神宮の歴史を、古代、中世、近世、近代とたどっていくには、本書とはかなり変わった構成にしなければ無理という感じもしている。ともかく倒れて後やむ、というのが今の心境である。

私の伊勢神宮研究は、長丁場で多方面にわたったので、すでに故人になられている桜井勝之進、丹下健三両先生ほか福山敏男、宮本常一、太田博太郎、高取正男の諸先生方、および上原和、伊藤ていじ、上山春平、上田正昭の方々には、さまざまなかたちでお世話になった。深く御礼申しあげる。

最後に、本書の出版を快く承諾してくださった筑摩書房の元社長の森本政彦氏、元編集部の高木昭氏、現編集部の山本克俊氏、および資料の検索から原稿のワープロへの入力・整理にいたる一切をしてくださった秘書の吉福ゆかりさんの方々に厚く感謝したい。

装幀・本文図版　川添泰宏
カバー写真　渡辺義雄
装幀協力　有賀文昭

川添　登（かわぞえ・のぼる）

1926年東京生まれ。早稲田大学建築学科卒業。53年『新建築』編集長。57年独立して建築評論家となる。60年世界デザイン会議日本実行委員。69年大阪万国博覧会テーマ館サブ・プロデューサー。70年京都にシンクタンク・株式会社 CDI を設立。72年日本生活学会設立、理事長・会長を歴任。81年つくば国際科学技術博覧会政府出展総括プロデューサー。87年郡山女子大学教授（—99年）、93年早稲田大学客員教授（—96年）、99年田原市立田原福祉専門学校校長（—02年）。現在、株式会社 CDI 顧問。日本生活学会・日本展示学会・道具学会名誉会員。

1960年『民と神の住まい』により毎日出版文化賞、82年「生活学の提唱」により今和次郎賞、97年南方熊楠賞受賞。

著書に、『裏側からみた都市』（NHK ブックス）、『「木の文明」の成立』（同）、『東京の原風景』（ちくま学芸文庫）、『今和次郎——その考現学』（同）、『列島文明』（平凡社）、『都市の歴史とくらし』（ドメス出版）、『環境へのまなざし』（同）、大高正人・川添登編『メタボリズムとメタボリストたち』（美術出版社）など多数。

伊勢神宮《いせじんぐう》　森《もり》と平和《へいわ》の神殿《しんでん》

2007年 1 月25日　初版第 1 刷発行

著者——川添　登

発行者——菊池明郎

発行所——株式会社筑摩書房
東京都台東区蔵前 2-5-3　郵便番号 111-8755　振替 00160-8-4123

印刷——三松堂印刷株式会社

製本——株式会社鈴木製本所

ISBN 978-4-480-84272-5　C 0021

乱丁・落丁本の場合は、ご面倒ですが、下記宛てにご送付ください。送料小社負担にてお取り替えいたします。ご注文・お問い合わせも下記へお願いいたします。

〒 331-8507　さいたま市北区櫛引町 2 -604　筑摩書房サービスセンター
電話 048-651-0053